I0302252

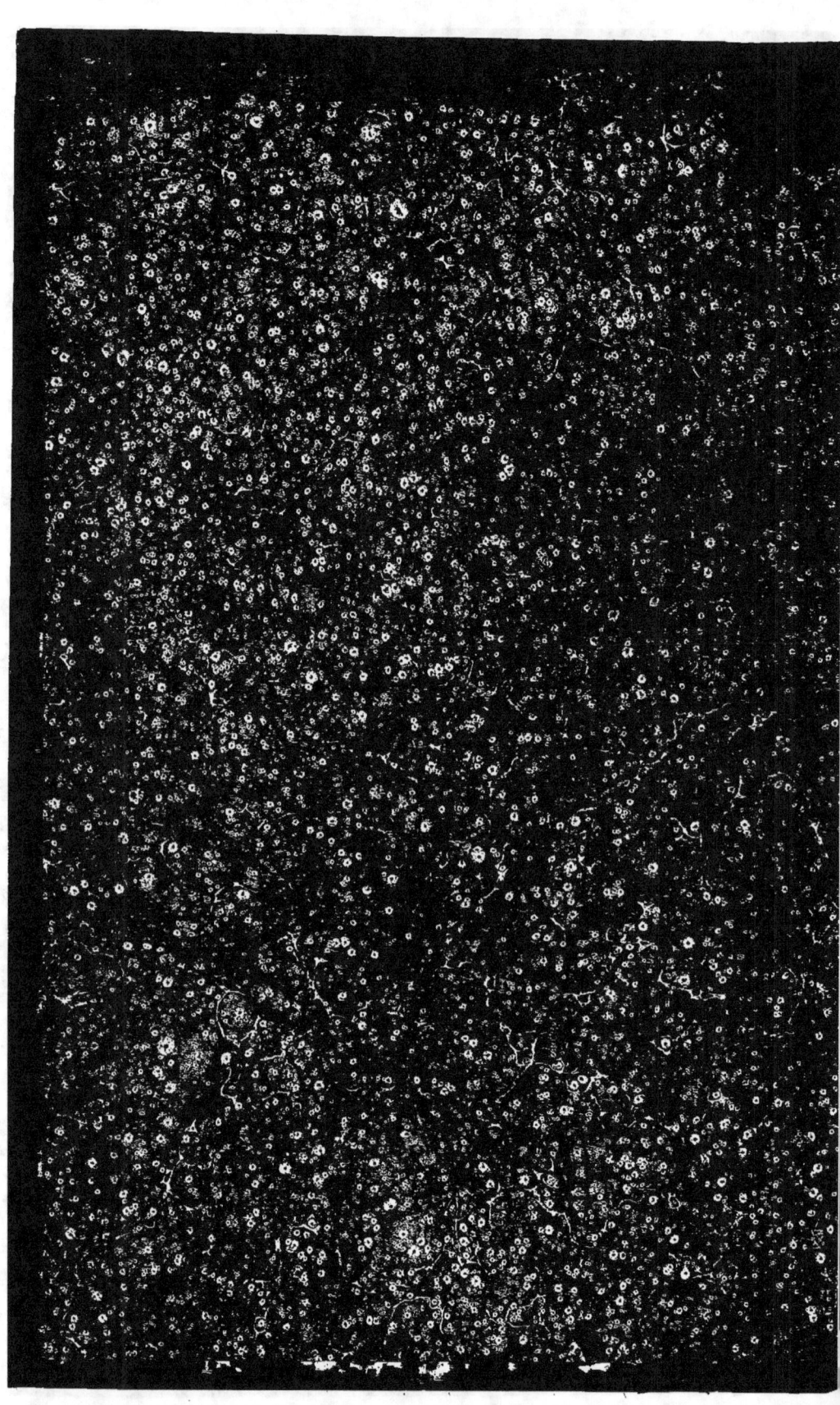

G 5372

MARTYRS
DE
LA LIBERTÉ

PARIS. — TYPOGRAPHIE DE EUGÈNE ET VICTOR PENAUD FRÈRES,
10, RUE DU FAUBOURG-MONTMARTRE.

JEANNE D'ARC.

PANTHÉON DES

MARTYRS

DE

LA LIBERTÉ

OU HISTOIRE DES

RÉVOLUTIONS POLITIQUES

ET DES

PERSONNAGES QUI SE SONT DÉVOUÉS POUR LE BIEN ET LA LIBERTÉ
DES NATIONS

PAR M. LUCIEN BESSIÈRES

DESSINS DE R. DE MORAINE

TOME PREMIER

PARIS

EUGÈNE ET VICTOR PENAUD FRÈRES, ÉDITEURS

10, RUE DU FAUBOURG-MONTMARTRE

1848

PRÉFACE DES ÉDITEURS.

L'ouvrage que nous présentons aujourd'hui au public est une œuvre essentiellement nationale, car la France est non-seulement le centre des relations sociales de l'Europe, elle est encore le foyer ardent qui projette de toutes parts les idées d'indépendance et d'égalité, et dont le moindre mouvement politique soulève les peuples et enfante les révolutions.

En 1830, toutes les nations de l'Europe tressaillirent au canon de Juillet; les rois absolus tremblèrent sur leurs trônes, les aristocraties craignirent pour leurs priviléges, les provinces asservies songèrent à reconquérir les droits qu'elles avaient perdus. Bientôt on vit les Belges s'insurger contre la Hollande, les Polonais contre les Russes, les Italiens contre leurs tyrans, et on peut dire que, dans cette circonstance, tous les héros qui se dévouèrent à leur patrie, tous ceux qui furent victimes de leur courage, tous les martyrs de la liberté enfin, étaient les véritables fils de la France; car ils avaient été nourris de ses idées, s'étaient animés de son ardeur, avaient arboré son étendard et ses trois couleurs.

Non-seulement notre livre est national, mais il possède encore en ce moment l'avantage de l'actualité. En effet, quels sont les grands événements du jour? de quoi retentissent soir et matin tous les journaux, ces trompettes aux cent voix qui vont porter à l'extrémité du monde les faits qu'ils signalent? que révèlent-ils depuis quelque temps? Des soulèvements, des insurrections; des peuples qui brisent leurs chaînes, qui revendiquent des droits méconnus ou usurpés; des princes qui résistent, qui répondent par la violence à des demandes équitables; un souverain pontife qui assiste à la lutte, qui encourage les combattants, soutient les opprimés, donne aux princes l'exemple de la justice, et de son regard enfante des héros et des martyrs.

A la voix de cet apôtre moderne qui répudie l'ignorance, la barbarie et l'aveuglement des temps passés, et qui appelle le monde entier à de nouvelles destinées, la France, la noble France s'est émue. Sœur aînée des nations, elle s'indigne de ne plus être à leur tête; c'est alors qu'elle s'aperçoit des ignobles entraves qui la retiennent.

Mais c'est en vain que le sceptre sans gloire qui pèse sur elle veut comprimer ses généreux élans, c'est en vain que la royauté despotique enserre Paris dans une ceinture de citadelles, et tient la ville sous la menace de ses canons et de quatre-vingt mille soldats.

En vain le vieux roi avait-il cru, dans son aveuglement, avoir détruit, par dix-sept ans de mensonges et de déceptions, tout sentiment de liberté, toute énergie, toute moralité dans le cœur de la nation.

Quel vertige! quelle misérable chute n'a pas été la sienne? Louis-Philippe s'était élevé au trône par le peuple qui avait eu foi en lui : c'est le peuple qu'il a trompé qui l'a renversé. Terrible leçon de la Providence!

Les enfants de la France, sans armes et en chantant les hymnes à la Liberté, se pressent vers sa demeure; l'armée s'efface, les baïonnettes s'abaissent en leur présence, et d'un souffle la royauté a disparu.

Mais la lutte avait duré dix-sept ans. Tout ce que la France avait d'intelligence, tout ce qu'elle avait de pur et d'énergique combattait depuis longtemps. Que de martyrs ont langui et péri dans les cachots! que de nobles existences détruites par une lente agonie! que de pensées nobles et sublimes étouffées avant d'avoir vu le jour! que de généreux patriotes amis livrés au glaive des tyrans! Puissent les peuples comprendre enfin qu'ils sont tous frères, et que les rois ne sont forts que parce que nous voulons être faibles.

Voilà les faits qui, en ce moment, dominent tous les autres, et qui intéressent souverainement la France; car l'affranchissement d'un peuple n'est point un fait isolé, dénué de liens et de conséquences. Les nations sont, sous le rapport de la liberté, solidaires les unes des autres; quand l'une d'elles vient à succomber sous le joug de l'esclavage, la nation voisine doit craindre de subir le même sort : l'asservissement d'un peuple est une menace indirecte, constante, contre l'indépendance des hommes libres. Un ouvrage qui professe de pareilles maximes, qui entretient ses lecteurs d'idées d'indépendance, et fait l'histoire du libéralisme, convient donc parfaitement à l'époque agitée où nous vivons. Dans cette publication, chaque victime aura sa place.

Le livre des *Martyrs de la liberté* est un code d'héroïsme et de bravoure, de dévouement, de justice, de magnanimité. Il enseigne à se sacrifier pour ses semblables, à briser les liens de la servitude, à mourir pour la patrie, à mériter la couronne de l'affranchissement, qui malheureusement est presque toujours celle du martyre. Son influence morale est manifeste, son but est patriotique, son objet élevé; nous annonçons avec bonheur une pareille publication.

LES ÉDITEURS.

INTRODUCTION.

Salut! sainte liberté, feu sacré dont la source découle des cieux et qui chez toutes les générations de la terre fait battre le cœur de l'humanité, salut!..

Écrire ton histoire, c'est remonter au sein de la divinité, c'est signaler l'heureuse influence de ses lois admirables dans la conservation de l'œuvre morale, sans laquelle l'homme ne serait qu'un contre-sens sur la terre, pour ne pas dire un blasphème vivant contre l'auteur de la création.

O liberté! tu es l'amour, l'honneur, la justice; tu es à la licence ce que la vertu est à l'hypocrisie, ce que le ciel est à l'enfer. Ton culte, c'est la lutte de la vie contre la mort; c'est le combat de l'esprit contre le corps, de l'amour contre l'égoïsme, de la vérité contre le mensonge; et ton triomphe c'est la victoire de Dieu sur les démons.

La famille humaine oublie parfois dans les siècles sa noble origine; mais à ta voix elle se réveille de son léthargique sommeil, elle secoue son linceul de mort, elle arrache de son cœur le ver immonde du sépulcre, qui le dévorait. Radieuse et fière elle relève sa tête devant les tyrans et défie ses oppresseurs !

Cet être si faible en apparence, l'homme, se montre alors avec l'auréole de sa gloire et toute la sublimité de sa création. Il a le sentiment de sa puissance et de sa noble origine. Émanation véritable de la céleste nature, il s'en rapproche par l'élévation de ses pensées et par son généreux dévouement. C'est dans la divinité qui l'anime qu'il puise l'enthousiasme le plus pur ; il ne s'appartient plus, il est tout entier à l'humanité.

Les douleurs, le sang, les supplices ; rien ne l'effraye, rien ne l'arrête. Sa bouche, au lieu de proférer la plainte ou le regret, proclame, chante la liberté jusqu'à son dernier souffle ; il dote le monde du fruit de ses pensées et des vérités éternelles qu'il a publiées et défendues ; il expire enfin, mais c'est pour renaître à la vie.

Chaque siècle, chaque peuple a fourni des pages admirables au martyrologe des défenseurs de la liberté.

La Grèce ancienne, ce pays des merveilles de la nature et de l'esprit humain, a été surtout féconde en martyrs.

Socrate est empoisonné pour avoir professé publiquement une vérité morale qui était l'accusation de ses propres juges.

Anaxagore est condamné pour avoir proclamé l'unité de Dieu ; Léonidas succombe avec trois cents soldats pour la liberté de la Grèce ; Codrus se dévoue à la mort pour son pays, etc. etc.

Le Christ apparaît dans la Judée, sa mission d'amour et de dévouement étend les bornes de la morale : il ordonne de rendre le bien pour le mal. Il annonce l'approche des temps prédits, et au nom du Dieu qui l'envoye, il prêche l'égalité, la fraternité humaine, et le mépris des richesses ; ses paroles inquiètent et irritent les pharisiens, les riches et les prêtres ; il est persécuté et mourant sur la croix, il lègue aux enfants des hommes les semences fécondes de la liberté.

La république romaine fournit de nombreux martyrs. Curtius se précipite dans un gouffre ; Brutus et Cassius se tuent plutôt que d'être les spectateurs de la servitude de leur pays.

Virginie, fuyant la brutale passion d'un roi, est sauvée de l'ignominie par son père, qui la poignarde sous les yeux de Tarquin qui la poursuit.

Guillaume Tell, dans des temps plus modernes, affranchit ses poétiques montagnes.

La jeune villageoise de Domremy, simple et pure comme les anges, délivre la France et expire sur un bûcher.

Le chevalier d'Assas, criant : *A moi, Auvergne !* tombe percé de coups.

Sous l'inquisition, que de nobles victimes : Jordano Bruno, Vaccini, Jean Hus, périssent sur ses bûchers.

Galilée soutient que la terre tourne, l'inquisition a peur pour le miracle de Josué, et martyrise le savant.

Urbain Grandier expire dans les tortures, à Loudun.

Sous la République française, l'armée et la tribune ont eu leurs martyrs. Le vaisseau *le Vengeur* s'abîme dans les flots pour ne pas tomber au pouvoir de la flotte anglaise.

Les Girondins montent à l'échafaud en chantant, et soutiennent jusqu'à la fin leurs principes politiques.

Les Montagnards, non moins patriotes, mais aux convictions plus ardentes, aux principes plus tranchés et plus inflexibles, au caractère plus âpre, meurent en héros.

En 1815, l'échafaud de la royauté tranche des vies nobles et pures.

La Grèce moderne, courbée sous le sabre des enfants de Mahomet, se révolte contre ses oppresseurs. Canaris et ses compagnons succombent; mais la patrie d'Homère est libre.

La Révolution de 89 a enfanté celle de 1830, et les rues de Paris furent encore inondées du sang des martyrs de la liberté.

La Pologne, cette sœur de la France, se leva aussi en 1830, contre ses oppresseurs. En vain elle nous tendit les mains, elle succomba sous le nombre. Le nouveau roi français, reniant les principes de sa nouvelle puissance, les abandonna à la cruauté du czar. Que de victimes ont expiré sous le fer du moscovite, ou sont allés mourir d'une lente agonie dans les mines des monts Ourals.

1848 a sonné. Depuis trente ans l'Italie fournit ses hécatombes de martyrs au cabinet d'Autriche, à ses papes, à ses Bourbons de Naples.

Quand tout à coup un nouveau pontife appelle la Péninsule à la liberté.

Partout et en tout temps, à côté de l'ignorance, de la barbarie et du mensonge, un martyr de la lumière et de la vérité a paru; à côté de l'égoïsme et de la corruption, un martyr incorruptible de l'amour de l'humanité. A côté du faible, de l'opprimé et de l'esclave, encore un martyr qui le console, qui le défend, qui l'affranchit.

Sur la frontière d'un pays menacé, sur les remparts d'une ville assiégée, partout encore des martyrs armés. Enfants généreux d'une patrie en larmes, ils la sauvent de l'esclavage et de la honte en expirant pour elle.

L'homme est un ange déchu. Sorti parfait des mains d'une puissance créatrice, il a été déposé sur ce globe, pour comprendre l'ensemble admirable de la création, pour en jouir et être heureux. Mais lorsque, par malheur, il laisse éteindre le rayon céleste qui anime sa nature matérielle, tout en lui s'éteint à la fois. Peu à peu il sacrifie aux instincts et aux appétits grossiers le sentiment du droit et du devoir. Sa pensée, qui l'élevait si haut parmi tous les êtres, s'affaisse sur elle-même ; les ressorts de son intelligence sont brisés, il courbe la tête, tombe dans l'abjection et la turpitude : il subit les fers de l'esclavage, et, assimilé à la brute, il poursuit une vie misérable et languissante jusqu'à ce qu'enfin la voix d'un philosophe, les chants d'un poëte et le bras d'un guerrier viennent arrêter dans sa marche rapide la dégradation de l'humanité, en attaquant de front ses tyrans.

Enserrée dans les entraves qu'une royauté sans gloire et sans foi lui avait préparées, la France s'agite en vain ; en vain elle cherche dans la foule un nom qui la rallie ; tous ceux qu'elle pouvait invoquer ont disparu. Lafayette, Benjamin Constant, Armand Carrel, Lamarque, etc., sont effacés du livre de la vie.

Laffitte a rejoint ses nobles amis, la douleur l'a tué; avant de mourir, il a demandé pardon à Dieu et à la France de son erreur et d'avoir pu croire à la parole d'un roi. Les cachots ont dévoré tous les hommes d'action. Ce roi, donnant l'exemple de la cupidité, du mensonge et de la corruption, a jeté dans toutes les âmes les poisons les plus impurs, et dans la société tous les principes de désordre. Pour assurer le règne de sa race, il a ruiné, divisé et corrompu.

Une ombre de liberté nous restait encore : dans l'égarement de son orgueil et de sa puissance, il veut nous la ravir ; mais soudain le peuple se lève, et en deux heures cette royauté, toute d'or massif et aux pieds d'argile, est jeté hors du sol français. Pas une larme, pas un regret, pas un ami ne l'accompagne dans son exil.

Terrible leçon pour les princes! Malheur aux tyrans endurcis! avant peu tous les peuples, rompant leurs fers, en jetteront les débris à la tête des rois.

Aujourd'hui, la France reprend son rang parmi les nations, et convie tous les peuples de la terre à ses fêtes républicaines.

> Relève-toi, France, reine du monde!
> Tu vas cueillir tes lauriers les plus beaux.
> Oui, d'âge en âge une plume féconde
> Doit de tes fils protéger les tombeaux
> Que près du mien, telle est mon espérance,
> Pour la patrie admirant mon amour,
> Le voyageur répète un jour:
> Honneur aux enfants de la France!
>
> (BÉRANGER.)

# PANTHÉON DES
MARTYRS
de
LA LIBERTÉ

CHAPITRE PREMIER.

La Grèce. — Dévouement de Codrus. — Solon refuse la royauté. — Pisistrate flatte la multitude et parvient à s'emparer du souverain pouvoir. — Solon meurt de chagrin ; il ne peut vivre sous un tyran. — Tyrannie d'Hppias et d'Hipparque. — Conspiration d'Harmodius et d'Aristogiton. — Mort courageuse d'Hipparque au milieu des supplices. — Guerres Médiques. — Les rois de Perse veulent asservir la Grèce. — Dévouement de Léonidas et de ses trois cents Spartiates au défilé des Thermopyles.

—

La Grèce ancienne peut être considérée comme le berceau de la liberté.

Dans ce beau pays, où le ciel, quelquefois troublé par des orages, étincelle toujours d'une lumière pure, où la diversité des aspects et des saisons offre sans cesse des contrastes frappants ; où, à chaque pas, à chaque instant, la nature paraît en action, parce qu'elle diffère toujours d'elle-même, l'imagination, plus riche et plus active qu'ailleurs, embellissait tout, et répandait une chaleur aussi douce que féconde dans les opérations de l'esprit. Ces considérations expliquent la multitude de grands hommes que produisit cette contrée, ses progrès avancés dans la civilisation, dans l'organisation sociale, dans la politique.

Primitivement, la Grèce était composée d'un grand nombre de petits États, presque toujours divisés entre eux parce qu'ils étaient jaloux les uns des autres, mais formant de temps en temps une ligue formidable ; lorsque, par exemple, il s'agissait de repousser l'attaque d'un ennemi étranger.

Parmi cette multitude de petits États, il y en avait deux qui s'élevaient au-dessus des autres par la force de leurs institutions et leurs vertus guerrières : c'étaient les républiques d'Athènes et de Lacédémone.

Athènes avait d'abord été gouvernée par des rois ; et, chose extraordinaire, ce fut à l'occasion du dévouement sublime de l'un de ses monarques, qu'elle se transforma tout à coup et paisiblement en république. Voici de quelle manière. Les Athéniens étaient en guerre avec les Héraclides. Ceux-ci, avant de se mettre en campagne, consultèrent l'oracle, afin de connaître à l'avance le succès de leurs armes. Il leur fut répondu qu'ils remporteraient la victoire s'ils ne tuaient point Codrus, qui était alors roi d'Athènes. Les Héraclides se concertèrent entre eux pour respecter les jours de ce prince. Mais la réponse de l'oracle étant parvenue jusqu'aux oreilles de Codrus, le monarque athénien résolut de se dévouer pour le salut de sa patrie. Il se déguisa en paysan, échappa à la vigilance des siens, qui l'aimaient et veillaient sur lui, passa dans le camp des ennemis, insulta à dessein une sentinelle, qui le frappa et lui ôta la vie. Le dévouement de Codrus sauva son pays d'une guerre funeste ; car les Héraclides, désespérant de vaincre, n'osèrent point hasarder le combat et se retirèrent dans leur pays. Les Athéniens furent tellement frappés de ce trait de grandeur, qu'ils abolirent le titre de roi. Ils dirent que Codrus l'avait élevé si haut, qu'il serait désormais impossible d'y atteindre : en conséquence, ils reconnurent Jupiter pour leur souverain, et créèrent à côté de cette souveraineté nominale, des magistrats annuels nommés archontes, et chargés de les gouverner.

La république d'Athènes ne tarda pas à être travaillée par des maux intérieurs, maux qui s'attaquent à toutes les sociétés, grandes ou petites, républicaines ou monarchiques, et dont le remède, encore inconnu, se dérobe depuis longtemps aux investigations des philosophes et des politiques ; nous voulons parler des maux qui résultent du paupérisme ou du prolétariat.

Il existait dans la république une haine invétérée des pauvres contre

DÉVOUEMENT DE CODRUS

(Martyrs de la Liberté)

les riches : les citoyens obscurs, accablés de dettes, n'avaient d'autre ressource que de vendre leur liberté ou celle de leurs enfants à des créanciers impitoyables; et la plupart abandonnaient une terre qui n'offrait aux uns que des travaux infructueux, aux autres qu'un éternel esclavage et le sacrifice des sentiments de la nature. Dans cette circonstance, des factions s'élevèrent, se déchaînèrent avec fureur, et leurs excès furent portés si loin, qu'on se vit bientôt réduit à cette extrémité où il ne reste d'autre alternative à un État, que de périr ou de s'abandonner au génie d'un seul homme.

Solon fut, d'une voix unanime, élevé à la dignité de premier magistrat. On le pressa de monter sur le trône; mais, comme il ne vit pas s'il lui serait aisé d'en descendre, il résista aux reproches de ses amis et aux instances des chefs des factions et de la plus saine partie des citoyens. Il refusa la royauté, et se contenta du rôle plus beau d'arbitre souverain et de législateur.

Les pauvres, résolus de tout entreprendre pour sortir de l'oppression, demandaient à grands cris le partage des terres, précédé de l'abolition des dettes. Les riches s'opposaient avec la même chaleur à des prétentions qui les auraient confondus avec la multitude, et qui, suivant eux, ne pouvaient manquer de bouleverser l'État. Dans cette extrémité, Solon abolit les dettes des particuliers, annula tous les actes qui engageaient la liberté du citoyen, et refusa la répartition des terres. Les riches et les pauvres crurent avoir tout perdu, parce qu'ils n'avaient pas tout obtenu; mais quand les premiers se virent paisibles possesseurs des biens qu'ils avaient reçus de leurs pères ou qu'ils avaient acquis eux-mêmes; quand les seconds, délivrés pour toujours de la crainte de l'esclavage, virent leurs faibles héritages affranchis de toute servitude; enfin, quand on vit l'industrie renaître, la confiance se rétablir, et revenir tant de citoyens malheureux que la dureté de leurs créanciers avait éloignés de leur patrie, alors les murmures furent remplacés par des sentiments de reconnaissance; et le peuple, frappé de la sagesse de son législateur, ajouta de nouveaux pouvoirs à ceux dont il l'avait déjà revêtu.

Enhardi par le succès, Solon acheva l'ouvrage de la législation : il établit l'égalité entre les divers ordres de l'État, accorda le pouvoir à une assemblée choisie par tous les citoyens, créa le célèbre tribunal de l'aréopage, s'appliqua à réformer les lois onéreuses, et à introduire dans la justice la meilleure distribution de peines et de récompenses.

Lorsqu'il eut terminé son travail, comprenant que le temps seul pouvait le consolider, il partit, après avoir demandé la permission de s'absenter pendant dix ans, et avoir engagé les Athéniens, par un serment solennel, à ne point toucher à ses lois jusqu'à son retour.

A son retour, il trouva les Athéniens près de retomber dans l'anarchie. Les partis, qui depuis si longtemps déchiraient la république, semblaient n'avoir suspendu leur haine pendant sa législation que pour l'exhaler avec plus de force pendant son absence; ils ne se réunissaient que dans un point, c'était à désirer un changement dans la constitution, sans autre motif qu'une inquiétude secrète, sans autre objet que des espérances incertaines.

Solon, accueilli avec les honneurs les plus distingués, voulut profiter de ces dispositions favorables pour calmer des dissentions trop souvent renaissantes. Il se crut d'abord puissamment secondé par Pisistrate, qui se trouvait à la tête du parti populaire, et qui, jaloux en apparence de maintenir l'égalité parmi les citoyens, s'élevait hautement contre les innovations capables de la détruire; mais il ne tarda pas à s'apercevoir que ce profond politique cachait sous une feinte modération une ambition démesurée.

Jamais homme ne réunit plus de qualités pour captiver les esprits : une naissance illustre, des richesses considérables, une valeur brillante et souvent éprouvée, une figure imposante, une éloquence persuasive à laquelle le son de la voix prêtait de nouveaux charmes, un esprit enrichi des agréments que la nature donne et des connaissances que procure l'étude. Jamais homme, d'ailleurs, ne fut plus maître de ses passions, et ne sut mieux faire valoir les vertus qu'il possédait en effet, et celles dont il n'avait que les apparences. Ses succès ont prouvé que, dans les projets d'une exécution lente, rien ne donne plus de supériorité que la douceur et la flexibilité du caractère.

Avec de si grands avantages, Pisistrate, accessible aux moindres citoyens, leur prodiguait les consolations et les secours qui tarissent la source des maux, ou qui en corrigent l'amertume. Solon, attentif à ses démarches, pénétra ses intentions ; mais, tandis qu'il s'occupait du soin d'en prévenir les suites, Pisistrate parut dans la place publique, couvert de blessures qu'il s'était adroitement ménagées, implorant la protection de ce peuple qu'il avait si souvent protégé lui-même. On convoque l'assemblée : il accuse le sénat de l'aréopage et les chefs de l'autre faction d'avoir attenté à ses jours, et montrant ses plaies encore sanglantes :

« Voilà, s'écrie-t-il, le prix de mon amour pour la démocratie, et du zèle avec lequel j'ai défendu vos droits. »

A ces mots, des cris menaçants éclatent de toutes parts ; les principaux citoyens, étonnés, gardent le silence ou prennent la fuite. Solon, indigné de leur lâcheté et de l'aveuglement du peuple, tâche vainement de ranimer le courage des uns, de dissiper l'illusion des autres ; sa voix, que les années ont affaiblie, est facilement étouffée par les clameurs qu'excitent la pitié, la fureur et la crainte. L'assemblée se termina par accorder à Pisistrate un corps redoutable de satellites chargés d'accompagner ses pas et de veiller à sa conservation. Dès ce moment, tous ses projets furent remplis : il employa bientôt ses forces à s'emparer de la citadelle, et, après avoir désarmé la multitude, il se revêtit de l'autorité suprême.

C'est ainsi qu'en flattant le peuple d'Athènes il parvint à lui donner des chaînes.

Solon ne survécut pas longtemps à l'asservissement de sa patrie. Il ne put supporter la pensée de voir ses lois méprisées et son dévouement pour son pays inutile. Il s'était opposé, autant qu'il l'avait pu, aux entreprises ambitieuses de Pisistrate. On l'avait vu, les armes à la main, se rendre à la place publique et chercher à soulever le peuple ; mais son exemple et ses discours ne faisaient plus aucune impression ; ses amis seuls, effrayés de son courage, lui représentaient que le tyran avait résolu sa perte.

« Mourir en combattant pour la liberté de sa patrie, répondit-il, est la plus belle mort qu'un Athénien puisse envier.

— Qui peut donc, à votre âge, vous inspirer une telle fermeté? ajoutaient ses amis.

— Ma vieillesse, » répliqua-t-il.

Solon pensait que le sacrifice de sa vie, à l'âge où il était arrivé, devait être compté presque pour rien.

Pisistrate, il faut l'avouer, n'était pas un tyran cruel. Il était ambitieux, c'était son plus grand défaut. Du reste, il fit tous ses efforts pour faire régner l'ordre et la justice dans Athènes, et faire aimer son administration.

Citons ici quelques traits qui manifestent ou l'élévation de son âme ou la profondeur de sa politique. Sa fille assistait à une cérémonie religieuse : un jeune homme qui l'aimait éperdument courut l'embrasser, et, quelque temps après, entreprit de l'enlever. Pisistrate répondit à sa famille qui l'exhortait à la vengeance :

« Si nous haïssons ceux qui nous aiment, que ferons-nous à ceux qui nous haïssent ? »

Et, sans différer davantage, il choisit ce jeune homme pour l'époux de sa fille.

Des gens ivres insultèrent publiquement sa femme ; le lendemain ils vinrent, fondant en larmes, solliciter un pardon qu'ils n'osaient espérer.

« Vous vous trompez, leur dit Pisistrate ; ma femme ne sortit point hier de toute la journée. »

Ces actes de modération et de clémence, rehaussés par l'éclat de son administration, adoucissaient insensiblement l'humeur indépendante des Athéniens, et faisaient que plusieurs d'entre eux préféraient une servitude si douce à leur ancienne et tumultueuse liberté.

Cependant, quoique Pisistrate eût été le modèle du meilleur des rois, dans la république d'Athènes on fut, en général, plus frappé du vice de son usurpation que des avantages qui pouvaient en résulter momentanément.

Après sa mort, Hippias et Hipparque, ses fils, lui succédèrent. Avec moins de talent, ils gouvernèrent d'abord avec assez d'habileté. Ils s'appliquèrent autant que Pisistrate à rendre le joug de la tyrannie moins sensible. Ils protégèrent les lettres, qui commençaient à fleurir ; et cette protection sans doute ne contribua pas peu à donner de leur gouvernement l'idée la plus avantageuse. Les éloges, vrais ou flatteurs des gens de lettres font presque toujours la réputation des souverains; cette protection a aidé souvent au bien-être moral et matériel des peuples, en élevant les sentiments des rois, en leur enseignant des principes philosophiques, en les rappelant à leurs devoirs, comme aussi en exaltant le courage des peuples, en enflammant leur cœur de l'amour de la gloire et de la patrie.

Depuis trois cents ans, Homère et Hésiode n'étaient plus; à Sparte, Tyrthée; à Athènes, Symonide, chantaient alors dans une langue divine l'amour de la patrie, la vertu, la liberté et la grandeur des dieux.

En même temps parut un martyr de la vérité, plus sage à lui seul que tous les sages de la Grèce. Un pauvre esclave phrygien, contrefait, rachitique et disgracié de la nature, l'admirable fabuliste de l'antiquité, Ésope, qui fut martyrisé toute sa vie, et termina sa misérable existence par un supplice qui fit la honte des habitants de Delphes. Il a légué à la Grèce et à l'humanité ses œuvres inimitables : ses fables, dans lesquelles il fait tenir aux bêtes le langage et la conduite des hommes, en leur prêtant toutes leurs passions, sont des chefs-d'œuvre de philosophie morale et d'enseignement, que le Latin Phèdre et de nos jours le bon Lafontaine ont pris pour modèles de leurs ouvrages.

Les deux fils de Pisistrate, Hipparque et Hippias, régnèrent treize ans après la mort de Pisistrate. Mais leur prospérité les éblouit; ils crurent à la perpétuité de leur puissance, et, comme tous les princes de tous les temps, ils voulurent faire du despotisme. Hipparque outragea une jeune Athénienne d'une naissance distinguée. Harmodius, frère de la jeune fille, et Aristogiton, son fiancé, tous deux liés par une tendre amitié qu'un nœud sacré devait resserrer encore, jurèrent de se venger. Plusieurs de leurs amis se joignirent à eux. L'époque de cette vengeance fut fixée aux fêtes de Minerve (déesse protectrice d'Athènes). Ce jour-là ils couvrent leurs poignards de branches de myrthe, pénètrent à travers la foule jusqu'à Hipparque, et lui percent le cœur. Hippias ne put être atteint. Harmodius tombe sous les coups des satellites des princes. Aristogiton est arrêté et appliqué à la torture. Mais au lieu de nommer ses complices, il accuse les plus fidèles amis d'Hippias, qui les livre à l'instant à la mort.

« As-tu d'autres scélérats à dénoncer? dit Hippias avec fureur.

— Il ne reste plus que toi, répond l'Athénien. Mais je meurs heureux de t'avoir privé de tes meilleurs amis. »

Dans un accès de rage, Hippias fait percer sa langue avec un fer rouge, et lui demande avec ironie s'il a encore quelque chose à dire. Aristogiton se coupe la langue avec ses dents et la crache, pour réponse, à la figure du tyran. Il périt bientôt dans les supplices.

Dès ce moment, Hippias devint odieux à la nation par ses injustices ; et, trois ans après, il fut chassé d'Athènes. Il erra quelque temps avec sa famille, et finit par se rendre auprès de Darius, roi de Perse. Il poussa ce prince à déclarer la guerre à la Grèce ; il combattit avec lui contre son pays, et périt bientôt à la bataille de Marathon.

De tout temps, les rois déchus, les princes chassés de leurs États pour des méfaits, ont été les ennemis de leurs pays. Athènes a eu sa race des Pisistrates ; Rome a eu ses Tarquins ; Syracuse, son Denis ; l'Europe, ses Bourbons. Jamais les rois ne pardonnent aux nations les maux dont ils les ont accablés.

Les Athéniens n'eurent pas plutôt recouvré leur liberté, qu'ils immortalisèrent, par des statues et des hymnes, la mémoire d'Harmodius et d'Aristogiton.

Sparte était, en Grèce, la rivale d'Athènes. Cette ville voulut aussi réformer son gouvernement et confia ce soin à Lycurgue.

Ce législateur parcourut plusieurs contrées, visita les côtes de l'Asie, et trouva difficilement ce qu'il cherchait : un gouvernement et un peuple modèles.

Il ne rencontra presque partout que de l'esclavage, ou de la licence, ou le joug des passions et des plaisirs sans freins.

En Crète pourtant les sages lois de Minos fixèrent son attention, il les étudia ; en même temps les poésies d'Homère tombèrent entre ses mains. Il puisa dans ces œuvres sublimes les plus belles maximes de la morale et de la politique, et résolut d'en doter son pays. Il parcourut encore plusieurs contrées, toutes les côtes de l'Asie ; mais enfin il se rendit aux vœux de ses concitoyens, qui le rappelaient sans cesse, et revint à Sparte, riche de ses méditations, de ses études et de l'expérience de ce long voyage.

Il sut, après des difficultés inouïes, faire accepter aux Spartiates un code de lois si sages, si appropriées aux besoins moraux et matériels de la population, que cette république, en les observant, devint la plus puissante et surtout la plus heureuse de toutes celles de la Grèce. Il s'attacha principalement à développer les bonnes mœurs, à faire mépriser les richesses, vénérer la vieillesse, à inspirer l'amour de tous les devoirs, à vivre avec simplicité et sobriété, et à ménager le temps et les paroles.

Martyr volontaire de son dévouement pour son pays et pour le bonheur de ses concitoyens, il s'exila et se condamna à aller vivre et mourir inconnu dans un coin de terre étrangère. Il quitta donc Sparte en disant qu'il allait étudier encore les lois des contrées les plus éloignées, consulter les oracles divins, s'entretenir avec les législateurs les plus illustres pour achever son œuvre. Il promit de revenir avec de nouvelles richesses, de nouvelles perfections à ajouter à ces lois. Mais avant de partir, il exigea de tout le peuple et de tous les magistrats, le serment le plus solennel qu'on ne changerait rien à ce qu'il avait établi avant son retour. Il ne revint plus ; et en mourant il avait ordonné que son corps fût jeté à la mer, crainte que les Spartiates n'apprissent sa mort et ne le reconnussent. Pendant plusieurs siècles ces lois firent la gloire et la puissance de Lacédémone.

La royauté à Sparte, comme dans d'autres républiques de la Grèce, n'était qu'une magistrature qui comprenait aussi le commandement des armées lorsque l'État était en péril. Mais cette autorité était tempérée par les droits et la volonté du peuple. Des magistrats avaient mission d'arrêter l'abus du pouvoir royal, et remplissaient ainsi le rôle de tribuns. Les rois devaient se dévouer, se sacrifier au bonheur et à la défense du pays, mais ne pouvaient que difficilement devenir des maîtres absolus, encore moins conserver cette puissance usurpée. Dans ce cas, la loi ordonnait l'insurrection de tout citoyen, et permettait d'attenter à la vie de l'usurpateur pour sauver la liberté du pays.

Darius, roi des Perses, avait triomphé de plusieurs peuples d'Orient et donné à sa puissance un développement immense. Il voulut porter ses armes contre les Scythes. Mais ces peuples nomades se retiraient sans cesse devant lui, emmenant leurs troupeaux. Darius s'enfonçait de jour en jour davantage dans des solitudes sans fin. Il dut revenir sur ses pas pour soustraire son armée entière à la faim, à la misère et aux privations. Il rentra dans ses États, après avoir perdu plus de la moitié de ses troupes. Il résolut de cueillir de plus beaux triomphes en Grèce; on lui avait vanté les merveilles de ce pays. Hippias, chassé d'Athènes, le poussait à la conquête de sa patrie. Il envoya donc Mardonius attaquer la Grèce par terre. Celui-ci, à la tête d'une puissante armée, passa l'Hellespont, pénétra en Thrace et jusqu'en Macédoine, s'empara de ces deux pays. Mais là s'arrêtèrent ses triomphes. Une des nations de ces contrées l'attaqua et lui tua beaucoup de monde, il fut lui-même blessé. Son armée, battue et démoralisée, ne pouvait plus avancer; il fut forcé de retourner en Perse couvert de honte et de confusion, après avoir perdu plus de cinquante mille hommes et près de quatre cents galères. Darius disgracia son général et recommença une invasion. Avant de fondre sur la Grèce, il envoya des émissaires pour l'inviter à se soumettre à son autorité: la plupart des contrées se soumirent; les Lacédémoniens et les Athéniens seuls refusèrent; et même, contre le droit des gens, mirent à mort les envoyés du roi des Perses. L'exaltation patriotique peut bien atténuer cet acte, mais non l'excuser.

Darius, furieux, jura d'anéantir ces deux républiques. Une flotte immense débarqua plus de cent mille fantassins et dix mille chevaux, à sept lieues et demie d'Athènes, en face le village de Marathon.

Les Athéniens se trouvèrent seuls pour résister à plus de cent mille soldats et de dix mille chevaux. Leur armée ne s'élevait guère qu'à dix mille combattants. Ils remportèrent une victoire à jamais célèbre. Miltiade commandait en chef, Aristide et Thémistocle étaient ses rivaux.

Les Perses, vaincus et repoussés, gagnèrent en désordre et avec précipitation leurs vaisseaux, et laissèrent le champ de bataille jonché de morts. Un soldat athénien saisit de sa main droite une barque chargée de fuyards, un coup de hache le prive de sa main; il retient la barque aussitôt avec sa main gauche, il la perd également; alors, tout mutilé et sanglant, il s'accroche avec ses dents au navire, un dernier coup achève ce héros martyr. L'histoire a consacré une page à l'Athénien Cynégire.

Un autre, fatigué, épuisé par le combat, court et arrive à Athènes haletant : il avait franchi sept lieues et demie de distance ; il montre à ses concitoyens une branche de laurier : « Victoire ! » s'écrie-t-il, et il tombe mort à l'instant.

Dans cette bataille, qui sauva la Grèce, tous les Athéniens furent des héros : il y eut cent quatre-vingts martyrs.

Le promoteur de cette guerre, le tyran Hippias, fut tué dans les rangs ennemis. Il avait conduit les Perses à la conquête de sa patrie ; la mort fut trop douce pour ce parricide.

Les Spartiates vinrent au secours des Athéniens, mais la victoire était gagnée.

A cette époque de gloire et d'héroïsme, Anacréon, au milieu des banquets, chantait la liberté et l'amour. Son front chauve était couronné de fleurs par les mains des Grâces. Jamais un esclave ou un lâche n'était admis dans l'enceinte de ces fêtes. Ses hymnes à Bacchus, à la patrie, à la liberté et au plaisir, retentissaient dans toutes les contrées de l'Orient.

Polycrate, roi de Samos, dont la prospérité était prodigieuse, voulut l'attirer près de lui. Longtemps il refusa ; enfin il se rendit à ses invitations pressantes ; mais il conserva toujours au milieu du faste et du servilisme de la cour sa liberté et son indépendance. Dans une fête, il chanta, en présence du roi, les vers suivants, depuis traduits en notre langue :

> Vainement Polycrate espère
> Me lier d'une chaîne d'or.
> Je n'ai, je ne veux de trésor
> Que mon luth, ma coupe et Glicère.
> . . . .
> Des idoles que l'on encense,
> Je n'adore que la beauté ;
> A la grandeur, à l'opulence,
> Je préfère la liberté.
> . . . .

Miltiade venait de sauver l'Attique et la Grèce de la domination des Perses. Ce héros, qui avait battu les armées de Darius, périt martyr de son dévouement pour son pays. Ses concitoyens, les Athéniens eux-mêmes, vengèrent Darius de sa défaite en persécutant son vainqueur. Il avait reçu le commandement d'une flotte pour purger les mers qu'infestaient encore les ennemis de la Grèce, et faire rentrer dans l'obéissance les îles et les villes qui s'étaient détachées de sa cause. Il fit voile vers Paros pour en châtier les habitants, qui avaient fourni des secours à Darius; mais sa flotte échoua contre cette île. Les Athéniens l'accusèrent de trahison, et, oubliant une vie entière consacrée à la défense de leur liberté, le condamnèrent à une amende qu'il ne put payer. Il fut jeté en prison. Là, sous le poids de ses chagrins et de ses douleurs morales, sa santé s'altéra promptement, les nombreuses blessures dont son corps était criblé se rouvrirent. Il sentit approcher sa dernière heure sans se plaindre, comme il avait sans crainte bravé la mort dans toutes les batailles.

Le roi des Perses mourut aussi bientôt après. Son fils, Xerxès, lui succéda au trône, et hérita de sa haine et de ses projets d'invasion contre la Grèce; il continua les préparatifs de son père, et les augmenta même au point, que les rapports qu'en ont fait les historiens paraissent fabuleux. L'exécution de son dessein fut fixée au printemps suivant.

Pendant ce temps, Thémistocle, nullement effrayé de la fin malheureuse de Miltiade, continua à préparer tous les moyens de résistance et de défense contre les Perses. Il donna à la marine d'Athènes un développement inconnu jusqu'à ce jour, et s'empara, à la tête de sa flotte, des îles de la mer Égée.

Athènes, avec une flotte formidable et deux généraux tels que Thémistocle et Aristide, pouvait défier les événements. Malheureusement, la division existait entre eux. Les lauriers de Miltiade empêchaient Thémistocle de dormir. Il était insatiable de gloire et de trophées; il flattait et excitait le peuple. Aristide ne pensait qu'au maintien des lois et qu'à faire régner et aimer la justice. Mais la faction de Thémistocle l'emporta. Aristide fut soupçonné d'aspirer à la royauté, et, malgré sa haute réputation de justice et de probité, condamné à l'exil. En quittant sa patrie, il fit des vœux pour elle.

Ses concitoyens ne tardèrent pas à le rappeler : ils eurent besoin de ses lumières et de sa valeur; l'amour de la patrie parla plus haut dans le cœur des deux rivaux, ils s'unirent contre l'ennemi commun.

Le moment de l'invasion des Perses approchait. Déjà Xerxès pressait la marche de ses armées et arrivait sur les bords de l'Hellespont. Dix-sept cent mille hommes de troupes de terre, quatre-vingt mille chevaux, cinq cent mille soldats et matelots sur une flotte de quatre mille quatre cents bâtiments, et des auxiliaires de tous les pays, c'était dix fois plus qu'il n'en eût fallu pour soumettre la Grèce, si, au lieu de ces masses confuses et indisciplinées, il eût eu de véritables guerriers.

Toute la mer était couverte de vaisseaux, et la campagne de soldats. Xerxès, du haut d'un trône, contempla cette armée avec une orgueilleuse satisfaction.

Un pont de bateaux fut jeté sur l'Hellespont. La nuit, il fut emporté par une tempête. Ce prince stupide et féroce fit trancher la tête aux ouvriers qui l'avaient construit, et, pour comble de démence, il fit frapper la mer avec des verges, ordonna d'y jeter des chaînes et de la marquer d'un fer rouge, comme un esclave révolté.

Le pont réparé, l'armée mit sept jours à passer, et pénétra en Thessalie par la Thrace et la Macédoine. Quant à la flotte, elle traversa le mont Athos au lieu de le doubler : Xerxès fit couper la montagne à force de bras et établit un canal.

Plusieurs peuples du nord de la Grèce se soumirent à lui. Le reste du pays résolut de succomber plutôt que de subir la loi des barbares. La flotte grecque garda les côtes sur tous les points menacés par les vaisseaux ennemis, une armée de soixante mille soldats s'établit à l'isthme de Corinthe, quelques milliers d'hommes furent répandus sur plusieurs autres points, et Léonidas, roi de Sparte, fut chargé avec un petit corps d'élite d'arrêter les Perses au passage des Thermopyles. Il n'avait avec lui que trois cents Spartiates.

Avant d'en venir aux mains, Xerxès fit offrir à Léonidas l'empire de la Grèce. Celui-ci répondit :

« J'aime mieux mourir pour mon pays que de l'asservir.

— Comment, lui dirent alors les émissaires de Xerxès, vous oseriez résister à un roi dont les armées innombrables peuvent, de leurs traits, obscurcir les rayons du soleil !

— Tant mieux, dit Léonidas : nous combattrons à l'ombre.

— Mais enfin, ajoutèrent-ils, quelle réponse donner à notre maître ? »

Léonidas ordonne à l'instant à un jeune guerrier de graver sur le rocher la réponse suivante, avec la pointe de son épée :

« Ici sont morts trois cents Spartiates pour le salut de la Grèce. »

Les envoyés de Xerxès restèrent muets de stupeur. Le roi des Perses, en dernier lieu, écrivit à Léonidas de rendre ses armes. Le héros lacédémonien répondit :

« Viens les prendre. »

Xerxès, irrité, donna le signal de l'attaque. Les Perses perdirent beaucoup de monde pendant plusieurs jours, sans pouvoir forcer le passage ; mais à travers des sentiers secrets que leur indiqua un habitant du pays, ils débordèrent les Spartiates pendant la nuit. Léonidas résolut alors de vendre chèrement sa vie ; à la faveur des ténèbres, il pénètre dans le camp ennemi, porte partout le carnage et la terreur, et arrive jusqu'à la tente du roi. Les barbares, dans le désordre, s'égorgèrent entre eux jusqu'au jour. Alors ils purent voir le petit nombre des assaillants et les écraser. Léonidas et ses compagnons, non vaincus, mais fatigués de vaincre, expirèrent tous sur des monceaux de cadavres ennemis.

La flotte des Perses, battue en même temps près du promontoire Artémisium, perdit par la tempête deux cents vaisseaux. Quelque temps après, elle fut détruite entièrement à Salamine et à Mycale.

Xerxès, vaincu, se sauva dans ses États ; dans sa fuite, il passa l'Hellespont sur une barque de pêcheur. Il avait laissé le commandement de son armée de terre à Mardonius. Celui-ci s'empara d'Athènes et d'autres villes qu'il avait trouvées sans habitants, et les rasa. Il s'avança jusqu'à Platée. Là s'engagea une bataille sanglante ; Mardonius combattit avec courage et périt dans la mêlée. Son armée, ébranlée par cette perte, se mit en pleine déroute et fut presque entièrement anéantie.

CHAPITRE II.

Mort de Xerxès. — Artaxerxès, son fils et son successeur. — Mort d'Aristide. — Exil et fin de Thémistocle. — Alcibiade. — Son portrait. — Sa mort. — Xénophon. — Socrate. — Sa mort. — Pythagore. — Hippocrate. — Les Thébains. — Épaminondas. — Sa mort. — Puissance romaine. — Les trois Horaces. — Brutus fait décapiter ses deux fils. — Héroïsme des trois cent six Fabius. — Virginie. — Dévouement de Curtius. — Dévouement de Décius. — Mucius Scœvola. — Guerre punique. — Dévouement de Régulus. — Scipion l'Africain. — Ses victoires. — Annibal. — Ses victoires. — Leur exil. — Leur rencontre à la cour d'Antiochus. — Leur fin.

Xerxès mourut quelque temps après, assassiné par un de ses généraux. Son fils, Artaxerxès, lui succéda. Il ne put de longtemps rien tenter contre les Grecs. Ceux-ci, après les victoires successives de Marathon, de Salamine et de Platée, avaient imposé à son père des conditions de paix entièrement à leur avantage. Ce prince avait été forcé de renoncer à toutes les îles et à toutes les contrées qui eussent pu lui servir même de point de ralliement pour attaquer la Grèce. Athènes, Lacédémone et d'autres républiques de la Grèce acquirent une grande puissance. Athènes, par ses prétentions, excita la jalousie de Sparte; et des guerres, plus funestes que celles des Perses, ensanglantèrent souvent le sol de la patrie commune.

Aristide, dont la vie avait été un dévouement continuel à la liberté et au bonheur de son pays, mourut ; il emporta dans la tombe la réputation du citoyen le plus juste, seul héritage qu'il légua à ses enfants. Il était si pauvre, qu'il ne laissa pas de quoi se faire enterrer, et que ses concitoyens durent pourvoir à la dot de ses filles et à l'éducation de son fils.

Thémistocle, rival d'Aristide, vantait les services qu'il avait rendus à son pays ; son amour-propre excita la jalousie des alliés d'Athènes, et le rendit odieux à ses concitoyens. Il fut condamné à l'exil. Il erra quelque temps dans plusieurs contrées ; mais enfin Artaxerxès l'accueillit à sa cour, et le combla d'honneurs et de bienfaits.

Au sein d'une fortune de satrape, Thémistocle ne pouvait oublier son ingrate patrie : le souvenir d'Athènes était sans cesse présent à son cœur. Il s'était fixé à Magnésie, et y vivait en paix au sein de sa famille, espérant que ses concitoyens le rappelleraient un jour au milieu d'eux. Artaxerxès, maître de tout l'Orient, convoitait la Grèce. Il ne pouvait supporter à l'occident de son vaste empire, les entraves que cette petite contrée lui avait imposées. Il prépara une expédition à la tête de laquelle il voulut placer Thémistocle. Le général athénien avait pour le roi de Perse beaucoup d'attachement et la plus grande reconnaissance ; mais l'amour de la patrie l'emporta sur lui, et il préféra s'empoisonner que de porter les armes contre son pays.

Il existait à cette époque à Athènes un homme extraordinaire par ses vices et ses qualités. Il ne fut pas, certes, un martyr de la liberté ; mais nous consacrerons quelques lignes à sa mémoire : pour les hommes comme pour les gouvernements, c'est un enseignement que de tracer son histoire. Alcibiade, le plus beau, le plus riche, le plus voluptueux de tous les Grecs, avait été disciple et ami de Socrate ; son esprit était rempli des connaissances les plus variées ; mais il ne put jamais s'astreindre à mettre en pratique les leçons de morale de son maître. Il savait, par son éloquence, captiver la foule. Brave dans les combats, il sauva la vie à Socrate à la bataille de Delium, comme Socrate l'avait préservé de la mort à celle de Potidée. Habile à revêtir toutes les formes, il discourait avec les philosophes, de morale, de vertu et d'honneur. Puis, il étonnait ses compagnons de débauche par sa licence et ses excès. A Athènes, devant le peuple, il avait le plus ardent amour de la liberté. A

Sparte, il était rigide observateur des lois de Lycurgue. En Asie, il surpassait les satrapes par son luxe et sa mollesse. Dans la Thrace, il était comme les habitants, grossier et intempérant. Avide de gloire, il conduisait des chars et triomphait aux jeux olympiques; son nom était connu de toute la Grèce.

Dans tous les gouvernements, on rencontre de ces hommes qui ont à leur service, pour toutes les circonstances et pour toutes les questions, une éloquence entraînante. Ils flattent les rois ou les peuples pour captiver leur confiance; ils sont d'une souplesse d'esprit, d'une activité, d'une aptitude surprenantes. Mais le fond de leur cœur est aride. Ils n'ont qu'un besoin, celui de satisfaire une ambition et un orgueil sans borne; qu'un but, de donner un libre cours aux passions les plus dépravées. Malheur aux princes, malheur aux gouvernements et aux peuples qui placent des hommes aussi dangereux à la tête des affaires et des armées!

Alcibiade servit tour à tour avec succès son pays et les ennemis de sa patrie. Il fit la guerre à ses concitoyens pour se venger de l'ostracisme auquel il avait été condamné. Après une existence des plus agitées, il fut tué à l'âge de quarante ans, dans une bourgade de Phrygie où il s'était retiré.

C'est vers le même temps que l'illustre Xénophon ramena sains et saufs dans son pays dix mille Grecs, après leur avoir fait traverser par des marches habiles les États du roi de Perse. Xénophon était l'ami de Socrate. Celui-ci, dans une bataille, l'arracha sanglant des mains des ennemis, le chargea sur ses épaules et lui sauva la vie.

De tous les philosophes de cette époque, le plus pur et le plus savant était Socrate. On venait de toutes les parties de la Grèce, écouter ses leçons de morale. Il s'attira l'inimitié des sophistes et des déclamateurs d'Athènes. Sa réputation leur portait ombrage. Ses discours et sa vie étaient une accusation continuelle contre tous ces personnages, qui n'avaient pour toute science que de vains mots, et de la sagesse que le manteau.

Sa réfutation des sophismes éloquents de Gorgias et de ses disciples, la pureté de ses leçons de morale à la hauteur de la morale chrétienne, lui attirèrent donc des ennemis nombreux et implacables. Il prétendait que la véritable liberté consistait dans une indépendance entière des passions qui nous aveuglent; que l'homme véritablement vertueux est celui dont l'âme est dégagée de tout sentiment d'égoïsme; que le plus heureux et le plus libre n'est pas celui qui a de la puissance, des esclaves, des richesses, qui exerce sur les autres hommes un empire absolu, et qui fait tout ce qu'il lui plaît de faire; que celui qui est persécuté injustement est moins à plaindre que celui qui le persécute; que l'homme qui subit le châtiment d'une faute est plus heureux que celui qui l'évite; qu'en dehors des lois éternelles de la justice, il n'y avait pour aucun être humain, ni bonheur, ni liberté; que toutes les sciences n'étaient que des connaissances frivoles, nuisibles même si on s'y attachait exclusivement; que l'esprit de l'homme, l'intelligence ne devait être cultivée que pour aider au développement des principes de la morale, et à leur application à tous les actes de la vie privée et de la vie publique. Il ajoutait que les jouissances des sens n'étaient qu'une déception, un égarement, celles de l'amour-propre de la fumée; mais que les jouissances du cœur, dirigées par celles de l'esprit, étaient infinies, qu'elles nous rapprochaient des dieux, et qu'elles remplissaient la vie d'un bonheur qui ne cessait qu'au tombeau.

Il fut accusé par ses ennemis, d'avoir parlé contre les dieux de la république, d'avoir cherché à égarer et à corrompre la jeunesse d'Athènes par ses leçons d'impiété.

Ses concitoyens osèrent prononcer contre lui une sentence de mort.

La veille de son supplice, ses amis avaient gagné les gardiens de sa prison, et voulurent le soustraire à une mort aussi injuste. Il refusa de se sauver, en disant qu'il avait toujours prêché l'obéissance aux lois, et qu'à son âge, moins qu'à tout autre, il ne lui était pas permis de renier sa vie entière. Tous ses amis en larmes l'entouraient. Lui, calme, assis sur son lit, comme sous les platanes de l'Académie, les consolait. Il leur parlait de la puissance des dieux; il leur recommandait l'étude et la pratique de la morale, seule condition de bonheur et de liberté.

Le bourreau se présenta en tremblant; Socrate prit de ses mains la coupe empoisonnée, le bénit, et avala tranquillement le breuvage. Alors

MORT DE SOCRATE.

la prison retentit de cris et de gémissements. Socrate, montrant les cieux, dit à ses amis, avec la sérénité de l'homme qui a rempli sa vie : « Là haut nous nous retrouverons ; ce n'est que mon argile qui se brise ; ma lumière va remonter à sa source. » Il recommanda qu'on accomplît un léger vœu qu'il avait fait à Esculape, et s'endormit du sommeil du juste.

Pythagore professait la philosophie à Athènes. Il enseignait à ses disciples non-seulement les sciences, mais il les rendait propres à gouverner les hommes avec sagesse. L'étude de la morale faisait la base de sa doctrine. Il leur apprenait surtout à connaître et à apprécier les droits que la nature a donnés à l'homme, les devoirs qu'elle lui a imposés, et sa destinée sur le globe.

« Le plus grand des biens, disait-il, est la liberté, qui fait éclore les plus nobles sentiments en élevant l'homme, et qui enfante toutes les merveilles de l'ordre social. Le plus grand des maux, c'est la tyrannie, qui corrompt, aveugle, avilit, dégrade et étiole la nature humaine, donne naissance à tous les vices et à tous les crimes. »

Aussi, fidèles aux leçons admirables du maître, les pythagoriciens étaient-ils les défenseurs les plus ardents de la liberté, et les ennemis les plus acharnés des tyrans, qu'ils combattaient ou chassaient partout.

Plusieurs de ses disciples périrent un jour martyrs de leurs convictions et de leur dévouement. Pythagore n'échappa à ce massacre que pour payer sa dette à la liberté dans une persécution générale suscitée par la tyrannie.

C'est vers ce temps à peu près qu'une peste affreuse étendit ses ravages sur toutes les contrées d'Orient. La contagion avait gagné la Grèce. Hippocrate, dont la réputation était immense, combattait de son art divin le fléau qui décimait les populations. Il était à Athènes, lorsque des envoyés d'Artaxerxès vinrent lui offrir de la part de leur maître les plus riches présents pour l'attirer auprès du roi.

Hippocrate ne jeta pas même un coup d'œil sur les trésors et les objets précieux déposés à ses pieds. Il refusa toutes les offres qui lui furent faites, en disant :

« Je dois tous les instants de ma vie à mes malheureux concitoyens. »

La peste avait cessé, et Sparte était en guerre avec la république de Thèbes. Elle voulait étendre sur elle sa domination. Fidèle aux principes de Pythagore, son maître, Épaminondas jura de mourir ou de sauver sa patrie de la tyrannie de Sparte. Il fut mis à la tête de ses concitoyens, battit plusieurs fois les Spartiates, et acheva le triomphe de sa patrie à la bataille de Mantinée. Mais là, il fut blessé mortellement avant que la victoire des siens fût complète. On vint bientôt lui annoncer que les ennemis étaient entièrement défaits.

« C'est bien, dit-il ; arrachez maintenant le fer de ma plaie. »

Le sang s'en échappa à flots, et il expira bientôt en félicitant sa patrie et faisant des vœux pour elle.

Au delà de la mer, au couchant de la Grèce, une puissance nouvelle s'était formée dans le Latium. Les débris des Troyens que le fer et le feu des Grecs, ainsi que les naufrages, avaient épargnés, s'étaient établis sur certains points de l'Italie. Malgré l'obscurité de leur origine, tout semble prouver que les premiers Romains furent les descendants des enfants de Priam.

Rome naissante offrit un asile à tous les aventuriers de l'Italie ; bientôt elle acquit assez de puissance pour éveiller la jalousie des États voisins. La guerre éclata entre les Romains et les Albains.

Il y avait dans les deux armées trois frères jumeaux : les Horaces, chez les Romains, et les Curiaces, chez leurs ennemis. Il fut décidé qu'un combat entre ces jeunes guerriers déciderait du sort de la bataille.

Deux Horaces succombèrent, le troisième fut blessé, mais les trois Curiaces périrent.

Le jeune Horace fut emporté à Rome en triomphe. En entrant dans la ville, sa sœur en pleurs lui reproche la mort de son fiancé (un des Curiaces devait l'épouser) ; le jeune guerrier, enflammé d'indignation et d'amour patriotique, enfonce le glaive dans le sein de sa sœur. Cette férocité, toute blâmable et sauvage qu'elle est, témoigne dans cette âme d'un ardent amour de la liberté.

Quelques années plus tard, Brutus ayant découvert une conspiration de ses fils contre la liberté de Rome, et en faveur de la tyrannie des Tarquins, leur fait couper la tête en sa présence. Qui peut nous dire quels combats dut se livrer ce malheureux père : d'un côté l'amour de ses enfants, le cri déchirant de la nature ; d'un autre le respect aux lois, le devoir et l'amour de la liberté. Plus d'une femme, d'une mère, firent alors preuve de sentiments aussi exagérés. Une mère spartiate sachant que son fils, qui avait été lâche devant l'ennemi, était allé cacher sa honte et se soustraire à la malédiction de ses concitoyens, dans un temple, apporte elle-même la première pierre pour en murer la porte, afin qu'il ne pût s'échapper. Les jeunes fiancées et les femmes mariées dans ces temps d'héroïsme et de vertus primitives, en présentant le bouclier à leurs amants ou à leurs époux, leur disaient : *Revenez avec lui ou sur lui*. Malheur à ceux qui avaient perdu leur bouclier ou qui avaient manqué de courage, ils étaient repoussés même de leur famille.

Quelques années plus tard, la guerre éclata entre les Veïens et les Romains. La victoire resta plusieurs fois aux Romains, mais elle leur coûtait les meilleurs généraux, les citoyens les plus illustres, et les affaiblissait tous les jours.

La famille des Fabius, une des premières de Rome, comptait trois cent six guerriers à la construction et à la défense d'une forteresse qui arrêtait les Veïens : ils se firent tous tuer avec leurs clients. L'armée ennemie, affaiblie par cette résistance, demanda la paix. Leur dévouement sauva Rome et la liberté.

Lorsque, par la valeur de ses soldats, Rome se débarrassait des ennemis du dehors et étendait ses conquêtes, à l'intérieur sa liberté était quelquefois menacée par les généraux que le sort des combats ou leur mérite avait élevés aux premiers emplois de la république.

Appius Claudius, chef des triumvirs, montra bientôt l'orgueil le plus insolent et les intentions les plus tyranniques. Un plébéien, Siccius, aussi hardi en sa présence que brave devant l'ennemi, osa lui reprocher d'attenter à la liberté de Rome. Ce nouveau Tarquin le fit assassiner, et son crime resta sans vengeance, tant il inspirait d'effroi. Mais ce tyran ne tarda pas à être renversé et condamné à mort.

Épris des charmes de la jeune Virginie, fille d'un centurion, il la fit réclamer comme esclave, et, au mépris des lois, se la fit adjuger ; cette scène se passait en public. Virginius était présent, il saisit à l'instant un couteau sur l'étal d'un boucher, et poignarde sa fille, en adjurant les dieux infernaux de faire retomber sur la tête du tyran le sang de la malheureuse Virginie, qu'il immolait à la pudeur et à la liberté.

Les Tarquins, chassés de Rome par leur tyrannie et leurs insolentes vexations, s'étaient retirés chez Porsenna, roi des Étrusques. Ce prince promit de les rétablir sur le trône, et marcha sur Rome avec une armée. Le mont Janicule fut occupé immédiatement par les ennemis. Rome effrayée n'était plus garantie d'un côté que par des murailles, de l'autre par le Tibre sur lequel était un pont de bois.

Le pont allait être franchi par l'ennemi, lorsqu'à son entrée un seul combattant se présente : Horacius Coclès arrête seul les ennemis étonnés de tant d'audace. Pendant ce temps le pont est abattu à l'autre extrémité. Horacius Coclès roule avec les débris du pont dans le fleuve, et se sauve à la nage vers la rive opposée.

En même temps, Muscius Scœvola va trouver le sénat, et s'offre d'aller en transfuge dans le camp ennemi pour tuer le roi. La position de Rome était très-critique. Elle ne pouvait résister longtemps aux armes de Porsenna : le salut de l'empire l'emporta, et Muscius Scœvola partit pour le camp ennemi ; il pénétra facilement au milieu de la foule. En ce moment, on distribuait la paye aux soldats. Le roi et son secrétaire étaient assis à côté l'un de l'autre, leur costume était à peu près le même. Muscius se trompa et tua le secrétaire. Il fut aussitôt saisi et traîné auprès du roi. Il y avait à côté un brasier préparé pour un sacrifice. Muscius pose sa main sur les charbons ardents pour la punir d'avoir manqué son coup. Étonné de ce courage, le roi ordonne qu'on l'arrache à ce supplice. Muscius, comme pour lui en témoigner sa gratitude, lui avoue que trois cents jeunes Romains avaient aussi juré d'arracher la vie à un roi qui voulait imposer un tyran à leur patrie. Porsenna, effrayé, s'empressa de faire la paix, et accepta des otages.

Parmi ceux-ci, se trouvait Clélie, jeune fille noble. Le camp de Porsenna était assez éloigné de la ville. Une nuit, Clélie s'échappe, monte sur un cheval qu'elle trouve par hasard sous sa main, traverse le fleuve et rentre dans sa patrie.

Porsenna, furieux, redemanda Clélie. Fidèle aux conventions, le sénat la renvoya à Porsenna; mais le roi, admirant le courage de cette jeune fille, la traita avec bonté, lui permit de retourner à Rome et de conduire avec elle ceux des otages qu'elle désignerait.

Clélie fit choix de toutes les jeunes filles et des jeunes enfants qu'elle ramena à leurs parents. Le peuple romain accueillit Clélie avec des transports de joie, et plus tard lui éleva une statue.

Peu de temps après, la terre s'entr'ouvrit au milieu du Forum, et un gouffre d'une profondeur immense resta béant. Les aruspices consultés, répondirent que la république était menacée de grands malheurs, que le dévouement d'un citoyen, assumant seul sur sa tête la colère céleste, pourrait sauver la patrie des fléaux et de l'esclavage qui la menaçaient, en se précipitant tout armé dans le gouffre pour le salut commun.

Le jeune Curtius fit avec enthousiasme le sacrifice de sa vie; il piqua son cheval et s'élança avec lui dans l'abîme.

De pareils actes ne peuvent souffrir aucun commentaire. Certes, il y avait une profonde ignorance des lois de la nature matérielle, et par suite beaucoup de superstition chez ces peuples anciens; mais quelle abnégation! quel dévouement à leur patrie! quel amour pour la liberté!

Dans une circonstance malheureuse, l'armée romaine s'était engagée dans une gorge, et les ennemis la cernaient de toute part: Décius, jeune officier romain, sut la sauver par son courage et ses talents d'une destruction complète; il reçut une couronne civique en récompense, et ne tarda pas à être nommé consul avec Manlius Torquatus. L'avant-veille d'une grande bataille qui pouvait décider du sort de la patrie, ils firent dans leur sommeil le même rêve. Dans ce songe, la victoire était assurée aux Romains; mais à condition que le général dont le corps d'armée fléchirait, ferait à l'instant le sacrifice de sa vie en se précipitant, en présence de ses soldats, au milieu des ennemis.

L'aile que commandait Décius vint à faiblir, à l'instant le jeune consul s'élance sur un coursier, fond sur les plus épais bataillons, et expire d'une mort glorieuse.

L'armée romaine, en voyant ce dévouement sublime, combattit avec une fureur sans exemple, et remporta une victoire complète.

Ce fut sous le consulat d'Appius Claudius que commença la première guerre Punique. Les Carthaginois furent défaits dans une bataille navale. Les hostilités continuèrent encore quelque temps avec succès pour les Romains.

Marcus Régulus fut envoyé en Afrique pour combattre la puissance de Carthage. Il défit les Carthaginois dans plusieurs rencontres, s'empara d'un grand nombre de villes et de plus de trois cents forteresses.

Sur les bords de la rivière Bagrada, l'armée rencontra un serpent gigantesque qui l'inquiéta; plusieurs soldats furent dévorés, blessés, ou étouffés par le monstre. Les traits et les lances s'émoussaient contre les écailles dont son corps était revêtu. Régulus fut obligé de l'assiéger comme une citadelle, de le cerner avec des machines et des pierriers. Cet animal fut enfin écrasé sous les quartiers de rocher qu'on lança sur lui. Sa peau avait cent vingt pieds de longueur. L'odeur infecte que répandit son corps en putréfaction força les Romains à transporter leur camp à une distance éloignée.

Régulus était pauvre et d'une simplicité de mœurs admirable. Tout l'or, toutes les dépouilles des vaincus étaient scrupuleusement envoyés à Rome, et il ne garda jamais rien pour lui. Il n'avait pour toute fortune qu'un petit champ que cultivait un fermier. Celui-ci mourut, et son esclave profitant de cette occasion se sauva en emportant les instruments de labourage. En apprenant cette nouvelle, Régulus écrivit au sénat de lui envoyer un successeur, parce que son champ restant inculte par cet événement, sa femme et ses enfants réclamaient sa présence pour les nourrir de son travail. A l'instant le sénat acheta des deniers publics d'autres instruments, plaça un fermier à la tête de son bien, fournit à tous les besoins de sa femme et de ses enfants, et lui prescrivit au nom de la patrie de rester en Afrique.

Régulus continua de remporter des succès sur les Carthaginois, et les força à demander la paix. Il leur imposa des conditions si dures que ceux-ci firent demander des secours aux Lacédémoniens.

Xantippe, général spartiate du plus grand mérite, arriva pour combattre Régulus. Il disposa si bien la cavalerie nombreuse des Carthaginois, leurs éléphants et leur infanterie; il sut si bien tirer parti de toutes les ressources, qu'il battit Régulus. L'armée romaine fut entièrement taillée en pièces, Régulus tomba au pouvoir des ennemis et fut jeté en prison.

Quelque temps après, les Carthaginois lui proposèrent d'aller à Rome pour traiter de l'échange des prisonniers, en lui faisant promettre, sous serment, de revenir si sa mission n'était pas suivie d'un heureux succès.

Arrivé devant le sénat, Régulus, loin de conseiller l'échange des prisonniers, insista au contraire pour que l'on gardât et que l'on incorporât dans l'armée romaine les Carthaginois qui étaient prisonniers. « Quant à moi, ajouta-t-il, je suis déjà vieux ; bientôt je ne pourrai plus servir la république. Nos prisonniers, au contraire, sont jeunes, vigoureux, et dans les rangs de nos concitoyens pourront remplacer les soldats romains, dont le destin des combats nous a privés. Nos ennemis nous serviront ainsi à conserver la gloire et la liberté de la patrie. » En vain ses amis et ses parents le supplièrent de consentir à l'échange des prisonniers, tout fut inutile ; il retourna à Carthage, sachant bien d'avance qu'il ne reviendrai pas mourir auprès de ses concityens.

Les Carthaginois le martyrisèrent par toutes sortes de tortures : on lui coupa d'abord les paupières, et on l'enferma quelque temps dans un lieu très-sombre ; puis il fut exposé tout à coup aux rayons ardents du soleil. Enfin, après d'autres supplices, on l'enferma dans un coffre intérieurement hérissé de pointes de fer extrêmement aiguës. C'est là qu'il expira après des douleurs atroces.

Annibal, général carthaginois, avait été élevé par son père Amilcar dans la haine des Romains. Le gouvernement de Carthage le mit à la tête de ses armées, lui ordonna de passer en Europe et de détruire Rome.

C'était un homme d'une haute intelligence, d'un courage à l'épreuve ; son corps robuste résistait aux fatigues, aux veilles, aux éléments, aux privations. Avide de gloire et de vengeance, il avait toujours présent à sa mémoire le serment que son père lui fit prêter à l'âge de neuf ans sur l'autel des dieux : d'être jusqu'à la mort l'ennemi des Romains. Son esprit actif, souple, était fertile en ruses et en expédients de toute espèce ; rien ne l'embarrassait ; les difficultés qu'il ne pouvait franchir, il les tournait. Il savait tirer parti même des positions les moins favorables.

Il aborda sur les côtes de la Gaule avec une armée nombreuse et des troupeaux d'éléphants. Il traversa les Alpes et pénétra dans la Campanie. La plupart des villes lui ouvrirent leurs portes ; il repoussa plusieurs fois les Romains, et enfin remporta sur eux la célèbre victoire de Cannes. L'armée romaine fut presque détruite ; elle laissa sur le champ de bataille plus de quarante mille morts. Si, en ce moment, Annibal eût marché sur Rome, nul doute que cette ville eût été facilement prise d'assaut : des femmes, des enfants, des vieillards, voilà les seuls défenseurs qu'Annibal eût eu à combattre ; mais le luxe et les plaisirs de la Pouille le séduisirent ; il perdit un temps précieux, c'est ce qui sauva Rome. Les débris de l'armée romaine qui avait été vaincue à Cannes se réunirent à Rome ; de toutes parts les jeunes gens capables de porter les armes se rendirent, de toutes les contrées, au sein de la mère patrie. Annibal passa dans les délices de Capoue son quartier d'hiver.

Au printemps la résistance était organisée et les Romains purent lutter avec avantage contre les Carthaginois. Annibal resta trois ans environ dans la Campanie sans pouvoir pénétrer jusqu'à Rome, qui depuis la défaite de Cannes n'avait cessé de grandir en force et en courage.

Scipion, âgé seulement de vingt-quatre ans, fut envoyé en Espagne pour pacifier ces contrées et combattre l'influence des Carthaginois. Il prit plusieurs villes, gagna des batailles, fut adoré des soldats et vénéré des habitants.

Un jour ses soldats amenèrent dans sa tente une jeune fille d'une grande beauté, et qui appartenait à une des premières familles du pays. Scipion la reçut avec tous les égards dus à sa naissance, lui fit quelques questions. Il apprit d'elle qu'elle était fiancée à un jeune Espagnol qu'elle aimait et qui avait combattu contre les Romains ; Scipion s'empressa d'unir les deux époux. Il avait vingt-cinq ans, il sut sans doute comprimer sa propre passion, il sut comprendre et respecter surtout la liberté du cœur dans cette circonstance. Toutes les victoires, tous les exploits d'un guerrier sont-ils comparables à cette action sublime ! Ce jeune héros, voulant forcer Annibal à quitter l'Italie, s'offrit au sénat pour aller porter la guerre en Afrique. Le sénat n'approuva pas d'abord son projet ; mais enfin il fut forcé d'y accéder plus tard, et le sénat carthaginois rappela Annibal pour défendre sa patrie.

Les deux généraux se rencontrèrent dans les champs de Zama. Annibal fut complétement défait. Les villes d'Afrique se soumirent à Scipion, et Carthage fut ruinée. Trésors, marine, éléphants, cavalerie, tout devint la proie du vainqueur. Scipion fut depuis surnommé l'*Africain*.

Annibal, malheureux et vaincu, fut persécuté par les siens, et en même temps par les intrigues des Romains. Il trouva un asile chez le roi Antiochus.

C'est à la cour du roi de Syrie que Scipion le rencontra. Ils s'entretinrent souvent ensemble. Annibal prétendait qu'Alexandre était le plus grand général qui ait existé, Pyrrhus venait après, et le troisième, ajoutait-il :

« C'est moi.

— Que diriez-vous donc si vous m'aviez vaincu?

— Je me mettrais en tête de tous. »

Annibal, toujours ennemi implacable des Romains, aida Antiochus dans les guerres qu'il leur fit; mais, desespérant de détruire leur puissance, il s'empoisonna.

Scipion eut à souffrir de l'ingratitude de ses concitoyens; il dut se retirer, abreuvé de chagrins et de dégoûts. Il alla habiter une petite ville de la Campanie; et, dans l'amertume de son cœur, il répétait souvent :

« Ingrate patrie, tu n'auras pas mes os. »

Il mourut de chagrin, à un âge peu avancé, à peu près à la même époque que le général carthaginois. Certes, si ce héros romain n'eut pas à supporter des douleurs physiques, n'eut-il pas des douleurs morales à supporter, mille fois plus cruelles?

CHAPITRE III.

Destruction de Carthage. — Mort héroïque de la femme d'Asdrubal. — Le berger Viriathe. — Les Gracques. — Caton. — Guerre des esclaves. — Marius. — Drusus. — Mithridate — Sylla. — Sartorius. — Spartacus. — La Grèce. — Philippe, roi de Macédoine. — Portrait de ce roi. — Les Thermopyles et les Athéniens. — Phocion et Démosthène. — Philippe veut asservir la Grèce. — Bataille de Chéronnée. — Philippe, maître de la Grèce. — Préparatifs d'une invasion en Perse. — Mort de Philippe. — Alexandre. — Ses victoires. — Sa mort. — Mort de Phocion. — Philopœmen. — Sa mort. — Mort de Mithridate. — Cicéron. — Sa mort.

Scipion Émilien fut plus tard envoyé à Carthage pour achever complétement la destruction de cette ville. Le sénat s'était enfin rangé à l'opinion de Caton, qui prétendait qu'il n'y avait de paix possible avec l'Afrique qu'après l'anéantissement de cette puissance.

Astrubal, général des Carthaginois, voulut opposer quelque résistance, mais la fortune le trahit : il implora humblement la générosité du vainqueur, il lui demanda à genoux la vie, pendant que l'incendie dévorait Carthage.

Exaspérée de la conduite d'Astrubal, sa femme court à lui, en tenant ses deux enfants dans ses bras :

« Ce n'est pas ainsi, lui dit-elle, que devrait agir le général en présence de la ruine de son pays ; il eût dû mourir avec tant de braves compagnons que la flamme dévore. Survivez dans l'ignominie à la perte de la patrie et de la liberté! ni vos enfants ni moi ne partagerons votre honte! »

A ces mots, elle se précipite avec eux dans les flammes.

Un berger de la Luzithanie, nommé Viriathe, réunit plusieurs esclaves échappés des fers et des flibustiers malheureux qui fuyaient l'oppression : il les arma et commença une guerre de partisans contre les Romains ; il eut des succès nombreux, et il ne tarda pas à réunir sous ses drapeaux une armée nombreuse, disciplinée et aguerrie. Les pauvres et les esclaves trouvaient contre la cruauté des riches et des maîtres appui et protection. Pendant huit ans, il tint tête aux Romains. La puissance de cet aventurier inquiéta la république ; il fomentait partout les révoltes contre la domination romaine, appelait les peuples à la liberté, et ne commettait jamais d'exaction, ni contre les vaincus ni contre les populations amies.

Rome ne put se débarrasser d'un ennemi aussi redoutable que par la trahison et l'assassinat. Ce malheureux pâtre, qui eut peut-être affranchi de l'esclavage ou de la servitude tant de contrées qui gémissaient sous le joug des Romains, périt martyr avant de terminer son œuvre.

Déjà la puissance romaine n'avait plus de bornes : les trois parties du monde lui étaient soumises. Toutes les richesses, toutes les productions de la terre entretenaient les jouissances de ses heureux patriciens. Avec le luxe et les richesses de l'Orient, la mollesse, les plaisirs et les vices de ces contrées avaient gagné toutes les âmes. Le peuple était foulé et malheureux ; les esclaves étaient innombrables ; la classe aristocratique possédait des terres et des biens immenses, et le peuple manquait de pain. Les Gracques avaient pris le parti du peuple et le protégeaient contre les nobles ; mais tous leurs efforts furent inutiles ; ils se firent des ennemis nombreux et puissants, et finirent par succomber sous les coups et les conspirations des nobles.

« Le dernier des Gracques, a dit Mirabeau, périt de la main des nobles ; mais frappé du coup mortel, il jeta de la poussière contre le ciel, et de cette poussière naquit Marius. »

Caton, issu d'une famille obscure, avait été protégé par un patricien. Il arriva aux premiers emplois de la république; il voulut s'opposer à la dépravation des mœurs et prendre le parti du peuple, alléger ses douleurs, le faire participer au bien-être et à un peu de liberté; il songea aussi à adoucir le sort des esclaves; mais les nobles, qui faisaient les lois, ne voulurent rien entendre.

Rome qui, dans les premiers temps ne combattait que pour le maintien de ses lois, pour défendre sa nationalité et sa liberté contre les autres peuples, avait, avons-nous dit, peu à peu augmenté ses états, et l'amour de la liberté se changea en l'amour effréné des conquêtes : elle imposa ses lois à tous les peuples vaincus; trois classes existaient dans son sein au mépris des principes de la liberté qu'elle ne respectait plus : les patriciens riches et insolents, le peuple, écrasé par l'usure, les vexations et la misère, et les esclaves dont le nombre était immense et qu'on recrutait chez les nations subjuguées.

Les peuples commençaient à se lasser de la domination romaine et de la servitude. Les Cimbres, les Teutons et d'autres peuples se soulevèrent.

Les esclaves de la Sicile secouèrent pour la seconde fois le joug; les vexations du gouverneur romain les avaient poussé à bout : ils mirent à leur tête un Grec intrépide, nommé *Athenion,* et un italien non moins brave, nommé *Salvius.* La guerre dura trois ans. Les esclaves firent des prodiges de valeur pour recouvrer leur liberté; tous, jusqu'au dernier, préférèrent la mort à la servitude et furent exterminés. Pendant ce temps, Marius battait les Cimbres et les Teutons qui marchaient sur Rome, pour attaquer, dans sa source, ce foyer de tyrannie universelle. Toutes ces guerres d'esclaves coûtèrent la vie à plus d'un million de malheureux.

Marius avait servi utilement la République : il avait conquis la Numidie et la Mauritanie; il avait détruit les puissantes armées des Cimbres et des Teutons. De retour à Rome, il soutint et flatta le peuple contre les nobles. Soit par haine contre des rivaux, soit par conviction, il sapa la puissance des patriciens, et vengea cruellement le peuple de son oppression ainsi que les Gracques que les nobles avaient fait périr. Il voulait que l'on donnât des terres au peuple, et le droit de cité aux alliés de l'Italie.

Le tribun Drusus embrassa chaudement cette belle cause. Le feu que les Gracques avaient allumé par un noble sentiment de liberté et de patriotisme, fut rallumé plus violent que jamais. Mais ce vertueux tribun périt martyr de son courage, il fut assassiné, et, à la pointe de l'épée, les patriciens firent passer une loi qui condamnait à mort tout fauteur de pareilles prétentions.

Drusus n'était plus; mais des partisants de ses idées généreuses apparurent sur tous les points, et trois cent mille Italiens armés vinrent demander le droit de cité pour leur pays. Le sénat voulut leur opposer ses légions et en confia le commandement à ses meilleurs généraux. Marius, fidèle à sa haine contre les patriciens, refusa de combattre et facilita la victoire des alliés. Le sénat fut forcé d'accéder à leurs prétentions.

D'un autre côté, les peuples d'Asie, exaspérés par les déprédations et les violences des gouverneurs Romains, se soulevaient. Mitridate, à la tête des peuples révoltés pour leur liberté, massacra, en un seul jour, cent mille Romains.

Mais Sylla, à son tour, le vainquit et exerça, à la tête de ses soldats, les exactions les plus atroces dans toute l'Asie mineure.

Marius était mort. Sartorius, général distingué, s'était jeté dans son parti et soutenait le peuple. La puissance de Sylla, opposée à ses principes, le força de quitter l'Italie. Il se retira en Espagne; là, il se concilia l'amour des peuples par ses vertus et forma une armée. Mais ne pouvant tenir la campagne, il alla en Afrique, où il défit les armées de Sylla. De retour en Espagne, il battit Pompée et Métellus, et affranchit ce pays ainsi que la Gaule narbonaise de la domination tyrannique des gouverneurs romains; il composa un sénat avec les sénateurs exilés de Rome, et, tout en restant Romain, il combattait les généraux de la république, parceque, disait-il, ils étaient les véritables et les plus dangereux ennemis de sa patrie et de sa liberté.

Il repoussa avec horreur les offres magnifiques que lui fit Mitridate pour attaquer Rome. Perpenna, général romain, jaloux des succès de Sartorius, le fit assassiner à table.

Ainsi périt martyr ce vertueux citoyen, qui eût pu changer les destinées de Rome et du monde, maintenir la suprématie romaine sur toutes les nations et établir le bonheur du peuple par la liberté.

Pendant que les généraux de la république étaient occupés en Espagne et en Asie à combattre Sartorius et Mithridate, une guerre terrible éclatait aux portes de Rome.

Le luxe des patriciens était si grand, leurs richesses si considérables qu'ils entretenaient un foule d'esclaves de toutes les nations. Ces malheureux, abrutis par les travaux les plus durs, par les mauvais traitements, étaient dévoués à la mort. On les exerçait aux armes, à la lutte, et ils servaient de spectacle aux cérémonies, aux fêtes et même dans les festins. Il se faisait un commerce infâme de ses misérables ; on les vendait ou les louait, on prodiguait leurs forces, leur sang et leur vie.

Un patricien nommé Lentulus possédait, à Capoue, un grand nombre de ces gladiateurs, la plupart Gaulois ou Thraces. Deux cents formèrent le projet de rompre leurs chaînes ; mais soixante-quinze seulement parvinrent à s'échapper. Spartacus était du nombre. Thrace de naissance, cet esclave avait servi la république dans un corps d'auxiliaires ; ayant déserté, il fut fait prisonnier, conduit en Italie et condamné au métier de gladiateur. Ses compagnons le choisirent pour chef. Ils s'armèrent comme ils purent et sortirent de la ville. Cette révolte donna naissance à une guerre qui dura plusieurs années. Quelques premiers succès attirèrent, sous les ordres de Spartacus, une foule innombrable d'esclaves, de transfuges, de pâtres et de bandits ; il les organisa et les disciplina si bien qu'il battit deux armées consulaires.

De toute part, de nouveaux combattants venaient grossir son armée ; il fut bientôt à la tête de cent mille hommes, et s'empara de plusieurs places importantes de l'Italie méridionale.

Loin de se laisser éblouir par ses succès et son heureuse fortune, Spartacus ne songeait pas à renverser la puissance romaine ; il voulait seulement se rapprocher des Alpes, traverser ces montagnes et se retirer dans son pays. Ses lieutenants et ses soldats, plus confiants dans leurs forces, éblouis par leurs nouvelle fortune, refusèrent de quitter l'Italie et se répandirent de tout côté pour ravager le pays.

Cependant le sénat, poussé par la crainte et la honte à la fois, résolut d'en finir avec une insurrection qui mettait la république en danger. Crassus reçut la mission de combattre Spartacus. Il rétablit la discipline dans l'armée, se montra sévère envers les soldats, leur reprocha leur lâcheté dans les batailles précédentes, et, pour punir les légions qui avaient fui devant *un esclave*, il les fit décimer. Après ces mesures de rigueur, il marcha contre les esclaves, en surprit dix mille, séparés de leur corps d'armée, et les tailla en pièces. Il alla ensuite présenter la bataille à Spartacus, et remporta sur lui une victoire complète.

Spartacus, battu, gagna les bords de la mer, pour passer en Sicile et y rallumer la guerre des esclaves avec les débris de son armée. Mais des corsaires siciliens, avec lesquels il avait fait ses conditions pour le trajet, reçurent son argent, et se sauvèrent pendant qu'il disposait tout pour son voyage ; il s'éloigna alors, et alla camper dans la presqu'île de *Rhegium*. Crassus l'y bloqua ; mais Spartacus lui échappa. Le général romain le poursuivit. Spartacus se vit forcé de tenter encore une fois le sort des combats. Il attendit donc son ennemi, mit son armée en bataille avec toute l'habileté d'un grand capitaine. Un soldat, au moment du combat, lui amena son cheval, il tira son épée et le tua, en disant : « Si je suis vainqueur, je n'en manquerai pas, si je suis vaincu, il me sera inutile. »

Il fut vaincu ; mais il fit payer cher la victoire aux Romains. On le trouva mort au milieu d'un monceau de cadavres immolés à son désespoir. Pompée, de retour d'Espagne, rentrait alors en Italie ; il rencontra les bandes fugitives de l'armée de Spartacus ; il n'eût que la peine de les tuer : la plupart était sans armes et en désordre.

Ainsi finit cette guerre, qui eût dû donner la liberté au monde, si Spartacus, à la tête de ses armées victorieuses, eût appelé les peuples de l'Italie à la liberté. Si en s'emparant des villes il eût pu, par une discipline sévère, empêcher le pillage et la dévastation, et si, en établissant un siège de gouvernement dans une place forte, il eût élevé dans l'Italie, puissance contre puissance.

Mais dans l'âme de ce pauvre esclave, ce n'était pas l'amour, ni de la gloire, ni des richesses qui le dominait. Simple enfant des montagnes de la Thrace, c'était le souvenir d'une mère, sans d'oute, et de cette première vie pure et heureuse, écoulée au milieu d'une nature belle et sauvage, c'était l'amour de la liberté; c'était un cri incessant qui retentit au fond de l'âme de tous les êtres : « Ma patrie! ma patrie! le soleil est à moi! »

Mais revenons à la Grèce, à ses grands hommes et à ses nobles martyrs de la liberté :

Épaminondas venait de succomber, les armes à la main. Datamen, Thimothée, généraux grecs, après avoir combattu pour leur patrie, payaient à leur tour leur dette à la persécution et à l'injustice. Philippe, roi de Macédoine apparut.

Ce prince rêva la domination de la Grèce et de tout les pays au nord de son empire; mais il cacha ses desseins. Il voulut ne pas tout confier au hazard des combats; il compta plus sûrement sur les ruses de la politique et sur la corruption : il avait enlevé le trône au fils de son frère; il sut s'y maintenir en associant à une adresse consommée, des succès dans les batailles livrées à propos; il savait semer la discorde entre ses ennemis et les réduire ainsi à l'impuissance de lui nuire; il savait surtout dissimuler les sentiments de son âme, il devinait jusqu'aux plus secrètes pensées du cœur humain, et connaissait dans toute la Grèce tous les ennemis qu'il avait à redouter.

Les Athéniens étaient le peuple qui lui portait le plus d'ombrage, tant par sa bravoure, son patriotisme et l'amour de la liberté, que par ses généraux distingués, ses orateurs et ses savants. Il eût de grand cœur sacrifié tout l'or qu'il possédait pour réunir Athènes à son empire : il n'osait leur déclarer ouvertement la guerre; il commença par attaquer les Phocidiens et les réduisit; il se présenta aux Thermopyles pour s'en emparer; mais les Athéniens s'empressèrent d'occuper ce poste. Philippe, n'osant encore en venir à une rupture, différa l'exécution de ses projets à des temps meilleurs et se retira sans combattre.

Démosthène, le plus célèbre orateur athénien, vivait à cette époque; il poursuivit de sa haine implacable le roi Philippe, qu'il démasquait et montrait aux yeux des populations comme le plus rusé, le plus faux, le plus ambitieux des hommes, et le plus dangereux des despotes.

Athènes possédait en même temps le général le plus modeste, le plus pur et le plus illustre de l'antiquité, Phocion, qui, toujours vainqueur, plaidait constamment la cause de la paix. Démosthène ne cessait de conseiller la guerre; il dévoilait hautement les projets liberticides de Philippe. Du reste, ces deux grands hommes furent toujours inaccessibles à la corruption.

Démosthène, en voulant la guerre, croyait au triomphe des Athéniens et à la défaite des armées de Philippe. Phocion trouvait dans les mœurs des Athéniens trop de dégradation pour oser compter sur des victoires successives; aussi il reprochait hautement à ses concitoyens leur dépravation. Ses paroles détruisaient toujours l'effet de celles de Démosthène, et celui-ci l'appelait *la hache de ses discours*. Phocion eut l'occasion de battre, en plusieurs rencontres, les armées de Philippe.

Ce roi qui ne reculait devant aucun moyen pour arriver à ses fins, corrompit à force d'or un Athénien. La flotte athénienne devait être incendiée par ce traître; mais cet infâme projet échoua. Philippe, trompé dans cet espoir, s'empara des passages qui conduisent en Béotie. D'après les conseils de Démosthène, les Athéniens s'unirent aux Thébains. Cette ligue offensive et défensive s'opéra malgré les opposants soudoyés par le roi de Macédoine. Démosthène stigmatisa toujours en termes énergiques les projets liberticides et la conduite tortueuse de Philippe.

Les Athéniens voulurent consulter la pythie. Les réponses furent défavorables.

Démosthène, persuadé que les prêtres du temple avaient été gagnés par l'or de Philippe, rassura ses concitoyens par ses discours; il détruisit le crédit de l'oracle par ce simple jeu de mots: *Ne voyez-vous pas que la pythie philippise?* Les Athéniens reprirent courage, Phocion qui, depuis longtemps, conseillait la paix, parce qu'il ne croyait pas que les Grecs pussent longtemps résister aux armes et à l'or de Philippe, fut écarté du commandement; on nomma à sa place des généraux sans talents, sans expérience, mais qui avaient su séduire la multitude. L'armée alliée, supérieure en nombre à celle de Philippe, fut battue complètement par le roi de Macédoine qui, apercevant les fautes des généraux, s'écria: *Ces gens-là ne savent pas vaincre*.

Démosthème assistait à cette bataille. Cet orateur ressemblait assez à tous les beaux parleurs des tribunes, qui ont un peu de courage civil, mais qui manquent de courage militaire : il se sauva, après avoir jeté son bouclier. Son manteau, s'étant accroché dans sa fuite à un tronc d'arbre, il se jeta à genoux et demanda la vie.

La victoire de Chéronnée rendit Philippe arbitre des destinées de la Grèce. Mais en habile politique, il chercha à faire oublier son triomphe, et il proposa aux Grecs de le nommer général de toutes les forces réunies pour aller combattre les Perses.

Philippe fut tué au milieu de ses préparatifs guerriers par un officier de son armée.

Sa mort causa une joie universelle en Grèce. Son fils Alexandre lui succéda, vainquit Darius, s'empara de tout l'Orient jusqu'au fleuve Indus. Ce prince avait un caractère bouillant et indomptable. Il s'éleva souvent des dissensions entre son père et lui : il fut quelquefois cruel par orgueil, injuste par emportement. Aristote, grand philosophe, versé dans toutes les sciences humaines, fut son gouverneur. Grâces à ses leçons de morale et de sagesse ; le monde, au lieu d'avoir eu dans Alexandre un conquérant et un maître, n'eût eu qu'un despote frénétique.

Son naturel vain, impétueux, et surtout orgueilleux, perçait souvent, malgré la direction opposée qu'Aristote lui avait imprimée : il aimait à se montrer grand, magnifique et généreux ; d'autres fois l'orgueil blessé le poussait aux actes de la vengeance la plus atroce. Il égorgea Clitus, son plus fidèle lieutenant, pour quelques vérités qu'il s'était permis de soutenir. Un jour, il fit mourir, avec une cruauté féroce, un brave guerrier fidèle à ses serments : un général ennemi commandait une place forte, Alexandre lui ordonna de lui ouvrir les portes de la ville. Le général refusa constamment, et résolut de périr plutôt que de trahir son pays.

Furieux d'être arrêté au milieu de ses triomphes, et après plusieurs assauts inutiles et meurtriers, Alexandre s'empara enfin de la place : il égorgea toute la population.

Puis, pour imiter Achille, dont il prétendait être issu, il fit attacher à son char le vaincu, et le traîna plusieurs fois autour de la ville, jusqu'à ce qu'il eût expiré et que son corps fût en lambeaux.

Une autre fois, ébloui de ses triomphes, il se fit passer pour le fils de Jupiter et se fit adorer. Enfin il mourut tout à coup dans un repas : on a prétendu qu'il fut empoisonné.

La vie et la puissance d'Alexandre a passé sur la terre comme un de ces ouragans dévastateurs dont on conserve le souvenir, mais dont le retour est toujours, pour le monde, la plus grande calamité.

Phocion, à l'âge de quatre-vingts ans passés survivait à Alexandre : il fut encore longtemps après utile à ses concitoyens. A cet âge, au milieu du respect que devait inspirer le souvenir du dévouement de toute sa vie, de son noble désintéressement, de sa pauvreté volontaire, lui que l'or de Philippe n'avait pu séduire, lui à qui Alexandre envoya trois millions pour honorer et récompenser ses vertus, mais qu'il refusa, fut accusé, au terme de sa carrière, d'avoir voulu trahir son pays et de s'être laissé corrompre par l'or des ennemis de sa patrie. La populace, ameutée par les sycophantes d'Athènes, refusa d'entendre sa justification. Il fut condamné à mort : il but la ciguë avec le courage et la sérénité de Socrate ; et, comme lui, laissa l'exemple de la vie la plus pure, et les regrets les plus amers, et comme lui, fut un martyr de la vérité et de la liberté.

L'empire d'Alexandre s'écroula par la mort de ce conquérant ; chaque république de la Grèce reprit ainsi son indépendance ; mais déjà de l'Italie la puissance romaine s'étendait au dehors. Elle finit par envahir la Grèce et tout l'Orient. Ce ne fut pas sans des résistances désespérées. Le Péloponèse s'était ligué. Philopœmen, général de la coalition, repoussa plusieurs fois les ennemis. A l'âge de soixante-dix ans, il fut pris dans une ambuscade par un général Messénien, son ennemi personnel, qui s'était vendu aux Romains ; on le plongea dans un cachot et on l'empoisonna. Philopœmen était redouté et estimé des Romains qui n'avaient pu le séduire ; sa mort livra le reste de la Grèce à ces conquérants.

Corinthe résista encore quelque temps ; mais elle tomba le même jour que Carthage, et les objets d'art ouvrages des Phidias, des Praxitelle, etc. allèrent orner les monuments de la nouvelle maîtresse du monde.

Athènes continua, à son indépendance près, d'être la première ville de la Grèce. Son dialecte s'y conserva avec toute sa pureté poétique; les savants, les artistes, tinrent toujours leurs écoles ouvertes à tous les peuples du monde. Virgile, entre autres, y vint pour entendre les leçons des philosophes, et se perfectionner dans les divers genres de poésie qu'il cultivait.

Mithridate, qui avait longtemps combattu contre les Romains, et leur avait disputé son empire de Pont, fut encore battu par eux, et fut tué par son propre fils.

Rome était souvent agitée par des discordres civiles. Cicéron s'était distingué dans l'armée, sous les ordres de Sylla. Il se livra depuis avec ardeur à l'étude de l'éloquence et des lois; ses talents oratoires exercèrent souvent une influence immense sur les destinées de sa patrie.

Un homme puissant par ses richesses et sa naissance, mais perdu de mœurs, s'entourait à Rome de tout ce que la lie de la populace avait de plus immonde, de tout ce que les prisons avaient vomi de malfaiteurs: Catilina convoitait la toute puissance. Cicéron connaissait toutes ses menées ténébreuses: une conspiration allait éclater. Les hommes les plus vertueux devaient être les premières victimes. L'orateur romain monta à la tribune, et, dans une improvisation sublime, électrisa l'assemblée et foudroya Catilina: il sauva ce jour-là sa patrie.

Antoine abusait de sa puissance, compromettait le salut de la République et de l'armée, se livrait à tous les excès les plus coupables, aux déprédations les plus scandaleuses. Cicéron, comme la Providence, avait toujours l'œil sur sa patrie et attaqua ouvertement la conduite d'Antoine dans ses *Philippiques*. Antoine ne lui pardonna jamais et s'en vengea.

Cicéron, outre ses plaidoyers qui sont des chefs-d'œuvres d'éloquence a composé d'autres ouvrages qui renferment les pensées les plus belles sur la vie de l'homme. Ses écrits *sur l'amitié, sur la vieillesse, sur les devoirs* sont des modèles admirables et n'ont rien de comparable dans aucune langue. Tout ce que le christianisme a de plus noble, de plus pur, de plus sublime, se trouve dans les pages de cet illustre écrivain.

On peut soutenir que les principes de la morale chrétienne n'étaient pas nouveaux; ils étaient déjà connus et professés publiquement par les sages de la Grèce et de Rome, dont plusieurs sont morts martyrs de la liberté.

L'orateur romain fut de ce nombre. Après avoir fait preuve de courage sur les champs de bataille, il servit aussi la république comme magistrat et comme orateur. Énergique défenseur de la liberté, du haut de la tribune aux harangues, il attaqua en face et foudroya de toute son éloquence les hommes les plus puissants qui cherchaient à égarer le peuple et à usurper le pouvoir. Ses ennemis purent le faire condamner à l'exil, mais il fut rappelé plus tard; toujours fidèle à son amour de la patrie et du bien public, il continua de faire une guerre acharnée contre ceux qui aspiraient à la tyrannie. Antoine était son ennemi implacable, il s'unit avec César et Lépidus pour le faire périr. On dressa une liste de proscription dans laquelle il fut compris. Cicéron tenta de se soustraire à la mort par la fuite; mais, au moment de s'embarquer, il fut arrêté par un centurion à qui il avait sauvé la vie quelques années auparavant, en le défendant de sa parole éloquente contre une accusation de parricide...

Ce centurion s'empressa, selon l'ordre d'Antoine, de lui couper la tête, ainsi que la main droite, avec laquelle il avait écrit les *Philippiques*. Antoine reçut avec bonheur ces restes de Cicéron, se reput de ce spectacle avec une satisfaction cruelle, et puis les fit clouer au-dessus de la tribune aux harangues. La tête et la main de ce vertueux citoyen restèrent ainsi exposées aux regards de tous les Romains; cet acte atroce déversa sur Antoine un sentiment d'horreur et de mépris.

Jules César, par ses nombreuses conquêtes en Italie, en Germanie et dans les Gaules, par sa politique adroite et sa modération, avait entièrement soumis ou rallié les peuples à la puissance romaine. Il sut aussi combattre avec succès la guerre civile qui désolait la république. Il employait dans son administration la ruse la plus consommée sous les formes de la sagesse, et savait, sous des dehors séduisants et désintéressés, cacher ses projets ambitieux.

Le peuple le combla d'honneurs : il reçut le titre d'empereur; puis celui de dictateur à vie, et enfin le surnom de *Père de la patrie*, lui furent déférés

Il lui fut permis de ceindre son front d'une couronne de laurier, de s'asseoir aux jeux publics sur un siége d'or, et d'avoir sa statue à côté de celle des rois. César était déjà roi de fait et il voulut porter le diadème. Déjà demi-dieu, il voulut être dieu tout à fait : il eut des temples, des autels, des prêtres, et fut adoré sous le nom de *Jupiter Julius*.

César ne put longtemps jouir de ce triomphe, une mort violente lui ravit la royauté qu'il allait atteindre. Le cri de la liberté se fit entendre au cœur des républicains. On conspira contre le dictateur ; on jura sa mort. Casca, Cimber, Cassius, Brutus et d'autres sénateurs le percèrent de vingt coups de poignard.

Mais, ce qui malheureusement arrive chez les nations corrompues, les républicains, en détruisant le tyran, ne purent tuer la tyrannie. Antoine voulut venger la mort de César et succéder à ses prétentions. La guerre civile éclata. Brutus et Cassius furent battus par Antoine. Ces chefs du parti républicain ne purent survivre à la perte de la liberté ; ils désespérèrent de leur propre cause et se tuèrent de douleur. On rapporte que Brutus en mourant dit : « Vertu, vain mot, vaine ombre, hélas ! j'ai cru en toi ! »

Sylla avait été aussi dictateur. Le pouvoir qu'il exerça était en apparence plus despotique que celui de César. Il faisait tyranniquement exécuter les lois ; tandis que César arrivait au même but par des moyens tout opposés, la corruption et la ruse.

Montesquieu a dit : « Sylla, homme emporté, poussait violemment les Romains à la liberté ; Auguste, rusé tyran, les conduisait doucement à la servitude. Pendant que sous Sylla la république reprenait des forces, tout le monde criait à la tyrannie ; et pendant que sous Auguste la tyrannie se fortifiait, on ne parlait que de liberté. »

En effet, la conservation des formes républicaines retarda l'établissement de la monarchie. Aussi, quand les formes républicaines disparurent, la monarchie régnait à Rome.

Caton d'Utique était contemporain de Cicéron. Il y eut entre ces deux hommes des liens d'amitié d'autant plus sincères, qu'ils étaient basés sur l'appréciation mutuelle de leurs qualités et sur leur commune affection pour l'intérêt de la république.

Dès son enfance, Caton montra une constance et une inflexibilité de caractère qui s'accrurent par la nature de ses études philosophiques. Ses principes républicains étaient incorruptibles et austères. Il était brave, sobre, tempérant comme un Spartiate, et amant passionné de la liberté comme un Athénien ; il employait toutes les ressources de son génie à déjouer les projets de tous ceux qui voulaient attenter à la liberté.

Les dehors séduisants, les formes polies, les vices même de César plaisaient à la multitude, parce qu'ils représentaient l'image véritable de la société romaine de ces temps-là.

Caton, au contraire, éloignait par ses vertus austères les sympathies d'un peuple corrompu. Dès sa jeunesse, il avait compris le besoin de se tracer une règle invariable de conduite dans sa vie privée comme aussi dans sa vie politique. Ses vertus mâles et fortes se développèrent par les leçons des stoïciens. Il était sévère pour lui, pardonnait difficilement une atteinte portée aux principes fondamentaux de la société ; au fond, son âme était bonne et douce. Caton eût voulu ramener la société romaine vers les heureux temps où les vertus privées et civiles dominaient dans la république ; mais il lutta en vain : il avait trouvé sa patrie livrée à la corruption, les vices en honneur, la ruine des lois et de la liberté imminente, et une autorité tyrannique toujours prête à s'élever sur leurs débris.

Les emplois publics étaient envahis par l'ambition et la cupidité : l'intrigue conduisait aux honneurs. Les institutions les plus sages, les traditions les plus honnêtes tombaient dans l'oubli ou le mépris.

Pendant sa magistrature il se montra rigide observateur des lois. A l'armée, il maintint une discipline sévère, tout en étant juste et bon envers ses inférieurs. Son amour pour la liberté et le bien public lui fit braver tous les dangers, sacrifier sa fortune, souvent son amour-propre. Il refusa constamment tous les honneurs, tous les priviléges que la reconnaissance du peuple et du sénat voulut lui accorder.

Déjà tous les cœurs véritablement républicains avaient cessé de battre, et tous les jours la liberté s'affaiblit à mesure que ses derniers défenseurs disparurent dans la tombe, ou se lancèrent dans le tourbillon opposé.

Rome finit par tomber entièrement sous le despotisme des empereurs.

Caton, convaincu que César tendait au pouvoir suprême, démasqua hautement les projets du dictateur et les combattit avec toute la vigueur de son caractère. Mais le spectacle dont il fut témoin abreuva son cœur de dégoût et d'humiliation ; il ne put supporter les prétentions tyranniques et orgueilleuses de César, ni survivre à la ruine de la république et de la liberté ; dès lors il crut que sa vie était devenue inutile à la patrie, il précéda volontairement l'usurpateur dans la tombe : il se perça d'un coup d'épée. Au bruit de sa chute on accourut, et l'on s'empressa d'appliquer un appareil sur la plaie ; bientôt revenu de son évanouissement, il l'arracha et expira sur-le-champ. Il était âgé de quarante-huit ans.

CHAPITRE IV.

JÉSUS-CHRIST. — EUSÈBE.

Chute de la république romaine. — Empire. — Mort d'Antoine et de Cléopâtre. — Chute du paganisme. — Apparition du Christ. — Son portrait, sa doctrine, ses paraboles. — Opinions diverses sur le Christ. — Son supplice. — La croix. — La tyrannie sous les empereurs. — Dépravation des sénateurs. — Portrait de quelques monstres couronnés. — Esclavage du peuple. — Établissement du christianisme. — Ses progrès. — Empire de Byzance. — Tyrannie en Orient. — Le philosophe Eusèbe. — Martyr de la liberté. — Invasion des Vandales conduits par Alaric. — Humiliation des sénateurs et des dames romaines. — Placidie sauve l'empire.

L'empire romain, sans cesser de porter le nom de république, devint bientôt en réalité une monarchie absolue. Le pouvoir du peuple fut annihilé; celui des sénateurs finit par s'effacer, soit par la peur qu'inspiraient les empereurs despotes, soit par la corruption. Tous ceux qui tentèrent de s'opposer à la tyrannie périrent d'une mort violente. On créa une loi contre un crime jusqu'alors inconnu à Rome, celui de *lèse-majesté*. Aussi le sang coula à flots.

Antoine avait tenté de disputer à Octave l'empire du monde, d'abord avec quelque chance de succès. Mais, aveuglé par l'amour et rebuté par une défaite, il abandonna son armée pour suivre Cléopâtre.

Octave le poursuivit. Antoine se tua pour éviter de tomber entre ses mains et pour ne pas survivre à la reine d'Égypte, dont on lui avait faussement annoncé la mort. Cléopâtre, ne voulant pas servir d'ornement au triomphe d'Octave, se fit apporter un aspic, et succomba à sa morsure.

Dès ce moment, Octave fut maître absolu de l'empire, et prit le titre d'Auguste. C'est sous son règne que se préparèrent les événements qui changèrent plus tard la face du monde.

Comme l'histoire des *Martyrs de la liberté* se rattache nécessairement à l'histoire générale des peuples, nous sommes forcés d'entrer quelquefois dans certains détails qui, au premier abord, paraîtraient étrangers à notre sujet. Dans tout ce qui se passe pendant la vie politique des nations, il est des faits indifférents par eux-mêmes, mais qui deviennent, par un concours de circonstances, des causes de grands événements, lesquels, à leur tour, par un enchaînement logique et forcé, retentissent pendant la durée de plusieurs siècles sur les destinées des générations qui suivent.

Des causes existant en politique, causes graves, causes reposant sur les besoins moraux des populations, il n'y a et il ne peut y avoir de repos dans les luttes qu'autant que les dernières résistances sont brisées et que les dernières conséquences sont enfin atteintes. C'est dans ces luttes qu'apparaissent les martyrs.

Déjà sous Octave, les vieilles croyances du paganisme tombaient en ruine; battues qu'elles étaient par toutes les intelligences d'élite, elles n'attendaient plus pour disparaître que la voix forte et puissante d'un martyr qui vibrât dans le cœur de l'humanité. Après les philosophes de la Grèce, les savants et les poëtes de Rome avaient porté le coup de grâce au panthéisme. Jules César et Cicéron avaient nié en plein sénat la pluralité des dieux.

Dans son poëme admirable *De la nature des choses,* Lucrèce, qui avait sous Zénon étudié l'épicuréisme avec ardeur, contribua plus que personne à renverser les divinités scandaleuses et ridicules du paganisme. Il adresse dans son ouvrage une invocation à Vénus, Vénus pudique, emblème tout à la fois de la beauté, de la vie et de la fécondité.

Les catholiques chrétiens n'ont rien de comparable dans leurs cantiques à la Vierge. La mère du Christ n'est-elle pas aussi un symbole de l'amour chaste, de la vie et de la conservation?

Ainsi donc, l'esprit humain était déjà préparé à recevoir le christianisme lorsque Christ apparut.

Ce législateur moderne résumait tout le passé et tout l'avenir. Sur les débris du vieux monde il établissait un monde nouveau. Il naquit dans la pauvreté, fut élevé par un charpentier. Mais ce qui est extraordinaire, c'est que toute sa vie est inconnue et s'écoula dans la plus profonde obscurité jusqu'à l'âge de trente ans. On sait seulement qu'à douze ans, il étonna par ses réponses les docteurs du temple de Jérusalem, et puis il n'en fut plus question pendant dix-huit ans. Pour bien des hommes, sa prétendue divinité est bien douteuse, au point de vue philosophique. On a prétendu qu'il avait passé la majeure partie de sa vie à voyager; qu'il avait parcouru tout l'Orient, fréquenté les mages, étudié les législations diverses, la morale et les sciences physiques; qu'il avait également suivi les leçons du Portique et de l'Académie d'Athènes, et que, riche des principes de la haute sagesse puisée à toutes ces sources, il dut facilement confondre les docteurs de la loi, les prêtres et les pharisiens, et éblouir plus facilement encore les yeux de la multitude.

Mais ce n'est pas dans cet ouvrage qu'il est convenable de combattre ces opinions ou de les appuyer de nouvelles considérations; pour nous, Christ est un martyr, le martyr le plus sublime de la liberté. Sa vie fut simple et pure; l'amour seul de l'humanité dévorait son âme. Il prêchait l'égalité, l'abnégation, le mépris des richesses et le pardon des injures. Il recommandait aux hommes de s'aimer comme des frères et de faire le bien pour le mal. Jamais on ne l'a vu rire. Souvent on le voyait verser des larmes et toujours travailler à l'œuvre de la régénération humaine.

Sa taille était belle et majestueuse; sur son front régnaient la sérénité et la candeur la plus pure; ses yeux étaient d'une douceur et d'une expression qui allaient à l'âme.

En vain les scribes, les pharisiens, les docteurs de la loi cherchaient dans leurs discours et leurs questions à le surprendre, à le faire tomber en contradiction avec lui-même. Il déjouait d'un seul mot leurs paroles insidieuses et les confondait par sa sagesse.

Ses leçons religieuses et morales étaient toujours données en forme de paraboles à ses auditeurs et à ses disciples. C'était toujours dans la vie ordinaire des hommes qu'il puisait les sujets de son enseignement ; aussi, en captivant l'attention de tous par des figures à leur portée, il allait au cœur de chacun. Sa parabole du *Père de famille qui occupe des ouvriers pour sa vigne ;* celle de l'*Enfant prodigue,* du *Pasteur,* du *Laboureur qui sème son grain,* etc., sont des allégories orientales empreintes d'une simplicité et d'une vérité divines.

Il sauva des mains du peuple la jeune adultère qu'on allait lapider; à ceux qui invoquaient contre elle la loi de Moïse, il répondit : « *Que celui « de vous qui est innocent jette la première pierre.* »

Un jour ses disciples manifestèrent leur étonnement de le trouver entouré de petits enfants : « *Laissez,* leur dit-il, *ces enfants venir à « moi. Vous n'aurez le royaume des cieux qu'autant que vous serez « purs et simples comme eux.* »

« Pourquoi vous tourmentez-vous? disait-il souvent à ceux qui l'écoutaient ; pourquoi votre vie se passe-t-elle dans les inquiétudes continuelles d'un lendemain qui vous est inconnu? Ne tentez pas la Providence, mais remplissez tous vos jours. Vivez en paix, et notre Père commun qui vous aime pourvoira à tout.

« Voyez les oiseaux du ciel : ils sont heureux et n'ont nul souci du lendemain. Pourquoi ne seriez-vous pas plus chers à mon Père? Ici-bas, rien ne se fait sans son ordre ou sans sa permission ; il veille sur tout ce qui respire.

« Heureux celui qui pleure, parce qu'il sera consolé ! Heureux ceux qui ont le cœur pur et droit, parce qu'ils verront Dieu ! Heureux celui qui aura été persécuté pour la justice et pour ses frères ! Heureux celui qui aura soulagé leur détresse ! il lui sera rendu au centuple. Il n'y a devant mon Père ni maîtres, ni esclaves, ni riches, ni pauvres : il n'y a que des enfants de Dieu, tous sont égaux devant lui.

« Vous voyez les publicains s'humilier dans un endroit écarté du temple, courber leur front dans la poussière, frapper leur poitrine et demander pardon à Dieu de leurs fautes ; eh bien, ils sont déjà pardonnés.

« Quant aux riches orgueilleux, aux pharisiens, mon père les repousse parce qu'il n'y a dans leur âme ni amour de leurs frères ni repentir. Un chameau passera plus facilement par le trou d'une aiguille que ces gens-là n'entreront dans le royaume des cieux. »

L'Évangile rapporte qu'il guérissait les malades en les touchant, qu'il rendait la vue aux aveugles, ressuscitait les morts et apaisait les tempêtes.

Avec un petit nombre de pains, il nourrit un jour des milliers d'hommes qui étaient accourus pour l'entendre hors de la ville. Il changea l'eau en vin aux noces de Cana. On a mis et on met en doute tous les miracles de sa vie et ceux qui suivirent sa mort.

Aujourd'hui, beaucoup de savants regardent le Christ comme un homme supérieur en intelligence et en morale aux hommes les plus illustres de la Grèce et de Rome, et séduisant facilement la multitude par son langage admirable et par ses vastes connaissances dans les sciences de la nature.

A Rome il n'était nullement connu; ce ne fut que plus tard que Pilate, gouverneur de la Judée, envoya au sénat le portrait de Jésus.

Jésus avait prédit la ruine de la ville de Jérusalem. Elle fut détruite de fond en comble par Titus, après un siége horrible.

La mission du Christ arrivait déjà à son terme. Il avait répandu les semences d'une doctrine d'amour et de liberté, et il avait formé douze disciples qui devaient aller prêcher cette doctrine dans les nations.

Le Christ n'a, pendant la durée de sa vie, révélé les secrets d'aucune science qui eût pu contribuer au bien-être matériel des hommes. L'esclavage existait partout, parce que l'ignorance et la misère avaient imposé partout leur joug abrutissant. Il n'a jamais dit un seul mot du continent qu'on a découvert douze cents ans après, ni de tant d'autres choses qu'un dieu sait et eût pu révéler aux hommes. Sur la surface des antipodes existaient pourtant de pauvres créatures de Dieu qui vivaient à l'ombre de la mort.

On raconte qu'il s'imposa un jeûne de quarante jours. Comme dieu, il a pu et dû ne pas manger; mais son corps humain eût-il pu supporter une telle abstinence sans succomber? Au bout de ce temps, dit encore l'histoire, il eut faim, et le diable vint se présenter à lui et chercha à le séduire. En même temps, ce génie du mal le saisit et l'emporta au haut du temple et mit sous ses yeux toutes les richesses de la terre, et lui dit : « Adore-moi, et je te les donnerai; » etc.

En vérité, qu'est-ce qu'un langage pareil? est-ce une allégorie ou est-ce de la réalité? Dans tous les cas, c'est pitoyable. Si le Christ n'était qu'un homme, c'est une absurdité; s'il était Dieu, c'est un blasphème. Peut-on ainsi détruire la sublimité du Christ ; un démon eût-il pu toucher à Dieu?

Heureusement que sa morale est restée pure et a traversé les générations pour venir jusqu'à nous, malgré les superstitions et l'idolâtrie que le despotisme sacerdotal a imposées en son nom aux peuples des siècles suivants.

Le Christ est venu sur la terre pour arracher les nations aux ténèbres de l'ignorance et au joug de l'esclavage. Chose déplorable! c'est en son nom que les prêtres ont entretenu l'idolâtrie et la servitude, et les successeurs des apôtres ont pu prêter la main à tous les despotes pour continuer l'oppression !

Christ, après une mission de trois ans, est traité et condamné comme un imposteur. Les prêtres et les pharisiens demandent sa mort. On l'accusait de sacrilège en se disant le fils de Dieu, et de jeter le trouble et la perturbation dans la cité de Jérusalem, en cherchant à détruire la loi de Moïse et à propager une nouvelle doctrine. On l'abreuva d'humiliations, on l'accabla de mauvais traitements, on mit dans ses mains un roseau en guise de sceptre, et sur sa tête une couronne d'épines qui déchira sa peau jusqu'au sang. Il fut flagellé et cloué à une croix qu'on lui avait fait traîner.

Au milieu des supplices et de l'agonie, sa bouche expirante ne proféra que les mots de *pardon* à ses bourreaux et d'*amour* à l'humanité.

Depuis Jésus, la croix est devenue désormais dans le monde l'image de la condition de l'homme. La croix signifie la souffrance et la lutte. Son triomphe, c'est la liberté.

Après la mort de Jésus, ses disciples se dispersèrent et allèrent porter sur la terre des paroles d'amour et de liberté. Comme leur maître, ils furent tous martyrs. Le christianisme finit, après quelques siècles, par triompher. Alors les prêtres chrétiens, oubliant ou faussant la doctrine du Christ, devinrent les agents du despotisme et les apôtres les plus intolérants de l'ignorance et du mensonge. Eux aussi firent des martyrs de la liberté.

Sous les empereurs, les antiques vertus de la république disparurent. Le despotisme alla parfois jusqu'au mépris le plus profond et jusqu'à la dégradation de la nature humaine, despotisme de la corruption s'exerçant sur des âmes avilies, sans énergie, sans dignité. Aucune tentative sérieuse, aucune réaction en faveur de la liberté. Des plaisirs, des fêtes, des orgies !

Les sénateurs, *d'un tyran soupçonneux pâles adulateurs,* n'étaient plus ces vénérables pères conscrits, qui, immobiles sur leurs chaises curules, se laissèrent massacrer par les Gaulois avec une impassibilité stoïque. Hommes de débauches et de jouissances grossières, ce n'était pas des affaires de l'empire qu'ils délibéraient dans leur conseil, ce n'était pas en faveur de la liberté que leurs orateurs montaient à la tribune ; c'étaient des soins d'un ordre bien plus élevé et dignes de ces temps déplorables : il s'agissait de voter si le *turbot* qui devait être servi à leur table serait mis *à l'huile, à la sauce* ou *au gratin*.

Un de ces personnages, riche des dépouilles des provinces qu'il avait pillées, faisait égorger des esclaves, et jeter leurs cadavres dans ses immenses pièces d'eau, pour servir de pâture aux poissons. Les lamproies et les anguilles engraissées ainsi avaient une réputation de qualité supérieure.

Caligula, qui succéda à Tibère, fut un monstre de cruauté. Tibère le choisit afin que ses vices fissent oublier les siens. « J'ai élevé, disait-il, un serpent pour dévorer le peuple romain, et un Phaéton pour embraser le monde. »

Ce nouvel empereur poussa la férocité jusqu'au délire. Il désirait que le peuple romain n'eût qu'une tête, afin de la trancher d'un seul coup. Ses crimes et ses actes de débauche étaient empreints d'un caractère d'extravagance. Il fit de son cheval un consul. L'épée d'un tribun de la garde prétorienne mit enfin un terme à ses folies, et débarrassa le monde de ce forcené.

Claude le Stupide lui succéda. Ses froides cruautés ont fait dire à Sénèque : « Qu'il tuait les hommes comme le chien tue le gibier. » Après lui vint Néron. On frémit au nom seul de ce tyran. Meurtrier de son frère, de sa mère, de Burrhus, et de Sénèque son précepteur, il mit le feu à des quartiers de Rome pour jouir du spectacle de l'incendie. Dans le Cirque et sur les théâtres, il se mêlait aux histrions, et malheur aux spectateurs qui lui refusaient des applaudissements !

Il était si cruel, que sous le plus futile prétexte il condamnait à mort. Il inonda de sang les rues de la ville, et surpassa en débauches tous ses prédécesseurs. Une insurrection éclata à Rome et dans les provinces : il fut condamné à mort comme ennemi public. Au dernier moment, il dit : « Quel artiste!… et mourir ! »

Mais cet événement ne put rendre à l'empire son antique liberté. On ne fit que changer de maître. Tous les hommes énergiques, toutes les familles que des souvenirs de vertus eussent pu rattacher aux temps de l'ancienne république n'existaient plus. Les patriciens avaient été détruits : il n'y avait plus que des empereurs tout-puissants ; des sénateurs avilis, instruments du despotisme ; des soldats achetés ; des milliers d'esclaves, et une populace ignoble qui ne demandait que des spectacles et du pain. Quant à des citoyens romains, il n'y en avait nulle part.

Dans ces temps de déplorable mémoire, où la corruption et la servitude avaient faussé l'esprit et flétri le cœur, le christianisme apparut à Rome.

Jusqu'ici, le paganisme n'offrait que des jouissances matérielles aux riches et aux heureux du siècle. Cette religion parlait aux sens et à l'imagination, mais elle était silencieuse pour le cœur. Des milliers de créatures humaines, prolétaires et esclaves, languissaient dans l'abjection, le mépris et la misère.

Tous ces malheureux accueillirent avec bonheur une doctrine religieuse qui offrait à leur âme pour aliment l'espérance et l'amour, et qui, au milieu des scènes désolantes dont le monde était le théâtre, offrait au cœur des consolations que le polythéisme leur refusait, et surtout une récompense après les tourments d'une vie de douleurs.

Les premiers chrétiens furent des femmes, des pauvres et des esclaves.

Ils ne comprenaient certainement pas dans toute sa sublimité les principes du christianisme. Il n'y avait chez eux ni l'amour de la patrie, ni celui de la liberté, ni le besoin de se dévouer pour arracher des frères à la tyrannie. Loin de là, la patrie, la liberté, étaient peu de chose à leurs yeux. Ils méprisaient la vie et tout ce qui peut en faire le charme ; tout, jusqu'aux sentiments les plus sacrés de la nature, étaient mis de côté.

Une vie éternellement heureuse devait succéder à la vie terrestre. Les exemples de courage, la vue des supplices excitaient et augmentaient leur enthousiasme ; ils bravaient les menaces, défiaient les bourreaux et demandaient à grands cris le martyre. Plus les persécutions devenaient violentes, plus le nombre des chrétiens augmentait. Bientôt ce ne fut plus des pauvres et des esclaves qui s'offrirent volontairement au fer des bourreaux : électrisés par ces exemples de courage héroïque, touchés de la douceur des victimes, de leur résignation, des soldats, des officiers, des légions entières embrassèrent le christianisme. Ce qui restait des anciennes familles romaines et que la tyrannie des empereurs avait épargné augmenta aussi le nombre des chrétiens.

Il n'entre pas dans le sujet de cette œuvre de parler des martyrs chrétiens ; aussi n'en parlons-nous qu'en passant et comme événements historiques qui relient les époques et les temps, et qui nous préparent ainsi aux grandes scènes des temps plus rapprochés de nous.

L'empire romain s'écroula sous des éléments de destruction et de désordre, et sur ses débris s'éleva l'empire de Byzance. Constantin le Grand fut empereur d'Orient ; chrétien, il favorisa le christianisme, persécuta même les païens ; politique profond, il exploita cette nouvelle religion, il gagna les évêques qu'il combla de richesses et d'honneurs, et se servit de la religion du Christ comme d'un moyen de gouvernement. Le polythéisme avait fait son temps. Constantin était trop habile pour chercher à réchauffer un cadavre et pour lutter sans succès contre l'entraînement des populations.

Favorisé par les empereurs, le christianisme acquit un développement immense. Le clergé se recruta aux dépens de l'armée. Les richesses, les honneurs et tous les avantages matériels étaient pour les prêtres chrétiens; ils parlaient au nom du ciel et s'occupaient uniquement à étendre leur empire sur la terre, au mépris des saintes lois du Christ. Leur prospérité les éloigna de la voie véritable du christianisme. Les disputes, les dissensions, le schisme divisèrent l'Église.

Sous l'empereur Constance, la tyrannie et les vexations furent portées à l'excès. La cupidité des favoris du prince remplissait les prisons de victimes. Les juges, corrompus, rendaient les arrêts que leur dictaient les accusateurs, et ces arrêts étaient toujours des proscriptions. Si la corruption était insuffisante, les menaces et les violences accéléraient les rigueurs et écartaient la pitié.

Courbé sous cette violente tyrannie, l'Orient gémissait. La terreur glaçait toutes les âmes; les victimes périssaient sans oser se plaindre, le désespoir même était muet.

Un seul homme osa résister à cette tyrannie. Eusèbe, orateur célèbre, disciple de l'école de Zénon, fit entendre publiquement sa voix au peuple; il retraça les temps heureux de la république, rappela les actes de courage et d'héroïsme de leurs pères, leurs triomphes sur les tyrans, leurs vertus austères; il invita ses concitoyens à s'armer, à se réunir, à proclamer la liberté, à vaincre et à mourir pour elle. Il fut saisi la nuit dans son lit par les satellites de l'empereur et jeté en prison. Après des tortures affreuses, on le mit à mort.

Eusèbe avait osé parler de vertus et de patrie à un peuple dégénéré; sa voix resta sans écho. Il fut le seul martyr de la liberté dans ces temps malheureux.

Sous l'empereur Honorius, les Vandales, conduits par Alaric, battirent les Romains et s'emparèrent de Rome. Cette ville n'avait pour défenseurs que des esclaves qu'on arma à la hâte, et qui la livrèrent aux barbares. Les Vandales se livrèrent au plus affreux pillage, ils portèrent dans tous les quartiers le fer et le feu. Quarante mille captifs ou esclaves exercèrent envers les Romains les plus cruelles représailles. Alaric, chargé de trésors, quitta Rome en disant qu'il ne voulait pas respirer plus longtemps l'air empesté de la corruption et de l'ignominie, et qu'il avait vengé le monde en ensevelissant sous des ruines les douze cents ans de gloire, de puissance et de domination dont Rome était si fière.

L'armée vandale présenta dans son camp le tableau le plus frappant des vicissitudes de la fortune : les sénateurs, les dames romaines jadis si respectées, servaient comme des esclaves leurs farouches vainqueurs, et présentaient aux Vandales, tout nus et couchés à l'ombre des platanes, des vases d'or et d'argent ornés de pierreries et remplis de vin de Falerne. L'empire romain eût été anéanti, si Alaric eût voulu partager l'Italie entre ses soldats; mais il craignait que la corruption italienne n'altérât le caractère belliqueux de ses sujets. Il céda à leur désir aventureux et les conduisit à la conquête de la Sicile; mais la mort vint le surprendre au milieu de ses exploits. Son beau-frère fut élu roi par ces barbares.

Une jeune vierge sauva l'empire romain. Placidie, fille de Théodose, était tombée entre les mains des Vandales. Ses charmes séduisirent le nouveau roi, qui demanda sa main à l'empereur Honorius, son frère. Celui-ci refusa avec dédain; mais Placidie voulut sauver l'empire et son frère malgré lui, et épousa le Vandale. Cette union fut célébrée avec magnificence, et un traité de paix fut signé.

CHAPITRE V.

LES PAYSANS DE NORMANDIE.
INSURRECTIONS DU MANS ET DE LAON.

Attila, roi des Huns. — Portrait d'Attila. — Honoria éprise d'une passion subite pour Attila. — Sa lettre à ce barbare. — Bélisaire. — Mahomet. — Portrait des Arabes et de Mahomet. — Une captive. — Sa loi. — Sa politique. — Ses victoires et conquêtes. — Invasion des Francs. — Nouvelle servitude des Gaulois. — Pépin. — Charlemagne. — Il est reconnu empereur — Révolte des paysans de Normandie. — Réapparition des Spartiates. — Hugues Capet. — Paroles d'un comte au roi. — Robert. — Il est excommunié. — Insurrection de la ville du Mans. — Première croisade. — Insurrection de Laon. — Son évêque Gaudri. — Sa mort. — Insurrection d'autres villes.

—

L'influence de Placidie sur son époux fut si puissante, que plus tard le roi des Vandales ne fut qu'un lieutenant fidèle d'Honorius. Il reconquit la Gaule pour l'empereur.

Il fut assassiné en Espagne, au moment de soumettre ce pays à l'autorité romaine.

Libres et vertueux, les Romains avaient été les maîtres du monde. Un reste de prestige et la réputation de son antique gloire permettaient à l'empire, à ce monument colossal, de rester encore debout; mais les matériaux qui le composaient tombaient en dissolution. Les invasions des Goths et des Vandales avaient porté déjà des coups terribles à la puissance romaine; une nouvelle invasion de barbares en précipita la ruine et prépara la liberté des nations.

Les Huns, peuple féroce et d'une race d'hommes inconnue jusqu'à ce jour, se ruèrent sur l'empire. Ils sortaient des immenses steppes de l'Asie septentrionale, et, sous la conduite de leur roi, Attila, descendirent le long de la mer Caspienne, et attaquèrent les provinces romaines au nord-ouest de la mer Noire jusqu'aux confins de la Thrace et jusqu'à l'Adriatique.

Toutes les armées qui voulurent s'opposer à leur marche furent défaites. Toutes les villes qui se trouvèrent sur leur passage furent pillées et détruites. Au nombre de huit cent mille combattants, tous à cheval, ils semaient partout la terreur et la destruction; ils passaient tous les hommes au fil de l'épée, brûlaient les villes, coupaient les arbres et ravageaient les campagnes. Le nord de la Gaule jusqu'à Paris fut dévasté par ces barbares. Dieu, dit-on, protégea Lutèce, à la prière d'une bergère de Nanterre.

Les Huns conduisaient avec eux de nombreux chariots dont ils entouraient et préservaient leur camp contre les attaques; ils dormaient tout armés.

L'empereur Valentinien, effrayé de leur marche rapide et de leur puissance, envoya des ambassadeurs à Attila pour traiter de la paix. Il les reçut avec dédain, et loin d'étaler à leurs yeux un luxe à la hauteur de sa réputation et de ses exploits, le roi des Huns resta assis sur une chaise de bois, au milieu d'une habitation rustique, et couvert d'un manteau grossier. Les ambassadeurs, forcés de s'humilier devant cette simplicité sauvage, n'obtinrent de lui que des menaces pour réponse. Voici, d'après Priscus, le portrait de ce roi barbare, qui était le type de sa race:

« C'est une horrible figure de Kalmouck. Il a la tête large, le teint
« basané, le nez aplati, la taille courte et carrée, les épaules larges, le
« cou court, point de barbe, et le regard faux et féroce. Il est cruel et
« passionné pour la guerre; il a les talents d'un capitaine et la vertu d'un
« soldat. »

Attila fut surnommé *le Fléau de Dieu*.

Tous les guerriers du Nord qui avaient épouvanté l'Europe et l'Asie étaient accourus se ranger sous ses ordres. Un grand nombre de chefs de tribus, de princes et de rois avaient grossi son armée ; et, persuadés de la divinité d'Attila, ils tremblaient devant lui, et disaient « que leurs yeux ne pouvaient soutenir le feu de ses regards. »

Honoria, fille de l'impératrice Placidie, princesse d'une imagination ardente, n'avait pu entendre sans émotion les récits merveilleux que la renommée publiait sur Attila. Les mœurs sauvages de ces peuples, l'âpreté du caractère de ce roi, la vie aventureuse des camps lui parurent mille fois préférables à l'existence ennuyeuse de la cour de Bizance. Au mépris de ses devoirs de femme, de princesse et de Romaine, elle adressa au barbare la lettre suivante, avec son anneau :

Honoria, au vainqueur des rois.

« Le monde est plein de votre gloire. Vous êtes au-dessus de tous les
« conquérants et au-dessus de tous les empires. Le globe seul peut
« contenir votre puissance.

« Fille du sang impérial, Honoria fait hommage de son anneau au
« grand roi Attila. Elle lui donne sa foi et le conjure de réclamer dès ce
« moment son épouse à la cour de Byzance. »

Attila trouva cette démarche extravagante, et n'y répondit d'abord que par un fier mépris. Il dédaignait l'hymen, et sa demeure rustique, comme un sérail d'Orient, était remplie de beautés de différents pays.

Plus tard, Attila fut poignardé la nuit dans sa tente par une femme captive qu'il avait contrainte de l'épouser.

L'empire continua d'être sapé par les invasions des hordes du Nord ; déjà les Gaules s'élevaient en monarchie indépendante. La Grande-Bretagne et les côtes de l'Océan tombaient au pouvoir des Saxons.

L'empire manquait de soldats et de généraux. Bélisaire retarda encore par sa valeur et ses vertus guerrières sa destruction. Il remporta contre les barbares plusieurs victoires ; mais à la fin, calomnié et persécuté, il vécut dans l'exil et mourut dans l'oubli.

La fureur des barbares détruisait et dispersait en Occident les derniers débris de l'empire romain. L'Orient, dégradé par la servitude, énervé par la mollesse, se débattait expirant au milieu des courtisans avides, des folies de la cour et du délire des disputes théologiques.

Dans ces moments de désordre et de faiblesse naquirent et s'accrurent en peu de temps, au milieu des sables du désert, parmi des tribus sauvages et belliqueuses et sous un ciel brûlant, une religion et une puissance nouvelles, qui changèrent la face d'une partie du monde, et qui furent au moment de le soumettre tout entier à un seul maître, à une seule loi. L'Arabe Mahomet attaqua de son glaive la foi du Christ et renversa des trônes.

Depuis l'origine des siècles, l'Arabie avait vécu libre, indépendante, heureuse. Dans ses vastes solitudes, au milieu des troupeaux, sous la tente, on retrouvait l'antique simplicité des patriarches.

En vain plusieurs conquérants avaient conduit leurs armées victorieuses jusqu'en ces contrées. Jamais vaincus ni domptés, les habitants avaient opposé avec succès à leurs envahisseurs tour à tour leurs armes et les sables du désert.

Sésostris, Cyrus, Alexandre, et les Romains, avaient successivement échoué. Monument unique des temps primitifs, les Arabes avaient conservé leurs mœurs, leur indépendance, leur courage belliqueux et leur vie pastorale. Mais ce que n'avait pu faire la puissance des armes, le fanatisme en vint à bout.

Ce peuple, voluptueux et d'une imagination ardente, était passionné pour la poésie, le courage et le merveilleux. Il accueillait avec faveur tous ceux qui parlaient avec enthousiasme, qui racontaient des prodiges, qui supportaient de grands malheurs et fuyaient les persécutions.

L'Arabie, au sixième siècle, était la réunion de tous les dieux, de tous les cultes, de toutes les erreurs, de tous les fanatismes de l'univers. C'était une anarchie de religions, d'opinions et de croyances. Mahomet parut et tout prit une face nouvelle.

Il prétendit qu'il était l'envoyé de Dieu, qu'il était destiné à rétablir le culte antique et à lui rendre sa pureté primitive.

Sa profession de foi était simple comme toutes les grandes idées qui laissent des traces ineffaçables; elle se réduisait à ce peu de mots : « Il n'y a point d'autre dieu que Dieu, et Mahomet est son prophète. »

La nature semblait l'avoir organisé pour le grand rôle qu'il devait jouer sur la terre. Sa constitution vigoureuse, sa tête forte et belle, son front large, ses yeux noirs, la pureté de ses traits, son air majestueux, son regard fier et doux à la fois: tout chez cet homme inspirait le respect et la confiance.

Son génie était vaste, son imagination ardente, son courage intrépide, son esprit souple et artificieux, sa volonté inébranlable. Toujours fixé vers le but de sa politique, il lui sacrifia toutes ses pensées, tous ses intérêts, tous ses plaisirs. Ce but était de réunir toutes les tribus arabes sous un seul chef et sous un seul culte. Il espérait gouverner les sages par l'unité d'un Dieu, les superstitieux par une prétendue révélation miraculeuse, le vulgaire par l'espoir des voluptés éternelles.

Comme les Orientaux, Mahomet était passionné pour le sexe. Il avait toujours douze femmes avec lui, sans compter les jeunes vierges que les conquêtes faisaient quelquefois tomber entre ses mains, mais dont il gratifiait presque toujours le courage de ses officiers.

Après une victoire en Syrie, une jeune vierge d'une beauté ravissante vint orner son harem, et fit quelque temps les délices de sa couche. Kaleb, son lieutenant le plus dévoué, lui reprocha un jour avec aigreur de s'oublier au sein de la volupté, de ne pas poursuivre avec ardeur l'œuvre de sa mission, et de négliger les occasions heureuses d'étendre son empire. Cette scène eut pour témoins plusieurs autres lieutenants du Prophète.

Mahomet, sans paraître ému, fait approcher la jeune captive, et la saisissant par les cheveux, lui abat la tête d'un coup de cimeterre, la jette aux pieds de Kaleb, et donne l'ordre à l'instant même de lever le camp.

Tout horrible à nos mœurs que paraît cet acte de brutale férocité, aux yeux des musulmans il fut sublime. La femme pour eux n'est qu'un instrument de plaisir ou de propagation de l'espèce; une simple chose qui n'a point d'âme, et qui ne doit nullement participer aux jouissances de leur paradis.

La loi de Mahomet est renfermée dans un livre nommé le *Coran*. Cet homme célèbre, malgré les attaques de toute nature contre sa mémoire, attaques dictées par la haine la plus aveugle et la calomnie, n'en est pas moins resté, depuis le Christ, le législateur le plus extraordinaire.

Il avait jugé les hommes et les choses de son siècle; il savait surtout que l'héroïque ne suffit pas à l'imagination des Orientaux, il sut y ajouter toujours le merveilleux, ainsi que les prodiges, et d'un coup d'œil il comprit que le temps de l'Arabie était venu, qu'un empire nouveau et une religion nouvelle devaient s'élever sur les débris prochains des empires d'Orient et d'Occident.

Sa loi était sévère, mais politique Les pratiques auxquelles il soumit ses disciples étaient superstitieuses et plaisaient au vulgaire ; mais le dogme de l'unité de Dieu et ses préceptes de morale rendaient sa doctrine respectable aux bons esprits. Enfin, son paradis sensuel, et l'idée du fatalisme ou d'une volonté divine supérieure à toute puissance humaine, se grava profondément dans l'imagination de ces peuples, et en fit des enthousiastes invincibles. A tous les malheurs, à tous les grands événements de la vie, ils opposent une résignation admirable, et ces paroles pleines de respect pour les décrets de Dieu : *Allah le veut, Allah est grand et Mahomet est son prophète.*

La religion, secondée par le glaive, plaça toute l'Arabie sous les lois de Mahomet ; mais cette conquête ne suffit point à son ambition : il attaqua et défit les Romains, dans plusieurs rencontres, et s'empara de toutes les contrées qui s'étendent de l'Euphrate à la mer Rouge. Il mourut à soixante-trois ans, miné par l'effet du poison. Ses successeurs étendirent encore ses conquêtes. L'Afrique, l'Asie et une partie de l'Europe, se courbèrent sous l'étendard de Mahomet.

Tout le continent gémirait aujourd'hui sous le cimeterre des musulmans, si le courage de Charles Martel n'eût arrêté les progrès de l'islamisme, en taillant en pièces l'armée des Sarrasins, sur les bords de la Loire.

Les enfants de Mahomet, chassés de France, se réfugièrent en Espagne, qu'ils occupaient déjà en vainqueurs auparavant ; à cette époque ils étaient possesseurs des sciences, des arts et de la littérature ; en Espagne ils avaient construit les plus beaux, les plus hardis monuments d'architecture qui subsistent encore aujourd'hui.

Pendant cinq cents ans, les Espagnols luttèrent avec un courage et une persévérance héroïques contre les Sarrasins, et enfin les expulsèrent de la Péninsule.

Les Gaules, dont les invasions des barbares du Nord avaient chassé les Romains, étaient tombées entre les mains de nouveaux tyrans. Les Vandales, les Sicambres et les Francs, maîtres de ce beau pays, s'y établirent en vainqueurs et s'en partagèrent les terres. Les premiers seigneurs remontent aux premières époques de la monarchie française. Affranchis du joug des Romains, les pauvres Gaulois furent courbés sous le joug des compagnons de ces rois flibustiers : pendant douze cents ans nos pères, attachés à la glèbe, ont gémi misérables sous le bon plaisir de ces barons devenus chrétiens, et qui relevaient à leur tour de la puissance royale.

Le clergé possédait aussi des titres, des priviléges et des droits seigneuriaux de toute espèce. La noblesse et le clergé se partageaient toutes les jouissances; au peuple, aux vilains, la fatigue du jour et de la chaleur, la servitude et la misère. L'empire romain avait asservi tous les peuples. Les barbares du Nord, en affranchissant les nations, les soumirent à une domination plus dure encore. Le clergé, reconnaissant toujours les gouvernements de fait, accepta cette prise de possession et façonna, pour lui et pour ses vainqueurs, les peuples à un nouvel esclavage.

Pepin venait de s'emparer du trône de France en faisant enfermer dans un cloître son souverain. Le pape Zacharie, qui avait besoin de sa protection pour assurer son indépendance à Rome, reconnut l'usurpateur et le sacra. Par cet échange politique de complaisance, le roi de France vit sanctionner ses droits au trône et le pape augmenta sa puissance temporelle par la possession de trois provinces et de trente-deux villes. Ainsi, d'un concert unanime, nous voyons les princes et les pontifes préparer les chaînes qui devaient, pendant plusieurs siècles, enserrer l'humanité.

Charlemagne, fils de Pepin, sut, par ses exploits guerriers et ses talents politiques, entourer le trône d'une puissance et d'un éclat jusqu'alors inconnus. Il fut appelé à Rome comme médiateur entre le pape et les Romains. Il donna gain de cause au pontife, dont il agrandit les États.

Le pape, le clergé et les nobles, le couronnèrent empereur d'Occident. Rome confirma avec enthousiasme par ses acclamations ce changement de maître. La gloire de Charlemagne avait d'abord séduit le peuple italien ; bientôt elle pesa sur lui de tout son poids ; à dater de cette époque l'empire d'Orient fut nommé l'empire des Grecs.

Irène, femme ambitieuse et souillée de crimes, avait ainsi laissé échapper l'empire d'Ocident. Elle ne tarda pas à être chassée du trône de Byzance. Elle mourut dans l'exil et la misère. L'opinion publique et l'histoire ont flétri sa mémoire ; les prêtres en ont fait une sainte : le fanatisme, l'intérêt et l'esprit de parti avaient imposé cette canonisation.

Depuis sept cents ans environ, la Gaule, envahie par les Francs, était en grande partie constituée en monarchie et gouvernée par des seigneurs. Les peuples belliqueux de ces contrées s'étant unis avec leurs nouveaux maîtres, combattaient avec eux et les suivaient dans leurs expéditions. Mais leur sort devint plus malheureux que sous les Romains. Depuis Clovis, la religion chrétienne, avec ses abus, avait remplacé leurs antiques croyances. Les druides, les bardes avaient cessé de faire retentir leurs temples et leurs forêts sacrées des chants de gloire et de liberté. Réduits à l'état d'esclaves, la vie languissante des générations gauloises s'éteignait dans la plus ignoble servitude. Quelques traditions, semblables à des contes fantastiques, existaient encore sous leurs misérables toits de chaume ; et à côté des tourelles de leurs tyrans, quelquefois ces malheureux serfs racontaient, dans leurs longues veillées, le bonheur et les exploits de leurs ancêtres, et invoquaient les noms de Brennus ou de quelque guerrier des temps passés.

Aux environs d'Evreux, en 997, les paysans, fatigués du joug insupportable de leurs seigneurs, se préparèrent à une révolte. Malheureusement pour la liberté des peuples de France, elle fut étouffée ; la plupart payèrent de leur vie cette audacieuse tentative. La conjuration avait des ramifications dans toute l'antique Neustrie et les provinces voisines. Des Scandinaves, des Norvégiens et des Danois, sous le nom générique de Normands ou hommes du Nord, avaient envahi ces belles contrées et réduit tous les habitants à la servitude. Ce fut sous le règne de Rikhard, troisième successeur de Roll, que ce grand projet se manifesta.

Dans la plupart des cantons de la Normandie, les habitants des villes, des bourgs, des hameaux et des bocages, commencèrent à se réunir et à parler ensemble de leurs peines et de leurs espérances, le soir après leurs fatigants et stériles travaux. Ces groupes étaient de vingt, trente, cinquante et même de plus de cent personnes. L'assemblée formait un cercle. Un d'eux prenait la parole, prononçait des discours violents contre la tyrannie des comtes, des barons, des chevaliers; faisait ressortir tout ce qu'il y avait de misérable et de dégradant dans leur condition, les poussait à la révolte et à la conquête de leurs droits et de la liberté. Une ancienne chronique en vers, dont voici la traduction, présente d'une manière vive, originale et authentique la substance de ces harangues :

« Les seigneurs ne nous font que du mal ;

« Avec eux nous n'avons ni gain ni profit de nos labeurs ;

« Chaque jour est pour nous un jour de souffrance sans compensation,
« un jour de semence sans récolte ;

« Chaque jour on nous prend nos bêtes pour des corvées et des ser-
« vices arbitraires ;

« Puis ce sont des justices vieilles et nouvelles,

« Des plaids et des procès sans fin :

« Plaids de monnaies, plaids de marchés, plaids de routes, plaids de
« forêts, plaids de mouture, plaids d'hommages.

« Il y a tant de prévôts et de baillis, que nous n'avons pas une heure
« de paix ;

« Tous les jours ils nous courent sus, prennent nos meubles et nous
« chassent de nos terres ;

« Il n'y a nulle garantie pour nous contre les seigneurs et leurs ser-
« gents, et ils ne respectent aucun traité.

« Pourquoi nous laisser faire tout ce mal et ne pas sortir de peine ?

« Ne sommes-nous pas des hommes comme eux ?

« N'avons-nous pas comme eux un corps de chair et d'os qui sent et
« qui souffre ?

« Il nous faut seulement du cœur.

« Unissons-nous tous par un serment.

« Jurons de nous soutenir mutuellement ;

« Et s'ils veulent nous faire la guerre, n'avons-nous pas pour un
« chevalier trente ou quarante paysans jeunes, forts, vigoureux,
« Prêts à combattre à coups de massue, à coups d'épieu, à coups de
« hache, à coups de flèches, à coups de pierres, s'ils n'ont pas d'armes?
« Sachons résister aux chevaliers, et nous serons libres : de couper,
« pour nous chauffer, du bois dans les taillis qu'ils ont ravi à nos pères,
« De courir le gibier qui dévore nos champs,
« Et de pêcher dans la rivière.
« L'eau, les champs, les bois, sont à nous et non à eux. »

Ces appels au droit naturel et à la force du plus grand nombre ne manquèrent point leur effet. De tous les côtés les paysans se promirent, par serment, de se soutenir et de résister contre les seigneurs. Ce genre d'association était alors désigné sous le nom de *commune*, qui devint si célèbre un siècle après dans toute la France. Toutes les villes, toutes les campagnes de la Normandie furent ainsi embrassées dans une grande affiliation.

Les affiliés étaient partagés en différents cercles, qui fournissaient chacun un membre au cercle supérieur ou assemblée centrale. Cette assemblée préparait et organisait partout, à l'aide d'hommes intelligents et persuasifs, les moyens d'attaque et de résistance.

Aucun signe de rébellion n'avait encore éclaté, lorsqu'à la cour de Normandie, dit un ancien auteur, « arriva la nouvelle que les Vilains tenoient des parlements et se tenoient en *commune*. »

Les seigneurs furent effrayés et craignirent un instant pour leurs priviléges.

Le comte d'Evreux envoya de tous les côtés des espions ; sur leurs rapports, il fit marcher ses troupes et arrêta, en un seul jour, tous les chefs de l'affiliation : les uns pendant qu'ils tenaient séance, les autres pendant qu'ils recevaient dans les villages les serments des paysans.

Ces malheureux ne furent traités que comme de vils esclaves ; le comte d'Evreux ne voulait pas même les mettre en jugement, ni se donner la peine de faire aucune espèce d'enquête. Il leur fit souffrir des tortures atroces ; les infâmes bourreaux de ce preux chevalier s'étudièrent à inventer toute sorte de supplices envers ces infortunés paysans. Les uns eurent les yeux crevés, les autres les poings coupés, les jarrets brûlés, d'autres furent arrosés de plomb fondu, d'autres empalés, plusieurs rôtis vivants, à petit feu, jusqu'à ce qu'ils expirassent, etc.

Les quelques infortunés qui survécurent à ces tourments furent promenés tout mutilés dans les villages et rendus à leurs familles pour y répandre la terreur. En effet, ces supplices étouffèrent dans le cœur des pauvres serfs toute idée d'indépendance. Une triste résignation succéda pour des siècles à l'enthousiasme et à l'amour de la liberté dans ces contrées.

De pareils actes étaient fréquents en France dans ces temps de féodalité. Nous aurons encore, dans les classes mêmes les plus infimes, de nobles martyrs à enregistrer. Ces âmes courageuses payaient de leurs têtes une manifestation prophétique d'un âge futur de 1789.

Les crimes des tyrans de tous les siècles rendent bien excusables les rares vengeances des peuples qu'on a réduits au désespoir. Nous ne parlons pas dans cet ouvrage des crimes des rois et des grands personnages de tous les temps et de tous les pays, il faudrait un livre gros comme le monde.

Nous nous contenterons de dire en passant que les royautés ne peuvent exister sans des attentats continuels à tous les droits des gens, soit par la force, soit par la corruption. Peut-on supposer l'existence de la royauté au milieu d'un peuple libre et intelligent? car il y a forcément lutte continuelle et révolution nécessaire. Les sanglantes représailles de 93 qu'on reproche tant à notre première révolution, que sont-elles? Qu'est-ce donc que cette vengeance du peuple contre cette résistance inique des rois, des nobles et du clergé? Depuis quinze cents ans, le peuple des Gaules servait de pâture aux rois et aux deux classes privilégiées. Par l'ignorance, la superstition et le mensonge, on le maintenait dans la servitude. Eût-il arraché et défendu par la violence, des droits que Dieu donne à tout mortel, si on n'eût d'abord répondu par la violence à la demande de ses droits? Un jour viendra où l'on dira: En 93, le peuple de France a puni de mort quelques-uns des hommes qui avaient hérité du bénéfice des crimes de soixante rois, de la tyrannie de plusieurs générations de seigneurs, et des impostures de plusieurs générations de prêtres, qui, au mépris des lois divines et humaines, voulaient tous conserver par la force, des droits usurpés sur leurs semblables!

Le paradoxe le plus cher aux courtisans, le sophisme politique le plus absurde, c'est que l'ordre est incompatible avec la liberté, et qu'il ne peut exister que sous le pouvoir absolu. Chaque page de l'histoire prouve l'absurdité de cette maxime si commune dans les cours de tous les temps et de tous les pays.

A chaque règne nouveau, l'empire d'Orient, plus ébranlé, semblait sur le point de tomber en dissolution; de temps en temps, quelques guerriers d'un grand caractère le relevaient et prolongeaient encore son agonie. Les empereurs n'arrivaient au trône que par des crimes; et à défaut d'un peu de gloire, ils se soutenaient par des crimes; toujours trahis par leurs propres fautes, ils succombaient presque tous aux embûches de leurs ennemis, et périssaient par le fer ou par le poison.

L'an 920 de l'ère chrétienne, un peuple jadis célèbre sort tout à coup de son obscurité, et vient de son audace étonner l'empire d'Orient, comme il avait étonné, plus de mille ans auparavant, le puissant roi des Perses. Les descendants des anciens Spartiates s'étaient révoltés contre l'oppression impériale. Ils résistèrent longtemps, dans leurs montagnes et dans les défilés du Taygète, aux forces de l'empire. Quelquefois vaincus, mais jamais domptés, ils reparaissaient sans cesse, surprenaient les convois ennemis, les bataillons isolés, et les détruisaient. Comme au combat des Thermopyles, ils arrêtaient et décimaient dans les gorges les armées de l'empire. Dix siècles n'avaient pu éteindre chez cette race indomptable l'amour de la patrie et de la liberté. Le luxe et la corruption du bas-empire s'étaient arrêtés au pied de leurs montagnes. Jamais les Turcs, après la prise de Byzance et la destruction de l'empire grec, n'ont pu subjuguer les Mainotes. L'empire fut forcé d'accepter de ces âpres enfants de Lycurgue un traité qui respectât l'intégrité de leur territoire et l'existence de leur république.

Cette lutte coûta aux Mainotes leur sang le plus pur; ils avaient tous juré de s'enterrer sous leurs montagnes, plutôt que de se soumettre à la loi des vainqueurs. Que de nobles martyrs cette terre féconde produisit pendant cette guerre! que de dévouement! que d'actes héroïques de la part des simples habitants de cette nature sauvage! Ils sont morts pour la liberté; et leurs noms, que les historiens n'ont pas transmis à la postérité, ne sont pas tous descendus avec eux dans la tombe. Des chants, des hymnes patriotiques ont immortalisé ces dignes neveux des héros des Thermopyles.

En France, la dynastie de Charlemagne perdait la couronne. Hugues Capet, chef d'une autre race, fut couronné roi des Français. Pour consolider sa puissance, il augmenta celle du clergé, qu'il combla d'honneurs et de richesses. Les prêtres le secondèrent de toute leur influence sur les peuples; mais plusieurs grands seigneurs du royaume, des contrées méridionales principalement, firent quelque opposition. Aldebert, comte de Périgord, assiégea la ville de Tours. Le roi de France s'avança pour la défendre, et ordonna à Aldebert de se retirer, en ajoutant: « Qui t'a fait comte? » Aldebert lui répondit: « Qui t'a fait roi? » Le comte continua de pousser le siége de Tours, et s'en empara.

Hugues Capet mourut et laissa la couronne à son fils Robert. Celui-ci épousa une de ses parentes au quatrième degré. Cette union fut une cause de grands chagrins pour les deux époux et de perturbation dans le royaume; le pape Grégoire fit casser ce mariage par un concile, et somma les deux époux de se séparer et de venir faire pénitence à Rome pendant sept ans. Robert refusa d'abandonner sa femme, qu'il aimait et qui était enceinte.

Le pape, irrité, mit la France en interdit et excommunia les deux époux. Robert vit le royaume bouleversé, ses sujets lui refuser l'obéissance, le clergé se révolter contre lui; il fut obligé de fléchir devant le despotisme du pape.

Les peuples des campagnes de France et les habitants des villes gémissaient sous les tyranniques vexations des seigneurs. Sous le règne de Philippe Ier, la ville du Mans voulut s'affranchir de la suzeraineté de Guillaume, pendant son absence.

Les bourgeois s'armèrent, firent un appel à tous les cantons, attaquèrent les châteaux. La résistance des seigneurs fut vive et désespérée; les bourgeois triomphèrent partout; ils incendièrent les châteaux, exercèrent des représailles sanglantes, et enfin s'érigèrent en commune. Mais l'établissement de leur liberté ne put durer longtemps. Guillaume le Conquérant, de retour d'Angleterre à la tête de ses armées, punit les Manceaux de leur révolte et les remit sous le joug.

Ce fut également sous Philippe que les chrétiens d'Occident rêvèrent la conquête de la terre sainte. Pierre l'Hermite parcourut l'Europe et appela, au nom du ciel, les peuples à venir délivrer la terre sainte du joug des infidèles. De toute part on se prépara à cette expédition. Le cri général de ralliement était : *Dieu le veut.*

Les seigneurs de toutes les provinces emmenèrent avec eux et à leurs frais tous les hommes qu'ils purent armer et équiper. C'était un enthousiasme universel dans toute l'Europe ; pour suffire à ces dépenses, bien des fiefs, des terres et des châteaux furent vendus.

On connaît le résultat de ces croisades. Si la religion chrétienne n'y perdit rien, du moins il est prouvé aujourd'hui qu'elle n'a rien gagné à cette fanatique démonstration. Les peuples seuls y gagnèrent d'être un peu affranchis des vexations et de la présence de leurs seigneurs. Les rois de France eurent aussi beaucoup moins de querelles à démêler avec des vassaux orgueilleux, toujours trop disposés à braver l'autorité royale.

Le mouvement des bourgeois et des serfs vers l'affranchissement, qui s'était déjà manifesté dans les campagnes d'Evreux et au Mans, devint, sous Louis le Gros, une impulsion sociale.

Les révolutions modernes prennent leur source dans un débat entre le peuple et la puissance royale ; celles de cette époque ne pouvaient avoir ce caractère. Les bourgs, les villages, les villes, n'avaient rien à démêler avec la royauté ; mais bien avec des seigneurs laïques ou ecclésiastiques qui les opprimaient. Néanmoins, les rois de France ne furent jamais favorables à l'établissement des communes dans les villes, surtout dans celles dépendantes de leur autorité immédiate.

Les habitants des villes que ce mouvement avait gagnés se réunissaient et juraient la haine et la destruction du servage. L'enthousiasme républicain des vieux temps se communiquait de proche en proche, et produisait des révolutions partout où il se trouvait une population assez nombreuse pour oser entrer en lutte avec la puissance féodale.

La résistance la plus systématique à cette révolution fut celle que le haut clergé opposa. La guerre devint acharnée entre les bourgeois et les dignitaires de l'Eglise ; partout où ce corps posséda la puissance temporelle et la juridiction féodale, il se montra ennemi de toute franchise, de toute indépendance ; il employa toutes les ruses, toutes les ressources de son autorité spirituelle, et toute la violence de son autorité temporelle.

Noyon, Beauvais, Saint-Quentin, Cambrai, se déclarèrent en communes. La ville de Laon voulut aussi s'affranchir de la puissance de l'évêque. Une administration fiscale, inique et tyrannique entretenait à Laon de grands désordres. Des taxes étaient imposées arbitrairement, des exactions de toute nature étaient exercées, etc. Les sommes ainsi levées, à force de vexations, étaient partagées entre l'évêque et son clergé et les familles nobles.

Cet évêque, du nom de *Gaudri,* avait porté les armes sous Guillaume le Conquérant, et s'était enrichi de pillage en Angleterre. Il avait obtenu cet évêché à force d'argent, et avait conservé sous la mitre les goûts et les habitudes des camps. Cruel, arrogant, emporté, libertin, il ne s'occupait que de chasse, de chevaux, de chiens et de plaisirs. Il s'amusait à faire torturer par un esclave nègre les malheureux serfs qui lui avaient déplu. Il commit plusieurs actes de cruauté et se rendit dans l'église complice d'un meurtre.

Les bourgeois résolurent de s'affranchir de l'horrible tyrannie de l'évêque et de s'ériger en commune. Pendant l'absence du prélat, ils gagnèrent le clergé à force d'or. Les droits des citoyens furent reconnus et sanctionnés par une charte. L'évêque à son retour accepta malgré lui ce qui était un fait accompli, mais après le payement d'une forte somme d'argent.

Trois années s'écoulèrent. L'argent donné par les bourgeois était dissipé. L'évêque et ses conseillers résolurent d'abolir la commune et de remettre la ville sous leur joug.

Cet évêque parjure déclara nul le traité qu'il avait signé, et délia les clercs du serment prêté ; il ajouta à ce procédé indigne, l'insulte et l'outrage envers les habitants. C'était une déclaration de guerre ; les agents de l'autorité épiscopale allaient se livrer à toutes les exactions, aux persécutions et au pillage. L'insurrection éclata. Ce ne fut pas de la part des bourgeois de la colère, ce fut une rage que rien ne put arrêter. Les hommes d'armes, les chevaliers qui défendaient l'évêque furent tous massacrés. L'évêque, pour se soustraire à la mort, se cacha dans un tonneau; mais il fut découvert, égorgé par la populace et traîné dans la boue. La ville fut réduite à l'obéissance par l'arrivée des troupes du roi. Tous ceux qui se trouvèrent compromis dans cette insurrection et dans le meurtre de l'évêque, furent longtemps poursuivis et persécutés.

Seize ans après, dans la crainte de nouveaux troubles, un acte fixa d'une manière définitive les droits civils et politiques des citoyens de Laon, et proclama une amnistie avec les restrictions suivantes :

« Toutes les anciennes forfaitures et offenses commises avant la ratifi-
« cation du présent traité sont pardonnées. Les bannis pourront rentrer
« dans la ville et recouvreront la possession de leurs biens. Sont néan-
« moins exceptés du pardon » (les treize dont les noms suivent :)
« Foulque, fils de Bonnard; Raoul de Cabrisson; Ancelle, gendre de
« Lebert; Payen Scille; Robert; Remy Butte; Maynard Dray; Raimbaud
« de Soissons; Payen Osteloup; Ancelle Quatre-Mains; Raoul Gastines
« et Jean de Molrain. »

En inscrivant ici les noms de ces hommes, nous voulons rendre hommage à cet élan généreux, à cet amour de la liberté. A Laon, comme au Mans, à Evreux et comme partout, cet élan de liberté prenait naissance dans le cœur des pauvres enfants du peuple que la tyrannie opprimait et voulait avilir.

On éprouve le besoin de lire et de relire ces noms obscurs des proscrits du douzième siècle, comme s'ils révélaient le secret de ce qu'ont senti et voulu les hommes qui les portaient il y a sept cents ans. Une passion ardente pour la justice et le sentiment de leur dignité d'hommes froissée avaient jeté ces malheureux, sans lumières et sans expérience, au milieu des troubles politiques. Ils y portèrent cet instinct d'énergie qui est le même dans tous les temps : généreux dans son principe, mais irritable à l'excès, et sujet à pousser les hommes hors des voies de l'humanité.

Ces treize bannis exclus à jamais de leur ville natale s'étaient bien certainement signalés, entre tous les bourgeois de Laon, par leur opposition contre le pouvoir seigneurial ; peut-être avaient-ils souillé par quelques violences cette opposition patriotique, peut-être enfin furent-ils pris au hasard, pour être seuls chargés des fautes de leurs concitoyens.

Quoi qu'il en soit, ces quelques noms et cette courte histoire, seul monument d'une révolution qui est loin de nous, ne laisse pas que de faire palpiter nos cœurs, et de raviver ces grandes émotions que nos pères ont ressenties il y a cinquante ans pour la conquête de leur indépendance. Le peuple se soulevait il y a sept à huit cents ans pour la liberté ; il s'est soulevé en 89 et en 1830 ; enfin, en 1848, il s'est soulevé pour le triomphe de la République, c'est-à-dire pour l'affranchissement de la France entière, pour son érection en commune indépendante de toute royauté, comme au moyen âge, on s'insurgeait pour ériger sa ville ou son village en commune et les soustraire à la tyrannie des seigneurs.

La catastrophe qui avait détruit la commune de Laon, peu de temps après sa création, ne refroidit pas l'ardeur populaire. Un mouvement irrésistible poussait les habitants des villes à se réunir et à conquérir, malgré tous les périls, l'indépendance de leurs villes et la liberté de leurs personnes.

Amiens et Soissons s'organisèrent simultanément en communes. Amiens rencontra les plus grands obstacles dans l'exécution de ses projets. Quatre seigneurs possédaient cette grande et antique cité. Le sire Enguerrand de Coucy, comte d'Amiens, était le plus puissant ; il y eut une guerre acharnée entre les bourgeois et leurs seigneurs ; il coula beaucoup de sang. Le comte fut enfin chassé de sa ville et de sa forteresse, après deux ans de résistance, et fut obligé de se retirer.

CHAPITRE VI.

ABAILARD. — PIERRE DE BRUÉIS ET HENRI. — MAURAN.

Bernard. — Abailard. — Son éloquence, ses doctrines, ses amours, ses malheurs, sa mort. — Insurrection de l'Aquitaine et du Poitou. — Toulouse s'affranchit. — Nouvelle insurrection. — Henri II. — Chants des troubadours. — Trahison des fils du roi Henri. — Les Aquitains sont soumis. — Pierre de Bruéis et Henri, chefs de secte. — Leur supplice. — Pierre Mauran. — Sa condamnation.

—

Une deuxième croisade fut alors prêchée dans toute l'Europe, par Bernard, abbé de Clairvaux. Homme d'une haute intelligence et d'une instruction peu commune, il soutint dans ces temps, à lui seul, le christianisme chancelant. Il apaisa, par l'autorité de sa parole conciliante, les querelles qui s'élevaient de toutes parts entre les bourgeois et les nobles. Il amena ceux-ci à des concessions heureuses. Il sacrifia les exigences de l'Eglise à la religion, les prétentions impies du clergé à la loi de Dieu; son esprit, juste autant que son cœur était droit, ne put transiger avec sa conscience. « Jamais, disait-il, la sainteté du but ne donne le « privilége de la fraude et de l'iniquité. »

Un des principaux chefs de l'école philosophique du dix-huitième siècle dit, de Bernard, que nul homme n'exerça sur son siècle une influence plus extraordinaire : son éloquence était entraînante. Il poursuivait des plus dures vérités les courtisans jusqu'au pied des trônes. Son inflexible sévérité ne faisait grâce d'aucun malheur public, ni aux rois ni aux ministres. Son zèle enthousiaste finit par l'égarer, et il entraîna l'Europe vers de grands malheurs, qu'il ne put prévoir.

Abailard captivait alors, par son éloquent langage, toute la jeunesse studieuse de Paris. La hardiesse de ses opinions alarma les principes de Bernard, qui se résigna, non sans crainte, à le combattre en plein concile. Abailard, on ne sait pourquoi, renonça à se défendre, et se laissa condamner sans débat. Il est certain que l'éloquence entraînante de l'ermite maladif de Clairvaux aurait facilement succombé sous le talent d'Abailard, si quelque haute considération n'eût pas forcé celui-ci au silence. Bernard abusa plus d'une fois de l'empire que l'austérité de ses vertus lui avaient acquis ; il fut dur, hautain, despote, et malgré la supériorité de son génie, sa raison ne fut pas exempte des erreurs de son temps.

Abailard était d'une famille noble. Tout jeune, il fut entraîné par son goût pour l'étude ; il eut épuisé de bonne heure toute la science des professeurs de Nantes, sa patrie; il dut venir chercher d'autres maîtres à Paris.

« C'était alors, dit M. Michelet, un beau jeune homme, brillant, ai-
« mable, de noble race. Personne, comme lui, ne faisait des vers d'amour
« en langage vulgaire ; il les chantait lui-même. Avec cela, une érudition
« extraordinaire pour le temps. Lui seul alors savait le grec et l'hébreu,
« peut-être avait-il fréquenté les écoles juives (il y en avait alors plu-
« sieurs dans le Midi), ou cultivé des relations avec les rabbins de Troyes,
« de Vitry ou d'Orléans. »

Il y avait alors à Paris deux écoles principales de philosophie : la vieille école épiscopale du parvis Notre-Dame et celle de Sainte-Geneviève-sur-la-Montagne, où brillait Guillaume de Champeaux. Abailard vint s'asseoir parmi ses élèves, lui soumit des doutes, l'embarrassa, se joua de lui et le condamna au silence.

A l'amitié qui les avait d'abord unis succéda bientôt la haine, lorsque Champeaux se fut aperçu que le jeune Breton semblait ne discuter avec lui que pour l'embarrasser, et ne chercher à l'embarrasser que pour l'humilier.

Les autres élèves de Champeaux prirent le parti de leur maître. Abailard, pour éviter l'orage qui allait se former contre lui, quitta Paris et se retira à Melun, où résidait Louis le Gros avec sa cour; une foule d'élèves vinrent rejoindre le professeur, qui obtint là de nouveaux triomphes. De Melun Abailard transporta son école à Corbeil. « Cheva-
« lier errant de la dialectique, dit encore M. Michelet, il allait ainsi dé-
« montant les plus fameux champions. Il n'avait renoncé à toute autre
« escrime, à celle des tournois, que par amour pour les combats de la pa-
« role. Les chevaliers encourageaient un homme qui avait battu les
« prêtres sur leur propre terrain et qui réduisait au silence les plus suffi-
« sants des clercs. »

Plus avide de gloire qu'effrayé des dangers qu'elle entraîne, Abailard ne songeait point à calmer l'envie que ses triomphes excitaient. Il ne répondait à ses rivaux que par de nouveaux succès, et par des études dont l'assiduité excessive épuisa ses forces. Les médecins lui ordonnèrent d'aller prendre du repos dans son pays natal. Il obéit à regret, suspendit le cours de ses travaux et soigna sa santé.

Au bout de deux ans, il reparut à Paris, et ouvrit une école de rhétorique dont l'éclat extraordinaire fit bientôt déserter toutes les autres. Puis, il enseigna successivement la philosophie et la théologie. Les écrits du temps rapportent que le nombre de ses auditeurs dépassait trois mille, et qu'il y en avait de tous les âges et de toutes les nations.

Il semblait que pour la première fois on entendît une voix libre, une voix humaine. Tout ce qui s'était produit dans le lourd et dogmatique enseignement clérical, sous la rude enveloppe du latin du moyen âge, apparut dans l'élégance antique qu'Abailard avait retrouvée. Le hardi jeune homme simplifiait, expliquait, popularisait, humanisait; à peine laissait-il quelque chose d'obscur et de divin dans les plus formidables mystères. Il semblait que jusque-là l'Église eût bégayé, et qu'Abailard seul parlât. Tout devenait doux et facile; il traitait poliment la religion, la maniait doucement, mais elle lui fondait dans la main. Rien n'embarrassait ce beau diseur : il ramenait la religion à la philosophie, la morale à l'humanité.

« Le crime n'est pas dans l'acte, disait-il, mais dans l'intention, dans la conscience. Ainsi, plus de péché d'habitude ni d'ignorance. Ceux-là mêmes n'ont pas péché, qui ont sacrifié Jésus sans savoir qu'il fût le sauveur. — Qu'est-ce que le péché originel? Moins un péché qu'une peine. Mais alors pourquoi la Rédemption, la Passion, s'il n'y a pas eu péché? C'est un acte de pur amour. Dieu a voulu substituer la loi de l'amour à celle de la crainte.

« Qu'est-ce que le péché? ce n'est pas le plaisir, mais le mépris de Dieu. L'intention est tout, l'acte n'est rien. » Doctrine glissante qui demande des esprits éclairés et sincères. On sait comment les jésuites en ont abusé au dix-septième siècle ; combien était-elle plus dangereuse dans l'ignorance et la grossièreté du douzième!

Cette philosophie circula rapidement : elle franchit en un instant la mer et les Alpes ; elle descendit dans tous les rangs : les laïques se mirent à parler des choses saintes ; partout, non plus seulement dans les écoles, mais sur les places, dans les carrefours, grands et petits, hommes et femmes, discouraient sur les plus graves mystères. Le tabernacle était comme forcé ; le saint des saints traînait dans la rue. Les simples étaient ébranlés, les saints chancelaient, l'Église se taisait.

Il y allait pourtant du christianisme tout entier : il était attaqué par la base... Si le péché originel n'était plus un péché, mais une peine, cette peine était injuste, et la Rédemption inutile. Abailard se défendait d'une telle conclusion ; mais il justifiait le christianisme par de si faibles arguments, qu'il l'ébranlait plutôt davantage en déclarant qu'il ne savait pas de meilleures réponses.

Ainsi l'homme n'était plus coupable, la chair était justifiée, réhabilitée. Son Dieu était aimable, facile, il n'avait besoin ni de repentir ni de pénitence. Tous les bons cœurs étaient ses élus, et il eût fait tenir à saint Pierre, sur le seuil du paradis, à l'aspect de la jeune actrice et de la sœur de charité, les charmantes paroles du poëte moderne :

> Entrez, entrez, ô tendres femmes!
> Répond le portier des élus :
> La charité remplit vos âmes ;
> Mon Dieu n'exige rien de plus.
> On est admis dans son empire
> Pourvu qu'on ait séché des pleurs,
> Sous la couronne du martyre
> Ou sous des couronnes de fleurs.

Abailard fit un pas immense vers le progrès et entraîna avec lui toute l'Europe. La liberté de la pensée et de la parole fut inaugurée dans la capitale de la France. Dès ce moment, tout éclair de liberté partit de là pour rayonner chez les autres peuples.

En vain l'ignorance et le despotisme des prêtres et des rois élevèrent sur plusieurs points de l'Europe leurs iniques inquisitions. On brûla ses œuvres, les flammes dévorèrent de malheureux martyrs de la liberté, mais les idées survécurent aux flammes; lorsqu'on les crut étouffées, elles se reposaient pour devenir fécondes.

Dans le temps où la foule courait aux leçons du novateur breton, Fulbert, chanoine de Paris, avait chez lui une nièce d'un esprit supérieur, de connaissances variées et d'une beauté remarquable. Sous le prétexte d'achever son éducation, Abailard eut l'occasion de la voir souvent, il avait alors trente-neuf ans; ce n'était plus l'âge des passions, et Fulbert crut pouvoir permettre qu'il se mît en pension chez lui.

Abailard, épris d'amour pour Héloïse, oubliait pour elle ses devoirs, ses leçons et jusqu'à sa célébrité, objet unique de tous ses travaux jusqu'à ce jour. Héloïse ne fut pas insensible à la passion qu'elle avait inspirée. Ces heureux amants vécurent ensemble plusieurs mois, s'occupant l'un et l'autre plus de leur amour que de leurs études, et comme le dit Abailard dans une de ses lettres : *Plura erant oscula quam sententiæ* (Il y avait plus de baisers reçus et rendus entre nous que d'explications scientifiques).

Abailard faisait, à la louange de sa maîtresse et sous des noms empruntés, des chansons dont on le nommait publiquement l'auteur et qu'il excellait lui-même à chanter.

Héloïse, dans la lettre devenue si célèbre, fait elle-même connaître cette particularité :

« Parmi les qualités qui brillaient en toi, deux surtout me touchaient
« plus que les autres : c'étaient les grâces de ta poésie et les douceurs
« de ton chant; toute autre femme n'en aurait pas moins été touchée.

« Lorsque pour te délasser de tes exercices philosophiques, tu com-
« posais en mesure simple ou en rimes des poésies amoureuses, tout
« le monde voulait les chanter, à cause de la douceur de l'expression et

« de celle du chant. Les plus insensibles aux charmes de la mélodie
« ne pouvaient te refuser leur admiration, et comme la plupart de
« tes vers célébraient nos amours, mon nom fut bientôt connu par
« le tien. Les réunions particulières et les assemblées publiques
« ne retentissaient que du nom d'Héloïse; les femme enviaient mon
« bonheur. »

Fulbert, comme tous les parents, apprit le dernier ce qui n'était plus un mystère. Il sépara les deux amants ; mais il n'était plus temps : Héloïse portait dans son sein le fruit de son amour. Abailard enleva sa maîtresse et la conduisit en Bretagne, où elle accoucha d'un fils qui mourut peu après sa naissance. Abailard songeait alors à épouser Héloïse en secret, Fulbert donna son consentement à ce mariage ; mais Héloïse repoussait le mariage : dans sa passion pour Abailard, elle disait qu'elle aimait mieux rester sa maîtresse que d'être sa femme. Pour cette âme ardente, l'amour c'était l'union de deux âmes, c'était l'humanité en deux corps ; à ses yeux, faire un devoir du penchant le plus doux, de la sympathie, d'un attrait naturel et irrésistible, c'était, disait-elle, détruire tout bonheur, toute poésie.

Cependant, le mariage se fit ; pour le cacher au public, Héloïse alla seule demeurer chez son oncle. Abailard continua de professer la philosophie et la théologie : les deux époux se voyaient rarement. Mécontent d'un mystère qui compromettait l'honneur de sa nièce, Fulbert le divulgua. Mais Héloïse, à qui la gloire d'Abailard était plus chère que son propre honneur, nia son mariage avec serment. Fulbert, irrité, la maltraita. Alors, pour la soustraire à ses violences, Abailard l'enleva une seconde fois et la mit au couvent d'Argenteuil. Fulbert, excité par les ennemis d'Abailard, surtout par cette partie du clergé qui repousse toute lumière et qui avait voué au philosophe une haine implacable, rendit Abailard victime du plus affreux guet-apens.

Plusieurs misérables, que des inconnus avaient soudoyés largement, soumirent Abailard à une horrible mutilation. Tout Paris fut indigné de cet attentat. La justice punit Fulbert en le privant de ses bénéfices, et deux des scélérats qui avaient exécuté le crime subirent la peine du talion. Le malheureux Abailard alla cacher ses larmes et sa honte dans l'abbaye de Saint-Denis, où il se fit religieux. Héloïse, désespérée, prit le voile à Argenteuil.

Lorsque le temps eut adouci les chagrins d'Abailard, il consentit à reprendre ses leçons. Les élèves allèrent en foule l'entendre, et avec eux les envieux de son mérite. Mais on souleva contre lui de nouvelles persécutions. On avait mutilé son corps ; ce n'était pas assez, il fallait l'abreuver de dégoûts et d'amertumes. Le fanatisme uni à ce que l'envie a de plus ignoble, dénonça au concile de Soissons un traité sur la Trinité, qu'Abailard venait de composer. On vint à bout de le faire condamner comme hérétique.

Abailard fut obligé de brûler lui-même son ouvrage en plein concile. « Est-ce là, disait-il les larmes aux yeux, le salaire de mes travaux et « la récompense de la droiture de mes intentions ! » Il quitta ensuite l'abbaye de Saint-Denis et se retira près de Nogent-sur-Seine, où il fit bâtir un oratoire qu'il nomma le *Paraclet* ou le Consolateur. On l'accusa encore d'hérésie pour avoir dédié son église au Saint-Esprit. Nommé plus tard à une abbaye dans le diocèse de Vannes ; il invita Héloïse et les religieuses d'Argenteuil à venir habiter le Paraclet. Il les reçut lui même dans cette retraite, où les deux malheureux époux se revirent pour la première fois, après avoir été séparés pendant onze ans.

Que de pensées durent agiter ces deux cœurs ! que de regrets amers, que de larmes durent couler des yeux de ces deux époux ! Si le temps, les années et la dégradation avaient éteint dans les sens d'Abailard tout amour matériel, à l'aspect d'Héloïse, au souvenir de son bonheur passé, certes le sang dut encore se refouler dans son cœur et soulever sa poitrine sous ses palpitations redoublées... Le cœur ne vieillit jamais.

Et la malheureuse Héloïse? sous son voile, sous son habit de bure, sous tous ses chastes emblèmes, son âme ne dut-elle pas, en présence d'Abailard, quitter un instant le monde céleste, pour retomber sur la terre périssable à côté de ce bien périssable, de l'objet de son amour, de l'objet de son culte qu'on lui avait ravi! L'amour divin peut-il seul éteindre ce feu sacré que Dieu a placé en nos cœurs? non jamais. Chercher à le détruire, c'est outrager la Divinité.

Les deux amants se séparèrent avec ce calme qui suit une religieuse

résignation. Ils se promirent de se revoir, et de se réunir un jour dans un monde meilleur.

Dans sa nouvelle abbaye, Abailard trouva peu de consolation à ses chagrins. Il décrit ainsi sa nouvelle retraite : « J'habite, disait-il, un pays « barbare, dont la langue m'est inconnue : je n'ai de commerce qu'avec « des peuples féroces; mes promenades sont les bords inaccessibles « d'une mer agitée : mes moines ne sont connus que par leurs débauches; « ils n'ont d'autre règle que de n'en pas avoir. Je voudrais que vous « vissiez ma maison, vous ne la prendriez pas pour une abbaye; les « portes ne sont ornées que de pieds de biches, d'ours, de sangliers, de « dépouilles hideuses de hiboux, etc. etc. Tous les jours j'éprouve de « nouveaux périls. Je crois voir sur ma tête un glaive suspendu, tant les « moines sont indisciplinables et capables de vengeance. »

Héloïse répondait à ces lettres et l'entretenait de la paix qui régnait au Paraclet : « Cette église, écrivait-elle, ces autels, cette maison nous « parlent sans cesse de toi; c'est toi qui as sanctifié ce lieu, connu seu- « lement avant toi par des brigandages et des meurtres; c'est toi qui as « fait une maison de prières d'une retraite de voleurs. Ces clôtures ne « doivent rien aux aumônes publiques, les usures et les pénitences des « publicains ne nous ont point enrichies; toi seul nous as tout donné. »

Abailard quitta plusieurs fois son monastère pour visiter le Paraclet. Dans les derniers temps de sa vie, il fut, au concile de Sens, accusé d'hérésie : il se laissa condamner et alla finir ses jours au monastère de Cluny.

Affaibli par une vie de chagrins, plus encore que par les austérités et par les jeûnes, Abailard mourut âgé de soixante-trois ans, en 1142, au prieuré de Saint-Marcel, près de Chalon-sur-Saône. Il fut d'abord enseveli dans ce prieuré; mais, sur la demande d'Héloïse, ses restes furent transportés au Paraclet.

Abailard a dû à la supériorité de son génie, à la liberté de la parole qu'il a fondée, aux erreurs et à la superstitieuse ignorance qu'il a combattues, toutes ses persécutions, tous ses malheurs. Jusqu'aux derniers instants de sa vie, il a souffert pour la liberté. Sur sa brillante route, un ange s'était offert à lui pour lui adoucir tout le poison de ses lauriers;

la belle et délicieuse Héloïse était heureuse de son amour, de ses succès et de sa gloire ; ce n'était pas l'époux, l'être matériel qu'elle aimait dans Abailard ; c'était l'âme, l'intelligence supérieure, le héros de la liberté de la pensée qui avait tout son culte. Elle repoussait le mari, et pressait sur son cœur son poétique amant.

Ces deux époux, célèbres par leur amour, par leurs malheurs et leurs talents, reposent aujourd'hui dans un des plus gracieux monuments gothiques du cimetière de l'Est.

Sous le règne du successeur de Louis VII, les habitants d'une ville tentèrent aussi de se soustraire au joug du despotisme de l'abbaye, et ils combattirent d'abord avec de grands avantages, bravèrent l'excommunication lancée contre eux ; mais ces pauvres bourgeois, qui espéraient ériger leur ville en commune et se soustraire ainsi à la domination de l'abbé, furent trahis, condamnés, et durent se soumettre, jusqu'à des temps plus heureux, à la tyrannie générale qui accablait toute la France.

La domination du roi d'Angleterre pesait de tout son poids sur les habitants de l'Aquitaine, du Poitou et des Marches de France, Ceux de ces deux dernières contrées, dit un historien, avaient plus d'âpreté dans l'humeur et plus de moyens pour soutenir une guerre nationale, à cause de leurs montagnes ; ils ne pouvaient supporter que des officiers de race étrangère vinssent violer ou détruire les coutumes de leur pays, par leurs ordonnances ; un d'entre eux, le comte de Salisbury, fut tué par le peuple.

La ville de Toulouse venait de prendre l'initiative ; le succès avait couronné son audace contre le roi d'Angleterre. A son exemple, les autres contrées voulurent s'affranchir du joug anglais.

Il se forma une vaste conspiration pour chasser ces étrangers ; on invoqua le patronage du roi de France ; mais, moins heureux que les Toulousains, ils furent tous écrasés, ainsi que les Bretons. Deux frères, qui étaient parmi les chefs de l'insurrection, refusèrent de trahir plusieurs de leurs amis ; ils supportèrent les tortures et périrent du dernier supplice, en appelant la vengeance sur leurs oppresseurs ; mais là ne se bornèrent pas les persécutions. Plusieurs des vaincus se réfugièrent dans les terres du roi de France. Ce roi, malheureusement, désirait faire un traité de paix avec le roi d'Angleterre. Ce traité fut signé à Montmirail. Les deux princes, satisfaits l'un de l'autre, s'embrassèrent.

Le roi d'Angleterre avait fait toutes sortes de concessions au roi de France, à la condition que celui-ci remettrait en sa puissance les émigrés, auxquels, du reste, il s'engageait à ne faire aucun mal, mais, bien au contraire, il promettait de leur restituer leurs biens et leurs honneurs. Le roi d'Angleterre manqua à son serment; la plupart de ces malheureux expièrent par les supplices ou dans les prisons leur amour de la liberté, et la confiance en la parole d'un roi.

En 1174, les duchés d'Aquitaine et de Normandie tendaient à se détacher entièrement de Henri, roi d'Angleterre. Tous ceux de ses sujets qui lui avaient été jusqu'à ce jour le plus fidèles, l'abandonnaient. D'un autre côté, la mort violente de Thomas, archevêque de Cantorbéry, lui avait aliéné l'amitié des Anglo-Saxons. Pour obvier aux conséquences fâcheuses d'une pareille révolution dans les esprits, Henri alla en Angleterre, pour conjurer l'orage, et préparer les moyens de venir comprimer en France une insurrection qu'il croyait imminente.

A force d'intrigues, de promesses et de prodigalités, il réussit à décider l'Angleterre à prendre les armes pour sa cause. Il savait que la haine des Poitevins et des Bretons contre lui était à son comble; il savait surtout combien elle était fondée. Ce prince perfide et cruel ne pouvait jamais pardonner aux habitants de ses duchés de France leur première insurrection, et ceux-ci ne pouvaient non plus oublier ni sa tyrannie, ni son parjure envers les malheureux émigrés qu'il avait fait égorger.

Pendant son absence, ces peuples se relevèrent de leurs premières défaites, et renouèrent d'une manière plus étroite leurs associations patriotiques.

Eudes de Porrhoët était un de ses ennemis les plus fougueux. Il avait à venger sur Henri II le déshonneur de sa fille; il rallia ceux des Bretons qui étaient fatigués de la domination de ce prince. Les mécontents tentèrent plusieurs coups de main audacieux, et obtirent des succès.

En Aquitaine, le parti hostile au roi d'Angleterre reprit aussi courage, et des troupes assez nombreuses d'insurgés se rassemblèrent dans les montagnes du Limousin et du Périgord. Un instinct général d'indépendance éclata à la fois chez tous les habitants de ces provinces.

La haine d'une domination étrangère souleva ces peuples et les réunit autour des possesseurs de châteaux. Les deux classes les plus opposées firent alors cause commune contre l'ennemi commun. Les Aquitains commencèrent la campagne en attaquant les riches abbés et les évêques qui soutenaient tous la cause d'un pouvoir établi; ils les rançonnaient ou les retenaient prisonniers.

La poésie jouait alors un grand rôle dans les événements politiques des pays situés au sud de la Loire, et qui s'étendaient jusqu'aux Pyrénées et entre les deux mers. Pas un acte de la vie politique n'avait lieu qu'il ne fût loué ou blâmé en vers. Ces chants étaient pleins de feu et brillants d'une poésie riche et variée. C'étaient, au douzième siècle, les véritables papiers publics des contrées méridionales : ils circulaient de ville en ville, de village en village, de château en château.

On jugeait librement dans le Midi ce que dans le reste de la Gaule on osait à peine examiner; l'Inquisition n'y avait pas encore établi son tribunal de mort. Voici la traduction d'un chant composé à l'occasion de cette insurrection :

« Réjouis-toi, terre d'Aquitaine; réjouis-toi, terre du Poitou; car le sceptre du roi du Nord s'éloigne!

« Grâce à l'orgueil de ce roi, la trêve est enfin rompue entre les royaumes de France et d'Angleterre.

« L'Angleterre est désolée et les Normands sont dans le deuil.

« Nous verrons venir à nous le roi du Sud avec sa grande armée, et avec ses arcs et ses flèches.

« Malheur au roi du Nord, qui a osé lever la lance contre le roi du Sud, son seigneur;

« Car sa ruine approche et les étrangers vont dévorer sa terre! »

Après cette effusion de haine patriotique, l'auteur s'adresse à Éléonore, la seule personne de la famille de Henri qui fût chère aux habitants de l'Aquitaine, parce qu'elle était née dans leur pays, qu'elle avait été élevée parmi eux, et qu'elle regrettait le beau séjour dont son époux l'avait éloignée :

« Tu as été arrachée de ton pays et emmenée dans une terre étrangère pour toi.

« Élevée dans l'abondance et la délicatesse, **tu** jouissais d'une liberté royale.

« Tu vivais au sein des richesses ; tu te plaisais au jeu de tes compagnes, à leurs chants, au son de la guitare et du tambourin.

« Maintenant tu te lamentes, tu pleures, tu te consumes de chagrin.

« Reviens à nos villes, pauvre prisonnière...

« Où est ta cour ? où sont les amis de ton enfance ? où sont tes conseillers ?

« Les uns, traînés hors de leur patrie, ont subi une mort ignominieuse ;

« D'autres ont été privés de la vue ;

« D'autres, bannis, sont errants sur la terre.

« Toi, tu cries, et personne ne t'écoute !

« Car le roi du Nord, dur pour toi comme il l'a été pour ses fils, te tient captive.

« Crie donc, ne te lasse pas de crier !

« Élève ta voix comme une trompette, pour que tes fils t'entendent ;

« Car le jour approche où ils te délivreront, où ton pays natal te recevra avec joie. »

A ces expressions d'amour pour Éléonore, le troubadour fait succéder un cri de malédiction contre les villes, qui tenaient encore pour le chef de race étrangère :

« Malheur aux traîtres qui sont en Aquitaine, car le jour du châtiment est proche !

« La Rochelle redoute ce jour ; elle comble ses fossés, elle se fait ceindre de tous côtés par la mer ;

« Et le bruit de ce grand travail va jusqu'au delà des monts.

« Fuyez devant Richard, duc d'Aquitaine, vous qui habitez ce rivage !

« Car il renversera les glorieux, il brisera les chars et ceux qui les montent.

« Il anéantira depuis le plus grand jusqu'au plus petit de ceux qui habitent la Saintonge.

« Malheur à ceux qui vont au roi du Nord pour lui demander des secours!

« Malheur à vous, riches de la Rochelle, qui mettez votre confiance en vos trésors!

« Le jour viendra où il n'y aura pas de fuite pour vous, où la fuite ne vous sauvera pas; où la ronce, au lieu d'or, meublera vos maisons, où l'ortie croîtra sur vos murailles!

« Et toi, citadelle maritime dont les bastions sont élevés et solides, les fils de l'étranger viendront jusqu'à toi!

« Mais bientôt ils s'enfuiront tous vers leur pays, en désordre et couverts de honte.

« Ne t'épouvante pas de leurs menaces, élève hardiment ton front contre le Nord; tiens-toi sur tes gardes!

« Appuie le pied sur tes retranchements, appelle tes voisins pour qu'ils viennent en force à ton secours.

« Range en cercle autour de tes flancs tous ceux qui habitent dans ton sein, et qui labourent ton territoire,

« Depuis la frontière où sont les monts, jusqu'au golfe où gronde l'Océan! »

Les sites délicieux, l'aspect de ces paysages enchanteurs, la richesse du sol, la douceur du climat, tout en ces belles contrées porte à la rêverie, inspire la poésie et enfante des idées nobles, grandes et généreuses. Aussi, c'est sous le beau ciel du Midi que les premiers troubadours ont paru. Animés du double feu sacré de la poésie et de la liberté, ils chantaient la patrie et l'amour. Les fils du roi Henri, que les insurgés avaient malheureusement choisis pour les commander, abandonnèrent la cause des populations, se réconcilièrent avec leur père, et firent le plus de mal qu'ils purent à ceux qui avaient mis leur confiance en eux. L'effervescence des habitants de l'Aquitaine n'eut plus de bornes; leur courage s'accrut avec le danger. D'un bout à l'autre de ce vaste territoire, une guerre plus patriotique que la première éclata avec fureur. Les difficultés furent immenses pour les Aquitains.

Pendant deux ans, le courage le plus indomptable lutta contre la puissance de toute cette famille de rois, depuis Limoges jusqu'aux Pyrénées.

Les bras et le courage des troubadours ne manquèrent pas à la patrie, dans ces moments suprêmes : comme soldats, ils prenaient part aux combats qu'ils avaient provoqués comme poëtes.

Un des chefs les plus influents en Aquitaine, par sa fortune, par son rang et par ses talents, fut Bertrande Born, seigneur d'Hautefort, près Périgueux. Guerrier et poëte, il joua dans les temps un des plus beaux rôles.

Henri II, après avoir rassemblé en Angleterre des forces suffisantes et dévouées, débarqua en France avec une armée composée de mercenaires gallois-bretons. Il obtint de grands succès.

Tous les chefs influents du pays qui tombèrent entre les mains de ces conquérants sans foi furent passés au fil de l'épée. Le seigneur d'Hautefort n'évita le dernier supplice que par un trait digne de lui. Au moment où Henri allait ordonner son supplice, il dit au seigneur français, en le raillant: « Vous aviez perdu l'esprit, de vouloir me résister ! — Oui, dit celui-ci; c'était le jour où j'appris la mort de votre fils Henri que j'aimais. »

Henri II, à cette réponse, versa des larmes et se trouva mal. Il ne put ensuite faire mourir l'ami du fils qu'il aimait.

Cette guerre nationale fut encore sans succès. Les troubadours ont conservé longtemps, dans des chants élégiaques, les hauts faits de ces martyrs de la liberté. L'heure de la vengeance et de l'indépendance ne sonna que plus tard.

Nous avons dit plus haut qu'Abailard avait établi la liberté de la parole dans la capitale de la France. Il avança des doctrines qui furent souvent condamnées; mais des novateurs plus hardis attaquèrent le culte dans tout ce qu'il avait de plus cher et de plus précieux pour les intérêts matériels des prêtres catholiques.

En 1147, Pierre de Bruéis et Henri, son disciple, prêchèrent des doctrines nouvelles et firent un grand nombre de prosélytes. Ils niaient que Dieu eût institué un culte matériel, et ne voulaient ni Église, ni sacrements, ni images, ni baptême, ni eucharistie. *Pierre le Vénérable* les accusa, et ce saint homme d'alors fut assez heureux pour les faire brûler vifs. Ces malheureux martyrs de la liberté de penser, martyrs de leurs convictions, ne furent pas déjà si à plaindre, au dire des saints personnages du temps : *ce petit et court supplice les avoit sauvés des flammes éternelles.*

Malgré cette sévérité si peu digne des disciples prétendus du Christ, l'hérésie fit des progrès. Le fougueux et éloquent Bernard, qui avait attaqué la doctrine d'Abailard et prêché une seconde croisade, fut chargé de confondre ces sectaires et de les convertir. Bernard échoua : une fois, entre autres, cet énergumène rencontra une foule d'habitants de la ville d'Alby qui vinrent au-devant de lui montés sur des ânes, en signe de raillerie, et chantant des couplets contre le clergé. Hué et honni, le saint dut aller porter à Rome ses doléances.

Le pape, furieux, fulmina contre eux des excommunications et donna des ordres de toute sorte, mais en pure perte. A la fin, un concile eut lieu ; leurs doctrines furent condamnées, les hérétiques furent poursuivis, emprisonnés, plusieurs furent brûlés vifs. Mais les persécutions augmentaient le nombre des sectaires, ils voulaient la liberté de la pensée, ainsi que la liberté du culte.

Le pape, pour arrêter les hérésies naissantes, envoya de toutes parts des prélats avec les pouvoirs les plus étendus.

A Toulouse, les habitants les accueillirent par des huées et les appelèrent hautement *hérétiques* et *apostats*. Ils voulurent prêcher et convertir les sectaires, ceux-ci ne se présentèrent seulement pas à leurs prédications. Le légat, furieux, demanda à l'évêque de Toulouse, aux magistrats et à ceux des bourgeois dont la foi lui parut la plus sincère, la liste de leurs concitoyens entachés des erreurs nouvelles.

Un certain Pierre Mauran lui fut signalé comme le chef de la secte ; c'était un homme riche, déjà avancé en âge, probe dans tous les actes de sa vie publique, et dont l'exemple et les exhortations avaient entraîné un grand nombre de personnes dans l'hérésie.

Raymond V, comte de Toulouse, somma Mauran de comparaître devant les envoyés de la cour de Rome. Il refusait d'abord d'obéir, mais enfin cédant à certaines assurances, ou intimidé par les menaces, il consentit à se présenter devant le légat.

Après plusieurs interrogatoires, on lui demanda ce qu'il pensait de l'eucharistie? Il répondit qu'il ne croyait pas que le pain, consacré par le ministère du prêtre, fût le corps de Jésus-Christ. A l'instant les prélats se lèvent, déclarent Mauran hérétique et le livrent au comte. On l'enferma en prison, on confisqua ses biens et on ordonna la démolition de ses châteaux.

Mauran fut dépouillé de ses biens et menacé d'une mort prochaine. Il fut forcé de faire amende honorable. En présence du peuple, le corps nu jusqu'à la ceinture, il dut se prosterner aux pieds du légat et des autres prélats, implorer son pardon, reconnaître ses erreurs, et s'engager, par serment et sous caution, à se soumettre à tous les ordres du légat.

Le lendemain, une foule immense stationnait à la porte de l'église Saint-Sernin, afin d'y être témoin de la pénitence infligée à Pierre Mauran.

Pierre arriva à la grande porte, les épaules et les pieds nus, conduit d'un côté par l'évêque de Toulouse, et de l'autre par l'abbé de Saint-Sernin, qui avaient été le prendre dans sa prison et qui ne cessèrent de le fustiger jusqu'aux marches de l'autel.

Mauran s'agenouilla devant le prélat, fit de nouveau amende honorable. Il reçut l'ordre de partir dans quarante jours pour Jérusalem, d'y demeurer pendant trois ans au service des pauvres ; en attendant son départ, il fut obligé de visiter tous les jours les églises de Toulouse et d'y recevoir la discipline. Il fut condamné en outre à une amende de 50,000 francs, au profit du comte de Toulouse, son seigneur, etc.

On lui promit de lui restituer ses biens, hormis ses châteaux qu'on brûla, s'il revenait au bout de trois ans. Mauran était âgé. Une pareille secousse dans la vie d'un homme dut bientôt anéantir en lui le peu de force physique et d'activité intellectuelle qui pouvait lui rester. Quel raffinement de cruauté sacerdotale! Confiscation des biens, mauvais traitements corporels, humiliation de toute dignité humaine, privations d'amis, de parents ; bannissement, voyage lointain et semé de dangers; puis trois ans! Mais trois ans, c'est vingt ans à un âge avancé. Il

PIERRE MAURAN.

(Martyrs de la liberté)

ne revint pas, et l'Eglise se partagea charitablement ses dépouilles.

O liberté! liberté! sans toi, qu'est-ce que l'existence de l'homme? C'est chaque jour le supplice de la raison, la mort de l'intelligence, la torture de la vérité.

Aussi, que jamais un peuple ne se lasse de défendre sa liberté jusqu'à la mort; qu'il subisse encore moins un gouvernement théocratique; que toujours les prêtres soient écartés des fonctions administratives et législatives, les prêtres catholiques surtout; l'histoire est là; que d'enseignements pour les nations!

Ils seront en apparence royalistes, républicains, démocrates, selon les circonstances; mais ils ne seront profondément dévoués qu'aux gouvernements dont ils feront partie, qu'aux gouvernements despotiques qui soutiendront l'ignorance et le mensonge, sources de fortune et de puissance pour eux. Il ne sauraient ne pas être prêtres toujours, c'est-à-dire profondément hostiles à la vérité qui combat leurs sophismes, à la raison qui les écrase, à la liberté qui les démasque.

Le prêtre païen était le prêtre d'une religion primitivement pure, mais dégénérée.

Depuis longtemps, le catholicisme n'est plus qu'un sacerdoce chrétien dégénéré.

Les deux extrêmes de ces deux cultes se touchent par une communauté de superstitions et d'idolâtrie.

Bien plus, le prêtre catholique, enfant du peuple, est une sentinelle perdue du despotisme des évêques, ses supérieurs, et agents officiels de tout gouvernement despotique.

Un côté de sa face nous représente le peuple, l'autre reflète la théocratie épiscopale. Il n'a ni liens de famille, ni liens de patrie. De bonne heure façonné à l'obéissance passive, on lui a appris à combattre, à refouler tout sentiment du cœur, à étouffer cette voix de la nature, voix sacrée, voix religieuse, voix divine, à laquelle tous les êtres obéissent sur la terre.

Cette lutte contre la société, contre lui-même, contre Dieu, qui a tout fait et tout créé pour le bonheur du genre humain, fausse ses idées sur les hommes et sur les choses.

Isolé sur la terre, il devient hostile à la société, qu'il ne comprend pas et qu'on lui a appris à gourmander sans cesse ; il n'a que des idées étroites, un cœur froid et aride, et un esprit de corps, planche fragile qui l'abandonne dans les naufrages de la vie ; il n'a nulle part sa cité : on ne lui a appris à connaître que Rome.

Déception pour lui, le malheureux ! déception en toute chose pour ceux qu'il doit conduire. Dupe des absurdes croyances dont on l'a nourri tout jeune, l'expérience de la vie vient insensiblement dessiller ses yeux, et le conduit à la fin au plus complet scepticisme.

Quant aux prélats, oh ! ceux-là ne croient à rien ; l'ignorance et le malheur des peuples font toute leur puissance.

Espérons, dans l'intérêt de la morale chrétienne et dans l'intérêt de tous, qu'un changement va surgir de notre Révolution ; que bientôt le culte et la discipline ecclésiastique vont être ramenés à cette pureté et à cette simplicité chrétiennes, dont la barbarie du moyen âge les avait dépouillés.

Espérons enfin que le catholicisme va redevenir chrétien ; sans quoi, la marche rapide des idées va l'engloutir dans un passé qui s'avance, comme elle engloutit tout ce qui n'est pas la vérité.

Nous avons dit que nous ne parlerions pas des martyrs chrétiens qui ont succombé dans les persécutions. Voici sous quel point de vue nous considérons ces martyrs :

Nous n'en trouvons pas qui soient morts pour la liberté. Sans chercher à diminuer le mérite immense de quelques-uns d'entre eux, nous pouvons assurer hardiment qu'aucun n'est mort pour un principe avoué, compris, professé, principe de droit et de justice, pour une vérité fondamentale, et, en un mot, pour le bien-être de l'humanité.

Leurs vues n'allaient pas jusqu'à des idées philosophiques aussi étendues ; ils mouraient pour eux ; ils voulaient aller au ciel, et cela le plus tôt possible. C'était là leur seul mobile, l'objet unique de leurs vœux, leur consolation et toute leur espérance.

La certitude d'une vie éternellement heureuse excitait leur enthousiasme. Ils devaient voir, disaient-ils, bientôt, l'Être suprême et son Fils dans toute leur gloire. En haut, dans ce monde mystique, ils devaient comprendre tout ce qui, sur la terre, était impénétrable à l'intelligence de l'homme.

Ils devaient connaître la nature intime de la Divinité, pénétrer jusque dans son essence; ils devaient surtout être embrasés de son feu sacré, éprouver éternellement des jouissances pures et infinies, reflet de cet amour sans fin, de ce bonheur sans mélange, dont la source intarissable est dans le sein de Dieu.

Ces tableaux magiques électrisaient les imaginations ardentes, et les nouveaux chrétiens, pressés de jouir de la félicité éternelle, couraient avec enthousiasme au devant des supplices.

Mais les savants, les moralistes, les philosophes qui ont combattu les erreurs et le mensonge; qui, aux dépens de leur vie, de leurs biens et de leur repos, ont défendu la liberté de la pensée; qui subissaient les tourments et la mort avec une résignation et un courage stoïques, méritent mieux encore que les martyrs chrétiens l'admiration et la reconnaissance des peuples.

Ni eux, ni les héros n'ont sacrifié leur vie pour obtenir le ciel en récompense. Ils remplissaient envers l'humanité et envers la patrie un devoir sacré; en mourant, ils croyaient payer une dette au monde ou à leurs concitoyens, et laissaient avec confiance à la Divinité le soin de leur vie à venir.

Les erreurs, les superstitions et le despotisme d'un clergé riche, puissant et ignorant, ont soulevé sur toute la surface de l'Europe les protestations des hommes sérieux, intelligents et instruits. Les persécutions eurent lieu de toute part. Nous y reviendrons bientôt, et nous suivrons quelques-uns de ces procès scandaleux, pour l'édification de nos lecteurs.

CHAPITRE VII.

LE PODESTAT DE MILAN. — BERTRAND DE GOURDON. LES HÉRÉTIQUES. — ARNAUD DE BRESCIA.

Mort du podestat de Milan. — Cruautés de Conrad. — Richard Cœur-de-Lion dans les prisons d'Autriche. — Le Vieux de la Montagne. — Bertrand de Gourdon. — Mort de Richard. — Jean, roi d'Angleterre. — Ses crimes. — Insurrection des Flandres. — Persécution contre les hérétiques. — Les assiégés de Minerve, de Béziers et de Lavaur. — Raymond, comte de Toulouse. — Simon de Montfort, sa mort. — Le château de Montfort-l'Amaury. — Mort de Philippe-Auguste. — Écoliers brûlés vifs. — Louis IX. — Arnaud de Brescia. — Vêpres siciliennes. — Les Templiers.

A cette même époque, au delà des Alpes, Conrad, fils de Frédéric, avait hérité du trône de son père et de son ambition. Frédéric, après une guerre sanglante, avait réuni la Lombardie à son empire d'Allemagne. Lorsqu'il assiégea Milan, le podestat de cette cité, fils du doge de Venise, fidèle au peuple qui l'avait investi de sa confiance, mourut pour ses nouveaux concitoyens. Il osa défendre la ville contre l'empereur; l'orgueilleux et cruel Frédéric, devenu maître de la ville, le fit périr sur l'échafaud.

Conrad, digne de lui succéder, voulut mettre sous sa domination presque toutes les villes d'Italie; la plupart se soumirent. Naples arrêta sa marche victorieuse; mais enfin, forcés de se livrer à Conrad, les habitants lui ouvrirent leurs portes. Ce prince cruel envoya à l'échafaud une foule de généreux citoyens qui avaient eu le courage de défendre l'indépendance de leur patrie. Malheureusement l'histoire ne nous a pas transmis les noms de ces martyrs.

Après ces sanglantes exécutions, ce prince alla en triomphateur visiter le royaume. Partout il indisposa les peuples par sa cruauté et son orgueil.

Pour le bonheur de l'humanité, la mort vint porter ses ravages bienfaisants dans cette famille impériale. Les meutres y étaient héréditaires, et les fils de Frédéric moururent empoisonnés les uns par les autres.

Débarrassés de leur tyrannie, les bourgeois de Florence prirent les armes et punirent les nobles de leurs extorsions en les chassant avec leur podestat. Ils établirent un gouvernement populaire, et invitèrent les autres républiques et toutes les villes d'Italie à la conquête de leur liberté ; mais une bataille qu'ils livrèrent changea leur sort, et ils retombèrent sous le joug des gibelins ou nobles.

Henri II, roi d'Angleterre, était mort. Son fils, Richard, surnommé *Cœur-de-Lion,* dut lui succéder. Il était alors en Orient, et, après quelques exploits dans la Terre-Sainte, il repartit pour l'Angleterre. Il avait été soupçonné d'avoir trempé dans l'assassinat de Conrad, marquis de Montferrat et roi de Jérusalem. On l'accusait d'avoir employé, pour l'exécution de ce crime, les officiers d'un scélérat appelé *le Vieux de la Montagne.* Il n'osa pas traverser la France dans la crainte de tomber entre les mains de son ennemi, Philippe-Auguste ; il préféra passer incognito par l'Autriche.

Un hasard le fit reconnaître. On l'arrêta ; il fut enfermé deux ans entiers dans une prison, et comparut devant un tribunal sous le poids de l'accusation du meurtre de Conrad.

A l'aide d'une somme de cent cinquante mille marcs d'argent, sa justification trouva des juges faciles.

Néanmoins, séduit par le roi de France, l'empereur hésita un instant à donner la liberté à Richard ; mais, n'osant pas revenir sur son engagement, et vaincu par la bonne grâce avec laquelle Richard se soumit à toutes les conditions, il consentit enfin à son départ.

Dans sa longue captivité, le roi d'Angleterre s'était plaint de l'abandon où on le laissait, et surtout de ne pouvoir défendre ses états d'Aquitaine et de Poitou contre le roi de France et ses autres ennemis. Il existe une chanson de lui en langue romane, où ses regrets sont vivement exprimés ; en voici la traduction :

« Nul prisonnier ne parlera jamais bien de son sort qu'avec la douleur « dans l'âme ; mais pour charmer ses peines, il peut faire une chanson.

« Quoiqu'il ait assez d'amis, qu'il en reçoit de pauvres dons! ne « doivent-ils pas rougir de le laisser, faute de rançon, depuis deux ans « dans les fers ?

« Qu'ils sachent, mes barons anglais, normands, gascons et poitevins, « que je n'eus si misérable compagnon dont je ne voulusse payer la déli- « vrance ;

« Je ne prétends pas leur faire un reproche, mais je suis encore « prisonnier.

« Il est trop vrai, homme mort n'a ni parents ni amis, puisque pour « de l'or et de l'argent on me délaisse!

« Je souffre de mes malheurs, je souffre encore plus de la dureté de « mes sujets ;

« Quels reproches à leur faire, si je meurs dans cette longue captivité !

« Mon chagrin ne m'étonne point : le roi, mon seigneur, je le sais, « porte le ravage dans mes terres, malgré le serment que nous fîmes « pour la sûreté commune.

« Mais une chose me rassure : moi, je ne tarderai pas à briser mes « chaînes.

« Chansonniers, mes amis, Chaïl et Pensavin, vous que j'ai aimés et « que j'aime encore, chantez que mes ennemis auront peu de gloire en « m'attaquant ;

« Je ne leur ai pas montré jusqu'ici un cœur faux et perfide ; et « qu'ils agiront en vrais vilains s'ils me font la guerre tandis que je « suis en prison! »

Ces vers sont l'expression d'un orgueil froissé : Richard accuse amèrement ses sujets. La douceur et la résignation des sentiments y font défaut. Pas un seul souvenir, un seul mot affectueux pour sa mère, la bonne Éléonore. Son courage dans les combats lui valut le surnom qu'il portait ; mais ce courage n'était qu'une témérité sauvage et brutale.

Nous devons, avant d'aller plus loin dans les événements qui vont nous présenter de nouveaux martyrs de la liberté, tracer l'historique succinct de ce personnage connu sous le nom de *Vieux de la Montagne*.

L'Europe, dans un élan religieux, mais qui aujourd'hui doit être qualifié de fanatisme, s'était à plusieurs reprises précipitée sur l'Orient, pour arracher la Palestine à la domination des Turcs. Vainqueurs, vaincus alternativement, les chrétiens avaient fini, grâce aux secours immenses qu'ils recevaient d'Europe, à s'établir tant bien que mal à Jérusalem, et à résister ainsi aux forces soulevées des musulmans.

Les maladies, les combats, les excès, la dépravation décimèrent et détruisirent plusieurs fois les armées des croisés ; enfin ils se maintinrent encore. Mais si le fanatisme, excité d'abord par les prédications de Pierre l'Ermite, ressuscité ensuite par Bernard, avait pu pousser des millions de chrétiens sur l'Asie, un autre fanatisme opposait aussi à leurs conquêtes les intrépides enfants de Mahomet. Les uns et les autres croyaient gagner le ciel en mourant pour leur foi.

Après la mort du fondateur de l'islamisme, les musulmans s'étaient divisés immédiatement en deux partis, celui d'Ali et celui d'Omar. Ce dernier donna naissance à plusieurs sectes ; la plus puissante fut celle des *Ismaëlites*, organisée en société secrète, ayant ses épreuves, ses loges, son rite, ses lois spéciales.

Les ismaëlites fondèrent le khalifat d'Égypte, rival de celui de Bagdad. Mais leur ambition n'était point satisfaite. Ces sectaires ne pouvaient reconnaître pour pontife légitime, pour iman véritable, qu'un des descendants du prophète, afin de réunir tous les musulmans dans une même croyance, et dans l'obéissance au seul chef légitime. Des missionnaires parcoururent toutes les provinces de l'Asie, pour enseigner en secret les dogmes des ismaëlites, et susciter des révoltes contre les khalifes de Bagdad et les princes qui reconnaissaient leur autorité.

Vers le onzième siècle de l'ère chrétienne, et la fin du cinquième de l'hégire, un ismaëlite, nommé Hassan, chassé de la cour du khalife d'Égypte, vint en Syrie, s'empara d'une forteresse et conçut un hardi projet.

Il résolut de fonder un empire, de lui donner des institutions, de suppléer par des moyens extraordinaires au défaut d'argent et de troupes, auxiliaires indispensables de toute domination. Le peu de succès qu'avaient eu jusqu'ici les missions des ismaëlites en Asie, lui prouvèrent combien il était inutile de répandre la doctrine secrète de la loge du Caire, tant que les chefs ne parleraient qu'à des intelligences et non à des bras. Les apôtres ismaëlites avaient propagé à leur aise leur doctrine impie et athée, rompu ainsi les liens religieux et moraux de la société, sans songer à les remplacer par d'autres. Ils avaient ébranlé les trônes, sans pouvoir les renverser et s'y asseoir eux-mêmes.

Toutes ces considérations n'échappèrent point à Hassan, qui, n'ayant pu jouer un rôle en Égypte près des khalifes, traça à son ambition une route à part, comme missionnaire des ismaëlites, et inventa un système de gouvernement inconnu jusqu'à ce jour, mais que les guerres des croisades servirent admirablement.

Le principe de la doctrine des ismaëlites était celui-ci : *Rien n'est vrai et tout est permis.*

Cette doctrine était seulement communiquée à un petit nombre de personnes, et elle se cachait sous le voile de la plus austère piété. Il institua trois degrés dans la hiérarchie ismaëlite : les *daïs* (maîtres), les *refiks* (compagnons), et les troisièmes, *fédavi* (sacrés).

Les premiers étaient seuls initiés aux secrets de la doctrine, et devaient seuls faire des prosélytes.

Les seconds, plus nombreux, étaient destinés à entrer parmi les initiés ; les secrets ne leur étaient révélés que peu à peu et après de grandes et longues épreuves.

Les troisièmes sectaires n'étaient que des instruments aveugles, fanatiques et dévoués aux ordres de leurs supérieurs.

Ils s'emparèrent de plusieurs châteaux sur les montagnes ; aussi le chef fut appelé *le maître* ou *le Vieux de la Montagne.* Lui et ses initiés regardaient avec indifférence l'observation ou la violation de la religion et de la morale. Ils doutaient de tout, et rien, croyaient-ils, n'est défendu. Telle était la philosophie de l'ordre des *haschichinns* ou Assassins. Quant aux autres sectaires non initiés, ils étaient sévèrement astreints aux préceptes de Mahomet. La science pouvait être cultivée par les premiers, les derniers ne devaient que savoir faire usage des poignards.

Au centre du territoire des Assassins, en Perse, en Syrie, à Alamout et à Masziat, étaient des lieux enchantés, où les catéchumènes du meurtre faisaient leur noviciat. Des jardins, entourés de murs fermés aux profanes, véritables paradis, offraient tout ce qui pouvait satisfaire les besoins du corps et les caprices de la plus exigeante sensualité.

Il y avait des gazons ombragés, des prairies verdoyantes, des parterres de fleurs, des arbres chargés de fruits, des bosquets de rosiers, des treilles de vigne ; des arbustes fleuris formaient des réduits frais et parfumés, ou décoraient de leurs tiges et de leurs feuilles des kiosques de porcelaine garnis de tapis de Perse et d'étoffes grecques.

Des ruisseaux d'eau pure et limpide faisaient entendre leur doux murmure, et couraient dans tous les sens sur ce sol fortuné.

Des boissons délicieuses étaient servies, dans des vases d'or, d'argent et de cristal, par de jeunes filles aux yeux noirs, semblables aux houris, divinités du paradis promis aux croyants par le prophète.

Le chant des oiseaux, le son des harpes et les voix les plus mélodieuses achevaient de jeter l'âme dans le ravissement. Tout y était plaisir, enchantement, volupté, délire.

Quand un jeune homme était doué d'assez d'énergie et de résolution pour faire partie de la légion des meurtriers, le Vieux de la Montagne l'invitait à sa table ou à un entretien particulier, l'enivrait avec un breuvage composé d'opium et de jusquiame, et le faisait transporter en cet état dans ses jardins.

A son réveil, le novice se croyait dans le véritable paradis de Mahomet. Ces femmes, ces houris contribuaient encore à compléter son illusion. Après avoir savouré jusqu'à satiété toutes les joies promises aux élus après leur mort, enivré par les douces voluptés et par les vapeurs d'un vin pétillant, il tombait de nouveau dans une sorte de léthargie; alors on le transportait hors de ce jardin, et, au bout de quelques minutes, il se retrouvait auprès du Vieux de la Montagne.

Celui-ci s'efforçait alors de lui faire comprendre que son imagination avait été trompée ; qu'il avait cru voir un paradis véritable, mais que ce n'était qu'un avant-goût de ces ineffables jouissances réservées aux fidèles qui auront sacrifié leur vie à la propagation de la foi, et auront été d'une obéissance illimitée envers leurs supérieurs.

Presque toujours, ce jeune homme se dévouait avec joie à devenir un des aveugles exécuteurs des arrêts du grand-maître de l'ordre.

Les Fedavi étaient convaincus qu'à leur mort tous les plaisirs les attendaient dans un paradis délicieux. Aussi, ils étaient détachés de la vie, et acceptaient avec enthousiasme toute mission de meurtre que leur confiait le Vieux de la Montagne.

Ce que Mahomet avait promis aux fidèles dans le Coran, ce qui pour tout autre n'était qu'une espérance ou un beau rêve, était pour eux une réalité. Les missions les plus difficiles ne les arrêtaient pas. Ils ne craignaient pas la mort, ils la désiraient.

Au milieu de ces jouissances dont on entourait les acolytes, l'ivresse de l'opium et de la jusquiame augmentait encore leur délire ; mais leurs forces étaient tellement épuisées qu'ils ne pouvaient jamais saisir la réalité du bonheur.

Hassan ne tarda pas à exercer un grand pouvoir ; également redouté des khalifes et des chefs chrétiens, il tenait dans ses mains la vie de tous ; aussi, on pensait que l'assassinat de Conrad par les sectaires avait été provoqué par Richard.

Deux ans après la mort de Conrad, le comte de Champagne passa près du territoire des Assassins. Le vieux de la Montagne vint au devant de lui, le combla d'honneurs et l'invita à entrer dans ses domaines. Le comte accepta l'invitation. Après lui avoir fait visiter une multitude de châteaux, ce chef le mena dans une forteresse dont les tours étaient d'une hauteur prodigieuse. Sur chaque créneau de ces tours étaient deux sentinelles vêtues de blanc. Il dit alors au comte : « Vous n'avez pas, sans doute, de « serviteurs aussi obéissants que les miens. » En même temps, il fit un signe ; aussitôt ces deux hommes se précipitèrent du haut de la tour et expirèrent horriblement mutilés. « Si vous le désirez, ajouta-t-il, au « moindre signal, tous ces hommes vêtus de blanc, que vous voyez, se pré-

« cipiteront également du haut des créneaux. » Le comte le remercia, et confessa qu'aucun prince chrétien n'avait de sujets aussi dévoués.

Le chef des Assassins le retint quelque temps à son château ; puis, avant son départ, le combla de riches présents, et lui dit :

« Si vous avez quelque ennemi qui veuille vous nuire, adressez-vous à
« moi, je le ferai poignarder; avec ces fidèles serviteurs, je me débarasse
« des ennemis de ma secte. »

L'ordre des Assassins subsista cent quarante ans environ, et fit de nombreuses victimes ; mais cette puissance qui semblait vouloir devenir colossale s'arrêta tout à coup ; la division se mit parmi les chefs, et les Mongols, sous les ordres *D'Gengis-Khan*, prirent leurs nombreux châteaux, vainquirent et dispersèrent tous ces sectaires.

L'hérésie, qui se développait dans le midi de la France, annonçait déjà le besoin de l'émancipation de la pensée, comme les insurrections partielles des peuples étaient partout une protestation des droits et de la liberté.

Richard Cœur-de-Lion, avide d'argent et de gloire, apprit qu'un seigneur de ses vassaux avait trouvé un trésor ; il refusa la part que celui-ci lui offrit, et vint mettre le siége devant son château pour le forcer à le lui livrer tout entier. Un arbalétrier, qui nourrissait contre lui une haine héréditaire, l'ajusta et l'atteignit à l'épaule. Richard, blessé, commanda l'assaut, entra dans la ville et passa toute la garnison au fil de l'épée. Bertrand de Gourdon, qui l'avait frappé, fut seul épargné et conduit à Richard :

« C'est donc toi, lui dit Richard, qui as ainsi osé frapper l'oint du Sei-
« gneur ? »

« — C'est moi, répondit Bertrand de Gourdon ; mon père et mon frère
« ont combattu pour délivrer le pays de ton servage ; ils sont morts sous
« tes coups : je suis heureux de les avoir vengés. »

On dit que Richard voulut lui faire grâce ; mais il est certain que Bertrand, livré au bourreau, fut tenaillé et pendu.

La blessure de Richard était très-grave. Les médecins ordonnèrent le repos, et lui défendirent tout commerce avec sa femme ; mais Richard, qui était voluptueux, dédaigna leur ordonnance. L'excitation nerveuse qui est la suite de cette fonction vitale, augmenta le désordre de la plaie : sa mort devint inévitable.

Le clergé vint l'entourer et le préparer à la pénitence. L'archevêque de Rouen lui dit :

« Vous avez trois filles à marier, et vous les nourrissez depuis long-
« temps. Votre aînée est *l'ambition;* la seconde *l'avarice;* la troisième
« *la luxure.* »

« — C'est vrai, dit Richard, voici comme je les marie : je donne l'aînée
« aux *templiers;* la seconde aux *moines gris;* la troisième aux *moines*
« *noirs.* »

« — Ne parlez pas ainsi, dit l'archevêque, votre fin approche. »

Frappé de terreur, Richard se mit à pleurer, se confessa, se fit lier les pieds, suspendre en l'air et flageller jusqu'à trois fois ; il légua à l'Eglise des sommes considérables. Son repentir se manifesta par des actes extravagants ; il voulut qu'on lui attachât une corde au cou, qu'on le traînât au devant du Viatique. Il communia et mourut.

En ces temps de fanatisme et de grossière superstition, voilà comment les affaires du ciel se traitaient. Tout se réparait, tout s'arrangeait pour le mieux, la grâce venait toujours à point. Ce prince était impétueux et brutal dans ses passions ; avide d'argent, il écrasait ses peuples d'impôts ; il faisait des vers, chantait au lutrin.

Il fut le premier qui introduisit en France l'usage des arbalètes ; et ce fut une arbalète qui le tua. « Avant cela, dit Mezeray, les gens de guerre
« étaient si francs et si braves, qu'ils ne voulaient devoir la victoire qu'à
« leur lance et à leur épée ; ils abhorraient ces armes traîtresses, avec
« quoi un coquin se tenant à couvert peut tuer un vaillant homme de loin
« et par un trou. »

Voltaire, dans une épître au grand Frédéric, dit, à l'occasion de son courage et des dangers auxquels il s'exposait :

> Que le plomb qu'en un tube a mis la main des sots,
> Peut aisément casser la tête d'un héros.

A Richard succéda son frère Jean, odieux également aux Français et aux Anglais. Les Bretons, par un acte de leur volonté nationale, se déclarèrent indépendants du roi d'Angleterre; l'Anjou, le Poitou, le Maine, la Touraine, qui luttaient depuis cinquante ans, se prononcèrent aussi pour les intérêts de leur nationalité, et se prêtèrent ainsi à servir les projets du roi de France.

Éléonore, veuve de Henri II, avait maintenu, par l'affection qu'elle inspirait et par son influence, la soumission des Aquitains; sans elle, cette vaste province eût recommencé plutôt une guerre d'indépendance.

Arthur, neveu de Jean, roi d'Angleterre, épousa la fille du roi de France, et fut nommé comte de l'Anjou, du Maine et de la Bretagne. Le roi Jean le fit prisonnier à Mirebeau avec un grand nombre de chevaliers qui avaient combattu avec distinction contre lui, et avaient contribué à soustraire les provinces à sa domination. Il les fit enfermer dans des prisons et mourir dans les plus cruelles souffrances, celles de la faim et de la soif.

Le roi de France courut au secours de son gendre Arthur, mais il ne put le sauver. Jean, ne trouvant aucun scélérat qui voulût se prêter à son crime, tua lui-même son neveu à coups d'épée et jeta son corps dans la Seine.

Ce crime ne resta pas impuni. Un jugement des pairs condamna Jean comme vassal du roi de France. La Normandie, l'Anjou, le Maine, la Touraine et le Poitou se détachèrent de Jean et augmentèrent le territoire français.

En vain Jean fomenta vers les Flandres une guerre contre Philippe-Auguste. L'armée ennemie fut battue, et les deux généraux, qui devaient se partager la conquête de la France, furent envoyés en prison; l'un à Péronne, qui devait être le siége de ses états; l'autre à Paris, où il avait espéré entrer en triomphateur. Ce dernier était Ferrand, comte de Flandre; il fut amené à Paris dans une cage de fer traînée par quatre chevaux. A cette occasion, le peuple fit éclater sa joie et chantait :

> Quatre ferrands bien ferrés,
> Traînent Ferrand bien enferré.

Une quatrième croisade se prêchait en Europe. Philippe-Auguste la favorisa de tout son pouvoir, pour se débarrasser de ses turbulents vassaux. Constantinople fut prise sur les Grecs, pillée et saccagée. Baudouin, comte de Flandres, fut nommé empereur, et dès lors, l'empire grec fut remplacé par l'empire latin. Comme les consuls romains vainqueurs du monde, les chefs croisés s'étaient partagé d'avance toutes les anciennes provinces de l'empire d'Orient ; mais ils avaient compté sans les Sarrazins. Des échecs nombreux les affaiblirent au point que, quelques années après, il fallut que le concile de Latran, d'une autorité presque absolue, décrétât d'urgence une cinquième croisade. Tous les chefs qui débarquèrent en Égypte trouvèrent la mort, ou dans les fers des Sarrazins, ou sur les bords du Nil. Toutes leurs victoires, tous leurs hauts faits d'armes échouèrent devant des troupes fanatisées; la famine, la peste, les fatigues et le climat achevèrent la destruction des croisés.

La puissance papale, ne pouvant conquérir à sa foi les contrées d'Orient, voulut au moins conserver intactes les traditions de son autorité absolue sur les habitants du midi des Gaules. La croisade contre les Albigeois est un des épisodes les plus importants du règne de Philippe-Auguste.

Le cardinal Pierre, légat du pape, n'avait pas réussi auprès du comte de Toulouse. L'hérésie, condamnée précédemment, n'était pas éteinte. Les hérétiques, n'étant plus retenus par la crainte, avaient repris courage et recommençaient leurs prédications de tous côtés.

Voici ce que dit à propos de ces sectaires un chapelain du treizième siècle :

« Par le moyen de ces hommes, Satan possédait en repos la majeure
« partie de ce pays comme un sien domicile. En effet, durant que dor-
« maient jadis ceux qui auraient dû veiller, ce vieil ennemi y introduisit
« secrètement des hommes, fils de perdition, ayant de vrai quelque
« apparence de piété, mais en abjurant au fond la virtuelle essence.

« Leurs discours, comme un chancre qui gagne de proche en proche,
« infectèrent et séduisirent un grand nombre de malheureux ignorants.
« En l'absence des défenseurs de la foi, les hérétiques tirèrent si bon
« parti de leurs efforts, qu'ils eurent bientôt par les villes et bourgs des
« lieux où s'héberger, des champs et des vignes, et de vastes maisons
« où ils prêchaient publiquement à leurs adeptes.

« Il y en avait parmi eux qui étaient *ariens,* d'autres *manichéens,*
« d'autres *vaudois;* mais, quoique dissidents entre eux, tous conspi-
« raient d'un commun accord pour la ruine de la foi catholique ; si bien,
« que toute cette terre réprouvée et maudite ne poussait guère plus
« qu'épines et chardons, n'enfantait plus que ravisseurs, routiers, lar-
« rons, homicides, adultères, usuriers, etc. »

Est-il possible que les gouvernants de ces contrées supportassent que les hérétiques commissent tous les crimes que leur reproche ce personnage dans sa sainte colère ? Cela n'est pas croyable : c'eût été une anarchie complète. C'est absolument le langage d'un prédicateur qui, en 1829, disait : « On ne peut être bon chrétien si on n'est bon royaliste, et *vice versâ.* » Où conduit l'aveuglement de l'esprit de parti ! Boileau Despréaux disait de l'abbé Cotin :

> Qui méprise Cotin n'estime point son roi,
> Et n'a, selon Cotin, ni Dieu, ni foi, ni loi.

Partout et en tout temps les mêmes scènes se répètent. Les hommes, avec leurs passions, imposent ce principe affreux de despotisme :

« Qui ne pense pas comme nous est contre nous. »

Témoins depuis longtemps de l'avidité et de la **tyrannie des gens d'église**, ces hérétiques disaient naïvement :

« L'Église romaine est une caverne de voleurs ; c'est la prostituée dont
« parle l'Apocalypse. » Ils annulaient les sacrements, prêchaient publiquement que l'onde sacrée du baptême et que l'Eucharistie n'étaient que des allégories; ils repoussaient la confession comme chose absurde ; les images n'étaient à leurs yeux que des fétiches, des objets d'idolâtrie. D'autres allaient plus loin encore, et, entre autres pensées, ils disaient que Madeleine avait été la concubine du Christ ; etc.

Au milieu de cette anarchie de systèmes religieux, les idées les plus excentriques étaient émises. Ce n'était qu'une révolution, une insurrection contre le despotisme catholique. Aucun principe, aucun corps de doctrine fondamentale n'étaient encore élaborés. Les vexations des prêtres romains avaient exalté ces peuples nerveux et ardents ; ils tombaient dans des excès dont le temps a fait justice, pour ne laisser de leur doctrine exaltée qu'un religieux rationalisme.

Les prédications des légats du pape n'ayant pu détruire l'hérésie, l'excommunication restant sans effet, le clergé prêcha contre eux une croisade.

A la voix des prélats qui promettaient le ciel, accordaient les indulgences, on accourut de toutes les provinces, et une armée formidable s'avança pour écraser les hérétiques. Les évêques étaient eux-mêmes à la tête de cette expédition. On massacra partout ces malheureux sans distinction d'âge ni de sexe. Un chef croisé demanda à l'un des légats du pape par quels moyens on pourrait reconnaître les fidèles des hérétiques : *Tuez toujours,* répondit le saint homme, *Dieu reconnaîtra ceux qui sont à lui.*

La ville de Béziers fut détruite de fond en comble et dévorée par l'incendie ; les habitants, après une défense inutile, s'étant réfugiés dans une église, tous furent, jusqu'au dernier, passés au fil de l'épée.

Les abbés et les évêques qui présidaient à ces scènes de mort et de carnage, élevèrent de trente à soixante mille le nombre des victimes dans les rapports qu'ils adressèrent au pape.

C'est ainsi que les ministres d'un Dieu de paix et d'amour établissaient ou consolidaient la foi du Christ. Au milieu des mares de sang, sur des monceaux de cadavres, sur des restes humains calcinés, sur les débris fumants des villes et des bourgs, ils s'établissaient les vengeurs de la divinité outragée.

Ni les tyrans qui persécutèrent les premiers chrétiens, ni Mahomet qui, par la conquête, établit son *Coran,* n'approchent en cruautés et en excès de fureur de ces hommes dont Rome a consacré le pieux souvenir. Les restes mortels de plusieurs de ces énergumènes sont encore conservés dans plusieurs églises et livrés à la vénération, nous pouvons dire à l'adoration d'un peuple ignorant et stupide. Ces reliques ont eu de tout temps la puissance miraculeuse de faire pleuvoir dans les troncs l'argent des crédules.

Saint Dominique était l'âme de cette croisade, Simon de Montfort en était le chef. Il s'empara de Carcassonne après plusieurs assauts. Les assiégés, privés d'eau, ne pouvaient résister plus longtemps; pour éviter de tomber entre les mains d'implacables vainqueurs et de partager le sort des malheureux habitants de Béziers, ils se sauvèrent tous par un souterrain, construit du temps des Goths, et dont l'issue donnait dans la campagne, à trois lieues de la ville; puis, ils se dispersèrent dans toutes les directions.

Les croisés, furieux de n'avoir pas de victimes à sacrifier à leur Dieu, assouvirent leur rage contre les édifices et les monuments de la ville.

Un château-fort, dit de *Minerve,* occupé par les hérétiques, résista quelque temps à l'impétuosité des croisés; mais enfin il dut céder, faute de vivres. On promit la vie sauve aux hérétiques; mais une fois maîtres de la place, le légat du pape et l'abbé de Cîteaux voulurent procéder à leur conversion. Ils rencontrèrent une résistance opiniâtre chez ces hommes qui regardaient la liberté de conscience comme une propriété qu'ils tenaient de Dieu.

Alors on prépara un grand feu; cent cinquante hérétiques *parfaits* y furent jetés.

Pierre de Vaulx-Cernay était parmi les croisés; c'est lui-même qui raconte; il ajoute naïvement :

« N'y fut-il besoin, pour bien dire, que les nôtres les y portassent;
« car obstinés dans leurs méchancetés, tous de gaieté de cœur allaient
« au supplice. »

Toutes ces places et les seigneuries qui en dépendaient furent distraites de la possession de Raymond, comte de Toulouse, et données à Simon, comte de Montfort.

Un concile eut lieu à Arles en même temps, dans le but de perdre Raymond, qui soutenait l'hérésie dans tout le Midi, mais dont la puissance avait jusqu'ici résisté à celle de Montfort et des autres croisés. Les Vaudois, dans les montagnes des Alpes, à l'est de la Provence, et dans les pays environnants, malgré les persécutions et les supplices les plus affreux, étaient restés toujours fidèles à la liberté de conscience qu'ils avaient proclamée. Rome voulait en finir d'un seul coup. Raymond, possesseur de riches fiefs, était d'un scandaleux exemple; c'est contre lui que toutes les forces spirituelles et temporelles furent dirigées.

Raymond fut donc excommunié, avec tous ses partisans. Sa réconciliation avec l'Église romaine fut soumise seulement aux conditions suivantes :

« 1° Le comte de Toulouse congédiera toutes ses troupes.

« 2° Il obéira à l'Église, réparera les dommages qu'il lui a causés, et « lui sera soumis le reste de sa vie.

« 3° Il ne se fera servir dans ses repas que deux sortes de viandes.

« 4° Il chassera les hérétiques et leurs fauteurs de tous ses domaines.

« 5° Il livrera aux légats et à Simon de Montfort, dans l'espace d'un « an, tous ceux qu'ils lui indiqueront pour en faire *à leur volonté*.

« 6° Il obligera les habitants de ses terres, soit nobles ou vilains, à ne « plus porter des habits précieux et brillants, mais seulement des ca-« potes noires et grossières.

« 7° Il fera raser les fortifications de toutes les places qui sont dans ses « seigneuries.

« 8° Il ne laissera aucun baron ou noble de ses vassaux habiter dans « les villes, mais seulement à la campagne.

« 9° Il ne fera lever aucun péage ou usage que ceux qu'on levait an-« ciennement.

« 10° Il obligera chaque chef de famille à payer tous les ans quatre « deniers toulousains au légat.

« 11° Il laissera le comte de Montfort et les siens voyager en toute « sûreté dans les pays soumis à l'autorité de Raymond, et il les défrayera « partout.

« 12° Quand il aura donné des ordres pour l'accomplissement de toutes « ces choses, il ira servir en Palestine, en qualité de chevalier de Saint-« Jean de Jérusalem.

« 13° Il ne pourra revenir dans ses États qu'avec la permission du « légat.

« 14° Enfin, toutes ses terres et seigneuries lui seront rendues à son re-« tour, *si cette restitution convient au légat et au comte de Montfort.* »

Le comte Raymond et le roi d'Aragon, présents à ce concile où on les avait sommés de paraître, se levèrent avec indignation à la lecture de cette sentence, et partirent sans prendre congé des évêques.

Les légats, blessés et irrités, ne gardèrent plus aucun ménagement. Ils excommunièrent encore Raymond, qu'ils traitèrent publiquement d'apostat, et disposèrent de ses fiefs.

Raymond n'eut plus qu'à se préparer à la guerre. Il réunit tous les vassaux de ses immenses domaines, et songea à une sérieuse résistance.

Les croisés, conduits par Montfort, mirent le siége devant la ville de Lavaur. Les assiégés soutinrent avec courage l'ardeur des assiégeants; mais enfin ils furent forcés de se rendre. « C'était, dit le pieux chroniqueur, le jour de *l'exaltation de la sainte Croix*. Dieu eut pitié de ses serviteurs qui se dévouaient pour sa gloire, et ils occupèrent cette ville rebelle et hérétique. »

Dans un transport de piété fougueuse, Simon de Montfort ordonna que tous les chefs et seigneurs, au nombre de quatre-vingts, fussent pendus.

On commença par Amaury, seigneur de Montréal. Les gibets n'étant pas bien plantés en terre, tombèrent. Simon, pour abréger le délai, fit massacrer tous les autres. La dame du château, *hérétique endurcie*, fut jetée dans un puits et couverte de pierres.

« Finalement, dit Vaulz de Cernay, nos croisés, avec une allégresse
« extrême, brûlèrent hérétiques sans nombre, comme ils avaient occis
« *avidement* tous les chefs que Simon avait mis dans leurs engins. »

La ville de Toulouse fut également prise par Simon. Six mille habitants périrent par le feu.

Raymond, après des alternatives de succès et de revers, accéda en partie aux conditions imposées par le légat, et se résigna à vivre quelque temps à Toulouse, avec sa famille, en simple particulier.

Un nouveau concile eut lieu à Montpellier pour exterminer l'hérésie; on y disposa du comté de Toulouse en faveur de Simon de Montfort.

L'Eglise romaine ne se contenta pas de ces triomphes. Il fut fait défense à tous les chevaliers vassaux de Raymond VI, dont tous les biens avaient été confisqués pendant la guerre, d'entrer dans les villes murées et de porter des armes. On les astreignit à *ne monter que de simples roussins et à ne chausser qu'un seul éperon*.

Le fils du roi de France arrivait avec une nouvelle croisade pour porter le dernier coup à l'hérésie. Dans son armée se trouvait la principale noblesse du royaume. L'évêque de Beauvais, animé d'un zèle ardent pour la foi, s'était joint aux croisés ; il s'était armé d'une massue de fer : *Parce que,* disait-il, *assommer n'est pas verser du sang; ainsi j'obéis aux saints canons.*

Pendant que Simon de Montfort, le héros des croisades du midi, se croyait tranquille possesseur des domaines et des titres dont le concile avait dépouillé Raymond VI, il se vit attaqué à la fois vers les frontières de la Provence par le fils de Raymond, et par Raymond lui-même, qui arrivait d'Espagne avec une armée d'Arragonais et de Catalans.

Raymond assiégea et prit Toulouse, les habitants l'accueillirent avec enthousiasme.

Monfort, à cette nouvelle, accourut sous les murs de Toulouse ; son fils Amaury se joignit à lui, et ils décidèrent de brusquer une attaque contre la ville. Mais ils échouèrent et durent se résigner à faire un siége en règle. Neuf mois s'écoulèrent et la ville résistait toujours avec avantage.

« Un jour, dit notre chroniqueur, les Toulousains s'armèrent de grand
« matin afin de nous attaquer brusquement, *selon leur perfidie accou-*
« *tumée,* pendant que les nôtres dormaient encore et que quelques-uns
« assistaient à la messe. Ils se jetèrent sur nous à l'improviste; et, pour
« nous faire plus de mal, nous attaquèrent sur deux points à la fois. Le
« comte Simon disait alors ses matines ; on lui annonça cette attaque.
« Aussitôt il ordonna qu'on préparât ses armes, et s'en étant revêtu, ce
« chevalier très-chrétien, se rendit en hâte à la chapelle pour ouïr la
« messe. Or, durant qu'il était à l'église et qu'il priait dévotement, les
« Toulousains sortirent de leurs fossés par des issues secrètes, se ruè-
« rent, bannières hautes, avec grand bruit et fracas de trompettes, sur
« ceux des nôtres qui gardaient les machines et sur le gros de notre
« armée.

« Au moment où les assiégés faisaient cette sortie, on alla presser le
« comte de venir sans délai au secours des siens. Souffrez, répondit ce
« pieux chrétien, que j'assiste aux divins mystères, etc.

« Un nouveau message vient le prévenir que les siens ne peuvent
« tenir et qu'il se hâte. « Je n'irai au combat, dit-il encore, qu'après avoir
« contemplé mon divin Rédempteur. »

La messe finie, il courut au combat ; en ce moment, une pierre lancée par les assiégés l'atteignit à la tête et le renversa mort.

Son fils Amaury hérita de tous ses titres et du commandement de l'armée des croisés ; mais il fut moins heureux que son père dans ses expéditions.

Le corps de Simon fut embaumé et plus tard transféré au monastère des Hautes-Bruyères, à une lieue de Montfort-l'Amaury, où était son château.

Bâti sur une éminence, ce château avait devant lui, au midi, l'immense forêt de Rambouillet ; à l'est, la vue s'étendait dans une vallée délicieuse, d'une fertilité admirable et de l'aspect le plus varié ; c'est à l'extrémité de cette vallée qu'était situé le monastère des Hautes-Bruyères. Au nord ce sont des prairies, des champs plantés d'arbres fruitiers, des sites pittoresques, des maisons de campagne, des villages nombreux, des coteaux à perte de vue et couverts de vignes.

Au milieu de ce magnifique panorama dominait le palais seigneurial de ce vassal puissant du roi de France ; ses tours menaçantes semblaient protéger les maisons nombreuses couchées à ses pieds en amphithéâtre.

Aujourd'hui la culture et l'aisance ont fait de ces délicieuses contrées un vaste jardin ; tout y a pris un air de fête et de jeunesse, surtout depuis 89.

Les donjons seuls ont vieilli sous le passage des siècles. La forteresse de Montfort n'offre plus que des ruines noires et hautes, de deux mètres d'épaisseur, et se soutenant de leur propre poids au milieu des grandes herbes ; semblables à ces masses, à ces quartiers de montagne que les cataclysmes du globe ont arrachés de la terre et lancés sur divers points de l'espace.

Toute cette gloire antique et féodale a disparu dans la nuit des temps. Les habitants de ces contrées, descendants des pauvres serfs du comte Simon, ignorent jusqu'au nom du tyran de leurs aïeux.

Un jour pourtant ces ruines reçurent des visites royales ; la duchesse d'Angoulême, dauphine de France, et sa belle-sœur, duchesse de Berry, en 1827, vinrent en passant méditer sur l'instabilité des choses humaines au milieu de ces murs lézardés.

C'était par une belle soirée de juillet ; la lune répandait sur ce vaste horizon vaporeux un reflet magique ; tout à coup, on entendit sortir du fond de ces donjons des sons mélodieux répétés par les échos voisins. La flûte de *Tulou*, la harpe de *Nadermann*, les voix et les instruments d'autres artistes, en harmonie parfaite avec le silence de la nature et la mélancolie de ces lieux, vinrent jeter l'âme dans une douce rêverie.

Des larmes coulèrent des yeux de ces filles de rois. L'une pleura sans doute sur des souvenirs et sur tant d'autres ruines.

Mais l'autre, jeune, et dont la vie s'écoulait insoucieuse au milieu des plaisirs, comment des larmes purent-elles venir mouiller ses yeux ?

Qui pourrait dire toutes les pensées, tous les sentiments qui se précipitent en foule dans le cœur de l'homme ? Souvent, au milieu du bonheur, les trois mots du festin de Balthazar viennent, comme un glas funèbre, retentir dans notre âme.

Souvent, des pressentiments funestes pendant la veille, un rêve effrayant dans le sommeil, ne viennent-ils pas troubler notre cœur ? N'est-ce pas un avertissement d'en haut ? Ne sont-ce pas les arrêts inexorables du destin qui s'approchent, conséquences forcées et inévitables des causes que nous n'avons pu conjurer, ou que nous n'avons pas su éviter ou prévenir ?

Philippe-Auguste mourut. Sous son règne, l'étude des lettres fut un peu cultivée à Paris ; mais la liberté de la pensée et de la parole se ressentit de cette époque de guerres et de persécutions religieuses. Les idées un peu hardies et larges étaient arrêtées dans leur expansion ; la métaphysique d'Aristote avait été apportée de Constantinople, traduite en latin et répandue dans les écoles de Paris ; il fut défendu, sous peine d'excommunication, de lire, de professer ou même d'expliquer les pensées de ce philosophe païen. Par ordre de Philippe, beaucoup de malheureux *écoliers* furent brûlés vifs pour de prétendues hérésies que le concile de Paris avait signalées.

Trois cents ans après, François Ier, sur la demande de l'Université de Paris, rendit une sentence de mort contre le savant Ramus pour avoir écrit et enseigné contre Aristote.

O jugements des hommes !

Louis VIII succéda à Philippe-Auguste, il fit aussi une croisade contre les Albigeois, et réunit à la couronne les domaines de Raymond de Toulouse, et d'autres contrées.

Louis IX lui succéda. Il entreprit, par dévotion, deux croisades qui furent très-malheureuses : une en Égypte et l'autre Tunis, où il mourut.

Elles furent les dernières.

Quant à celles qui furent prêchées en France contre les hérétiques, elles furent peu favorables aux papes et aux prélats, qui avaient poussé les rois de France à poursuivre ces guerres impies. Les provinces soumises se trouvèrent délivrées du despotisme de leurs suzerains ; mais au lieu de tomber en la puissance de la cour de Rome, elles vinrent grossir le royaume de France.

Jusqu'à la mort de Louis IX, la royauté en France n'était pas absolue ; ce n'était pas la royauté impériale fondée sur la personnification de l'État, ni la royauté chrétienne fondée sur la représentation de la Divinité. Aucun de ces deux principes ne constituait la royauté ; elle n'avait de limites que celles que pouvait lui imposer l'autorité des grands seigneurs ou de quelques puissants prélats.

Vers le treizième siècle, la royauté tenta de se rendre absolue en diminuant insensiblement le pouvoir des seigneurs.

L'établissement des communes la seconda merveilleusement ; comme aussi la formation des communes créa des villes libres, des états indépendants en Allemagne, et des républiques glorieuses en Italie.

Les doctrines du célèbre Abailard, en introduisant la liberté de la pensée à Paris, travaillaient déjà l'Europe ; l'Italie répondait à cet illustre novateur. La puissance temporelle du clergé fut un instant ébranlée. Sous le nom d'hérétiques, on poursuivit et on écrasa les propagateurs des maximes chrétiennes.

Arnaud de Brescia, vers la fin du pontificat d'Innocent II, avait suivi à Paris les leçons d'Abailard. A son retour en Italie, il résolut de se livrer exclusivement à l'étude de la morale et de la théologie, et entra dans un monastère. Sous l'humble froc de moine, il osa le premier, dans ses prédications à Brescia, dénoncer l'ambition et le despotisme du clergé, en disant :

« Que le royaume du Christ n'était pas de ce monde ; que les apô-
« tres de sa foi ne devaient être que de simples et pauvres pèlerins
« au milieu du siècle; qu'ils étaient loin de ressembler au Fils de
« l'homme, qui, durant sa mission, n'avait pas même possédé de quoi
« reposer sa tête; que l'ambition et les richesses d'un clergé mondain
« conduisaient à sa ruine la morale évangélique ; qu'à l'aide de la terreur
« de l'enfer et de l'espoir du paradis, on faisait de l'amour de Dieu un
« pur servilisme ; que l'Être suprême devait mériter nos hommages et
« notre amour par ses perfections, plutôt que par des motifs purement
« humains, etc. »

Il fut accusé d'hérésie comme son maître, et condamné par le concile de Latran.

Il se sauva à Constance pour échapper à la mort. Bernard, qui avait combattu les doctrines d'Abailard, poursuivit aussi son élève jusque dans son exil. Mais à Zurich, Arnaud put prêcher la liberté. Il fit des prosélytes innombrables, Du haut de sa chaire de Zurich, il sapa pendant cinq ans la puissance papale ; au bout de ce temps, il rentra dans sa patrie.

L'antique liberté romaine s'était réveillée, la république avait été proclamée dans la capitale du monde chrétien, un sénat venait d'être établi, et la théocratie renversée du Capitole.

Innocent II mourut de chagrin ; la république s'organisa sous son successeur et malgré lui. Lucius, nouveau pape, voulut renverser le sénat, pour avoir ensuite bon marché de la république ; mais le peuple, qu'il croyait avoir gagné et qu'il poussait à une révolte, se souleva contre lui pendant le combat ; un coup de pierre frappa le pape à la tête et le tua.

C'est au milieu de ces événements qu'Arnaud arriva. Ses disciples et le peuple l'accueillirent avec enthousiasme. Il organisa le gouvernement sur le pied de l'antique république romaine, créa l'ordre équestre et les tribuns pour tempérer, à l'aide de ces deux puissances, les excès du sénat et soutenir les droits du peuple.

Conrad venait de mourir; Frédéric Barberousse lui succéda à l'empire d'Allemagne. Eugène III, nouveau pape, envoya solliciter des secours auprès de l'empereur.

Un traité fut signé entre le pape et l'empereur; mais ce ne fut que sous Adrien IV qu'il put être exécuté par les deux parties. Arnaud gouverna paisiblement la république romaine pendant près de trois ans.

Frédéric, après avoir été couronné roi des Lombards, à Pavie, par le pape, marcha sur Rome; en même temps, les foudres de l'excommunication furent lancées contre tous les partisans de la république. Le peuple et le sénat, effrayés, engagèrent Arnaud à se retirer dans la Campanie, et à attendre des jours meilleurs. Il brava l'orage.

En même temps, le sénat envoya une députation au devant de l'empereur, pour le prier de respecter la constitution de la république. Frédéric répondit avec la hauteur d'un despote militaire : « Que le prince « doit donner des lois au peuple et non les prendre de lui. » Puis, ayant chassé les députés, il occupa la ville, abolit le gouvernement républicain, et rétablit le pape dans toutes ses prérogatives.

Que devient Arnaud au milieu de tous ces événements? Apôtre de la liberté, il ne déserte pas son culte, il ne recule pas devant le martyre.

Un matin, sur la place destinée aux exécutions, devant la porte du Peuple, un bûcher s'éleva en face du Corso. — C'est dans ce quartier de la ville qu'habitaient tous ces pauvres esclaves, qu'il avait appelés à la liberté. Le soleil ne paraissait pas encore à l'horizon, le tumulte de l'exécution éveilla le peuple qui reposait en paix; il s'arma, il accourut, mais trop tard, les sbires du pape le repoussèrent pendant que le feu devorait Arnaud de Brescia.

Ses cendres furent jetées dans le Tibre.

La vie de ce martyr de la liberté fut un continuel exemple de désintéressement et de mœurs irréprochables.

Ce fut pendant le règne de Philippe III qu'eut lieu l'affreuse boucherie des Français, connue sous le nom de *Vépres siciliennes;* Charles d'Anjou, frère de Louis IX, avait été nommé par le pape roi de Naples et de Sicile. Dans ces contrées, les Français crurent pouvoir agir en vainqueurs, ou tout au moins en possesseurs légitimes; leur légèreté naturelle ne leur permit de respecter ni les formes ni les usages du pays. Leurs procédés et leur conduite envers les habitants, leur suscitèrent autant d'ennemis qu'il y avait de Siciliens ; enfin, leurs vexations et leur insolence exaspérèrent toute l'île.

Le lendemain de Pâques, lundi 1282, les habitants de Palerme se rendaient en foule, selon l'usage, à l'église de Montréal, située à trois milles de la ville, pour y entendre les vêpres. Les Français se joignirent à la procession et prirent part à la fête. Il avait été défendu aux Siciliens d'être armés en cette circonstance.

Le Sicilien Procida avait voué à nos compatriotes la haine la plus profonde, haine malheureusement bien méritée. Depuis longtemps il préparait un complot qui devait les exterminer. Une circonstance imprévue que fit naître l'insolence d'un officier en précipita l'explosion. La cloche des vêpres servit de tocsin, et sonna l'agonie de tous les Français.

Une jeune fille remarquable par sa beauté et par sa naissance, se rendait au temple avec son fiancé et ses parents, lorsqu'un français nommé *Drouet,* s'avança insolemment vers elle, et sous prétexte de s'assurer si elle ne portait pas quelque arme cachée, se permit des investigations qui allèrent jusqu'à l'outrage. La jeune fille s'évanouit ; aussitôt, aux clameurs des parents et aux gémissements de leur enfant, succèdent les cris mille fois répétés de : *Mort aux Français!* Drouet, désarmé, est percé de sa propre épée ; bientôt le sang coula par torrents. En vain les Français voulurent-ils opposer quelque résistance, tous les habitants, jusqu'aux femmes et aux enfants, se précipitèrent sur eux avec rage.

Ni l'âge, ni le sexe ne trouvèrent grâce auprès de ces terribles insulaires. Les rues de Palerme furent jonchées de cadavres ; dans toute l'île, les Siciliens imitèrent l'exemple des habitants de Palerme, et leur vengeance s'éleva à la hauteur des offenses.

Un seul Français, le chevalier des Porcelets, fut épargné et renvoyé avec honneur ; par sa justice et sa modération, il avait su se concilier l'amour et la reconnaissance des habitants.

Payons un juste tribut d'admiration à ce peuple énergique qui se révolta contre ses oppresseurs.

Les Français ne furent certainement pas les martyrs dans cette circonstance; les quelques Siciliens qui succombèrent, en vengeant leurs droits, furent les seuls et les vrais martyrs de la liberté. Trop faible pour triompher en bataille rangée, ce peuple employa les ressources d'une guerre nationale.

Tout en plaignant nos malheureux nationaux égorgés sans gloire, surtout des innocents confondus avec les coupables, avouons que cet acte violent et désespéré, de la part d'un peuple opprimé, est admirable.

Si, en 1814 ou 1815, les habitants de la France eussent été animés de ces sentiments patriotiques, la profanation de notre sol par l'invasion des barbares eût enfanté partout des *Vêpres siciliennes,* pas un seul étranger n'eut revu ses foyers.

Pendant les croisades de la Palestine, deux ordres de chevaliers s'étaient établis, celui de Saint-Jean et celui des Templiers. — Les uns et les autres devaient se vouer à la défense de la religion contre les infidèles. — Combattants et religieux à la fois, les premiers quittaient après les batailles leurs cuirasses et leurs épées, et donnaient des soins aux blessés et aux pauvres; ils étaient appelés les religieux Hospitaliers.

Les autres se vouaient à l'entretien du culte des autels : c'étaient les Templiers.

Ce dernier ordre acquit des richesses immenses qui excitèrent l'envie du clergé et des seigneurs de la cour. Les Hospitaliers, s'étant réfugiés dans l'île de Rhodes après la perte de leurs conquêtes en Orient, luttaient contre les attaques des Turcs.

Les Templiers, au contraire, retirés en Europe dans leurs riches commanderies, jouissaient du luxe et de tous les plaisirs, au sein de la mollesse.

Poussé par le clergé et par sa cour, le roi de France les dénonça au pape comme hérétiques et coupables de toutes sortes de crimes. Il y avait contre eux tant de chefs d'accusation tellement absurdes, qu'on est péniblement étonné de l'ignorance et de la méchanceté de leurs ennemis à la lecture de ce procès déplorable.

On les soumit aux tortures les plus horribles, on leur arracha des aveux; mais ils s'empressaient tous de reprocher ensuite à leurs accusateurs de les avoir fait mentir par la torture. Voici ce que disait devant les commissaires un malheureux templier :

« Je parle d'après mon serment de dire la vérité au péril de mon âme ;
« si je mens, que la mort me frappe soudain, et qu'en votre présence je
« sois absorbé en corps et en âme dans l'enfer. »

Il frappe alors sa poitrine avec ses poings, tend ses mains vers l'autel, fléchit les genoux et s'écrie :

« Je persiste à soutenir que les erreurs imputées aux Templiers sont
« de toute fausseté, quoique moi-même j'en aie avoué quelques-unes,
« vaincu par les tortures qu'avaient ordonnées contre moi de Marcillac
« et Hugues de Celles, chevaliers du roi. J'ai vu conduire sur des chariots
« les cinquante-quatre chevaliers pour être livrés aux flammes parce
« qu'ils n'avaient pas voulu faire les aveux exigés ; j'ai appris qu'ils ont
« été brûlés, et je doute si je pourrai avoir comme eux la noble con-
« stance de braver les bûchers. Je crois que si l'on m'en menaçait, je
« déposerais à serment devant la commission et devant toutes les autres
« personnes qui m'interrogeraient, que ces mêmes erreurs imputées à
« l'ordre sont vraies, je tuerais Dieu lui-même si on l'exigeait. »

Alors, il adjure, il supplie les commissaires qui sont présents de ne pas révéler aux officiers du roi et aux gardiens des Templiers les paroles qui lui échappent, parce qu'il craint que, si les gardiens en étaient instruits, il ne soit livré au même supplice que les cinquante-quatre.

Quelle candeur dans ce désespoir ! quelle vérité, quel courage dans cette terreur ! Une pareille déposition suffit pour justifier l'ordre contre quelques traîtres ou quelques apostats.

La religion était un prétexte : la cupidité seule était le vrai motif de la persécution ; leurs biens furent confisqués et l'ordre fut détruit.

Le grand-maître de l'ordre, le vertueux Jacques Molay, fut sommé, en présence des commissaires apostoliques, de faire publiquement la confession des crimes dont on les accusait. Alors, d'une contenance assurée, il s'avança jusqu'au bord de l'échafaud et s'exprima ainsi d'une voix forte :

« Il est bien juste que, dans un si terrible jour et dans les derniers
« moments de ma vie, je découvre toute l'iniquité du mensonge, et que
« je fasse triompher la vérité.

« Je déclare donc, à la face du ciel et de la terre, et j'avoue à ma honte

« éternelle, que j'ai commis le plus grand de tous les crimes, en conve-
« nant de tous ceux qu'on impute avec tant de noirceur à un ordre par-
« faitement innocent. Je n'ai fait, à Chinon, les déclarations qu'on exi-
« geait de moi, que pour suspendre les douleurs excessives de la torture,
« et pour fléchir ceux qui me les infligeaient. Je sais les supplices qu'on
« a fait subir à tous les chevaliers qui ont eu le courage de révoquer une
« pareille confession ; mais le spectacle qu'on me présente n'est pas
« capable de me faire confirmer un mensonge par un second. A une
« condition si infâme, je renonce de bon cœur à la vie, qui ne m'est déjà
« que trop odieuse. A quoi me servirait, d'ailleurs, de prolonger de tristes
« jours que je ne devrais qu'à la calomnie ? »

Guy, visiteur de l'ordre, et deux autres, les prieurs d'Aquitaine et de Normandie, tinrent à côté du grand maître le même langage, et protestèrent hautement de l'innocence de l'ordre en présence du bûcher.

Cette déclaration termina le procès. Les quatre chevaliers furent reconduits en prison. Le même jour, Jacques Molay fut brûlé vif à petit feu. Ses lèvres mourantes ne cessèrent de rendre hommage à la vertu de l'ordre ; et le regret amer d'avoir pu, dans les tortures, laisser échapper un aveu menteur fut plus cruel pour lui dans ce moment suprême que les tourments qu'il endurait dans les flammes.

Les trois autres périrent aussi dans les mêmes supplices.

Les chevaliers de Saint-Jean ne furent pas poursuivis comme hérétiques : ils étaient pauvres.

Des historiens rapportent que le grand-maître, avant de rendre le dernier soupir, s'écria : « Clément, pontife inique et cruel bourreau, je
« t'ajourne à comparaître dans quarante jours devant le tribunal du
« souverain Juge ! » En effet, le pape mourut dans les quarante jours.

Au milieu de toutes ces horreurs du moyen âge, de tous ces attentats contre la vie, la liberté et la fortune, l'âme éprouve un profond dégoût. On ne saurait, on ne doit pas même en accuser le christianisme. Sa morale avait été pervertie et oubliée. Si le Christ était venu dans ces temps déplorables, qui oserait nier que ces dignes successeurs de saint Pierre ne l'eussent condamné et puni comme hérétique ?

CHAPITRE VIII.

GIANO DELLA BELLA. — MARINO FALIERO.

Giano della Bella. — Guerre des Flandres. — Massacre des Français. — Altération des monnaies par ordonnance royale. — Révolte du peuple contre Philippe. — Punition de quelques malheureux ouvriers. — Proclamation des droits de l'homme. — Le pape Jean XXII. — Mort de l'évêque Geraldi. — Dante. — Boccace. — Pétrarque et Laure. — Leurs amours. — Murat, général de la république française. — Marino Faliero. — Sa mort. — Les lépreux. — Immoralité du clergé et de la noblesse.

Les Templiers, dont nous venons de tracer la malheureuse histoire, ne sont pas des martyrs de la liberté; mais il nous a paru important de ne pas les passer sous silence. Cet ordre religieux n'a pas eu à combattre pour le bien de l'humanité. Il n'en est sorti aucun homme qui se soit sacrifié uniquement pour la liberté. Ses richesses immenses avaient excité la convoitise du clergé. Tout en se soumettant à la direction spirituelle du pape, les Templiers étaient disposés à contester tous les prétendus droits que la cour de Rome voulait exercer sur leur temporel. Celle-ci ne put leur pardonner ce refus d'obéissance passive, et travailla à leur anéantissement.

On profita des fautes, sans doute, de quelques-uns des membres de l'ordre pour l'envelopper tout entier dans une accusation monstrueuse.

Nous avons encore d'autres comptes à terminer avec la pieuse barbarie et les passions sacerdotales du moyen âge.

La marche des événements nous force de faire un retours vers l'Italie, où nous appellent des persécutions politiques.

Nous avions laissé les Florentins, courbés sous la tyrannie aristocratique des Gibelins. Le parti populaire des Guelfes avait été réduit à l'impuissance ; la noblesse insultait et outrageait tous les jours la population.

Giano della Bella, gentilhomme toscan, d'une des plus nobles familles, indigné des souffrances dont on accablait le peuple, résolut de mettre un terme aux excès des Gibelins.

Il saisit l'occasion d'une assemblée générale pour demander, au nom de la justice, l'exécution des lois. Élevant de plus en plus sa voix, il accusa les nobles d'exercer à main armée des brigandages de toute nature ; d'arracher les plaignants et les accusateurs du pied des tribunaux ; d'intimider, de corrompre et d'écarter violemment les témoins ; de faire trembler les juges, de les forcer par la terreur à prononcer des sentences iniques, de suspendre ou de détruire les lois.

Il demanda que l'administration dominât toutes ces forces privées ; qu'elle fût entourée dans l'exercice de son autorité d'un pouvoir militaire, composé d'une garde bourgeoise. Électrisé par ces paroles, le peuple nomma immédiatement une commission pour modifier les statuts de la république, et faire rentrer les nobles dans le droit commun. Une ordonnance fameuse, connue sous le nom d'*ordinamenti della giustizia,* trente-sept familles nobles, à jamais exclues de la haute direction des affaires de la république, et une nouvelle magistrature, établie sous le nom de *gonfalonier de la justice,* furent l'ouvrage de cette commission.

Ce nouveau magistrat devait, dans les séditions seulement, déployer son étendard (*gonfalon*) pour réunir sous cette bannière nationale les amis de l'ordre et de la liberté.

Il habitait, avec les autres magistrats de la république, le palais public ; lorsqu'il suspendait le *gonfalon* de la justice aux fenêtres, les chefs de chaque compagnie bourgeoise devaient rassembler leurs hommes et se joindre à lui.

Giano della Bella acquit auprès de ses concitoyens une influence bien méritée. Les nobles, jaloux de son ascendant sur les masses, lui suscitèrent de puissants ennemis. Ils ne pouvaient lui pardonner d'avoir trahi ou abandonné leur cause pour celle du peuple; beaucoup de bourgeois se mirent à suspecter ses actes en invoquant son origine aristocratique. L'attaquer ouvertement, ses ennemis eussent échoué; au premier mot, toutes les masses se fussent soulevées pour lui; on employa à la fois le ridicule, la calomnie, la médisance. De faux amis le poussèrent à des actes de justice, à des mesures qui, appliquées à certaines classes du peuple, les indisposèrent contre lui.

Il avait sauvé la République du despotisme des patriciens, il voulut l'ennoblir par la bonne foi, par les bonnes mœurs, par l'honnêteté dans toutes les transactions commerciales. Il réprima la fraude des marchands. La corporation des bouchers, puissante et audacieuse, lui fut ouvertement hostile; d'autres corporations se prononcèrent aussi contre ses mesures de probité publique; averti du danger qu'il courait, il s'écria en public: « Périsse la République et moi aussi avec elle, plutôt que de « supporter l'iniquité par des intérêts privés, et que de détruire la vraie « liberté par une lâche tolérance! Point de République sans probité. »

Mais aux nouvelles élections Giano eut à gémir de l'ingratitude de ses concitoyens, et comme le vertueux Aristide, il fut persécuté.

La bourgeoisie, qui avait supplanté la noblesse, forma une aristocratie sotte, orgueilleuse et injuste; à peine ces nouveaux magistrats furent-ils élus qu'ils ouvrirent devant le *capitaine* ou premier magistrat du peuple, une inquisition sur la conduite de Giano della Bella. Ils l'accusèrent d'avoir excité en secret une insurrection qui avait eu lieu peu de mois auparavant.

Ne croirait-on pas, en lisant ce passage de la révolution florentine, assister aux scènes qui ont suivi notre révolution de 1830? Sortis de leurs riches comptoirs ou de leurs bureaux d'agiotage et d'usure, des hommes, connus seulement par la ruine des familles, sont venus entourer le pouvoir nouveau. De leurs calomnies, ils ont assailli les citoyens les plus purs et les plus honorables, les Lafayette, les Laffite, les Dupont (de l'Eure), les Lamarque, etc., etc.

Aristocrates improvisés, misérables bouffons, ils n'avaient des nobles qu'ils voulaient remplacer auprès de la nouvelle cour, que la vanité, les ridicules et les vices. En 1830, ils avaient escamoté la victoire du peuple. En 1848, ces seigneurs traitants, gorgés depuis dix-sept ans de primes, d'agiotage et de commandites, sont venus flairer le nouveau triomphe du peuple; mais le peuple, les repoussant, leur a dit avec mépris : « Arrière, « impies, ne touchez pas à l'œuvre sainte ! »

Le moment viendra de parler de ces scènes. Nous traînerons devant le tribunal de l'histoire tous ces hommes flétris, qui préparaient des chaînes à la nation, eux sortis du peuple; ils reniaient le peuple !

Mais revenons à notre Giano :

A la nouvelle d'une accusation pareille, le peuple de Florence s'irrita. Un sentiment instinctif lui fit comprendre que sa liberté était menacée dans la personne de son défenseur, de son ami. Il courut en foule à son habitation et lui offrit de prendre les armes pour le soutenir contre les ennemis communs, fallût-il pour cela se rendre maître de la ville. Le frère de Giano s'avança même avec l'étendard du peuple jusqu'à *Orso san Michele,* à deux cents pas du palais public.

Giano, craignant d'exposer sa patrie à une guerre civile; d'un autre côté, ne se croyant pas assez assuré de l'équité de ses juges pour se présenter devant un tribunal où siégeaient ses accusateurs, préféra s'exiler, et mourut de chagrin sur la terre étrangère. Les artisans et le peuple retombèrent sous la tyrannie.

Les fautes des rois ou celles de leurs ministres ont toujours pour conséquence immédiate une perturbation dans l'industrie, dans le commerce et dans toutes les transactions. Philippe le Bel, devenu maître des Flandres, en avait confié le gouvernement à Jacques de Châtillon. Les richesses des habitants tentèrent la cupidité des Français; ils voulurent écraser ce peuple d'impôts. Comme aux *Vêpres siciliennes,* les Flamands se révoltèrent, et de toute part retentit le cri de : *Mort aux Français !*

Enfin, la bataille sanglante de Courtrai prouva à Philippe le Bel qu'on n'attente pas aux droits et qu'on n'insulte pas impunément à l'esprit national d'un peuple. Il fallut, pour faire face aux dépenses énormes d'une guerre malheureuse, frapper des impôts extraordinaires. Philippe s'avisa même d'altérer la monnaie. Mais cette mesure porta bientôt atteinte aux rentrées du trésor royal.

Pour remédier à ce mal, une autre faute fut commise : une nouvelle monnaie fut frappée ; une ordonnance parut, en vertu de laquelle, à dater du mois de septembre, cette monnaie aurait seule cours dans le royaume, et l'ancienne ne serait plus reçue que pour le tiers de sa valeur nominale.

Il s'éleva de toute part, en France, une puissante opposition. A Paris, elle se manifesta par des actes violents, surtout à l'occasion d'une autre ordonnance sur les loyers des maisons. Le roi, dans son palais du Temple, fut assiégé et menacé par ses malheureux sujets, qui voulaient le contraindre, par la famine, à rapporter ses ordonnances, surtout celle concernant les loyers, qui était toute à l'avantage des propriétaires et ruineuse pour les locataires. Dans son exaltation, le peuple ravagea une riche propriété appartenant à Étienne Barbette, directeur des monnaies, et auteur de toutes ces mesures.

Philippe trouva le moyen de se soustraire au peuple, fit arrêter un grand nombre de coupables, qui furent pendus aux arbres et à des gibets dressés aux portes de la ville ; mais l'opposition continua.

Le souverain, quelquefois, peut réussir à contraindre les peuples à se soumettre à une banqueroute générale, et chaque créancier à se contenter du tiers de ce qui lui est dû ; mais forcer tous les débiteurs d'un pays à payer le triple de ce qu'ils doivent, comme il voulait l'exiger par son ordonnance sur les monnaies, c'est un acte au-dessus de sa puissance. Aussi, la résistance qu'éprouva Philippe dans toute la France le força de modifier ses ordonnances.

Ce roi était irascible, orgueilleux, entêté et froidement cruel. Deux de ses fils avaient épousé, l'un Marguerite de Bourgogne, et l'autre Blanche. On ne connaît que trop les désordres de ces deux femmes, et la mort horrible de leurs amants, dont l'un, Gautier d'Aulnay, fut mutilé, écorché vif et puis brûlé. Mais tirons un voile sur ces horribles tableaux.

Louis le Hutin, devenu roi de France, fit étrangler Marguerite de

Bourgogne, sa femme adultère, afin de pouvoir se remarier ; et son frère, Charles, força sa femme, Blanche, à prendre le voile.

Le roi épousa, en secondes noces, Clémence de Hongrie, princesse de la branche française de Naples. Le royaume était alors agité par des révoltes contre les exactions des évêques et des seigneurs. Un mouvement général semblait se préparer, et les peuples présentaient partout une résistance que le clergé cherchait à renverser avec ses excommunications.

Louis le Hutin comprit la tendance générale et le besoin des peuples, ou plutôt voulut affaiblir la puissance d'un clergé impertinent et d'une noblesse indomptable. En cela, il montra un esprit supérieur à son siècle, ou une habileté politique extraordinaire. En 1315, il proclama les principes de 1789, et affranchit les peuples du servage. Voici le sens exact de son ordonnance :

« Louis, par la grâce de Dieu, etc.

« Selon le droit de nature, chacun doit naître libre. Des coutumes et
« des lois, introduites sous l'influence de causes qui n'existent plus ou
« ne doivent plus exister, avaient réduit les peuples en servage ; nous
« déclarons nulles ces coutumes et ces lois qui nous déplaisent.

« Nous gouvernons le royaume des *Francs*, et nous voulons qu'il le
« soit de fait, et non pas seulement de nom. Nous affranchissons donc
« tous nos sujets de tout servage dans tous les pays de notre domination,
« pour le présent comme pour l'avenir. »

L'esprit philosophique de cette loi, ses considérations générales sur la liberté, qui est un droit de nature, contrastent avec la langue et les idées barbares de cette époque.

Mais les serfs ne devaient recouvrer leur liberté qu'en payant au roi d'assez fortes sommes ; un grand nombre ne purent ou ne voulurent pas s'affranchir, de sorte que nous ne saurions trop dire si Louis X ne céda pas plutôt au besoin d'argent, dans cet acte politique, qu'à des pensées morales, et si encore les gens du peuple qui refusèrent, ne furent pas retenus par la pauvreté ou la crainte d'une indépendance qui les exposait à une misère plus grande que celle du servage.

Louis mourut quelque temps après. Philippe V lui succéda. Sous ce prince, l'inquisition ralluma ses bûchers avec plus d'ardeur. Jean XXII occupait le trône pontifical. Ce pontife rusé, adroit, intelligent, superstitieux à la fois, avait pris de l'ascendant sur le roi. Il ajoutait une foi entière à la sorcellerie et à la magie. Il persécuta plusieurs hommes distingués qu'il accusait de maléfice. Sa terreur supersitieuse le rendait cruel à l'excès. Hugues Geraldi, évêque de Cahors, patrie de Jean, fut accusé d'avoir voulu faire mourir celui-ci par des sortiléges. Le pape le fit traîner devant le tribunal de l'Inquisition. Cet évêque fut, dit l'histoire, convaincu d'avoir fait un pacte avec le démon, d'avoir voulu, par l'intermédiaire du *malin esprit,* appeler sur la tête du saint-père toute sorte de malheurs et même la mort, etc. Le tort de Geraldi était seulement de combattre toutes ces erreurs qui dégradaient la religion chrétienne. Il fut écorché vivant, tiré à quatre chevaux et jeté dans un bûcher.

Le pape Jean XXII était loin d'être sévère dans ses mœurs. Imbu de toutes les erreurs de son siècle, il joignait à sa puissance spirituelle le despotisme et la dépravation. Il avait fait construire, à l'extrémité nord-ouest de la ville de Cahors, un château qu'il habitait souvent ; il s'enfermait dans une haute tour carrée qui dominait toute la ville ; inquiet, méfiant, soupçonneux, il se livrait là à ses débauches et à ses plaisirs, et combinait ses plans pour la destruction des hérétiques. Son siége était à Avignon, et pendant les fréquents voyages que nécessitaient dans le midi de la France les guerres de religion, il s'arrêtait souvent dans cette espèce de forteresse. Les ruines de ce château existent encore ; le haut de la grande tour carrée sert de retraite aux corbeaux et aux biboux ; la partie inférieure est, depuis longtemps, la demeure de l'exécuteur des hautes-œuvres et de ses aides.

Les guerres civiles désolaient l'Italie ; c'était toujours la lutte des opprimés contre les oppresseurs. Le peuple opposait par fois la force matérielle ; les savants, les poètes, les philosophes, opposaient sans cesse les idées. La Toscane fournit les premiers grands hommes de cette époque. Le Dante créait la poésie, et bientôt Pétrarque et Boccace donnèrent aux nations italiennes des modèles d'élégance, de clarté, de naturel et de bon goût, et fixèrent la langue. La gloire de ces écrivains célèbres n'est pas déchue depuis cinq cents ans. Le Dante avait été banni de son pays avec le père de Pétrarque, son ami ; leur amour de la liberté était la cause de leur persécution. Pétrarque avait partagé cet exil.

A vingt ans, il quitta Bologne, où il avait suivi les leçons du poète-jurisconsulte Cino de Pistoja, et revint à Avignon, qu'il avait déjà habité. Là, il se livra désormais, sans obstacle, à ses études favorites. Ce fut là aussi qu'il vit pour la première fois, dans une église, la belle Laure, épouse de Hugues de Sade ; l'amour qu'il conçut pour elle enflamma son imagination et révéla un grand poète à l'Italie. Laure aima Pétrarque de tout l'amour dont le cœur d'une femme supérieure est capable. Ces deux natures d'élite, à la hauteur l'une de l'autre, n'eurent bientôt qu'une pensée, qu'une âme.

Pétrarque adorait son amante ; mais l'indépendance de l'Italie était aussi le sujet de ses rêves et l'objet de ses vœux. Il s'efforça d'inspirer aux Colonna l'amour et le culte de la patrie ; il célébrait Rienzi comme le libérateur de son pays. Sa mémoire, remplie des auteurs anciens, et son intelligence ornée des connaissances les plus vastes et les plus variées, ont pu imprimer à tous ses ouvrages un cachet particulier ; ses œuvres, parfaites, renferment de tout à la fois, et pour le cœur et pour l'esprit ; Laure était sa muse divine ; elle inspirait l'âme de Pétrarque. Sa poésie, plus encore que les autres poésies érotiques de l'Italie, avait une tendance platonique qui épurait la passion, et qui faisait de l'objet aimé un intermédiaire entre Dieu et l'amant.

Ses chants étaient lyriques, ils se rattachaient sans cesse à un principe religieux, symbolique, qui élevait le cœur. Pétrarque fut aussi sublime dans les sujets patriotiques. Il chercha à réveiller, dans le cœur de ses compatriotes l'amour de la patrie et la haine de l'étranger. A l'occasion de l'entrée de Louis de Bavière en Italie, il fit une *canzone*, composition sublime qu'on chantait dans toute la Péninsule. Elle commençait ainsi :

« Mon Italie, bien que mes paroles soient impuissantes contre les
« plaies mortelles dont ton beau corps est couvert, je veux, du moins, que
« mes soupirs soient dignes du Tibre, de l'Arno et du Pô, sur les rives
« duquel, triste et grave, je m'asseois aujourd'hui, etc. »

Lors de l'occupation de Milan par les Français, cette œuvre, imprimée séparément, tomba entre les mains du général Murat, qui donna sur le champ l'ordre d'en arrêter l'auteur; on lui répondit qu'il était mort depuis près de cinq cents ans, et que l'Italie, toujours noble dans ses fers, proclamait par la voix de ses grands hommes son amour pour la liberté.

Mais le poète ne vit aucun de ses rêves se réaliser. Laure lui fut ravie par la mort; l'entreprise de Rienzi échoua; ce tribun eut une fin malheureuse, et toutes les illusions de Pétrarque s'évanouirent. Sa vie s'écoula dans le deuil, dans la solitude et au milieu des plus graves travaux. Un instant, l'Italie, sous Urbain V, sembla vouloir renaître à la liberté; un instant il crut à la réalisation de ses plus chères espérances; mais effrayé des troubles de sa patrie, il alla chercher le repos dans une retraite à Arqua, près Padoue. Il fut trouvé mort dans sa bibliothèque, la tête penchée sur un livre, à l'âge de soixante-dix ans.

Boccace, ami de Pétrarque, a aussi illustré l'Italie par ses ouvrages. Le *Décaméron* a fait sa gloire. La ville de Florence, sa patrie, fut dépeuplée par la peste et changée en un désert. L'auteur suppose trois jeunes gens des premières familles et sept jeunes filles, qui abandonnent la ville et se retirent dans une campagne délicieuse. Là, au sein de la plus belle et de la plus riante nature, au milieu des plaisirs de toute espèce, ils se racontent chaque jour et chacun à son tour, une nouvelle triste ou gaie, satirique ou touchante, selon que leur imagination, leur mémoire ou la nature de leur esprit la leur fournit. Le titre de l'ouvrage indique que dix journées se passent ainsi. Le célèbre peintre Bellini a représenté avec talent sur la toile ces jolies scènes du poète; ce tableau, dit-on, avait été commencé par *Léonard de Vinci,* il est aujourd'hui à Paris, dans le cabinet d'un amateur.

La pruderie cléricale, et surtout les prédications de l'énergumène Savonarola, poursuivirent les chefs-d'œuvre de Boccace, de Pétrarque et de Dante, de toutes leurs malédictions; au point qu'à Florence, on fit, en place publique, un autodafé de toutes ces belles poésies. Le Concile de Trente, et les papes Paul IV et Pie V, vouèrent aux flammes éternelles les poètes, ainsi que les lecteurs et les détenteurs de ces œuvres *impies*. Une persécution cruelle vint faire disparaître presque toutes les premières éditions du *Décaméron*. On le réimprima plus tard; mais il fut longtemps corrigé et rogné par ordre du clergé. Les pensées les plus belles, la poésie la plus pure étaient tronquées et dénaturées; ce ne fut que deux cents ans après qu'on les obtint pures.

Boccace professait pour Dante un culte particulier; il parlait de sa *Divina Commedia* avec tant de chaleur et tant d'enthousiasme, que, malade et mourant, il en expliquait encore, dans des leçons publiques, toutes les beautés sublimes. On se rendait en foule auprès de ce célèbre professeur, qui, dans chaque vers, dans chaque pensée de Dante, trouvait ample matière à instruire et charmer ses auditeurs.

C'est une vérité incontestable qu'une page, je dirai même une simple phrase d'un chef-d'œuvre, renferme un univers de pensées et de faits, et quelquefois plus que toute une vie et qu'une science humaines; il y a près de deux mille deux cents ans qu'Anaxagore avait enseigné qu'il y a de tout dans tout.

La république de Venise était florissante par son commerce avec toutes les nations du monde, par ses immenses richesses et sa puissante marine. Elle marchait de pair avec les monarchies du continent; mais cette cité, assise sur l'Adriatique comme une reine sur son trône, recelait au milieu de son luxe, de ses trésors et de ses palais de marbre une population nombreuse, misérable et esclave. L'oligarchie régnait despotiquement sous le nom de république; un doge, ou président, était choisi dans le sein des patriciens et par les patriciens eux-mêmes, pour la direction des affaires, conjointement avec le Sénat.

Marino Faliero fut élu doge dans le quatorzième siècle. C'était un vieillard d'une naissance illustre, d'une fortune immense; il avait rempli souvent les premiers emplois dans l'État. Il voyait avec douleur l'abjection et la misère du peuple, il eut la pensée de l'appeler à une meilleure destinée. Un affront personnel qu'il reçut, le poussa à travailler avec ardeur à l'abaissement d'une aristocratie oppressive; il se mit à conspirer avec le peuple et pour le peuple.

Il avait une femme jeune et belle, dont il était jaloux avec fureur. Les assiduités de Michaëlo Steno, président de la quarantie au tribunal criminel, lui portaient ombrage, quoiqu'elles eussent pour objet, non l'épouse, mais une des femmes de sa maison.

Dans une fête publique, le dernier jour de carnaval, Faliero, ayant remarqué les manières familières et peu décentes de cette femme avec Steno, fit sortir ce gentilhomme de l'assemblée. Dans un premier mouvement de colère, celui-ci écrivit sur le trône ducal deux lignes injurieuses à l'honneur du doge et à celui de son épouse.

C'était pour Faliero une offense mortelle ; il reconnut là l'œuvre de Steno, le dénonça, et porta plainte aux avogadors. Ce conseil renvoya l'affaire à la quarantie. Le cas parut peu grave à ces magistrats, à cause des circonstances ; l'agitation d'une fête, la licence, qu'autorisait le masque que portait l'accusé, atténuèrent la faute, et Steno fut condamné seulement à un mois de détention.

Le doge fut irrité de cette indulgence plus que de la première injure. Sa haine contre toute la noblesse s'exalta, il médita la vengeance.

Le peuple de Venise avait en horreur cette noblesse qui s'était emparée exclusivement de la souveraineté, et qui l'avait réduit à un état d'abjection insupportable. L'insolence de quelques jeunes patriciens l'exaspérait ; des amis puissants leur assuraient sans cesse l'impunité de leurs méfaits. Ils séduisaient les femmes et les filles des bourgeois, et maltraitaient les pères ou les maris qu'ils déshonoraient. Israël Bertuccio, plébéien et chef de l'arsenal, vint, pour des faits de cette nature, porter plainte au doge contre un gentilhomme de la maison Barbaro.

Faliero exprima une compassion impuissante : « N'ai-je pas été moi-« même insulté comme vous, dit-il ; et la punition prétendue du coupable « n'a-t-elle pas été pour moi, pour la couronne elle-même, une nouvelle « offense ? » Alors, ces deux hommes se comprirent, et formèrent bientôt une conspiration.

Israël Bertuccio fit connaître au doge les principaux mécontents ; les conciliabules des conspirateurs eurent lieu, plusieurs nuits de suite, dans le palais ducal et en présence du chef de la république. Quinze plébéiens s'engagèrent avec le doge à renverser le gouvernement.

Les conjurés convinrent que chacun d'eux s'assurerait de quarante amis, qu'il tiendrait prêts à agir le 15 avril, dans la nuit. Pour ne pas éventer le secret de cette conspiration, ils devaient se borner à dire à leurs associés qu'il ne s'agissait que de surprendre et de punir, par ordre du doge, les jeunes gentilshommes dont la conduite scandaleuse indisposait le peuple. Il était convenu que la cloche d'alarme du palais de Saint-Marc donnerait le signal, et que les conjurés, un peu avant que le son de la cloche ne retentît, répandraient le bruit que la flotte génoise était devant la ville ; ils devaient, à l'instant même, déboucher de tous les quartiers vers la place Saint-Marc, en occuper toutes les avenues, et massacrer les gentilshommes à mesure qu'ils arriveraient sur la place.

Toutes les dispositions étaient prises. Le secret de la conspiration avait été fidèlement gardé ; mais Bertram, plébéien, qu'un des conjurés avait choisi pour conduire quarante associés, reçut plusieurs détails sur ce qu'il devait exécuter le lendemain. Étonné de ces incidents nouveaux pour lui, il fut effrayé, et alla, le soir même, tout révéler à un membre du conseil des Dix. Le moindre soupçon sur Marino Faliero ne vint à la pensée ni de l'un ni de l'autre. Ils étaient bien éloignés de le croire l'auteur de cette conspiration ; aussi, ils s'empressèrent de se rendre ensemble chez le doge pour lui dénoncer le projet des conjurés.

Faliero n'osa, ou ne sut pas supprimer cette découverte. D'abord, il révoqua en doute les circonstances qui lui étaient révélées ; puis, il lui échappa de dire qu'il était instruit de tout, que toutes les précautions pour le salut de la république étaient prises. Ses réponses équivoques et embarrassées firent naître dans l'esprit de Nicolo Lioni des soupçons graves. Il quitta le doge et s'empressa d'aller au conseil des Dix pour mettre sous les yeux de ses collègues la liste des conjurés que Bertram lui avait fournie avec tous les détails du complot.

Tous furent arrêtés dans leurs maisons par ordre de ce conseil ; des gardes furent placés sur plusieurs points dans la ville, aux clochers et à la tour de Saint-Marc, pour empêcher qu'on ne sonnât la cloche d'alarme. Plusieurs conjurés furent mis à la torture, et, par les aveux qu'on leur arracha successivement, on fut bientôt convaincu que le doge était l'âme de la conspiration.

La tranquillité de la ville assurée, les coupables arrêtés, on se contenta de garder le doge à vue dans son palais. Le conseil doutait encore que la constitution lui permît de juger le chef de l'État. Il s'adjoignit vingt gentilshommes du premier rang, qui prirent part à ses délibérations. C'est à cette occasion que se forma ce corps puissant et permanent qu'on nomma la *Giunta*.

Le conseil des Dix, secondé par la *Giunta,* traduisit à sa barre Marino Faliero. Il fut confronté avec les principaux conjurés ; ceux-ci furent bientôt envoyés au supplice. Marino Faliero avoua la part qu'il avait prise à la conspiration ; il ajouta que si, par bonheur, il avait pu réussir, il eût prévenu la ruine imminente de la république ; en même temps, il reprocha à la noblesse son insolente tyrannie envers le peuple. Il reprocha la perversité de ses mœurs, son insolence et ses vexations envers une classe qui, par ses travaux et son intelligence, soutenait à elle seule tout le fardeau, toute la gloire et toute la puissance de la république. « Vous pouvez, ajouta-t-il, abattre la tête de l'ennemi acharné de « vos vices et de vos crimes ; mais vos propres excès vengeront ma « mort et ce peuple que j'aurai défendu contre votre tyrannie. »

Ses accusateurs et ses ennemis étaient tous ses juges. Le second jour de la procédure, la sentence de mort fut prononcée. Marino était un beau vieillard ; malgré son âge avancé et sous ses cheveux blancs, il avait conservé dans ses yeux le feu de la jeunesse, dans ses traits la pureté et la grâce de l'âge mûr, et dans ses formes toute la noblesse virile. La fierté de son regard et la force de ses réponses confondaient cette aristocratie corrompue ; elle pâlissait de rage et de peur en le condamnant.

L'épouse du doge était jeune et belle; malgré la distance d'âge qui les séparait, elle avait pour lui la tendresse la plus vraie et la plus profonde. Marino Faliero n'avait du vieillard pas même l'apparence, et encore moins les défauts. Son esprit orné conservait tout le feu de l'imagination de l'homme jeune, mais tempérée par le jugement et l'expérience. Il était si séduisant dans le commerce intime de la vie, que sa jeune épouse avait rencontré à la fois dans le doge ce qui peut contribuer au bonheur d'une femme bien née : l'affection dévouée d'un ami sincère et éclairé, la tendresse d'un époux, la supériorité de l'intelligence, les honneurs, et jusqu'à l'illusion de l'amour. Leurs adieux furent cruels et touchants ; il la consola de ses douces paroles et avec le calme digne de sa noble infortune ; on l'arracha mourante de la prison.

MARINO FALIERO

(Martyrs de la Liberté)

Marino Faliero eut la tête tranchée sur le grand escalier du palais ducal, à la place même où les doges, entrant en fonctions, prêtaient serment à la république.

Pendant son supplice, les portes demeurèrent fermées. Mais, immédiatement après, un membre du conseil des Dix parut sur le balcon, tenant à la main le glaive encore sanglant :

« Justice a été faite d'un grand coupable, » dit-il au peuple. Et en même temps les portes du palais s'ouvrirent ; la foule s'y précipita et vit couché dans des flots de sang le corps de Marino Faliero, et à côté, sa tête dont la bouche expirante et l'œil éteint semblaient dire à la foule un dernier adieu.

On sait que tous les portraits des doges sont rangés dans la salle du grand conseil. A la place que devait occuper celui de Marino Faliero est un trône ducal couvert d'un voile noir, avec cette inscription :

C'EST ICI LA PLACE DE MARINO FALIERO, DÉCAPITÉ POUR SES CRIMES.

A l'époque où Dante, Pétrarque et Boccace charmaient Florence de leur poésie, et éveillaient dans le cœur de l'homme les sentiments les plus purs et l'amour de la science et de la liberté, l'heureuse influence de leurs chants mélodieux sur les autres peuples était détruite par le règne despotique de la barbarie du moyen âge. La plupart des nobles, en France, ne savaient pas même écrire, *attendu qu'ils étaient gentilshommes*, et le clergé, en Europe, entretenait dans l'esprit des masses la superstition et l'ignorance. On croyait à la réalité de la possession du démon, et on exorcisait par mille cérémonies ridicules des malheureux atteints d'affections cérébrales. En toute chose, on voyait une cause surnaturelle et cachée, émanant de Dieu ou du diable. La lèpre fut, comme tant d'autres infirmités humaines, rangée dans cette catégorie. Cette maladie, depuis les croisades, était devenue si commune que vingt-deux mille léproseries ont existé en Europe. Les préjugés les plus absurdes existaient sur le compte de ces pauvres malades ; on les regardait comme incurables et comme frappés de la colère du ciel. Ils furent d'abord un sujet d'horreur, et bientôt ils eurent à souffrir des persécutions de la part de la société entière. Malgré les quelques lumières qui semblaient poindre d'un coin de l'Italie, la science était encore dans l'enfance : on croyait à la sorcellerie, aux maléfices, on soupçonnait et on accusait les lépreux et les juifs d'empoisonner les sources, l'air des habitations, de propager les maladies contagieuses, etc.; il y en eut beaucoup qui furent brûlés vifs.

Cette maladie est assez rare aujourd'hui, sa nature n'est pas encore bien appréciée, même par la science moderne. Depuis qu'elle a presque disparu de l'Europe, la petite-vérole, la syphilis, les affections phthisiques et les cancers semblent être venus plus nombreux. Entre les causes de la lèpre et les causes de ces maladies, qui paraissent si différentes entre elles, n'y aurait-il pas quelques rapports secrets, quelque identité réelle? Les habitudes, le genre de vie, la constitution, le temps, etc., ne pourraient-ils pas avoir modifié ainsi l'aspect et les symptômes d'une maladie, ou plutôt d'un principe identique? La science n'a pas encore résolu ce problème; le monde attend.

Notre ouvrage ne devant pas être une simple biographie en dehors du mouvement général des peuples, en dehors de leurs besoins et de leurs maux, il nous arrivera souvent de découvrir à nos lecteurs les plaies profondes de l'humanité, d'en faire ressortir tout ce qu'elles ont pu ou peuvent avoir encore de hideux, afin de livrer, selon leur mérite, à la reconnaissance des nations les hommes supérieurs qui ont, de tout temps, rempli la mission divine d'éclairer ou de sauver le monde.

Voici l'histoire d'un lépreux du quatorzième siècle, tracée par la plume élégante du savant Alexis Monteil :

« On ne veut pas le croire ; cependant, presque toujours, l'événement
« le prouve, les alliances mal assorties finissent malheureusement.

« Malgré la disproportion d'état, la jeune fille d'un gradué consentit à
« épouser le fils d'un riche marchand. Bien que tout le monde poussât
« les hauts cris, ce mariage ne s'en fit pas moins, et comme il fut d'abord
« très-heureux, on se tut.

« Mais, au bout de quelque temps, cette belle fleur de santé, qui brillait
« sur la figure du jeune homme, s'est peu à peu fanée. Des rougeurs, des
« démangeaisons, des excoriations ont annoncé l'affreuse maladie ap-
« portée du pays où l'on fit mourir le Christ.

« Longtemps, les parents ont voulu s'étourdir, douter ; mais enfin, les
« symptômes de la lèpre sont devenus si manifestes, qu'il a fallu appeler
« les clercs en médecine. Ceux-ci ont prononcé, et il n'a pas été possible
« de différer l'intervention de l'Eglise. Comme le gradué est l'avocat du
« couvent, je n'ai pu m'empêcher, dans cette circonstance, de l'assister,
« lui et sa famille.

« O mon Dieu! que j'ai été frappé en voyant son jeune gendre dans
« cet horrible état! Ses joues si fraîches, ses sourcils blonds avaient été
« dévorés par la scabie, dont les ravages sur un beau corps peignent
« parfaitement les souillures du péché sur une âme pure.

« Vers l'heure de none, tout le monde étant rendu, la cérémonie pour
« retrancher du milieu du peuple cet infortuné jeune homme a com-
« mencé.

« Le lépreux, revêtu d'un drap mortuaire, attendait au bas de l'esca-
« lier. Le clergé de la paroisse est venu en procession le prendre et l'a
« conduit à l'église. Là était préparée une chapelle ardente dans laquelle
« il a été placé. On lui a chanté les prières des morts ; on lui a fait les
« aspersions et les encensements ordinaires. Il a été ensuite mené, par
« le pont Saint-Ladre, hors de la ville, à la maisonnette qu'il doit
« occuper.

« Arrivé à la porte, au-dessus de laquelle était plantée une petite
« cloche surmontée d'une croix, le lépreux, avant de dépouiller ses
« habits, s'est mis à genoux ; le curé lui a fait un discours touchant, l'a
« exhorté à la patience, lui a rappelé les tribulations du Christ, lui a
« montré au-dessus de sa tête le ciel, séjour de ceux qui ont été affligés
« sur la terre, où ne seront ni malades ni lépreux, où tous seront éter-
« nellement sains, éternellement purs, éternellement heureux. Ensuite,
« ce jeune infortuné a ôté son habit, mis sa tartarelle de ladre, pris ses
« cliquettes, pour qu'à l'avenir tout le monde ait à fuir devant lui. Alors
« le prêtre, d'une voix forte, lui a prononcé en ces termes les défenses
« prescrites par le Rituel :

« Je te défends de sortir sous ton habit de ladre.

« Je te défends de passer par des ruelles étroites.

« Je te défends de parler à quelqu'un lorsqu'il sera sous le vent.

« Je te défends d'aller dans aucune église, dans aucun moûtier, dans
« aucune foire, dans aucun marché, dans aucune réunion d'hommes
« quelconque.

« Je te défends de boire et de laver tes mains, soit dans une fontaine,
« soit dans une rivière.

« Je te défends de manier aucune marchandise avant de l'avoir achetée.

« Je te défends de toucher les enfants ; je te défends de rien leur donner.

« Je te défends d'habiter avec toute autre femme que la tienne. »

« Ensuite, le curé lui a donné son pied à baiser, lui a jeté une pelletée
« de terre sur la tête, et, après avoir fermé la porte, l'a recommandé aux
« prières des assistants. Tout le monde s'est retiré.

« Ce qui, pendant cette cérémonie, faisait surtout fendre le cœur,
« c'était la jeune épouse, noyée dans les larmes et à chaque instant sur
« le point d'étouffer de sanglots. Elle n'avait pas encore dix-neuf ans.
« Cependant, quelques instances qu'on lui ait faites, elle n'a jamais
« voulu abandonner son époux. Elle répondait : « Eh bien ! s'il est un
« objet d'horreur pour les autres, il ne doit pas l'être pour moi. Main-
« tenant, qui l'aimerait? qui le nourrirait? qui le servirait? qui le con-
« solerait? Je prendrai la lèpre, je ne serai pas ensevelie en terre sainte ;
« soit. La main de Dieu saura bien recueillir ma poussière. »

« Dans d'autres moments, elle ajoutait : « Dieu sera-t-il moins puis-
« sant qu'autrefois? N'a-t-il pas guéri Job? N'a-t-il pas guéri le lépreux
« de l'Évangile? Oh ! je le prierai tant, ce Dieu bon, je le prierai tant,
« qu'il m'accordera la guérison de mon époux. »

« Tous ceux qui se trouvaient à cette triste cérémonie pleuraient sur
« le sort de cette jeune femme, aujourd'hui si belle, et qui peut-être
« sera dans quelques jours couverte d'une plaie universelle.

« La peur de ce mal est telle, qu'on dit que la vigne, le verger, la
« vache, les brebis qui avaient été donnés au lépreux n'avaient nulle-
« ment besoin d'être; y aurait-il famine, on n'y toucherait pas ; car il
« semble que le lépreux, sa terre et tout ce qu'elle porte soient frappés
« d'une même plaie.

« Il y a des léproseries consacrées uniquement aux personnes nobles ;
« est-ce qu'il n'y a pas égalité lorsqu'on a passé sous le drap mortuaire? »

Les deux premières classes de la société, le clergé et la noblesse se livraient à tous les plaisirs et à un luxe qui contrastaient péniblement avec l'abjection et la misère du peuple. Devant Clément VI, à Avignon, les prélats accusaient les moines. Le pape apostropha ainsi les évêques :

« Parlerez-vous d'humanité, vous, si vains et si pompeux dans vos
« montures et dans vos équipages ? Parlerez-vous de pauvreté, vous
« si avides que tous les bénéfices du monde ne vous suffiraient pas ?
« Que dirai-je de votre chasteté.... ?

« Vous haïssez les mendiants, vous fermez vos portes aux indigents,
« et vos maisons sont ouvertes à des sycophantes et à des infâmes. »

La simonie était générale ; les prêtres violaient presque partout la règle du célibat ; ils vivaient avec des femmes perdues, des concubines, des chambrières. Un abbé de Noreïs avait dix-huit enfants. En Biscaye, on ne voulait que des prêtres qui eussent des *commères,* c'est à dire des femmes supposées légitimes ; c'était une garantie de sécurité pour les familles.

Dans un sermon prononcé devant le pape en 1364, le docteur en théologie, Nicolas Orem, avança que l'Antéchrist ne tarderait pas à paraître, à cause de l'orgueil des prélats, de leur tyrannie et de leur aversion pour la vérité. Un prédicateur, du haut de la chaire, apostropha ainsi son évêque :

« Dis donc, seigneur évêque, tu ne seras jamais sage qu'on ne t'ait
« rendu eun... Ah ! faux clergé, traître, menteur, parjure, débauché !
« Saint Pierre n'eut jamais rentes, châteaux ni domaines, jamais ne
« prononça excommunication. Il y a des gens d'église qui ne brillent
« que par leur magnificence, et qui marient à leurs neveux les filles de
« leurs mies. »

. . . .

Les mœurs de la noblesse n'étaient pas plus pures que celles du clergé. Ces deux classes, unies entre elles, jouissaient d'un privilége commun, l'exploitation des peuples. Elles se partageaient les jouissances et se communiquaient mutuellement leurs vices. Un jour, le vicomte de Beaucaire menace son fils Aucassin de l'enfer, *s'il ne se sépare de Nicolette sa mie.* Le damoiseau répond qu'*il se soucie fort peu du Paradis, rempli de moines fainéants, demi-nus, de vieux prêtres crasseux, d'ermites en haillons et de femmes laides ;* il veut aller en enfer, où les grands rois, les paladins, les barons tiennent leur cour plénière ; il y trouvera de belles femmes, qui ont aimé, des ménétriers, des jongleurs, des amis, du vin et de la joie.

Encore quelques petites légendes pour l'édification de nos lecteurs :

La dame comtesse de Die écrit au troubadour Raimbaud, comte d'Orange : « Mon bel ami, viens ce soir occuper dans ma couche la « place de mon mari. »

Guillaume, comte de Poitiers, fonda, à Niort, une maison de débauche sur le modèle d'une abbaye ; il en était le directeur. Les fureurs lubriques du maréchal de Rais scandalisèrent tout le royaume. Ces académiciens de la gaie science, courtois et verts-galants, se transformaient en brigands pour dévaliser ou égorger les voyageurs sur les grands chemins. Souvent ils les enfermaient dans les prisons de leurs châteaux, et les livraient à des tortures jusqu'à ce qu'ils en eussent obtenu des rançons.

Les exactions sur leurs malheureux serfs ne suffisaient pas au luxe de leurs costumes, aux frais de leurs tournois, de leurs maîtresses et de leurs fêtes ; ils pillaient donc comme avaient pillé les Vandales et les Sicambres, leurs nobles aïeux.

Quant aux sévices, aux viols, aux attentats contre les femmes et les jeunes filles, *c'était un de leurs droits*. Leurs flatteurs ont dû leur dire :

Vous leur faites, seigneur,
En les croquant beaucoup d'honneur.

L'histoire a conservé en foule les noms de ces personnages qui ont accablé nos pères de maux, et qui se sont rendus célèbres par leurs excès. Leurs descendants sont innocents de toutes ces fautes. Aujourd'hui, ils sont tous soumis au droit commun. La conquête de la liberté par les *vilains* les a courbés sous les fourches caudines de l'égalité : ils ne sont plus que des citoyens. 93, en affranchissant les peuples par des représailles sanglantes et cruelles, a lavé les fils des crimes de leurs pères.

CHAPITRE IX.

RIENZI. — ÉTIENNE MARCEL. — EUSTACHE DE SAINT-PIERRE.

Rienzi, ami de Pétrarque. — Il proclame la république à Rome. — Sa mort. — Les nobles, les bourgeois et le peuple de France. — Marcel, prévôt des marchands. — Origine des couleurs nationales de France. — États-généraux. — Courageuse conduite du tiers-état. — Charte constitutionnelle. — Le dauphin, fils de Jean, l'accepte. — Il manque à sa parole et se retire à Compiègne. — Il vient assiéger Paris. — Mort de Marcel. — Agitation des provinces. — La *Jacquerie*. — Sa destruction. — Jean de Vienne. — Eustache de Saint-Pierre et ses compagnons. — Conduite admirable de la reine d'Angleterre. — La reine de Prusse, quatre siècles plus tard.

—

Une communauté d'idées et de sentiments unissait l'un à l'autre Pétrarque et Rienzi. Le premier, par ses succès poétiques, avait excité en Italie un enthousiasme général, qui avait été partagé par l'université de Paris. Rienzi, sorti d'une condition obscure, s'était livré avec ardeur à l'étude de l'histoire et de l'antiquité ; il avait puisé dans la méditation des faits passés une connaissance profonde des causes générales des événements politiques ; il avait pu se convaincre que les calamités publiques n'ont jamais pour principe que l'abus de la puissance et la résistance aux besoins des masses. Les persécutions et les malheurs dévoraient alors l'Italie. Au sein des monuments glorieux de l'antique puissance de Rome, l'imagination de Rienzi s'enflamme ; et notre héros paraît en libérateur au milieu de ses concitoyens ; démagogue ardent, plein d'éloquence, il conçoit le projet d'une révolution, et appelle le peuple à la liberté.

L'anarchie régnait dans la capitale de la chrétienté; les Colonna et les Orsini, rivaux entre eux et à la tête des nobles, avaient établi deux camps opposés. Chaque jour, nouveaux combats et nouveaux crimes, et chaque jour, Rienzi sentait croître sa haine contre les nobles, haine digne de celle qui animait les antiques Gracques contre les oppresseurs de la République romaine.

Rome offrait cependant encore les vestiges d'un gouvernement populaire. Trente quartiers de la ville désignaient chacun un chef, nommé *caporione*. Ces trente magistrats réunis représentaient l'autorité souveraine; mais cette autorité était sans puissance, parce que le pouvoir judiciaire et la force armée se trouvaient entre les mains de ceux contre qui on eût dû les employer.

Rienzi, par son éloquence, avait acquis une grande influence parmi les classes inférieures; Pétrarque qui, à cette époque, avait perdu sa bien-aimée Laure, se livrait avec ardeur à l'étude des lettres et à la propagation des principes de liberté; il unissait tous ses efforts à ceux de Rienzi, et trouvait ainsi tour à tour dans la culture des muses et l'agitation politique une distraction aux peines amères de son cœur.

Cependant, la tyrannie des nobles devenait de plus en plus insupportable, et les plaintes éclataient avec une violence toujours croissante, Rienzi excitait les esprits par ses discours et par les tableaux allégoriques qu'il présentait au peuple assemblé. Un jour, ce peuple fut tellement entraîné par son éloquence, que chacun prêta le serment de concourir de tous ses efforts au rétablissement de la liberté.

Rienzi profite de ce beau mouvement, et se fait proclamer tribun avec une autorité souveraine. Il chasse à l'instant les nobles de la ville, et établit un gouvernement nouveau sous le nom de *bon état*.

Cette administration fut si équitable, que les Romains crurent avoir recouvré leur liberté. Les nobles eux-mêmes, étonnés et forcés de rendre hommage à la sagesse du *bon état,* vinrent se soumettre et s'engagèrent à le maintenir. Le nouveau tribun envoya des ambassadeurs dans tous les pays d'Europe, pour rendre compte aux villes, aux princes et aux rois, de ce qu'il avait fait; partout ses messagers furent bien accueillis. Rienzi dirigea les affaires avec tant d'intelligence et d'équité, que sa renommée s'étendit de toutes parts, et que des monarques s'empressèrent même de le choisir pour juge de leurs différends. Il sembla un instant que la ville aux sept collines allait, sous le génie de cet homme, voir reparaître sa splendeur d'autrefois.

Comme presque tous les hommes aux idées vastes, aux conceptions hardies, au courage ardent et persévérant, Rienzi, au faîte des honneurs, de la puissance et de la gloire, juste récompense de son mérite, s'oublia un instant. Il avait supporté les luttes les plus pénibles, les persécutions de toute nature, il avait tout bravé jusqu'à la mort, il s'affaissa sous tant de bonheur. Son orgueil blessa les nobles et déplut au peuple. Il dut déposer le pouvoir, et fut à son tour chassé, puis enfermé dans une prison par ordre du pape, et Rome retomba sous la domination des nobles.

Innocent VI, successeur de Clément VI, lui rendit la liberté, et s'en servit pour humilier l'aristocratie.

Le peuple l'accueillit avec enthousiasme. Il reçut le titre de sénateur; Rienzi attaqua et chassa encore les nobles. Mais la nature ardente et fougueuse de ce tribun fut cause de ses malheurs. Passionné pour la liberté jusqu'au fanatisme, il imposait d'un ton acerbe et avec une volonté de fer les moyens qui devaient assurer et consolider l'affranchissement du peuple. Malheureusement, il est plus facile de conduire les hommes à la servitude, avec des mesures en apparences libérales et des formes qui les flattent.

Le peuple de Rome ne comprit pas, et le peuple de tous les pays comprend difficilement, que la liberté ne peut être conquise et conservée que par des moyens énergiques, des sacrifices quelquefois violents; une sédition s'éleva contre lui dans le Capitole. Il essaya de se sauver sous un déguisement. Il fut reconnu et reconduit, et comme il allait haranguer le peuple, un coup de poignard l'étendit mort. Son cadavre, abandonné à la populace, fut déchiré de la manière la plus barbare et attaché au gibet. Ainsi périt cet homme, de la main d'un peuple ingrat et ignorant, et auquel il avait consacré sa vie entière. Pétrarque aimait Rienzi;

à ses yeux son ami était le véritable libérateur de l'Italie, sa mort remplit son âme de deuil et mit le comble à l'amertume de son existence.

En France, dans les temps de féodalité, les nobles se regardaient comme constituant à eux seuls la nation. Les bourgeois aimaient la patrie ; mais ce sentiment, qui les eût portés aux actes du plus absolu dévouement, était chez la plupart limité à l'amour de la commune, à son indépendance, à ses coutumes et à ses franchises. Quant aux infortunés paysans, parqués comme des bêtes brutes sur la surface du sol, qu'ils arrosaient de leurs sueurs, qu'ils fécondaient de leurs travaux, et dont les fruits n'étaient pas pour eux, leur existence toute matérielle absorbait tout autre sentiment; ils étaient sans patrie.

Les bourgeois des villes se livraient aux différentes branches de commerce, aux arts et à l'industrie. Par les relations d'affaires, ils avaient une éducation pratique, et, par-dessus tout, un esprit d'association, une garantie d'indépendance. Les produits de leurs fabriques et de leurs différentes industries étaient achetés par les seigneurs, à qui les jouissances du luxe étaient indispensables ; ainsi, les fruits des exactions des nobles allaient insensiblement augmenter l'aisance des bourgeois des villes. Leurs richesses devinrent assez considérables pour exciter la jalousie des seigneurs ; leur indépendance blessait ces autocrates. La ville de Paris était souvent menacée, même attaquée dans ses franchises communales. A l'occasion de la perte de la bataille de Poitiers, les bourgeois, réunis sous la présidence de Marcel, prévôt des marchands, se préparèrent, le cas échéant, à mettre la ville en état de défense.

Alors s'ouvrirent les états-généraux de 1356 et 57. Marcel était à la tête du tiers-état, il y exerça une influence sans bornes, et peu s'en fallut qu'il ne fît proclamer la monarchie constitutionnelle. Le dauphin fut forcé de souscrire aux injonctions suivantes émanées de cette mémorable assemblée :

1° De ne plus accorder de lettres d'abolition pour les crimes atroces, comme par le passé.

2° De tenir la main à ce que désormais la justice ne soit plus différée par haine de parti ou par faveur, en sorte qu'on ne voie plus, comme auparavant, les juges se refuser à rendre un arrêt, pendant de longues années.

3° D'abolir la vente ou le fermage des offices de judicature.

4° De défendre qu'aucun juge puisse recevoir en argent des compositions pour les crimes des grands.

5° Que vingt-deux personnes signalées par les états comme ayant participé aux abus précédents soient, comme indignes, exclues de son conseil.

6° Que les chambres des comptes, des enquêtes et des requêtes soient réformées, et que la première soit punie de ses prévarications.

7° Que la bonne monnaie d'or et d'argent soit rétablie, et qu'aucun changement n'y soit apporté sans l'assentiment des états.

8° Que toute prise ou levée d'approvisionnement pour le service des hôtels royaux soit interdite à tout jamais, et chacun autorisé à résister et à défendre ses droits *à force ouverte*.

9° Que tous les percepteurs rendent compte de leur gestion, et restituent ce qu'ils auront détourné à leur profit.

10° Que les juges restent chacun dans les attributions de leur juridiction.

11° Que les garennes établies au milieu des terres labourables soient détruites.

12° Que les pouvoirs des officiers de justice soient réduits et limités.

13° Que les guerres privées soient interdites pendant la guerre publique.

14° Que tous les sujets soient autorisés à résister de vive force aux soldats, même royaux, qui voudraient les piller.

15° Que désormais aucun bien de la couronne ne soit aliéné, et que ceux qui auraient été distraits soient recouvrés avec les revenus des autres.

En acceptant toutes ces conditions, le roi autorisa les députés à porter des armes, pour se défendre contre ceux que leurs sages mesures ou leur dénonciation auraient indisposés.

Cette charte mémorable nous donne une idée de la somme des abus qui pesaient sur les populations et qui justifiaient leurs plaintes. Elle nous prouve aussi la fermeté et la loyauté de cette assemblée, qui, au nom de la justice et des droits d'un peuple opprimé, imposait des limites au pouvoir absolu.

Mais, tout en acceptant ces clauses, le dauphin, docile aux conseils des courtisans et des nobles, qui perdaient à la suppression des abus, les autorisait secrètement à employer tous les ressorts de l'intrigue pour faire échouer les mesures des états-généraux. Cette réaction occasionna une sorte d'anarchie. Le parti de la cour et celui des bourgeois se dessinèrent de jour en jour plus nettement. Marcel fit prendre à celui-ci le chaperon mi-parti rouge et bleu, comme signe de ralliement, et se prépara à frapper un grand coup.

Le dauphin violait les clauses du traité conclu avec les états. L'exaspération commune se manifesta par tous les désordres. Paris était rempli de fugitifs qui ne vivaient que d'aumônes. Les arrivages de vivres devenaient tous les jours de plus en plus difficiles ; des bandes armées sillonnaient les campagnes : le pillage et l'incendie marchaient avec elles.

Étienne Marcel, suivi d'une nombreuse députation de bourgeois portant le chaperon rouge et bleu, entre au palais, et demande au dauphin de songer à rétablir l'ordre dans un royaume dont il devait hériter, à protéger le peuple contre le brigandage des soldats, et à mettre à exécution les promesses qu'il avait faites. Le dauphin, qui avait été privé du maniement des finances d'après une décision des états-généraux, consulta ses courtisans avant de répondre ; puis, dit d'un ton aigre aux bourgeois :

« Ce n'est pas à moi, à présent, à pourvoir à la garde du royaume, c'est à celui qui reçoit l'argent des impôts. »

Marcel dit alors au prince :

« Sire, ne soyez pas surpris de ce qui va se passer ici. »

Puis, se retournant vers les bourgeois :

« Vous savez que vous êtes venus ici pour sauver le peuple et la couronne, agissez vivement. »

Aussitôt, ces hommes s'élancèrent sur les maréchaux de Champagne et de Normandie, et les immolèrent à leur fureur sous les yeux du dauphin. Charles, effrayé, se jeta à genoux et demanda la vie. Marcel l'assura qu'il ne lui serait fait aucun mal; en même temps, Charles accepta le chaperon aux couleurs nationales, et se laissa conduire à l'Hôtel-de-Ville. Là, il parut à la fenêtre, et déclara au peuple que les deux maréchaux avaient mérité la punition qu'ils avaient reçue.

Marcel offrit ensuite au dauphin une pièce de drap rouge et une pièce de drap bleu, pour faire à toute sa maison des chaperons aux couleurs nationales.

Cet événement, qui semblait donner la toute-puissance au commerce ou au tiers-état, causa une scission dans les états-généraux. Les nobles et les prélats se retirèrent. Le dauphin Charles s'enfuit de Paris, réunit à Compiègne une autre assemblée, toute composée d'hommes dévoués à la cour; dès lors la guerre fut déclarée aux Parisiens.

Étienne Marcel se rendit à Compiègne, pour aviser aux moyens de conjurer un orage, qu'il prévoyait être funeste aux libertés de la commune, et suivi de réactions sanglantes ou de guerres civiles; mais il ne rencontra là que des ennemis. De retour à Paris, il engagea l'Université à envoyer une députation à Charles, pour le fléchir et lui offrir une réparation qui pût se concilier avec l'honneur des magistrats de la cité.

Le dauphin déclara qu'il donnerait sa réponse après être rentré dans Paris, et lorsque la ville lui aurait livré les douze plus coupables qui soulevaient le peuple. Ensuite il ajouta qu'il se contenterait de cinq, et qu'il ne les ferait pas mourir. Mais Marcel, tout en négociant la paix, se préparait à la guerre. Il s'empara du Louvre et de l'Arsenal, et fit réparer l'enceinte de Paris.

Les troupes royales marchèrent sur la capitale, et en firent le siège. Bientôt la situation du prévôt des marchands devint des plus difficiles. Les vivres commencèrent à manquer; les bourgeois se décourageaient. Charles-le-Mauvais, qui prêtait son secours aux Parisiens, fut mis à la tête de la défense. Mais, malheureusement, ses soldats, trop habitués au pillage, indisposèrent les Parisiens. Il fut forcé de se retirer, et il alla courir les campagnes.

Marcel, quoi qu'en ait pu dire Froissart, historien partial de la cour et du clergé, voulait arrêter le développement du despotisme nobiliaire et clérical. Ce n'est pas la royauté qu'il voulait combattre et abaisser, mais bien les deux autres classes qui entouraient la royauté, et la poussaient sans cesse à des actes qui compromettaient la couronne, et attentaient à la liberté et aux intérêts de la commune. Il voulait faire entrer dans la législation une *charte,* une *constitution* qui, tout en sauvegardant la dignité royale, garantît le peuple contre les vexations des agents et courtisans royaux. On l'a accusé d'avoir accepté les secours du roi de Navarre, Charles-le-Mauvais, dans un but d'ambition et de vengeance, et pour mettre ce prince sur le trône de France. Marcel a été calomnié ; il se servait du roi de Navarre, et opposait au dauphin une résistance sérieuse, pour amener la cour à composition et obtenir toutes les libertés possibles pour la ville de Paris. Il n'était pas dupe, non plus, de l'ambition de Charles-le-Mauvais ; mais ses secours lui étaient nécessaires pour arriver à ses fins.

Marcel, à la porte Saint-Antoine, eut une discussion avec Simon Maillard, commandant de ce poste. Le prévôt voulait faire rentrer dans Paris le roi de Navarre, pour augmenter les moyens de défense, faire des sorties à propos, fortifier les points les plus menacés, rétablir les communications et faire cesser la disette. Il fut accusé, au milieu de ce tumulte, de trahir les intérêts de la commune, et Maillard, son propre parent, lui fracassa la tête d'un coup de hache. On annonce au peuple la prétendue trahison de Marcel ; tous les échevins et amis de Marcel sont mis à mort. On envoie une députation au dauphin, qui, deux jours après, vient prendre possession de Paris sans coup férir.

Pendant que la capitale de la France était ainsi livrée à l'agitation, les provinces se ressentaient de la mauvaise administration des affaires. Les paysans accusaient la noblesse d'être la cause de la captivité du roi Jean :

« Ils ne l'ont pas défendu, disaient-ils ; et puis, que font-ils pour le délivrer ? A quoi sont bons nos seigneurs ? à nous tourmenter, à nous accabler de maux, à nous ruiner, à abuser de nos femmes et de nos filles. Ne souffrons plus ces excès et armons-nous. Nous sommes plus **nombreux** qu'eux, exterminons cette race maudite. »

C'étaient là les pensées de tous ; mais ce furent là les propres paroles prononcées par les paysans d'un village de la Picardie, en sortant des vêpres, et dans le cimetière situé autour de l'église. Ils choisirent pour chef Jacques Bonhomme, et cette conspiration fut nommée la *Jacquerie*. L'insurrection gagna trois provinces avec une rapidité qui témoigne de la profondeur du mal qui les affligeait. On détruisit les châteaux ; tous les seigneurs qui opposèrent de la résistance furent massacrés. Cette masse armée s'éleva, dit-on, à plus de cent mille hommes. Des aventuriers de toute espèce et beaucoup de gens sans aveu se joignirent aux insurgés. Ils marchèrent sur Meaux ; mais ils furent battus et dispersés par les troupes royales ; on les égorgea par milliers.

Les abus du privilége et de la puissance, en foulant et ruinant les peuples, minaient, par un juste retour, le colosse aristocratique. Tous les jours, des hommes courageux, au risque des persécutions et de la vie, élevaient en France la voix contre la tyrannie et éclairaient leurs semblables. A l'indignation et à la haine qu'excitait le despotisme, se joignaient le dégoût et le mépris inspirés par la dépravation et l'immoralité des nobles et du clergé ; les uns et les autres, fléaux des nations et valets des rois.

Les guerres malheureuses que Philippe VI eut à soutenir contre les Anglais vinrent, par bonheur, en aide à l'indépendance nationale. Les sanglantes défaites de Crécy, d'Azincourt et de Poitiers, dans lesquelles une grande partie de la noblesse française fut anéantie, servirent la cause des peuples et de la liberté.

Autrefois Rome, vaincue à la Trébie, à Thrasymène et à Cannes, reconquit sa liberté au dedans par la mort de ses patriciens. Les chevaliers romains, qui tyrannisaient le peuple, succombèrent en si grand nombre dans ces batailles, que le vainqueur recueillit, après la victoire, plusieurs boisseaux d'anneaux d'or retirés de leurs doigts.

C'est ainsi que les victoires des armées anglaises sur les nôtres tournèrent au profit de la civilisation et de la liberté. Le sang des nobles, qui coula avec tant d'abondance, épuisa enfin le corps aristocratique, et permit aux peuples de respirer en paix quelque temps.

La ville de Calais, en 1346, fut assiégée par le roi d'Angleterre en personne. Il voulait venger sur ces marins intrépides les pertes qu'ils avaient souvent fait subir à ses flottes.

Les Calésiens résistèrent d'abord avec un courage héroïque aux attaques et aux assauts d'une armée jusqu'alors victorieuse. Mais, en proie à une horrible famine et aux maladies, leur nombre diminuait tous les jours par les combats, et surtout par les deux intraitables fléaux qui les assiégeaient nuit et jour dans leurs propres murailles.

Philippe VI leva une armée et vint à leur secours. Il eut d'abord recours à la voie des négociations ; elles échouèrent. Il ne fut pas plus heureux en employant la force, et se vit contraint d'abandonner les assiégés à leur malheureux sort. Du haut de leurs remparts, ils furent témoins du départ de leur roi ; et se voyant délaissés et sans espoir, ils se livrèrent à la désolation.

Le roi d'Angleterre, enorgueilli des succès qu'il avait jusqu'à ce jour remportés sur les Français, mais aigri par la résistance des Calésiens, pressa le siége avec une nouvelle ardeur, et réduisit les habitants aux dernières extrémités.

Jean de Vienne, gouverneur de la ville, monta sur les créneaux des murs, et, par un signal, demanda à parlementer. Le roi d'Angleterre y répondit en envoyant deux officiers. Le gouverneur leur exposa franchement l'état déplorable des habitants, qui avaient cru devoir jusqu'à la fin rester fidèles à leur roi et à leur serment ; il les pria de disposer sa majesté le roi d'Angleterre à n'imposer à des gens si honorables par leur fidélité et leur héroïsme, que des conditions dignes d'un grand roi et dignes des malheureux défenseurs de Calais.

Édouard était furieux. Il exigea que la place se rendît à discrétion ; il ne voulut rien promettre, rien accorder ; il se réserva de faire mourir tous les habitants qu'il lui plairait de sacrifier à sa juste colère, et de rançonner la ville comme il l'entendrait.

Jean de Vienne répondit avec politesse que ces conditions étaient inadmissibles ; qu'avec tous ses malheureux concitoyens, il était plutôt décidé à succomber sous des ruines que de livrer ainsi à un inexorable vainqueur une cité qui lui avait été confiée ; qu'il espérait, néanmoins, que Sa Majesté se laisserait fléchir, et que les braves officiers qui l'entouraient voudraient unir leurs instances auprès du roi d'Angleterre, pour l'amener à des sentiments d'indulgence et de pitié.

Édouard ne voulut d'abord entendre aucune observation, et dit qu'il passerait tous les habitants au fil de l'épée; mais il était seul de son avis. Tous les seigneurs qui l'entouraient l'obsédaient de leurs prières; alors il céda, mais à la condition que six des principaux habitants, conduits par le gouverneur, se rendraient dans son camp, la tête et les pieds nus, en chemise, et la corde au cou, et lui remettraient les clefs de la ville et du château.

Cette dernière condition fut transmise aux habitants réunis. A cette nouvelle, le silence et la stupeur règnent dans l'assemblée. Chacun se regarde et cherche des yeux les six victimes qui doivent se dévouer; mais on n'entend que des sanglots au milieu de cette foule maladive et à demi-morte de faim.

Eustache de Saint-Pierre, un des principaux habitants, se lève et se dévoue pour ses concitoyens. La vertu est contagieuse comme le vice : à l'instant, Jean d'Aire, Jacques et Pierre de Wilfart imitent son exemple; Plus de cent autres bourgeois se présentent, et il fallut tirer au sort. Les deux derniers noms ne sont pas connus. Il arrive parfois que des actes d'un dévouement extraordinaire nous sont légués par l'histoire; mais, malheureusement, elle ne nous transmet pas le nom des héros. Nous nous empressons de rendre un juste tribut d'hommages à ces immortels sans noms, comme les anciens élevaient des autels aux dieux inconnus.

Jean de Vienne, gouverneur de Calais, était un vieillard respectable par ses malheurs, ses vertus et son âge avancé; il avait, dans toutes les attaques, fait preuve d'un grand courage. Malgré sa faiblesse extrême et les blessures graves qu'il avait reçues pendant le siége, et qui étaient encore saignantes, il se fit placer sur un petit cheval, et après les adieux déchirants, les gémissements de leurs amis, de leurs proches, de leurs femmes et de leurs enfants, ces nobles victimes marchent à la mort, comme autrefois Régulus partit pour Carthage.

Ils arrivent donc, les pieds et la tête nus, en chemise et la corde au cou, ils fléchissent le genou devant le roi d'Angleterre, lui présentent humblement les clefs de la ville, et attendent courageusement leur sort. Édouard ordonne de les décapiter aussitôt.

À l'instant, les physionomies de tous les officiers anglais s'assombrissent de tristesse et de douleur. Un long murmure s'élève. Les plus recommandables s'approchent du roi, et le supplient de prendre en considération un dévouement sans exemple, de se montrer plus grand que ces héros, et de faire le sacrifice de sa trop juste vengeance en leur pardonnant. « Taisez-vous, dit le roi avec dureté, faites avancer le
« bourreau. »

Depuis quelques jours, la reine d'Angleterre était arrivée au camp : elle était enceinte. Partageant la douleur commune, cette princesse se traîne en larmes aux pieds d'Édouard : « Sire, s'écrie-t-elle d'une voix
« étouffée par les sanglots, au nom de la dignité de votre couronne, au
« nom de tout ce que vous avez de plus cher au monde, au nom de Dieu,
« pardonnez. Malade et souffrante, j'ai bravé la tempête pour venir ad-
« mirer le roi, mon maître, pour serrer dans mes bras le père de l'enfant
« que je porte ; Sire, ce sang versé rejaillirait sur nos têtes. Depuis mon
« arrivée sur le continent, c'est la première grâce que je demande à Votre
« Majesté ; pardonnez, pardonnez, Sire, le ciel bénira votre règne. »

Le roi s'attendrit, ses yeux devinrent humides, et il ne put s'empêcher de dire : « Madame, j'aimerais mieux vous savoir ailleurs qu'ici. » Puis il ajouta : « Je vous abandonne ces bourgeois ; faites-en ce que vous
« voudrez.

« — Merci, merci, » s'écria la reine avec transport, en baisant la main d'Édouard. Elle se relève, court à ceux qu'elle a sauvés, et avec le délire du bonheur, les débarrasse la première de la corde qui serrait leur cou ; puis elle les conduit dans sa tente, leur fait donner des habits, les invite à dîner, les comble des politesses les plus affectueuses, et les renvoie à Calais, en les faisant accompagner d'une garde d'honneur de six nobles pour chacun.

Des faits de cette nature honorent à la fois l'humanité dans les six bourgeois de Calais, comme ils honorent le sceptre dans la personne de la reine d'Angleterre ; femme admirable, bien supérieure à toutes les couronnes, elle fut le plus bel ornement du trône de la Grande-Bretagne.

Cet acte seul nous révèle toute la noblesse et la grandeur de son âme. Elle réunissait toutes ces qualités qui, seules, peuvent faire de la femme un être supérieur et angélique, chef-d'œuvre et idole de la création.

En 1347, dans un temps d'ignorance, de féodalité et de barbarie, une jeune reine, au milieu du camp anglais, se roule à genoux dans la poussière, et demande au roi son époux la grâce de six malheureuses victimes.

Quatre cent cinquante ans plus tard, dans la civilisation du dix-huitième siècle, une jeune reine, caracolant à cheval au milieu d'une armée d'esclaves, et entourée de son état-major, commandait les pièces et assistait gaiement au bombardement de Lille ; chaque explosion nouvelle, chaque nouveau tourbillon de flammes qui s'élançait de la ville excitait ses rires et ses facéties. Elle n'était donc ni mère, ni sœur, ni fille, ni épouse.

Lecteur, comparez les deux rôles : la reine d'Angleterre avait de la femme tout ce qu'il y a de plus tendre, de plus grand, de plus généreux, de plus pur, de plus noble ; la reine de Prusse, fille et femme d'un Tartare, ne devait être qu'un Tartare en jupons.

CHAPITRE X.

JOHN BALL. — WAT-TYLER. — JACK STRAW. — JEAN DESMARETS.

Mort d'Edouard III. — Doctrines de Wycliffe. — Révoltes à Essex et à Gravesende. — John Ball. — Wat-Tyler. — Jack Straw. — Leur mort. — Insurrection de Paris et des provinces. — Exécution des bourgeois et du magistrat Jean Desmarets. — Son courage. — Cruautés atroces de la cour de Charles VI envers les Parisiens. — Les *Cabochiens*. — Leur triomphe et leur destruction. — Siége d'Orléans par l'armée anglaise. — Défense admirable des habitants. — Héroïsme des femmes.

Édouard III mourut. Les dépenses énormes qu'avaient nécessitées les guerres glorieuses soutenues contre la France, n'avaient pu être couvertes par les fruits de ses nombreuses victoires. D'un côté, les finances étaient embarrassées ; mais, de l'autre, l'esprit de liberté religieuse et politique avait franchi le détroit et travaillait le royaume. Cet esprit se répandait avec d'autant plus de rapidité, que l'esclavage personnel était plus général et plus insupportable en Angleterre qu'en France. On s'associa pour défendre sa liberté contre les seigneurs, on les intimida à force d'union et de persévérance, et on finit par en obtenir des concessions.

Wycliffe avait prêché des théories hardies ; ses disciples s'étaient répandus partout, et propageaient dans les campagnes les doctrines de l'égalité naturelle des hommes, et démontraient l'abus du droit de propriété et la tyrannie des distinctions sociales.

Les hommes les moins disposés à subir l'entraînement des masses ne purent se défendre du mouvement général du siècle, qui marchait vers l'amélioration ; ils ne purent s'empêcher de reconnaître un progrès vers le raisonnement et l'instruction. Tout se disposait donc pour une révolution ; des taxes nouvelles et surtout, la brutalité des collecteurs en déterminèrent l'explosion. Une révolte eut lieu dans un village du comté d'Essex ; les agents du gouvernement furent chassés ou égorgés. L'insurrection, dirigée d'abord par un prêtre appelé Jack Straw, s'étendit bientôt à tous les villages voisins.

Les collecteurs continuaient d'employer les moyens les plus violents pour faire payer les impôts. Tous ceux qui avaient atteint l'âge de quinze ans, devaient verser au trésor une taxe personnelle. Un couvreur, nommé Wat, était père d'une jeune fille âgée de quatorze ans. Le collecteur exigea la taxe pour cette enfant. La mère déclara qu'elle n'avait pas quinze ans ; mais le collecteur poussa l'impudence jusqu'à outrager la jeune fille, en mettant le désordre dans ses vêtements, comme pour s'assurer de la vérité. Wat, furieux, ne laissa pas achever l'attentat ; semblable à une tigresse qui défend ses petits, il lance à la tête du brutal collecteur le marteau qu'il tenait à la main et lui fracasse le crâne. A l'instant même, il se fait un étendard de son tablier, sur lequel avait jailli le sang du coupable, et, nouveau Virginius, il appelle aux armes le peuple du comté de Kent.

Une scène à peu près pareille se passait dans la ville de Gravesende. Un noble réclamait un bourgeois comme son serf ; la famille de celui-ci offrait pour le racheter une somme assez forte. Le noble, ne la trouvant pas assez considérable, s'empara du bourgeois et le jeta dans un cachot. Les insurgés d'Essex accoururent, donnèrent des armes aux gens de Gravesende, délivrèrent le prisonnier, et mirent à leur tête Wat-Tyler et John Ball. Ce dernier était un prédicateur fougueux et un propagateur ardent de la liberté politique et surtout de la liberté religieuse. Excommunié, persécuté, emprisonné plusieurs fois par les archevêques et évêques, cet ennemi infatigable du despotisme reparaissait toujours et remuait les populations.

Cette masse d'hommes entra à Cantorbery, tua quelques opposants, et força les autorités à jurer fidélité à sa cause. De toutes parts des mécontents accoururent et grossirent l'insurrection. Cette ligue redoutable s'éleva bientôt à plus de cent mille hommes. John Ball leur fit, en pleine campagne, un sermon, dans lequel il prit pour texte ces paroles: « Quand « Adam bêchait et qu'Ève filait, qui était alors gentilhomme? » Il développa ces paroles, les commenta, prouva sans difficulté qu'il fallait chasser les archevêques, les évêques, les comtes, les barons, les juges, les légistes et les moines ; qu'alors les hommes seraient tous libres, tous nobles, et jouiraient d'un pouvoir égal; et que, s'ils repoussaient les moyens d'être libres que Dieu leur offrait en ce moment, ils seraient coupables, qu'ils agiraient contre les intentions du Créateur, et retomberaient par leur faute dans un esclavage pire encore. Les auditeurs, enthousiasmés, jurèrent de le suivre partout et de lui obéir. Ball les dirigea sur Londres. En même temps, Jacques Straw vint se joindre à Wat-Tyler. Partout sur leur passage ils détruisirent tous les châteaux, tous les monuments qui pouvaient appartenir aux nobles et aux prélats. Le mobile qui animait ces populations n'avait, à la rigueur, rien que de louable; mais elles étaient outrées et exaspérées par une cruelle servitude. Ces hommes voulaient se soustraire à l'oppression ; ils demandaient la liberté et l'égalité. Les seigneurs qu'ils surprirent furent massacrés. Tous les meubles précieux provenant du pillage des châteaux et des évêchés étaient jetés dans la Tamise, et les diamants réduits en poudre ; la vaisselle plate, coupée en petits morceaux, était portée à la Monnaie. Leur cri de ralliement était : *Richard et les communes!*

Le roi, avec quelques seigneurs et l'archevêque de Cantorbery, se réfugia dans la tour pour éviter de tomber entre les mains des insurgés.

La princesse de Galles, mère du roi, fut rencontrée par eux comme elle allait à Cantorbery ; mais elle usa d'adresse et demanda à parler aux chefs. Elle écouta leurs plaintes, parut reconnaître l'équité de leurs réclamations, promit d'user de toute son influence pour qu'on leur fît droit; puis elle les embrassa cordialement. Les plus farouches furent touchés de sa bonté et de sa douceur, et lui fournirent une escorte pour qu'elle pût retourner sans accident auprès de son fils.

Le conseil du roi se trouvait dans la plus grande perplexité et ne savait quel parti prendre. Les insurgés envoyèrent au roi des députés et le supplièrent de leur accorder une conférence dont ils fixèrent le lieu ; mais le roi, en approchant du point où il devait s'arrêter, entendit de tels cris et vit des hommes d'un aspect si étrange, que ses serviteurs ne lui permirent pas d'aller plus loin et le ramenèrent à la tour de Londres.

Cette marque de méfiance irrita les paysans, qui se livrèrent au pillage et à la dévastation avec plus de fureur qu'auparavant, brisèrent les portes de la prison de Newgate et mirent les détenus en liberté ; ils brûlèrent les hôtels du Banc du roi et de la maréchaussée, les archives, le magnifique manoir des chevaliers à Clerkenwel. Les soldats flamands, que le gouvernement avait à son service, excitèrent surtout la rage des insurgés ; ils les massacrèrent partout où ils s'étaient réfugiés, ainsi que toutes les personnes reconnues hostiles à la liberté.

On craignit qu'ils ne s'emparassent de vive force de la Tour. La mère du roi proposa de recourir à des négociations, de faire à cette multitude quelques concessions et des promesses que l'on pût tenir, sans exposer l'Etat à un bouleversement nécessaire.

Un héraut se présenta au devant des insurgés, et les invita, de la part de leur jeune roi, à se rendre à Mile-End, où Richard irait à l'instant les écouter, répondre et faire droit à leurs réclamations.

Le prince parut, en effet, à cheval et suivi d'un cortége sans armes. Cette simple démarche eut le plus heureux résultat. La foule ouvrit ses rangs, reçut son roi avec le plus grand respect, et lorsque Richard fut arrivé au lieu désigné, il se vit entouré de plus de soixante mille hommes. Ils chargèrent six de leurs orateurs de remettre au roi une pétition où ils présentaient les demandes les plus sages dans la circonstance : l'abolition de l'esclavage, l'établissement d'une taxe de quatre pences par acre de terre féodale, la liberté du commerce ou franchise de vente et d'achat sur les marchés, et une amnistie générale. Le roi parut approuver la modération de ce conseil improvisé, et promit de faire droit à leurs demandes.

Pendant ce temps, un corps d'insurgés, sous les ordres de Wat-Tyler et de Jacques Straw, s'emparait de la tour et passait au fil de l'épée l'archevêque et les seigneurs. Mais Wat-Tyler fut tué le lendemain par surprise, au moment où il s'entretenait avec le roi. En même temps, un corps de vieilles troupes, armées secrètement, se présenta. Robert Knolles, qui le commandait, n'osait attaquer les masses énormes d'insurgés ; il se contenta de les rassurer sur les bonnes intentions du roi, et de jeter parmi eux de bonnes paroles qu'on supposait gratuitement qu'il avait prononcées ; on les combla de promesses, et on obtint d'eux qu'ils ne passeraient pas la nuit dans la ville. La plupart, contents de ces succès et certains d'un meilleur avenir, se retirèrent pleins de confiance et regagnèrent leurs foyers ; mais beaucoup de chefs subalternes avaient été travaillés et gagnés.

Bientôt arrivèrent de tous les points des seigneurs qui, dans le péril, s'étaient cachés ; ils venaient réclamer l'honneur des services qu'ils n'avaient pas rendus, souffler l'esprit de vengeance, et demander la punition éclatante de ces vilains qui avaient osé réclamer la liberté.

Le jeune roi, sous l'influence des conseils de sa cour, fit proclamer partout, que nul serf n'était affranchi, que la condition des vilains et des vassaux serait la même que par le passé. Toute réunion et association fut défendue sous les peines les plus sévères. Dans quelques communes, on voulut essayer de défendre la liberté conquise et que les paroles royales avaient garantie, mais toutes ces tentatives n'eurent pour résultat que la mort de plusieurs milliers de malheureux. Alors, comme autrefois et comme dans les temps modernes, les rois manquaient à leur parole ; les aristocrates étaient cruels et implacables lorsqu'ils tenaient le peuple enchaîné, lâches, pusillanimes lorsque le peuple se révoltait ; et le peuple n'est-il pas toujours généreux, facile et crédule dans sa victoire ? n'est-il pas toujours dupe de sa bonne foi ?

On créa des tribunaux pour prononcer des sentences. On condamna les accusés sans entendre ni les témoins, ni la défense. Dans les premiers jours, le nombre des exécutions fut immense. Les condamnés étaient décapités ; la nuit, leurs amis ou leurs parents venaient s'emparer de leurs corps.

Le supplice ne parut pas assez infâme, ni assez déshonorant, on les fit pendre et on les laissa exposés au gibet. Mais le lendemain, ils avaient disparu, leurs amis étaient venus, dans les ténèbres, couper les cordes et enlever les cadavres.

On les attacha alors avec des chaînes de fer. Jacques Straw et le malheureux John Ball, après des tortures inouïes, expièrent sur un gibet leur courageuse entreprise et leur amour de la liberté. Cependant le roi eût voulu pouvoir ratifier en partie la promesse qu'il leur avait faite ; il fit proposer au parlement d'abolir la servitude ; mais celui-ci répondit que jamais, ni par conseil ni par violence, la noblesse ne se dessaisirait de ses droits sur les vilains.

Cette affreuse réponse justifie tous les attentats, tous les excès que l'on peut reprocher à un peuple malheureux et égaré, dont on repousse les plaintes, et aux douleurs duquel on insulte avec l'ironie la plus amère.

Wycliffe continuait, néanmoins, à faire des prosélytes. Versé dans la connaissance des livres sacrés, il attaqua les abus du clergé de toute la puissance de sa parole; il accusait d'hérésie tous les prélats qui, par leur fortune et leur vie mondaine, s'écartaient complétement de la simplicité évangélique, et insultaient à Jésus-Christ ; il exhortait les pauvres serfs, au nom du Christ, à ne pas payer les taxes ou acquitter les corvées à leurs seigneurs les prélats, en les prévenant que c'était un crime et un attentat contre la religion chrétienne. Il eut des persécutions à subir de la part du haut clergé. On calomnia ses principes, sa vie, sa morale. On lui suscita toutes sortes d'ennemis; mais il confondit les uns et les autres par la pureté et la simplicité de sa vie. Il mourut pauvre au milieu de son fidèle troupeau.

La France, sous Charles VI, se préparait à un mouvement insurrectionnel ; elle espérait que son roi serait battu dans les Flandres, où il était occupé à faire la guerre. Les peuples, alors accablés de taxes, d'impôts et de vexations de la part des seigneurs, en étaient venus à désirer la défaite de leurs armées. Les Parisiens étaient tout disposés et devaient être secondés par Rouen, Orléans et d'autres villes. C'était encore moins contre la royauté que se dirigeaient ces projets de révolte, que contre des lois fiscales iniques, ruineuses, contre ceux surtout au profit desquels elles étaient exécutées.

Mais le roi, à son retour, fit occuper par son armée les principales positions, et arrêter un nombre considérable de bourgeois ; ils furent jugés, tous condamnés, et leurs têtes tranchées en place publique.

Jean Desmarets, magistrat de la cité, respectable par son âge et ses vertus, fut arraché du Châtelet et conduit au tribunal ; on le jugea sans l'entendre. Quinze autres habitants honorables furent condamnés comme lui ; on les traîna tous sur une charrette au marché des Halles, et là, en sa présence, la hache du bourreau leur abattit la tête.

« Maître Jean Desmarets, lui dit un seigneur, demandez grâce au roi, et il vous pardonnera vos forfaits.

— Je n'ai commis aucun forfait, répondit-il ; j'ai servi le bisaïeul, le grand-père et le père du roi avec loyauté. Charles me fait mourir, il se trompe et il est trompé. Je ne puis lui demander pardon de crimes dont je suis innocent. »

Alors, il fit ses adieux au peuple, qu'il avait toujours aimé et dont il eût désiré diminuer les peines. De tous côtés on entendait des gémissements ; mais bientôt un bruit sourd retentit : la hache venait encore de trancher une noble vie.

Charles, poussé par ses conseillers, ne s'en tint pas là ; il y eut encore bien d'autres victimes ; et, dès ce moment, la place de la Bastille fut tracée, et cette citadelle menaçante s'éleva par les ordres de la royauté à la porte Saint-Antoine.

Jean Desmarets ne fut pas la dernière victime. Sur l'échafaud des Halles, le bourreau continua d'exécuter, quelque temps encore, la justice sanglante de la cour. Tous les jours les prisons se vidaient et se remplissaient de nouveaux prévenus, qui, après un simulacre de jugement, allaient bientôt porter leurs têtes au charnier royal. Les gens du menu peuple étaient pendus, soit aux portes, soit aux arbres, soit à des clous fixés dans les murs ; les convulsions et l'agonie de ces malheureux excitaient les rires grossiers et insultants d'une soldatesque pillarde, ivre de sang, de débauches et de vin.

Avide d'argent, le conseil du gouvernement, tout composé de courtisans et de privilégiés, enveloppa dans cette proscription tous les citoyens dont il convoitait la fortune. Il mit enfin un terme à ce carnage, non par un sentiment de pitié et de justice, non, ces gens-là n'ont jamais eu d'entrailles; seulement par caprice, par lassitude et même par cupidité. On ne pouvait pas tuer tout le monde, mais on voulait ruiner entièrement les Parisiens.

A l'aide de la prison et de la terreur de l'échafaud on continua les exactions, et l'on poussa la cruauté, la perfidie et la rapacité à un raffinement digne de ces temps de féodalité. Le roi se prêta facilement à ce misérable rôle : il feignit de se rendre aux prières concertées de son frère et de ses oncles qui s'interposèrent entre lui et les Parisiens. Ceux-ci demandèrent grâce pour le peuple. Charles se montra sur un trône magnifique entouré de soldats, à l'air menaçant et au regard féroce. On donna à cette cérémonie toute la pompe capable d'en imposer à la population. Les habitants de Paris convoqués remplissaient la cour à l'extrémité de laquelle était le trône ; on y avait amené tous ceux qui étaient encore détenus dans les fers, et dont le supplice devait être prochain. Alors le chancelier d'Orgemont prit la parole et rappela aux Parisiens l'énormité de leurs crimes, il dénatura et exagéra tous les faits, s'étendit sur les exécutions bien méritées. « Tout n'est pas fini, s'écria-t-il d'une voix tonnante, il reste encore bien des coupables à punir. » Et se tournant vers le roi, il ajouta : « Sire, m'expliqué-je selon vos intentions? »

— Oui, » répondit le monarque. Alors le roi parut se rendre aux supplications, aux larmes et aux gémissements, aux cris de grâce et de miséricorde, et convertit la peine criminelle en peine civile, c'est-à-dire le châtiment corporel en argent.

Il eût été bien plus noble, bien plus digne d'accorder un pardon gratuit, mais cette générosité eût été sans fruit pour l'avidité de ses oncles et des courtisans. L'amende s'éleva à la totalité des biens des accusés ; ils furent tous entièrement ruinés. Les courtisans se partagèrent entre eux ce butin. Les charges de prévôt des marchands, d'échevins et autres furent abolies. Toutes les taxes et les impôts furent rétablis sans opposition.

La franchise nationale avait été toujours reconnue solennellement par les rois, depuis Louis-le-Hutin. Mais dès ce moment, les titres et les droits du peuple furent vains, tout fut anéanti ; le despotisme, sûr de sa force, marcha tête levée, et appesantit sur la nation la plus honteuse tyrannie.

Le mécontentement et l'esprit d'une révolte bien légitime s'étaient aussi manifestés dans plusieurs villes importantes. Rouen, Orléans, Reims, Châlons, Sens, etc., etc., avaient suivi l'exemple de Paris et protesté contre des taxes iniques, exagérées et arbitraires ; leurs malheureux habitants furent traités comme les Parisiens ; la cour fit couler le sang des plus honnêtes citoyens dans toutes les cités ; il suffisait d'être soupçonné, et d'être riche surtout, pour être coupable et condamné. La confiscation et les amendes furent toujours au profit de la cour et de ses agents titrés. Le midi répondit par une insurrection aux troubles qui agitaient le nord de la France. Réduits à la misère et au désespoir, les malheureux paysans, exploités par des exactions, des impôts et des corvées de toute nature, se révoltèrent, et dans leur fureur attaquèrent les agents du fisc, les seigneurs et le clergé. Leur nombre augmenta au point qu'il fallut faire contre eux une guère en règle. Le duc de Berry, cupide et insatiable, uni aux sénéchaux de Beaucaire et de Carcassonne, les poursuivit avec des corps d'armées nombreux et extermina des malheureux que la misère et les mauvais traitements avaient exaspérés.

Cette défaite du peuple et ces progrès d'une noblesse sans qualités remarquables, sans éclat militaire, doivent étonner à une époque où les communes existaient, où les droits de l'homme, proclamés depuis quelques années par un roi de France, eussent dû être des garanties inviolables, où les états-généraux surtout, qui déjà avaient donné signe de vie, eussent dû être un rempart contre la tyrannie et une protection pour la vie, la fortune et la liberté des citoyens. Mais la ruse des courtisans et le prestige de la royauté triomphèrent du nombre; le peuple de Paris et de France, trop confiant, avait déposé ses armes et il fut écrasé par la force.

La résistance s'était organisée d'abord sur tous les points de Paris ; elle avait commencé avec courage, avec énergie. Tous ceux que le patriotisme avait fait descendre dans l'arène y avaient porté, avec l'héroïsme de la liberté, l'amour de l'ordre et le respect de tout ce qui pouvait être toléré et conservé dans l'ancienne organisation de la société. Les communes de France voulaient être ménagées, consultées, être libres enfin. Elles ne prétendaient aucunement refuser des impôts, même extraordinaires ; mais elles désiraient en constater la nécessité et ne pas être taxées arbitrairement. Elles ne prétendaient ni dominer le pouvoir royal, ni détruire ses prérogatives, ni même attenter aux priviléges de la noblesse.

Braves et modérées, les communes avaient déployé des vertus et une élévation d'âme qui tenaient au sentiment de leur force et de leurs droits. Malgré cette supériorité, elles furent vaincues par un roi de seize ans, atteint déjà des germes de cette folie qui se développa bientôt chez lui et fit, pendant trente ans, le malheur de la France. Elles furent encore vaincues par un entourage de princes stupides, méprisables et cruels, en un mot par une noblesse farouche, ignorante, avide de pillage, sans honneur, sans patriotisme. Enfin la France succomba sous des tyrans. Jamais les oppresseurs des peuples n'abusèrent plus cruellement de leur victoire, jamais ils ne s'acharnèrent avec tant de rage à détruire les populations, l'industrie, la propriété. Il est difficile aux despotes de tuer les nations. Les peuples tôt ou tard se réveillent ; oh ! que leur vengeance est juste, lorsque brisant la résistance qui les opprime, ils déciment à leur tour ceux qui les ont sacrifiés à leur cupidité.

On réprima dans ces circonstances des plaintes légitimes et une démonstration, calme d'abord. On les réprima par la force, comme répriment tous les gouvernements des rois ; on se crut sauvé ; on se partagea les dépouilles d'honnêtes et laborieux citoyens, immolés à l'avidité des courtisans. Le reste de la ville fut livré à la dévastation d'une soldatesque sans frein.

Mais la Providence des peuples ménageait des représailles, et la conquête de la liberté aux générations à venir.

« Comment, ils se plaignent ; mais en vérité cette canaille n'est jamais contente ! Que veut-elle donc ! Que demande-t-elle ? disait une reine de France, dans une époque plus rapprochée de nous.

— Madame, lui répondit-on, ce pauvre peuple meurt de faim, il n'a pas de pain.

— Comment, il n'a pas de pain, répond-elle, eh bien, qu'il mange des gâteaux. » Insulte et infamie !!!

Voilà la royauté ! s'il en est de moins mauvaises, ce ne peut être qu'une rare et heureuse exception pour les peuples. On dit qu'on a vu quelquefois des princes verser des larmes sur les malheurs de leurs sujets. Ces larmes sont rares, on peut les compter ; mais celles que, de tout temps, les rois ont fait verser aux peuples sont trop nombreuses pour cela.

Charles VI, à peine âgé de seize ans, avait commencé par manifester des symptômes de folie. A mesure qu'il avança dans la vie, cette maladie augmenta. Pendant son règne, les troubles ne cessèrent d'agiter le royaume ; malheureusement, son règne fut long. La France eut à en supporter les conséquences terribles. Les hommes qui, dans le commencement, avaient voulu prévenir et arrêter le dérèglement des mœurs d'une cour corrompue et imposer des limites au pouvoir absolu de la couronne, étaient des hommes remarquables par leurs talents, leur position sociale et l'intégrité de leur caractère.

Les effroyables proscriptions qui suivirent le triomphe de l'autorité royale avaient décimé et ruiné la bourgeoisie ; on ne voyait plus à Paris ces riches négociants, dont l'esprit était développé par l'habitude des grandes affaires, dont l'indépendance était garantie par une fortune égale à celle des seigneurs et dont la réputation était un patrimoine précieux qu'ils voulaient léguer à leurs enfants. Cette classe plus morale, plus honnête, plus instruite que la classe aristocratique, venait d'être détruite.

Néanmoins l'esprit d'indépendance ne succomba pas entièrement avec eux. Les nouveaux chefs du peuple furent des bouchers, riches il est vrai, mais grossiers et brutaux. Les insurrections eurent un caractère féroce, qui ne put servir la liberté ; ces hommes incultes ne pouvaient s'élever à une politique libérale et éclairée. Le chef de cette insurrection s'appelait *Caboche,* et les insurgés prirent le nom de *cabochiens*. Ils s'emparèrent de la ville et massacrèrent le gouverneur. Le roi, arrêté par quelques hommes sur le quai Saint-Paul, se vit forcé d'accepter le signe de la révolte. Puis, ils forcèrent le palais et exigèrent que la reine parût devant eux. En même temps on lui présentait une liste de proscription. Les proscrits furent livrés, liés et enfermés au Châtelet. Douze commissaires nommés par la volonté du peuple, et agréés par le roi, se réunirent pour les juger; il y eut un commencement de représailles, quelques-uns furent punis de mort.

Les insurgés, enorgueillis de leurs succès et de la terreur qu'ils inspiraient, firent une espèce de code, rédigé contre la noblesse et le clergé. Le roi, ne pouvant opposer aucune résistance, fut obligé, accompagné de la reine et de son conseil, d'aller en grande pompe le faire enregistrer au parlement. Cette apparence de légalité donna encore plus de puissance aux cabochiens. Mais une armée de trente mille hommes vint bientôt occuper les points les plus importants de la capitale, et ils finirent par être réduits. Ce n'était plus le peuple de Paris, ce n'était que la populace, et elle n'avait que la force brutale et matérielle, sans intelligence, sans instruction, incapable de profiter d'un succès, incapable, surtout, d'organiser ou de concevoir un plan.

Maîtres de Paris, les soldats royaux eurent carte blanche, on égorgea sans merci *ces vilains, cette chiennaille,* et tous les habitants de Paris furent désarmés et rançonnés. Toutes ces insurrections continuelles témoignaient d'une mauvaise administration et du malaise du peuple; pauvre et persécuté, il gémissait dans l'abjection et la misère; il se soulevait donc, et entraînait avec lui les hommes qui craignaient pour la fortune ou l'aisance qu'ils avaient acquise; les uns et les autres, par un sentiment d'hostilité contre la classe noble qui aggravait leur détresse ou convoitait leurs richesses.

Charles-le-Mauvais, issu de la famille royale de France, était alors roi de Navarre. Ce prince mourut d'une manière affreuse. Il était cruel, faux, brouillon, immoral et livré aux plus infâmes débauches; ingrat et sans foi envers ses alliés, il trahissait les traités les plus sacrés; sans pitié pour les peuples, il les écrasait d'impôts.

A cinquante ans, usé par le libertinage et les excès, il avait recours à toutes les ressources de l'art pour combattre les effets de sa décrépitude précoce et exhumer quelques restes de jeunesse ou de vigueur. Pour recouvrer des forces qu'il perdait par de nouveaux excès, il se faisait envelopper d'un drap trempé dans de l'eau-de-vie soufrée. Après avoir passé la nuit avec une femme d'une grande beauté, il usa de ce remède et parut ranimé. Puis il commanda qu'on l'habillât; son valet de chambre, au lieu de couper les fils qui liaient le drap, voulut les brûler avec une bougie, l'eau-de-vie s'enflamma et l'on ne put l'éteindre que difficilement. Ce prince mourut, trois jours après, dans d'horribles souffrances.

Charles VI, roi de France, mourut aussi peu de temps après. La France, pendant son règne, avait été agitée de troubles, de désordres, de malheurs et de meurtres.

Des guerres, des batailles, dont l'issue fut presque toujours funeste, avaient mis la couronne en péril. Des défaites successives, en ouvrant aux Anglais le cœur de la France, avaient éclairci les rangs de la noblesse, et affranchissaient le peuple d'autant de tyrans plus dangereux, plus cruels et plus difficiles à vaincre que les étrangers.

La nation seule, par son courage et son dévouement, eût pu conserver l'intégrité du territoire et chasser les ennemis; mais à cette époque, la nation était peu de chose encore ; elle n'était comprise ni par la cour, ni par le clergé, ni par la noblesse. L'oppression la plus dure pesait sur elle.

Sous Charles VII, les Anglais étendirent en France leurs conquêtes. Les plus belles provinces furent enlevées, il parut ne pas s'en inquiéter ; les intrigues remuaient sa cour et lui ne s'occupait que de plaisirs et de fêtes.

Les Anglais, maîtres d'une partie de la France, continuaient de guerroyer, et plusieurs villes tombèrent en leur pouvoir ; quelques-unes leur échappaient et se prononçaient pour la France. C'étaient des guerres continuelles; ce qu'on perdait d'un côté on le recouvrait de l'autre, et les contrées intermédiaires souffraient du passage des armées. Les pertes et les succès ne terminaient rien. Si, d'un côté, le gouvernement monarchique était entravé par la présence des ennemis, de l'autre, l'administration des conquêtes des Anglais offrait à ceux-ci des difficultés, par la résistance des habitants des villes non soumises à leur puissance, au milieu même des pays conquis.

Las de ces vicissitudes et d'une domination incertaine, Bedfort, général anglais, voulut frapper un grand coup. Ce coup devait être décisif. Il franchit la Loire et envahit le pays d'où le roi de France tirait ses principales ressources. Orléans, par sa position, convenait, comme centre de ses opérations, comme passage et comme retraite de ses troupes en cas de fâcheux événement. Il en confia le siége à Salisbury.

Depuis la bataille de Crécy, si funeste à l'armée française, le canon était employé. Les Anglais s'en servirent pour foudroyer la ville. L'attaque commença par le pont : les assiégeants éprouvèrent de la part des habitants une résistance opiniâtre. Secondés par l'artillerie, les Anglais se présentèrent en vain à l'assaut, toute la population était sur les remparts. Les femmes, au milieu de ces sanglantes scènes, montrèrent un dévouement admirable. Jamais dans les grandes calamités publiques, leur cœur n'a fait défaut. Sur les remparts, elles se mêlaient aux combattants, leur apportaient des rafraîchissements, pansaient les blessés, et les emportaient, lançaient sur les assiégeants des pierres, de l'huile et de l'eau bouillante, encourageaient les assiégés, donnaient l'exemple d'une intrépidité et d'une audace extraordinaires, et tombaient, sans se plaindre, à côté de leurs époux, de leurs frères ou de leurs parents. Autant ce sexe est timide dans les événements ordinaires de la vie, autant il s'élève lorsque son cœur et son imagination sont excités par un grand mobile et surtout par une noble cause.

Cette défense énergique des habitants, contre les attaques répétées de l'armée anglaise, leur coûta des pertes irréparables. Pressés de plus en plus, ils eussent fini par succomber, sans l'arrivée de quelques secours. Alors les Anglais se contentèrent de bloquer Orléans ; mais la famine e les maux qu'elle entraîne ne tardèrent pas à fondre sur la ville. Le souvenir du siége de Calais et de ses suites vint se présenter à l'esprit des habitants, et les fit frémir sur l'avenir de leurs familles (1).

(1) Malgré le dévouement d'Eustache et de ses amis, les citoyens de Calais avaien été chassés de la ville, dépouillés de leurs propriétés et remplacés par des Anglais.

CHAPITRE XI.

JEANNE D'ARC. — JEAN CADE. — BUSSOLARI.

Continuation du siége d'Orléans. — La vierge de Domremy. — Elle est présentée à Charles VII. — Elle est armée. — Lettre de la pucelle à Suffolk. — Orléans est ravitaillé; entrée de Jeanne dans la ville. — Sorties et combats de la pucelle. — Orléans est délivré. — A Jargeau, Jeanne fait Suffolk prisonnier. — Elle conduit Charles VII à Reims. — Sacre du roi. — Jeanne tombe au pouvoir des Anglais, sous les murs de Compiègne — Elle est conduite à Rouen, jugée et condamnée. — Sa fin malheureuse. — Réflexions sur la pucelle. — Traité d'Arras. — Pillages des soldats français et de leurs chefs. — Agnès Sorel. — Changement de caractère du roi. — Insurrection en Angleterre. — Jean Cade. — Sa mort. — Pavie assiégée. — Bussolari. — Nouveau siége. — Mort de Bussolari.

Le siége d'Orléans durait depuis quelque temps. Tous les jours, les Anglais resserraient de plus en plus le blocus par des travaux importants. Des secours rares et faibles n'arrivaient que difficilement aux assiégés. Ils ne pouvaient tenir longtemps ; les Anglais, au contraire, recevaient des renforts considérables.

La situation critique d'Orléans faisait regarder cette ville comme perdue. La terreur et la discorde régnaient dans les conseils du roi. On parlait de se retirer sur le Dauphiné et la Provence. Charles, d'un caractère faible, se laissait facilement gouverner par les femmes. Agnès Sorel, sa maîtresse, joignait aux charmes les plus séduisants une fermeté d'âme et un héroïsme extraordinaires. Elle blâma le roi de son peu de courage et de son peu d'ambition, le menaça de le quitter et d'aller chercher en Angleterre un sort plus digne d'elle. On s'empressa de prévenir tout retour de faiblesse et de fixer ses irrésolutions par les moyens qui avaient le plus d'empire sur son esprit, une femme et la superstition.

Ce fut le sire de Baudricourt qui eut l'occasion de les employer. En les livrant aux chances du hasard, il en surgit un événement imprévu, incompréhensible, qui dépassa les combinaisons humaines et sauva le royaume.

Une jeune vierge, du nom de Jeanne, âgée de 17 à 18 ans, parut et vint sauver la France ; elle était née au village de Domremy, près Vaucouleurs, sur les confins de la Champagne et de la Lorraine. Son père s'appelait d'Arc et sa mère Isabeau. Élevée près d'eux, Jeanne s'occupait des travaux du ménage et de ceux de la campagne. Ses mœurs étaient pures, son imagination vive, sa dévotion ardente, sa simplicité parfaite, sa taille élevée et gracieuse ; sa physionomie avait une expression de douceur et de mélancolie indéfinissable.

Elle se rendait souvent à une fontaine écartée, qu'on appelait la fontaine *Aux-fées-Notre-Seigneur* et dont les eaux avaient la réputation d'opérer des guérisons miraculeuses. Ombragée d'arbres séculaires qui la défendaient contre les rayons du soleil, cette fontaine était entourée de mousses et de lierres, et au-dessus, dans une niche taillée dans le roc, était une petite statue de Jésus, grossièrement faite et couverte de rubans, d'amulettes et des offrandes des pèlerins. C'est en ces lieux que notre vierge à genoux se livrait à la méditation et à la prière, et que des habitants du village la trouvèrent plusieurs fois dans ses contemplations religieuses.

Sa pauvreté la força d'entrer dans une petite auberge de Neufchâteau pour servir. C'est là qu'elle entendit souvent raconter dans le langage grossier, mais animé des paysans, les malheurs de la France l'oppression de ses compatriotes, l'insolence des Anglais. Son cœur fut touché, sa tête s'enflamma; sous l'influence de la surexcitation continuelle de son cerveau, ses facultés intellectuelles s'exaltèrent, et toutes ses pensées se dirigèrent vers un objet unique ; elle eut des rêves, puis des extases ; elle entendit des voix surnaturelles qui lui disaient que le bras seul d'une femme sauverait la France, et que c'était elle que Dieu avait choisie pour la délivrance de sa patrie. Elle en parla, elle raconta ses conversations nocturnes avec les esprits bienheureux. Les superstitieux paysans l'écoutèrent avec respect, et il ne fut bruit dans le canton que de la servante de Domremy.

Baudricourt, gouverneur de Vaucouleurs, en entendit parler; il voulut la voir, et la traita assez légèrement. Elle revint à diverses reprises, et toujours lui racontant ses révélations d'un ton inspiré. Le gouverneur enfin y donna son attention, et dès ce moment les visions se multiplièrent. Sainte Catherine et sainte Marguerite lui étaient apparues, disait-elle, à la fontaine *Aux-fées-Notre-Seigneur,* et lui avaient annoncé qu'elle relèverait le trône de France et en chasserait l'usurpateur, et elles lui avaient donné le moyen de prouver sa mission en lui indiquant le lieu où elle trouverait l'épée dont elle devait se servir : à *Sainte Catherine-de-Fier-Bois,* dans le tombeau du vieux chevalier. Baudricourt n'hésita plus, il conduisit Jeanne-d'Arc à Chinon, où résidait alors la cour de Charles VI.

Lorsque la mission divine de Jeanne fut annoncée aux courtisans, ils en firent le sujet de leur sarcasmes; mais les hommes sages, qui connaissaient leur siècle, pensèrent qu'auprès des esprits vulgaires on pourrait tirer un grand parti de l'enthousiasme religieux et guerrier d'une jeune fille. Elle fut donc admise devant le roi qu'aucun insigne ne distinguait alors de la foule des courtisans, et se présenta d'un air à la fois modeste et délibéré. Jeanne, sans se tromper, alla droit à Charles qu'elle reconnut, dit-on, et lui dit :

« Gentil dauphin, je suis Jeanne la Pucelle; saint Michel archange,
« sainte Catherine et sainte Marguerite, m'ont envoyée pour délivrer
« Orléans et vous conduire à Reims où vous serez sacré. Par ainsi, vous
« recouvrerez votre droit et le royaume de France. » Charles la prit à part, s'entretint quelques instants avec elle, et l'on se hâta de publier toutes sortes de circonstances miraculeuses qui s'insinuaient facilement dans l'esprit du peuple et des soldats, et les disposaient merveilleusement à l'exaltation qu'on voulait produire. L'homme est passionné pour l'erreur : il a besoin de merveilleux, il court après le mensonge.

Les prétendus habiles ont gouverné les peuples en les trompant; savoir tromper, disait-on, c'est savoir gouverner; quand donc cet immoral axiome cessera-t-il d'être une vérité? Il cessera avec les lumières de la raison, lorsque le prêtre n'osera plus mentir du haut de sa chaire, faute de crédules; que la royauté du haut de son trône ne règnera plus sur des esclaves abrutis. Il cessera, enfin, lorsque les peuples exigeront qu'on les gouverne pour eux et non pour les intérêts seuls de quelques castes privilégiées.

Jeanne agissait de la meilleure foi du monde ; elle se disait inspirée d'en haut ; elle soutenait la réalité de ses visions. Les hommes d'État résolurent donc d'en tirer parti. Cette supercherie une fois admise par eux, il fallait la pousser jusqu'au bout.

Les ministres affectèrent une grande défiance, et renvoyèrent Jeanne par devant une commission de docteurs ès-lois et de graves théologiens, qui l'interrogèrent, débattirent ses réponses, et décidèrent qu'elle était inspirée, que sa mission surnaturelle était incontestable et qu'elle provenait du ciel. Deux ans plus tard, les agents de l'Angleterre eurent recours à ces mêmes arguments pour la condamner, mais en prouvant que cette inspiration venait du diable.

Jeanne fut conduite à Poitiers devant un simulacre de parlement, qui s'empressa de reconnaître aussi le doigt de Dieu, et se déclara convaincu. Elle retourna à Chinon auprès de Charles VII. Le peuple et l'armée accueillaient avec admiration tout ce qu'on racontait de merveilleux sur cette jeune fille.

Jeanne fut armée de pied en cap comme un chevalier ; montée sur un superbe palefroi gris, qu'elle maniait avec autant de grâce que d'habileté, elle traversa la ville, entourée et suivie de tous les princes et généraux, et assista à la revue des troupes de Charles VII. Devant elle on portait une bannière, sur laquelle était peint, en champ d'azur, semé de fleurs de lis, le Tout-Puissant, sous la figure d'un vieillard, tenant le globe de la terre dans la main gauche. Sa noble assurance, sa jeunesse, sa dextérité, l'à-propos de ses paroles, leur ton doux et fin à la fois, charmèrent toutes les personnes qui l'approchèrent. L'enthousiasme devint général, des acclamations l'accueillaient de toutes parts. Une foule de jeunes gens, qui n'avaient pas songé à combattre, vinrent se ranger sous sa bannière ; les vieillards se prosternaient devant elle, les jeunes mères lui présentaient leurs petits enfants à bénir ; dans l'imagination de tous, l'armée anglaise était à demi-vaincue.

En effet, les Anglais, informés de cet incident du côté des Français, y ajoutèrent foi et en furent effrayés ; non pas qu'ils crussent à la sainteté de Jeanne ni à sa mission divine ; pour eux, les paroles menaçantes et la terreur qu'elles inspiraient ne pouvaient provenir que de l'enfer. Les généraux français proclamaient qu'elle était un ange ; les généraux anglais la faisaient passer aux yeux de leurs soldats pour un esprit des ténèbres. En vain essayèrent-ils de parler d'elle avec dérision, de la taxer d'imposture, de faire croire que ce n'était qu'une ruse, un pauvre expédient d'un monarque aux abois, qu'elle n'était qu'une misérable sorcière ; les imaginations étaient frappées, le merveilleux existait pour les soldats anglais et ils se persuadèrent qu'ils auraient à combattre contre toute la phalange de Satan.

Le premier soin des généraux français fut de ravitailler Orléans qui succombait à la famine. Suffolk, général anglais, venait d'écrire une lettre au roi Charles ; elle portait pour adresse : « A Charles, soi-disant dauphin et roi de France. » Jeanne dicta une réponse de défi dont la suscription était : « Apprenez les nouvelles de Dieu et de la pucelle. A toi, duc de Bedfort te disant régent du royaume de France pour le roi d'Angleterre, » et plus bas :

« Ton orgueil et celui de ton maître te font mentir. Le roi d'Angleterre
« n'est roi de France ni de fait ni de droit, et tu ne saurais être son régent.
« Sous tes yeux, Orléans sera ravitaillé, secouru et délivré, et tu ne sauras
« l'empêcher. Le ciel et la justice sont pour nous. Je te somme, de par
« Dieu, d'abandonner le siège, sinon, tous les saints du paradis aidant,
« la pucelle frappera tes soldats, les dispersera et tu seras honteuse-
« ment chassé du royaume de France. »

Jeanne se rendit à Blois où l'on rassemblait les approvisionnements destinés à Orléans. Sa présence y causa de nouveaux prodiges d'enthousiasme. Elle semblait exercer sur les soldats un pouvoir surnaturel. Elle leur ordonna des actes de dévotion, chassa les femmes de mauvaise vie dont l'armée était infectée et rétablit une sévère discipline. Sept mille hommes escortèrent le convoi qui arriva heureusement par eau sous les murs d'Orléans. A l'aide de sorties opérées par la garnison sur trois points, le convoi put pénétrer dans la ville. Deux mille hommes avec la pucelle renforcèrent la garnison. L'entrée de Jeanne dans Orléans fut un véritable triomphe ; à sa vue, le peuple, épuisé par la disette et intimidé par les revers, sembla renaître à la vie. La pucelle lui inspira tout son courage et le conduisit à l'attaque d'une des nombreuses bastilles que les Anglais avaient construites pour serrer la ville de plus près. Le fort fut emporté et réduit en cendres. Le lendemain un second eut le même sort. Le troisième jour, la pucelle planta sa bannière sur le fort des Tourelles, regardé comme imprenable ; mais elle fut blessée dans l'action.

Dans ces divers engagements, les Anglais perdirent près de sept mille hommes, les soldats français étaient pleins de confiance ; l'armée anglaise était consternée et appelait sur la sorcière les anathèmes de l'Église. Suffolk finit par lever le siége, brûla la ligne de forts qu'il avait fait construire pour activer le blocus de la place, et alla se renfermer dans la ville de Jargeau.

Jeanne vint l'y assiéger et donna l'assaut à la tête des Français. Une pierre la renverse du haut des remparts, elle se relève et s'écrie d'une voix fière et prophétique : « En avant, mes amis, courage ! Dieu nous les « livre. » La place fut prise et Suffolk fait prisonnier.

Dès ce moment, beaucoup de villes et de forteresses, occupées par les Anglais, tombèrent au pouvoir des Français. Les généraux ennemis se rapprochèrent de Paris, mais atteints en route par le connétable de Richemont, ils furent battus et faits prisonniers.

Orléans délivré, la première partie de la mission de la pucelle était remplie ; la seconde était de faire couronner Charles VII à Reims, pour l'accomplir il fallait traverser quatre-vingts lieues, toute la Bourgogne et une partie de la Champagne. Sur toute la ligne à parcourir les ennemis occupaient des postes importants. Jeanne pressait le départ. Charles VII, pour la première fois, parut à la tête d'une armée et, suivi de la pucelle, il se mit en route ; il arriva à Reims sans avoir eu un seul combat à soutenir. Le 17 juillet 1429, il fut sacré et couronné roi de France, dans la cathédrale.

Pendant la cérémonie, la pucelle, en costume de guerrier, sa bannière déployée, se tint près de Charles VII ; glorieuse et ravie de l'accomplissement de ses vœux ; puis, quand la solennité fut terminée, elle se jette humblement aux pieds du monarque et, le visage baigné de larmes, sollicite la permission de rentrer dans sa première obscurité ; sa mission, disait-elle, était finie, les voix célestes avaient cessé de lui parler et de l'inspirer.

Le roi la pria de coopérer avec lui à l'entière expulsion des Anglais : Dunois, La Hire, Xaintrailles et d'autres seigneurs joignirent leurs instances à celles de Charles VII. Elle y consentit et envoya sur le champ sommation aux principales villes et forteresses de reconnaître leur souverain légitime ; un grand nombre obéirent.

Les talents du duc de Bedfort, général en chef de l'armée anglaise, n'étaient pas au-dessous de ces circonstances difficiles ; mais son armée, décimée par les combats, ne recevait plus de renforts d'Angleterre ; bien plus, à chaque pas surgissaient de nouveaux ennemis suscités par les succès récents de Charles VII. Beaufort, évêque de Winchester, débarqua en même temps à Calais avec un corps de six mille hommes, qu'il conduisait contre les hérétiques de Bohême. Cette petite armée, au lieu d'aller combattre les disciples de Jean Hus, fut incorporée à l'armée anglaise qui s'accrut aussi de plusieurs corps détachés des garnisons de Normandie.

Les Français et les Anglais s'observèrent quelque temps ; puis Charles marcha sur Paris.

Beauvais, Senlis, Compiègne, Sens, Lagny, Saint-Denis ouvrirent leurs portes au roi de France ; mais la ville de Paris, occupée par une forte garnison anglaise, fit résistance. Jeanne reçut une grave blessure dans un assaut qu'on donna au faubourg Saint-Honoré. Charles dut se retirer et passer l'hiver à Bourges.

Au printemps suivant, Bedfort, uni au duc de Bourgogne, vint attaquer Compiègne ; la pucelle marcha contre eux pour faire lever le siége. Mais l'infortunée guerrière perdait cette précision, cette assurance, cette confiance qui entraînaient tous les esprits. De toutes les qualités extraordinaires qui brillaient en elle, elle semblait n'avoir conservé que la bravoure.

Son étoile pâlissait. Ses conseils étaient incertains, embarrassés ; plusieurs généraux, jaloux de sa gloire, étaient devenus ses ennemis impitoyables, ceux surtout qui s'étaient servis d'elle comme instrument, qui l'avaient vantée et dirigée. Lorsque le prestige dont ils l'avaient entourée eut perdu son importance et sa nécessité, lorsqu'enfin ils n'eurent plus besoin de son rôle, ils l'abandonnèrent, sa gloire les importunait. Le 25 mai au soir (1430), la pucelle arriva devant Compiègne, et, sans attendre le corps d'armée principal, elle commença l'attaque et s'empara du poste Marigny ; de nombreux renforts d'Anglais accoururent pour repousser les assaillants. Jeanne combattait avec une intrépidité sans exemple ; bientôt elle resta seule, délaissée des siens, et fut renversée de cheval par un archer. Elle se rendit à un officier de l'armée anglaise qui la conduisit au quartier de Jean de Ligny. Le maréchal de Boussac parut, peu de temps après, sous les murs de Compiègne, força les Anglais à lever le siège, mais ne put délivrer la pucelle.

Jeanne, comme prisonnière de guerre, devait être mise à rançon, mais ce n'était plus qu'un instrument brisé. Guérie de ses extases et de ses exaltations mystiques qui n'étaient que l'effet d'un ébranlement maladif du cerveau, la pucelle était redevenue une simple paysanne, naïve et sans inspirations nouvelles, sans confiance en elle-même ; la pauvre fille du peuple, sans nom, sans aïeux, sans famille, n'était plus rien aux yeux de ces courtisans orgueilleux qui ne considèrent les plébéiens que comme une race vile dont le droit à la possession d'une âme était même alors une question. La comédie était jouée. On avait conduit des soldats ignorants et superstitieux à la victoire à l'aide d'une extatique qu'on faisait passer pour une inspirée ; l'armée anglaise, tout aussi superstitieuse, avait cru à une puissance surnaturelle chez Jeanne d'Arc. On oublia la pauvre captive ; pas un sentiment, un souvenir de reconnaissance de la part de cette cour de Charles VII où l'on ne rêvait que plaisirs, et on ne parla pas même de racheter cette infortunée. Jean de Ligny la vendit au régent d'Angleterre.

Le duc de Bedfort, maître de la vie de la pucelle, conçut un projet sans excuse ; dans son exécution, la postérité n'a vu et ne pourra voir qu'une épouvantable barbarie ; l'enthousiasme qu'elle avait excité dans le principe chez les Français n'existait plus ; mais dans l'armée anglaise elle inspirait encore un sentiment de terreur, que le régent n'avait pu détruire entièrement. Livrer la pucelle à la mort après l'avoir fait condamner par un tribunal ecclésiastique, c'était satisfaire à la fois sa politique et sa vengeance : il y songea.

Bedfort accusa donc Jeanne d'Arc « d'être un disciple et un suppôt du « démon, usant d'enchantements et de sorcellerie, d'avoir causé de « grands dommages, commis d'horribles homicides, d'affreuses cruautés « et maux innombrables, et porté les plus grands préjudices à Sa Majesté « Henri VI, roi d'Angleterre et de France, et à son peuple loyal et « obéissant. »

Le procès s'ouvrit à Rouen, encore au pouvoir des Anglais, sous la direction de l'évêque cardinal de Vinchestre, et de Pierre Cauchon, évêque de Beauvais, assistés de soixante assesseurs ; on abusa avec une dérision et une infamie horribles de tout ce que la religion et la justice ont de plus sacré. Durant seize jours, Jeanne, chargée de fers, comparut devant le tribunal de bourreaux qui l'avait d'avance dévouée au supplice. Quatre mois de cachots, d'interrogatoires, de tortures morales, de privations de toute nature, avaient affaibli son corps, mais l'énergie de son âme était restée entière ; aucun trait de pusillanimité ne démentit son caractère ; la sublime simplicité de ses réponses vint souvent étonner et embarrasser ses juges. Elle mit un noble orgueil à soutenir qu'elle avait été l'instrument d'une inspiration divine, et qu'elle n'avait fait qu'obéir à la volonté du Tout-Puissant ; qu'aucune opération magique n'avait souillé sa bannière sur laquelle était représenté Dieu le Père ; qu'elle avait été honorée des visites de saint Michel, de sainte Marguerite et de sainte Catherine.

L'impulsion que Jeanne avait donnée à la valeur française se soutenait. Malgré son absence, de nombreux revers affaiblissaient la puissance des Anglais, dont la fureur se tournait contre leur captive ; ils pressaient les juges, prodiguaient l'argent et les menaces ; mais, malgré eux, les assesseurs, qu'ils avaient choisis à dessein, ne pouvaient se défendre de l'intérêt qu'inspirait la pucelle.

Dans ses interrogatoires, elle s'était déclarée vierge. La duchesse de

Bedfort la soumit à l'examen de femmes recommandables par leurs mœurs. On assure que le duc de Bedfort, à l'insu de son épouse, s'était caché, pendant cet examen, dans une chambre voisine et, par une ouverture pratiquée dans la cloison, avait osé promener ses regards impudents sur sa victime.

Dans les fers, et en présence du tribunal qui avait juré sa perte, Jeanne se montra admirable. Elle joignit à la plus touchante douceur un courage supérieur à celui des combats. Elle pleura comme une jeune fille et se conduisit comme un héros. Ses juges perfides accumulèrent en vain les questions insidieuses, les réticences, les menaces, les violences, les impostures, les mensonges pour la faire tomber dans le piège ; rien ne leur réussit, ils se trouvèrent tous confondus par la justesse, le calme, la dignité et l'énergie de ses réponses. On trouve dans le caractère de la pucelle la naïveté de la paysanne, la faiblesse de la femme, l'inspiration d'une âme pure, le courage de l'héroïsme.

Jeanne tomba malade : on craignit sérieusement pour sa vie. On l'entoura de tous les soins possibles pour la rendre à la santé ; c'était par un raffinement de barbarie. On craignait que, par une mort naturelle, elle n'échappât au supplice qu'on lui réservait.

Aussitôt qu'elle fut mieux, on hâta le jugement et on réduisit le procès à douze chefs d'accusation résultant des interrogatoires. On écrivit à l'université de Paris pour prononcer sur des questions générales qu'on avait posées, sans spécifier ni accusée, ni juges, ni procès. L'université rendit une décision conforme aux vues du tribunal de Rouen. On poursuivit donc activement le procès.

Le défaut de témoins, la récusation faite par Jeanne de plusieurs chefs d'accusation frappaient la procédure de nullité. Cependant, il fallait en finir, les Anglais pressaient sa condamnation ; on employa, pour arriver à ce but, un procédé infâme ; comme on ne pouvait la résoudre à signer son abjuration et à s'avouer coupable, on lui lut une cédule qu'on l'exhorta à signer ; elle contenait simplement la promesse de ne plus porter les armes, de laisser croître ses cheveux et de renoncer à l'habit d'homme. Elle y consentit ; mais le secrétaire du roi d'Angleterre avait glissé dans cette cédule une pièce dans laquelle Jeanne se reconnaissait coupable des crimes dont on l'accusait, et l'infortunée jeune fille signa sa propre condamnation.

Alors l'évêque de Beauvais lut la sentence qui condamnait Jeanne *au pain de la douleur et à l'eau d'angoisse*. Jeanne dit que, puisque l'Église la condamnait, elle devait être remise au pouvoir de l'Église : « Menez-« moi en vos prisons et que je ne sois plus en la main de ces Anglais. » Néanmoins, elle fut reconduite au château de Rouen.

Les généraux Anglais étaient furieux que la victime leur échappât, plusieurs accablèrent les juges d'invectives ; « il faut, leur dit le comte de « Warwick, qu'elle soit livrée au supplice pour les intérêts de la cou-« ronne d'Angleterre. — *N'ayez cure*, dit l'un d'eux, *nous la retrou-« verons bien.* »

Les Anglais se vengèrent sur la prisonnière de ce qu'ils appelaient la clémence de ses juges, en augmentant les rigueurs de sa prison. Cinq soldats étaient sans cesse préposés à sa garde. Elle était attachée, la nuit, par deux chaînes de fer fixées au pied de son lit, et le jour, par une chaîne qui la tenait par le milieu du corps.

Pendant les journées du 25 et du 26 mai, Jeanne fut exposée aux outrages de ses gardiens qui essayèrent plusieurs fois de lui faire violence. Il a été même révélé *qu'un millourt d'Angleterre l'avait voulu forcer*. Jeanne regrettait ses habits d'homme avec lesquels il lui eût été plus facile de se défendre. Le dimanche, 27 mai, elle pria les Anglais qui la gardaient de la *desserrer* afin qu'elle pût se lever. Au lieu de faire ce qu'elle demandait, ils lui enlevèrent ses vêtements de femme, et lui jetèrent ses habits d'homme. Elle refusa de les prendre, d'après la défense qui lui en avait été faite, et resta couchée jusqu'à midi. Mais elle fut enfin obligé de se servir des seuls vêtements qu'on lui eût laissés. C'était ce qu'on voulait. Des témoins, apostés exprès, entrèrent à l'instant dans sa prison et prirent acte de cette prétendue transgression.

L'évêque de Beauvais et plusieurs juges se rendirent dans la prison, on dressa procès-verbal de ce fait. Cauchon, dit en sortant au comte Warwick à haute voix: « *farewell, farewell;* faites bonne chère, il « en est faict. »

Le lendemain, le tribunal rendit une sentence condamnant Jeanne d'Arc comme « relapse, excommuniée, rejetée du sein de l'Église et « jugée digne par ses forfaits d'être livrée au bras séculier. »

Le 30 mai, au matin, le confesseur de Jeanne vint lui annoncer qu'elle devait se préparer à la mort. Lorsque cette infortunée jeune fille eut appris qu'elle était condamnée à périr sur un bûcher, elle tomba comme frappée de la foudre ; puis se relevant : « O mon Dieu, s'écria-t-elle, qu'ai-je donc « fait pour que mon corps, si pur et si jeune, soit aujourd'hui consumé et « réduit en cendres ! Pourtant je n'ai obéi qu'à vos saintes lois. Oh ! qu'on « me décapite sept fois plutôt que de me brûler. Je m'étais soumise à la « prison de l'Église et je ne devais pas être ainsi livrée aux mains de mes « plus cruels ennemis. Seigneur, vous qui voyez le fond de mon cœur, « j'en appelle à votre justice. Les barbares, dans ma prison, m'ont acca- « blée d'affreux traitements, ils ont voulu user de violence, et attenter à « ma pudeur ; mais je reste pure, et je paraîtrai devant Dieu avec ma « robe d'innocence. »

Après l'expression sublime d'une douleur aussi amère, ses yeux, rouges, sont gonflés de larmes ; des sanglots et des soupirs s'échappent de sa poitrine ; mais le calme s'établit insensiblement dans cette belle âme. Elle prête l'oreille aux consolations de son confesseur, et elle demande à communier.

A neuf heures du matin, après lui avoir fait reprendre ses habits de femme, on la plaça sur un chariot, avec son confesseur, Martin Ladvenu, l'appariteur Massieu, et frère Isambert, qui lui avait témoigné de l'intérêt. Huit cents Anglais l'escortaient.

Trois échafauds avaient été élevés sur la place du Vieux-Marché. Sur le premier étaient placés les juges avec le bailli de Rouen et son lieutenant ; le cardinal de Wincester et les prélats dévoués aux Anglais occupaient le second ; sur le troisième était dressé le bûcher.

L'évêque de Beauvais prononça la sentence. Jeanne pleura de nouveau, demanda une croix ; un soldat anglais lui en donna une, faite avec deux morceaux de bois. Elle la plaça sur son sein. Elle demanda, en outre, qu'on apportât la croix de l'église voisine et qu'on la tînt élevée devant elle, jusqu'à ce qu'elle eût rendu le dernier soupir ; puis, elle se mit à prier avec ferveur. Les Anglais murmuraient de ces retards.

La prière finie, on attacha Jeanne au bûcher, et on posa sur sa tête une mitre avec ces mots inscrits dessus : *Hérétique, relapse, apostate, idolâtre.*

Le bourreau mit le feu au bûcher ; le frère Martin, tout occupé de l'infortunée, ne s'apercevait pas du progrès des flammes : Jeanne l'avertit doucement de se retirer.

L'évêque de Beauvais s'étant avancé, la pucelle lui reprocha d'être la cause de sa mort, et de l'avoir livrée à ses plus implacables ennemis, au lieu de la mettre entre les mains de l'Église. Le feu et la fumée enveloppent Jeanne ; la douleur lui arrache des cris, elle se recommande à Dieu, et bientôt on n'entend plus que le pétillement de la flamme qui dévorait les chairs.

Le cardinal de Wincester fit jeter dans la Seine les cendres, les os et tout ce qui restait de Jeanne d'Arc. Ainsi, l'héroïque jeune fille n'eut pas même de tombeau.

L'apparition de la pucelle fut l'événement le plus célèbre du règne de Charles VII. Il est plus que probable que, sans cette circonstance, la France entière eût fini par tomber au pouvoir des Anglais. Nous devons à sa mémoire un tribut, bien mérité, d'admiration et de reconnaissance. Livré à ses plaisirs, circonvenu par les intrigues de la cour, Charles VII oublia entièrement l'infortunée pucelle.

Vingt-cinq ans après, la vierge de Domremy reparut avec toute son auréole de gloire. On fit reviser le procès ; cent douze témoins, magistrats, généraux, prélats, qui l'avaient connue, déposèrent pour elle de la manière la plus honorable ; son jugement fut déclaré nul, abusif, injuste, et l'arrêt lacéré publiquement ; on fit à Rouen deux processions solennelles expiatoires. Presque tous ceux qui avaient condamné la pucelle étaient morts misérablement. Deux seuls restaient, ils furent brûlés vifs, et le supplice de Jeanne fut vengé.

Il est rare que des méfaits ne soient pas punis tôt ou tard ; ils échappent quelquefois à la justice humaine ; il est même des crimes qui ne sont passibles d'aucune peine, qu'aucun article de loi ne peut atteindre, mais ils ne doivent pas moins être expiés. Tout coupable porte avec lui au fond de son cœur un bourreau qui le torture sans cesse. Il existe une vérité populaire, qui ressort de la nature même de l'homme, à savoir que : *Rien ne réussit à celui qui est criminel.* Cette vérité, aussi ancienne que le monde, est une des plus belles pensées de l'Ancien-Testament; et même, jusqu'à la troisième génération, les fils expient les fautes de leurs pères. Tourmenté par les remords, toujours en guerre avec lui-même, l'homme coupable porte sur lui un cachet de malédiction qui éloigne de sa demeure la confiance, l'amitié et le bonheur; toujours sa vie misérable se termine plus misérablement encore.

Un dernier mot à propos de Jeanne :

Cette innocente jeune fille, si pure et si candide, fut sacrifiée à des intérêts et à des passions politiques. Nous devons croire qu'elle a été dupe de l'intrigant Baudricourt et des courtisans, dupe d'elle-même, et qu'un état nerveux, une surexcitation maladive du cerveau, comme les femmes dans tous les temps en ont offert des exemples, l'a faite passer pour inspirée dans ces temps d'ignorance. Son extase et son exaltation pourraient être comparées à celles des sibylles de l'antiquité, de sainte Thérèse, des possédées de Loudun, des magnétisées, etc.

Elle soutenait que les anges et les saintes lui avaient parlé, que sa mission était divine. Elle le croyait et l'a cru jusqu'à son dernier soupir. Certes, il nous est bien permis de dire et de répéter qu'elle était sous l'influence d'une hallucination. Mais comment expliquer que Dieu ait permis une fin aussi cruelle et aussi injuste? Un ange, disait-elle, devait la délivrer; cet ange ne vint pas.

Dieu laisse et doit laisser aux causes leurs conséquences nécessaires. Tout se meut, tout agit, tout se comporte, non-seulement sur le petit globe que nous habitons, mais dans l'univers entier, d'après des causes et des lois immuables que l'Être suprême ne peut détruire sans détruire son œuvre.

L'ignorance, les passions politiques et la vengeance la plus féroce ont sacrifié une jeune fille innocente; la Divinité ne devait et ne pouvait empêcher la combustion de cette victime, pas plus qu'elle n'a fait de miracles dans les épreuves du feu si communes dans ces temps.

Exempts de préjugés, nous devons à nos lecteurs de les éclairer en toute chose. L'histoire de la pucelle et des derniers instants de cette martyre de la liberté de son pays nous ont imposé d'entrer dans quelques considérations philosophiques. A Dieu ne plaise qu'il soit venu dans notre pensée d'enlever à l'infortuné, à l'innocent surtout, sa dernière espérance !

Quelques années plus tard, la ville de Paris, puis celle de Rouen et d'autres moins importantes, se rallièrent à la domination du roi de France. La guerre entre les Anglais et les Français se réduisit, dès lors, à des siéges aussitôt levés qu'entrepris, à des combats sans résultats importants, à des rencontres de détachements, à des incursions dans le plat pays et à des ravages qui achevaient la ruine des campagnes. Enfin un traité conclu à Arras mit un terme à toutes ces hostilités.

Mais les aventuriers, qui composaient une partie de l'armée française et bourguignonne ne purent renoncer à leurs habitudes pillardes. L'autorité de Charles VII n'était pas encore assez affermie pour qu'il fût possible de mettre un terme prompt à la licence des gens de guerre. Les troupes royales, loin de réprimer les brigandages, parcouraient les provinces, sous prétexte de se procurer des vivres et se livraient à tous les excès.

Les La Hire, les Chabannes et autres capitaines des plus renommés marchaient à leur tête, et prenaient leur part de toutes ces rapines. Ils ne laissaient pas même de vêtements aux malheureux qui tombaient entre leurs mains. L'histoire donne à ces brigands les noms d'*écorcheurs* ou *retondeurs*.

Les paysans, traqués et dépouillés de tout, abandonnèrent leurs champs. Les terres restèrent incultes ; les pluies continuelles détruisirent le peu de récolte qu'on pouvait espérer ; la famine survint et puis une peste horrible étendit ses ravages sur l'Europe. Paris devint désert ; les loups y accoururent des forêts les plus rapprochées et dévoraient, la nuit, des malheureux gisant malades dans les rues.

Enfin, ces fléaux eurent un terme. Le roi de France régnait depuis dix-sept ans, avec une faiblesse dégoûtante. Agnès Sorel, sa belle maîtresse, combattait en lui, depuis huit ans, cette apathie inconcevable, qui avait été si préjudiciable à la gloire de sa couronne et aux intérêts de la France. Elle l'accusait de conduire la monarchie à sa ruine. Cette femme si remarquable ne ressemblait en rien aux autres maîtresses des rois. Elle ne comprenait pas l'amour sans l'honneur, sans la gloire, ce prestige des actes de bravoure et de dévouement.

Son âme était aussi élevée, aussi belle, que son corps était séduisant de charmes. Elle menaça plusieurs fois Charles VII de lui retirer son affection, s'il continuait de déshonorer ainsi son règne ; elle lui répétait sans cesse qu'elle préférerait le savoir mort ; qu'elle le quitterait ; qu'elle avait consenti à devenir la maîtresse d'un héros, mais qu'elle repoussait de son cœur un amant indigne de sa tendresse, indigne, surtout, de la couronne qu'il portait.

Grâce à Agnès Sorel, Charles VII montra un caractère tout différent, il s'occupa des affaires de l'État, il rétablit l'ordre, sacrifia son repos, son plaisir à ses devoirs, et finit par chasser les ennemis hors du territoire. Il régna encore vingt-deux ans et répara, par son activité, tous les maux causés par l'incapacité et la mauvaise administration des premières années ; si, toutefois, les maux dont un roi laisse accabler ses sujets, peuvent être réparés. Ce changement, si extraordinaire dans l'esprit du roi, est l'ouvrage de l'amour ; mais que de maux les amours des rois n'ont-ils pas amassés sur les peuples !

Béranger fait dire à Charles VII, à l'occasion de ce changement :

> Dans les jeux d'une cour oisive,
> Français et roi, loin des dangers,
> Je laissais la France captive
> En proie au fer des étrangers.
> Un mot, un seul mot de ma belle
> A couvert mon front de rougeur.
> J'oubliais l'honneur auprès d'elle.
> Agnès me rend tout à l'honneur.

Que le sort des nations est à plaindre ! Une seule faute d'un roi peut précipiter des générations successives de peuples dans des calamités sans fin. Mais pour établir le bonheur des nations, il faut une continuité d'actes administratifs empreints de la plus haute sagesse. L'histoire doit suffire pour guérir le monde du culte absurde de la royauté. Un cerveau de roi enivré d'orgueil et de la fumée des hommages, et troublé par les passions, que peut-il faire? que peut-il enfanter? Jeune, il crée des Parcs-aux-cerfs; vieux, il fonde des séminaires; depuis le commencement jusqu'à la fin de son règne, de la tyrannie, des exactions, du deuil, des ruines et des larmes pour les peuples.

Les nouvelles fâcheuses des opérations de l'armée anglaise en France furent l'occasion de quelques troubles en Angleterre. Le ministre Suffolk paya de sa vie des malheurs dont il était innocent. La cour se désolait de la perte de ce ministre, lorsque des nouvelles du duché de Kent vinrent la jeter dans la perplexité. La cause de toutes ces insurrections, dans tous les pays, est toujours la même : c'était encore une population foulée et tyrannisée qui se soulevait.

Jean Cade, Irlandais, leva l'étendard de l'insurrection, et prit le nom de Mortimer. Ce nom lui donna une influence si grande, qu'en peu de jours il eut une armée de vingt mille hommes. Il adressa au roi des mémoires, dont le premier portait le titre de : *Plainte des communes de Kent,* et le second, de : *Requête du chef de la grande assemblée de Kent.* Ces pétitions contenaient des plaintes sur la dilapidation des revenus de la couronne, sur le luxe effréné de la famille royale, les exactions des shérifs et collecteurs de taxes, l'influence coupable des lords dans les élections, les délais ruineux des tribunaux, les injustices et les vexations tyranniques des seigneurs. Elles demandaient que l'on jugeât quatre des shérifs les plus connus, etc.

Le roi chargea un de ses généraux de mettre les rebelles à la raison; mais Cade le vainquit et le tua dans la bataille. Puis, il se revêtit de l'armure du chevalier et marcha en avant. De Blackneath, il écrivit à Henri VI, en lui promettant de mettre bas les armes, s'il faisait quelques concessions, et surtout s'il sévissait contre le trésorier et son gendre, le shérif de Kent. On accéda à sa demande, et le roi se retira dans le château de Kenilworth.

Cade pénétra dans la ville de Londres, fit observer à ses troupes la plus sévère discipline et força le maire et les juges de siéger. Le lord Say fut condamné à mort, ainsi que plusieurs des grands seigneurs, qui avaient abusé de leur puissance. Ils eurent tous la tête tranchée; mais Cade ne put maintenir longtemps une discipline sévère dans son armée, composée d'éléments si divers; ses soldats se livrèrent au pillage dans quelques maisons; les habitants s'armèrent; il y eut un combat qui dura plusieurs heures.

En même temps, arriva un message du roi; on promettait le redressement de tous les torts, on accordait une amnistie entière et oubli de tout le passé, à la condition que les insurgés se retireraient. Cade prit, avec les gens de Kent, la route de Rochester, heureux d'avoir acquis à la cause du peuple un triomphe aussi éclatant.

Mais le partage du butin excita des divisions entre eux, il resta presque seul; il comprit qu'il s'était gravement et peut-être inutilement compromis. En effet, sur ses pas, l'amnistie avait été révoquée et sa tête avait été mise à prix. Elle fut payée mille marcs à son assassin, nommé Iden. Ce misérable avait porté les armes sous les ordres du malheureux Cade. Le sang d'un grand nombre de ses complices ruissela sur les échafauds. Ils déclarèrent, en mourant, que la misère les avait poussés à la révolte et qu'ils avaient surtout cédé aux instigations du duc d'York, qui leur avait promis un avenir meilleur. Le duc d'York avait trempé dans le meurtre du ministre Suffolk.

Nous nous apercevons qu'entraînés par la marche rapide des événements qui se pressent en France et en Angleterre, nous franchissons le quatorzième siècle, et que des ombres généreuses de la patrie de Rienzi et de Marino Faliero auraient le droit de s'élever contre un oubli coupable. Aussi nous empressons-nous de retourner un instant sur nos pas. Comme l'antique Grèce, sa mère et son modèle, la Péninsule italique est inépuisable en génies, en héros, et surtout en martyrs de la liberté.

Pendant que la France et l'Angleterre s'agitaient sous le despotisme, que leurs efforts, sans cesse refoulés, recommençaient sans cesse; l'Italie, également aux prises avec ses oppresseurs, présentait, sur plusieurs points de sa surface, des troubles continuels. Lorsque les tentatives du peuple étaient comprimées, les partis vainqueurs se disputaient ses dépouilles; en somme, le peuple était toujours sacrifié.

La famille puissante des Visconti, seigneurs de Milan, et celle des Beccaria étaient en guerre. Les Beccaria firent perdre aux Visconti plusieurs de leurs possessions. Furieux, Galéas Visconti vint assiéger

Pavie. Cette ville était alors sous la puissance des Beccaria. Il y avait tout lieu de croire qu'elle ne pourrait se défendre longtemps, lorsque le courage des habitants fut ranimé par les prédications éloquentes d'un jeune moine, nommé Jacob Bussolari. Il se mit audacieusement à leur tête, fit une sortie, emporta, brûla les redoutes dont les assiégeants avaient cerné la ville, et mit en fuite les troupes des Visconti, au moment où toute l'Italie s'attendait à voir la ville de Pavie tomber au pouvoir des seigneurs de Milan.

Mais frère Bussolari s'aperçut bientôt qu'il n'avait travaillé que pour la famille Beccaria, et que le peuple allait retomber sous le despotisme de ces orgueilleux maîtres ; il se hâta donc de l'appeler à la liberté et chassa les Beccaria. Les Visconti, fatigués d'une longue guerre, avaient besoin de repos ; ils recherchèrent la paix ; elle fut signée ; mais le marquis de Montferrat, allié des Beccaria, la rompit, et les Visconti en profitèrent pour recommencer le siége de Pavie, dont ils désiraient s'emparer.

Après une résistance des plus honorables, Pavie fut forcée de se rendre. Bussolari dressa les articles d'une capitulation qui garantissait la liberté de la ville et la sûreté des citoyens ; Galéas Visconti l'accepta sans hésiter ; son âme noire et perfide cachait un besoin de vengeance atroce. Il avait été battu et forcé de lever le premier siége ; dans le dernier, il venait de faire des pertes considérables ; et en entrant dans la ville, il avait déjà en lui-même arrêté le nombre de têtes qu'il devait abattre.

Une fois maître de Pavie, il déclara que son traité était nul, parce qu'il était contraire aux droits et aux intérêts de l'empire, et qu'il n'était qu'un délégué de la puissance impériale. En même temps, il abolit toutes les franchises de la cité. Une forteresse fut construite pour tenir les habitants en respect ; des tribunaux furent établis, seulement pour la forme, et Barnabeo Visconti, le plus cruel des deux frères, leur ordonna de prolonger pendant quarante jours les tortures des accusés, avant de les envoyer au supplice. Tous les citoyens riches furent massacrés et leurs biens confisqués au profit des vainqueurs. Tous ceux qui avaient montré de l'énergie et du patriotisme subirent le même sort.

Quant à Bussolari, il fut jeté dans un cachot profond où ni le jour ni l'air ne pouvaient pénétrer. Par zèle pour l'étude et par amour de la méditation, il avait embrassé tout jeune la vie monastique. Il avait à peine trente ans, qu'il était à la hauteur de toutes les sciences. Ses profondes connaissances l'avaient conduit à une appréciation juste de tous les actes humains. Ses principes religieux et sa morale, aussi purs que son âme, étaient opposés à ceux de la masse du clergé. Ennemi de tous les despotismes, il regardait surtout l'inquisition comme un outrage à la Divinité et comme l'impiété la plus hideuse.

Ses prédications ne roulaient que sur la morale, et c'était toujours au nom de la morale évangélique qu'il attaquait tous les systèmes d'oppression ; il ne reconnaissait d'autre puissance que celle des lois, qui devaient être faites pour tous et non pour quelques-uns contre le reste des hommes ; devant les lois, ajoutait-il, tous les hommes doivent être égaux, et les lois ne devraient jamais varier que par la volonté de tous, et non par le caprice de celui qui est chargé de les faire exécuter.

Les premiers jours, il subit divers interrogatoires ; il fut ensuite, plusieurs fois, appliqué à des tortures plus cruelles les unes que les autres. Ses juges l'accusèrent de projets ambitieux, d'avoir cherché à séduire et à égarer le peuple, afin d'arriver au pouvoir absolu.

Bussolari, quittant tout à coup l'air modeste et simple du moine, se lève de toute sa hauteur et foudroyant de ses regards de feu ses misérables accusateurs : « Il vous sied bien à vous, leur dit-il, de m'accuser
« d'ambition. Eh bien oui ! une noble ambition a fait battre mon cœur ;
« c'était de délivrer de ses tyrans, non-seulement Pavie, mais encore
« toute l'Italie ; si les misères des peuples n'excitent chez vous au-
« cune pitié, pour moi, j'ai versé bien des larmes sur le sort de mes
« frères ; j'ai voué toute mon intelligence, toutes mes forces, toute ma
« vie à un seul culte, celui de l'humanité ; sa cause est la cause de
« Dieu. »

On lui offrit de lui rendre la liberté, de le combler de biens et d'honneurs ; on voulut le séduire par l'espoir d'un évêché, si, tout en acceptant la domination des Visconti, il voulait disposer peu à peu les peuples en leur faveur. A toutes ces séductions il répondit par un dilemme digne de Socrate.

« Si votre gouvernement est basé sur la justice et le bon droit, le « peuple sera heureux ; il vous pardonnera bientôt et finira par oublier « votre usurpation. Dès lors, je vous deviens inutile. Si, au contraire, la « tyrannie, l'iniquité et la violence doivent présider aux actes de votre « administration, je vous deviens encore inutile, et vos offres ne peuvent « que m'outrager. »

Cet interrogatoire fut le dernier ; le cachot se referma sur lui. Après les traitements les plus cruels, les privations les plus inouïes et de nouvelles tortures, un matin la porte de ce cachot infect s'ouvrit ; on en retira un cadavre décharné et tout meurtri.

Tout près de là, au fond d'une petite cour humide, la terre était fraîchement remuée. Les restes du malheureux Bussolari sont jetés dans ce trou, comme un immondice ; on ramène cette même terre sur lui et tout fut fini.

Le lendemain, on publiait dans Pavie que le moine Bussolari s'était empoisonné dans sa prison, et que la terre sainte n'avait pu recevoir la dépouille mortelle de cet impie.

CHAPITRE XII.

Du quatorzième au quinzième siècle.

PORCARI. — LE DOGE FOSCARI. — JEAN HUSS. — OLGIATI. VISCONTI. — LAMPUGNANI. — JACQUES COEUR.

Pise vendue aux Florentins. — Résistance des Pisans. — Punition de Gabriel Visconti. — Étienne Porcari veut rétablir la liberté à Rome ; il succombe. — Tamerlan ; sa puissance. — Mahomet II. — Prise de Constantinople. — Mort du pape Nicolas V. — Borgia-Calixte III. — *Barbe-Bleue.* — Jacques Cœur ; ses persécutions. — Foscari, doge de Venise. — Son fils. — Leur mort. — Jean Huss ; ses prédications, sa condamnation au concile de Constance, son supplice. — Galéas Sforza, duc de Milan ; ses cruautés, ses débauches, sa mort. — Montani, son précepteur. — Olgiati, Visconti et Lampugnani ; leur dévouement, leur mort. — Siége de Beauvais. — Charles-le-Téméraire. — Jeanne Hachette.

Galéas Visconti occupa pendant plusieurs années la seigneurie de Pise ; enfin il mourut. Son fils naturel, Gabriel Visconti, lui succéda. Gênes s'était donnée à la France ; le maréchal Boucicaut, qui en était le gouverneur au nom de Charles VII, fit proposer, par un Florentin, à Gabriel Visconti de vendre sa Seigneurie à la république de Florence.

Les Pisans ayant eu connaissance de ces négociations se révoltèrent contre le fils de l'usurpateur Galéas Visconti et le forcèrent de se retirer dans la citadelle avec quelques hommes d'armes qu'il avait à sa suite. Le marché fut cependant conclu et la citadelle livrée aux Florentins. Gabriel Visconti, poursuivi par la haine et le mépris public, tomba entre les mains des Pisans. Il ne toucha pas même le prix de cet infâme marché, et dans leur indignation, les Pisans l'arrachèrent de la prison dans laquelle ils le tenaient enfermé et le traînèrent à l'échafaud comme coupable de trahison.

Victimes de cet odieux marché, les Pisans firent d'héroïques efforts pour conquérir leur indépendance; mais la fortune se déclara contre eux avec une impitoyable persévérance; ils refusèrent de se rendre aux Florentins, et soutinrent un siège horrible. A la fin, ils n'avaient pour toute nourriture que les herbes qu'ils arrachaient dans les rues et le long des murs; la famine et la maladie les décimaient, néanmoins ils refusèrent toujours de se rendre. Peut-être eussent-ils lassé enfin les assiégeants sans la trahison de leur chef, Jean Gambacerti, qui les vendit. Plusieurs des plus illustres Pisans se tuèrent de désespoir, ils ne purent survivre aux malheurs de leur patrie, les autres furent massacrés. Dès ce moment, Pise disparut de la scène politique. Longtemps après elle voulut donner signe de vie, et renaître à la liberté; mais elle retomba de tout le poids de son impuissance sous la domination de ses maîtres et fit pendant plus d'un siècle partie des Etats de Toscane.

Florence, sous l'administration guelfe, était devenue un des plus florissants Etats de l'Italie. Impatiente du joug étranger, et jalouse de la liberté au dedans et au dehors, elle était toujours prête à la défendre contre toutes les tentatives. Par la nature de ses institutions et par sa puissance elle était assez portée vers les conquêtes, et son gouvernement ne respectait pas toujours dans les autres républiques les principes de liberté qu'elle proclamait chez elle.

Depuis plusieurs années, les papes avaient quitté Avignon et transporté à Rome le siége pontifical. Sous leur administration, cette ville voyait tous les jours disparaître le peu de liberté qui lui restait encore. Nicolas V occupait alors le trône de saint Pierre.

Etienne Porcari, voyant le despotisme sacerdotal s'appesantir de jour en jour sur ses concitoyens, résolut de rendre à sa patrie son antique indépendance. Il avait passé plusieurs années à Florence, à Venise et dans quelques autres républiques italiennes, et s'était livré à des études sérieuses sur les diverses constitutions des Etats. Il avait compris que leur puissance et leurs richesses découlaient naturellement de leur liberté comme d'une source féconde; qu'il était absurde que la volonté d'un seul homme, trop souvent sujet à des fautes irréparables, s'imposât à une nation; que tous les actes administratifs, avant d'être appliqués, devaient être élaborés d'avance et discutés par un sénat élu par le peuple; que, de cette manière, le gouvernement était celui de tous, par tous et pour tous.

Il communiqua à ses amis ses principes politiques : il inspira à tous ses concitoyens des sentiments de liberté et fit si bien qu'il fut décidé qu'on se présenterait en masse au palais, qu'on proclamerait la république et que le pape serait dépouillé de sa puissance temporelle. On lui accorderait tout le bien-être digne de son haut rang, toute la considération et tout le prestige dont sa mission spirituelle et morale méritait d'être entourée. Ainsi devaient être enrayés la tyrannie et les abus scandaleux de l'autorité théocratique.

Tout ce que Rome avait de citoyens intelligents et énergiques s'unit à Porcari. Le peuple était nécessaire dans le mouvement qui devait s'opérer; on le gagna, et tout fut préparé pour l'exécution.

La nuit, on devait pénétrer dans le palais du pape, s'emparer de sa personne, le déposer et proclamer à l'instant un autre gouvernement. En même temps, le peuple convoqué eût nommé des sénateurs. Malheureusement, ils furent trahis. Jamais une vaste conspiration préparée à l'avance ne réussit. Les révolutions surviennent tout à coup, c'est une explosion à la suite d'une étincelle que des gouvernants en délire ou pervers ont lancée sur des matières inflammables.

Les changements brusques dans les états, les renversements de trônes sont les effets nécessaires de causes violentes et anciennes, de fautes successives, du mépris et de la désaffection des peuples, et non d'une conjuration instantanée. Porcari et neuf de ses amis qui avaient préparé le complot, furent pris et pendus aux créneaux du château Saint-Ange, beaucoup d'autres citoyens eurent le même sort.

Pendant longtemps, les habitants de Rome eurent devant les yeux l'horrible spectacle de ces malheureux suspendus au-dessus de leur tête. Les chairs bientôt décomposées et dévorées par les vers et les oiseaux de proie, laissèrent à nu des squelettes hideux; ces débris humains poussés les uns contre les autres par les vents, tournaient sur eux-mêmes, se balançaient dans les airs, on eût dit une danse lugubre et fantastique des morts.

Depuis les irruptions des Huns, des Kalmouks, des Avares et d'autres hordes nombreuses des contrées hyperboréennes, conduites par le terrible Attila contre l'empire romain, Gengis-Khan, à la tête d'une armée composée de ces mêmes races d'hommes, avait fait une invasion dans l'empire d'Orient et continué l'œuvre de destruction de celui qu'on appelait le fléau de Dieu.

Egalement redoutable aux kalifes et aux chrétiens, ses armes avaient frappé indistinctement tous les peuples et toutes les croyances. Il avait voulu fonder un empire, il réussit. Les possessions du Vieux de la montagne et l'ordre terrible des Assassins ne purent même trouver grâce auprès de lui. Au milieu de ses immenses conquêtes, la mort le surprit.

L'empire d'Orient, fortement ébranlé par ces invasions successives de Tartares, eut à soutenir les attaques des successeurs du prophète. Bajazet, à Nicopolis, avait anéanti la dernière croisade des chrétiens et menaçait Constantinople, lorsqu'apparut un descendant de Gengis-Khan. De simple émir d'un district de l'empire des Mongols, Tamerlan devint le plus puissant potentat du monde. Il vainquit et fit prisonnier Bajazet, et s'empara de presque toute l'Asie et d'une grande partie de l'Europe. Arrivé à l'âge de soixante-dix ans, après quarante-cinq ans de conquêtes et de triomphes, il ne pouvait encore se résigner au repos. L'empereur de Constantinople avait humblement subi la protection de ce fier Tartare. Vieux, décrépit et boiteux, Tamerlan se mit en marche à la tête d'une puissante armée, pour subjuguer l'empire chinois ; la mort le surprit à cent lieues de Samarcande, sa capitale.

Tamerlan joignait à la férocité et à la rudesse du Tartare, les sentiments et les procédés généreux d'un héros, et l'habileté d'un capitaine consommé. Tout chez lui était grand, ses jeux comme ses actions. Magnifique dans ses fêtes, il eut pour convives, au milieu des trophées et des richesses des nations, toute une armée et tout un peuple ; il comblait de présents tous les hommes qui méritaient son admiration. Mais les instincts du Tartare venaient quelquefois se révéler par des actes effrayants. Il fit élever à Bagdad une colonne avec quatre-vingt-dix mille crânes humains.

La mort de Tamerlan fut le signal de la ruine entière de l'empire d'Orient, qui privé de son appui, ne put résister aux attaques des Turcs. Mahomet II, descendant de Bajazet, assiégea Constantinople et s'en empara. Quarante mille hommes furent massacrés par les Musulmans, et soixante-dix mille jetés dans les fers. Le signe des chrétiens disparut du dôme de Sainte-Sophie, et fit place au croissant du prophète. La superbe basilique qui devait à Constantin et à ses successeurs sa magnificence et ses richesses, servit de mosquée aux disciples du Coran.

Les grands, les ambitieux, les personnages les plus opulents de l'empire grec, s'empressèrent de faire acte de soumission à Mahomet et embrassèrent l'islamisme; une partie de la population les imita, l'autre resta tributaire et opprimée. Le despotisme et l'ignorance plongèrent dans les ténèbres ces belles contrées.

La civilisation s'enfuit devant la barbarie, et les muses, effrayées, quittèrent l'Asie et la Grèce pour se réfugier en Italie. Toutes les œuvres du génie humain périrent dans le feu et l'incendie de Constantinople.

Le vainqueur des chrétiens, Mahomet II, était un homme d'un génie supérieur. Il imposait à ses généraux sa volonté de fer. Furieux des obstacles qu'il avait rencontrés à l'entrée du port, il avait construit dans un espace de deux lieues, une route en bois, à travers toutes les difficultés possibles de terrain; il la fit enduire de suif; sa flotte y fut traînée, elle tourna Galata et glissa ainsi jusqu'au port. Cet ouvrage immense et prodigieux fut exécuté par son armée en une seule nuit. Le lendemain, la ville, attaquée par terre et par mer, était prise d'assaut.

Le prophète Mahomet avait décapité, en présence de ses officiers, une jeune captive qu'il aimait; on attribue à Mahomet II un acte pareil, motivé sur quelques reproches que lui faisaient les janissaires à l'occasion d'une belle esclave. A-t-il voulu imiter, en cela, le fondateur de l'islamisme, et frapper l'esprit de ses soldats? Quoi qu'il en soit, pour un prince musulman la vie d'une femme a si peu de prix! La femme n'était à leurs yeux qu'une organisation sans âme, une jolie chose, il est vrai, mais que ces conquérants remplaçaient si facilement!

Toutes les conquêtes que les chrétiens occupaient encore depuis les croisades devinrent successivement la proie des Musulmans. Les intrépides Hospitaliers tinrent encore quelque temps à Rhodes, mais enfin, après un siége horrible, les chevaliers de Saint-Jean furent chassés de ce dernier boulevard, et s'établirent à Malte, qu'ils ont conservée jusqu'à ces derniers temps.

Le pape Nicolas V avait été tellement frappé de la conspiration de Porcari et de ses compagnons, qu'il mourut dans des agitations et des terreurs continuelles. Un prêtre espagnol, nommé Alfonse Borgia, lui succéda au trône pontifical. Il voulut d'abord déclarer la guerre aux Turcs; mais il renonça bientôt à ce projet, et aima mieux jouir des bénéfices de la tiare que de compromettre sa nouvelle puissance devant un ennemi aussi redoutable que Mahomet II. Ce projet fut donc ajourné.

Il existe des contes populaires dans tous les pays; en général, ce sont des faits réels, des événements historiques qui leur ont donné naissance. Il n'est personne au monde qui n'ait, dans son enfance, entendu raconter ou lu le conte de *Barbe Bleue*. Un procès célèbre, vers le milieu du quinzième siècle, a rendu cette histoire populaire, à cause de la haute position du personnage qui en fut l'objet, et la dépravation de ses mœurs.

Gilles de Laval, maréchal de Retz, après avoir dissipé sa fortune dans des prodigalités insensées et le libertinage, se mit entre les mains des sorciers, des alchimistes, et même, ajoute l'histoire, il *se donna au diable*. Il s'entourait de baladins, de prostituées, de nécromans. On lui reprochait des vices infâmes et des crimes atroces. Il avait fait mourir les femmes qu'il avait épousées successivement, et avait tué ou fait disparaître plus de cent enfants. De tant de crimes, le plus difficile à prouver était son pacte avec le démon, et ce fut pourtant sur celui-là qu'on le condamna; il fut jugé par un tribunal ecclésiastique présidé par l'évêque de Nantes, condamné, et brûlé vif. Cette sentence fut exécutée en présence de toute la population de la ville.

A-t-on voulu, en le condamnant sous un prétexte religieux, éviter au public les détails de tous ses crimes et de ses honteuses débauches?

Nous serions assez porté à le croire ; mais le peuple avait prononcé son jugement pour ses autres crimes, et l'histoire l'a confirmé.

Jacques Cœur, illustre négociant, avait enrichi la France par son industrie, et servi l'État avec un zèle admirable. Son activité, sa haute intelligence l'avaient conduit à une brillante fortune. Il eut parmi les courtisans un grand nombre d'ennemis ; on l'accusa d'abord d'avoir empoisonné Agnès Sorel ; il lui fut facile de se justifier, et ses accusateurs furent condamnés à lui faire amende honorable. La haute faveur et la confiance illimitée dont il continua de jouir auprès du roi, augmentèrent encore le nombre et l'acharnement de ses ennemis. Il avait su diriger les finances avec un talent admirable, et procurer au roi des sommes énormes pour les frais de ses guerres.

Le commerce maritime était alors peu connu ; il établit avec le Levant des relations si avantageuses, des échanges de produits si lucratifs, que sa fortune devint colossale, et que tous ses commis, jusqu'aux simples employés de ses divers établissements, nageaient dans la prospérité.

Une fortune aussi inouïe exaspéra les courtisans ; on jura sa perte. A force de calomnies, on l'expulsa de la direction des finances. Une fois disgracié, il fut encore plus accessible aux coups de ses ennemis ; on le poursuivit à outrance. On l'accusa de concussions, de malversations, d'abus d'autorité et de tous les crimes dont un ministre disgracié peut être chargé. Il ne parut pas devant un tribunal ordinaire ; les courtisans firent nommer une commission pour le juger. Elle était composée en entier de ses ennemis. On le mit à la torture, la douleur lui arrachait des *oui* et des *non*, ou des aveux insignifiants et incomplets, qu'il s'empressait de rétracter aussitôt que la douleur avait cessé. On ne voulut admettre aucun témoin à décharge, ni lui accorder aucun avocat pour le défendre ; il fut condamné à la mort et à la confiscation de tous ses biens.

Le roi, quoique prévenu contre son ancien ministre par les calomnies que les courtisans avaient répandues et rendues vraisemblables, voulut examiner les pièces du procès ; il ne put se décider à faire mourir Jacques Cœur, qui l'avait servi avec tant de dévouement ; il commua la peine de mort en un bannissement perpétuel. Jacques Cœur fut forcé de payer au trésor une amende énorme, et tous ses biens confisqués furent partagés entre les courtisans. Chabannes, comte de Dammartin, son plus cruel ennemi, se fit donner pour sa part vingt mille écus d'or, et acquit plusieurs vastes domaines qui appartenaient à Jacques Cœur. On avait le dessein de le retenir en prison ; mais il s'évada et se réfugia en Italie. Là, il se livra à de nouvelles entreprises commerciales. Ses commis, qui tous s'étaient enrichis dans le commerce maritime, s'empressèrent de fournir à leur ancien maître tous les fonds dont il eut besoin. Il réussit et acquit une fortune plus brillante que celle dont il avait été dépouillé. Le roi de France, qui avait toujours des guerres à soutenir, regretta les talents financiers de Jacques Cœur, talents perdus pour le pays.

Jamais les finances de l'État n'avaient été aussi prospères que sous son administration. Au milieu des plus grands embarras, il savait, par les combinaisons les plus sages, faire face à des dépenses énormes. Sans pressurer les peuples, les impôts étaient recouvrés facilement et déposés fidèlement au trésor. Ses hautes fonctions avaient dû répandre sur son vaste commerce maritime un éclat et une confiance illimitée dans toutes les places de la Méditerrannée, faciliter ses immenses transactions et étendre un crédit qui seul avait dû suffire à créer cette fortune, cause des persécutions qu'il eut à subir.

Charles VII regretta longtemps son ancien ministre. Souvent, il désirait le rappeler, le combler d'honneurs et de biens, et lui faire une réparation publique ; mais ç'eût été une accusation contre toute sa cour, il ne l'osa. Jacques Cœur, en quittant la France, avait emporté dans son exil un fonds de chagrin qui ne l'abandonna qu'au tombeau. Il avait bien mérité de son roi et de son pays. Son commerce, et non le trésor public, avait été la source de ses immenses richesses. Au milieu de sa prospérité nouvelle, de l'estime et de l'admiration de toute l'Italie par l'impulsion jusqu'alors inconnue qu'il imprima au commerce du Levant, le souvenir de l'ingratitude et de l'injuste condamnation qui l'avaient frappé l'accablait.

Aucun sentiment de haine ni de vengeance n'eut accès dans son cœur ; loin de là, il saisissait avec bonheur, dans son exil et au sein de sa puissance financière, toutes les occasions de servir les intérêts de ses compatriotes. Il les aidait de son crédit, de son appui et de ses fonds, et facilitait le commerce français avec tous les peuples d'Orient; mais cette douleur profonde avait porté un coup mortel à sa constitution. Le pape Calixte III le mit à la tête d'une flotte puissante contre les Turcs; Jacques Cœur en accepta le commandement; mais il succomba à Chio. Ce pape acquit plus tard une odieuse célébrité. Il dissipa les trésors amassés par ses prédécesseurs, et se couvrit de crimes.

La république de Venise, effrayée de la puissance des Ottomans et espérant peu d'avantages de la guerre, envoya un ambassadeur à Mahomet II pour faire un traité de paix et de bon voisinage. Le doge Foscari, avancé en âge, était depuis trente-quatre ans à la tête du gouvernement. Son ambition et son goût pour la guerre avaient toujours tourné à l'avantage de sa patrie; il en avait étendu considérablement les limites; Brescia, Bergame, Ravenne, Césène et une partie de la Lombardie étaient au pouvoir de la république. Cependant l'homme auquel Venise devait sa puissance et sa gloire nouvelles était bien loin de recevoir la récompense de ses travaux; dans les huit premières années de son règne, trois de ses fils moururent. Le quatrième, Jacob, fut victime de la jalousie. Ce malheur empoisonna les dernières années de l'existence de Foscari.

Le conseil des Dix accusa Jacob Foscari d'avoir reçu des présents de Philippe Visconti, duc de Milan et ennemi déclaré de la république; il fut arrêté; la torture à laquelle on le soumit lui arracha des aveux qui attirèrent sur sa tête une condamnation capitale. Les larmes, les prières et les démarches de son père firent commuer sa peine en un exil perpétuel à Napoli de Romanie. Tombé malade en se rendant au lieu de son bannissement, Jacob obtint, non sans difficulté, de se retirer à Trévise. Ce fut alors que le vieux doge renouvela au sénat l'offre d'abdiquer une dignité qui n'était pour lui qu'une source d'amertumes. Loin de consentir à sa demande, le sénat exigea, au contraire, qu'il s'engageât par serment à conserver une autorité dans l'exercice de laquelle il n'avait pas cessé de mériter la confiance de ses concitoyens.

Cinq ans après, Ermola Donati, un des juges qui avaient condamné son fils Jacob, fut assassiné. Les ennemis du doge firent aussitôt planer les soupçons sur son fils.

Jacob, qui vivait paisiblement à Trévise, fut forcé de comparaître de nouveau devant le terrible tribunal des Dix, et fut livré aux épreuves de la torture. Il résista à tous les tourments, aucun aveu ne sortit de sa bouche, et il ne cessa de protester de son innocence. Les douleurs de la torture l'avaient jeté dans une démence complète; il fut condamné à un exil plus rigoureux que le premier, et relégué à Candie. Sur ces entrefaites, un criminel, nommé Nicolas Erizzo, condamné à mort pour un crime, s'avoua, en mourant, auteur du meurtre de Donati. La vérité reconnue, Jacob réclama contre le jugement dont il avait été frappé et sur l'injustice duquel les aveux d'Erizzo ne laissaient aucun doute : il n'obtint point de réponse.

La contrainte dans laquelle il vivait, l'éloignement de sa famille et de sa patrie étaient pour lui un supplice affreux. Il ne put résister au désir de revoir des objets si chers; il écrivit au duc de Milan pour implorer sa protection auprès du sénat. Sa lettre fut interceptée et devint le motif d'une nouvelle accusation. Il fut mandé à Venise, subit une nouvelle torture; mais il avoua que sa lettre n'avait été écrite que dans le but d'être rappelé à Venise, et dans l'espoir de se justifier entièrement des accusations passées et de celles que cette démarche auprès du duc pourrait motiver sur son compte, et enfin d'être rendu à son vieux père, à sa famille et à ses enfants.

Le tribunal des Dix confirma la sentence d'exil et le condamna, en outre, à un an de prison. Le malheureux Jacob put à peine voir et embrasser sa famille; il fut immédiatement embarqué. En arrivant sur la terre d'exil, il succomba à sa douleur.

Tous ces malheurs altérèrent la santé du vieux doge. Il cessa d'assister aux séances du conseil et se renferma dans son palais; une dernière humiliation l'y attendait : l'impitoyable conseil des Dix, sans respect pour une vie entière usée au service de l'Etat, sans égard pour son âge, sans pitié pour son infortune et pour une raison caduque et vacillante, ne voulut pas lui laisser attendre en paix la fin d'une glorieuse carrière ; il lui proposa d'abdiquer.

Foscari retrouva alors toute son énergie, les traita de parjures et repoussa avec indignation une proposition qui n'était qu'une impérieuse invitation. Alors les Dix lui ordonnent de déposer la couronne ducale et d'abandonner le palais des doges.

Le peuple, reconnaissant des services de Foscari, ne put voir sans indignation le traitement odieux qu'on faisait subir à son premier magistrat; il murmura; mais une proclamation imposa le silence sous peine de mort.

Quelques jours après, la cloche de Saint-Marc annonça à Venise qu'un nouveau doge était assis sur le trône ducal. A ce son, le pauvre vieillard perdit toute fermeté. Sa vie consumée au service de son pays, et abreuvée de tant d'amertumes, s'éteignit en murmurant les doux noms de Jacob et de patrie.

Nous verrons encore souvent les hommes les plus utiles à leur pays poursuivis par l'ingratitude et les passions haineuses de leurs concitoyens. Les mesures les plus sages dans un gouvernement froissent toujours quelques intérêts individuels; la gloire et les hommages d'un citoyen éminent et dévoué à sa patrie excitent toujours la jalousie et font naître des détracteurs. La calomnie attaque les vies même les plus pures; souvent ces nobles vies succombent, soit dans les supplices, soit à la douleur morale ou à l'exil; mais cette crainte ne saurait arrêter une grande âme; une conviction profonde dégagée de tout sentiment d'égoïsme, en présence de questions fondamentales, ne saurait se résigner au silence. Tout homme doit obéir à ce mouvement religieux qui s'élève en lui en présence de la tyrannie, comme en présence du mensonge. Il doit dans ces circonstances à l'humanité toute la puissance de son bras et celle de sa parole.

Sous le règne de Charles VII, la cour toute livrée aux plaisirs, à la gloire et à la guerre, s'était peu occupée de questions religieuses, et la France, livrée aux inquiétudes continuelles causées par ces luttes sanglantes, et souvent ravagée par les Anglais comme par les Français, avait laissé de côté toutes les querelles de culte; on songeait à affranchir le territoire, à concourir à la liberté de son pays, avant de s'occuper de la liberté de conscience.

Vers la fin du quatorzième siècle, naquit en Bohême, dans le fond d'un pauvre village, un disciple de Wiclef. L'histoire dit seulement de ses parents qu'ils étaient pauvres et d'une naissance infime; c'était Jean Huss. Il fit ses études à l'université de Prague et s'y distingua par ses succès : il fut nommé bachelier et maître ès-arts, et quatorze ans plus tard, il devint recteur de cette même université. Sophie de Bavière, reine de Bohême, le choisit pour son confesseur. Par sa brillante et double position, il se trouva en rapport avec tous les hommes éminents de son temps. Il fut des premiers à comprendre et à embrasser les doctrines de Wiclef et les prêcha publiquement en présence de la cour, dans la chapelle même de Bethléem, et leur donna un développement philosophique nouveau.

Il soutint que le pape était simoniaque, hérétique, ennemi de la religion du Christ, et qu'il n'était qu'un suppôt du démon. Il avança que toute créature est une émanation de Dieu, et comme l'antique Platon, il professait le système de l'âme universelle. Il admit la communion, mais sous les deux espèces, et seulement comme symbole, comme allégorie.

Ses doctrines sociales et politiques se ressentaient de la grandeur de ses idées religieuses. Tout, disait-il, doit, dans la direction des affaires humaines, avoir pour mobile la *Fraternité*, et pour but, la *Liberté* et l'*Égalité*. Il donnait, sur ces trois principes, toute explication et tout développement possibles. Loin de renverser l'ordre social, il le voulait rendre inébranlable en l'asseyant sur des bases de vertus et de mérites réels, et en prouvant qu'en dehors de cette organisation, il n'y avait ni sécurité, ni bien-être, ni bonheur à attendre. Les partisans de ses doctrines devinrent innombrables.

Les diverses nations de l'apathique Allemagne se soulevèrent à la voix de cet apôtre de l'humanité. Le pape, effrayé de ses principes et de leurs progrès, se hâta de l'excommunier. Jean Huss en appela à la décision de l'Église.

Le fameux Concile de Constance vint à s'ouvrir. Jean Huss y comparut. Un empereur, un pape, quatre patriarches, vingt-deux cardinaux et cent cinquante évêques, dix-huit cents prêtres, deux cent vingt-deux docteurs en théologie composaient l'assemblée. Un nombre considérable de princes, d'électeurs, de barons et de margraves assistaient à cette réunion.

Ce fut devant cette imposante foule de puissances spirituelles et temporelles que Jean Huss proclama le principe évangélique de la fraternité.

Le visage de Jean Huss était doux, tranquille et fier. Il soutint et développa avec calme la doctrine de Wiclef, malgré le tumulte qu'on affectait de faire pendant qu'il répondait aux questions qu'on lui adressait. « Si celui qui est appelé le vicaire de Jésus-Christ, dit-il, imite sa « vie, il est son vicaire; si, au contraire, il suit un chemin opposé, il n'est « que le précurseur de l'Antéchrist. » Mais les murmures devinrent d'une violence menaçante, lorsqu'il déclara hautement qu'une nation pouvait à son gré, corriger son souverain, lorsqu'il tombait en quelque faute volontaire; et rappelant le discours de Samuel à Saül, il ajouta : « Parce que « vous avez rejeté ma parole, je vous rejetterai aussi, et vous ces- « serez d'être roi. »

En ce moment, l'empereur Sigismond s'entretenait à une fenêtre avec l'électeur palatin et le burgrave de Nuremberg. Le cardinal de Cambrai le fit avertir, et ayant sommé Huss de répéter en présence de l'empereur ce qu'il avait dit, celui-ci n'hésita pas. Alors le cardinal de Cambrai s'écria : « Non content d'avoir dégradé les prêtres, vous voulez dégrader les rois. »

Un tumulte succéda à ces dernières paroles; on entendit des malédictions partir de quelques groupes. Les prêtres et les potentats réunis avaient tous devant eux l'ennemi de leurs privilèges. Comme infâme hérétique, il fut condamné sous l'influence des passions les plus aveugles et les plus haineuses. Toute l'église romaine en masse se prononça. Elle vengea ses priviléges attaqués, elle vengea l'orgueil des puissances temporelles réunies; et l'église est infaillible! c'était le bon temps! Elle n'est plus aujourd'hui aussi puissante; elle se réduit au rôle modeste de *militante;* les temps sont durs...

Jean Huss condamné en appela au Christ de ce jugement. Le concile répondit à cet appel par des rires sardoniques et insultants. On lui mit sur la tête une mitre d'une coudée, sur laquelle était écrit le mot *hérésiarque.*

« Je me félicite, dit-il alors, de porter cette couronne d'opprobre, en mémoire du Christ, que vous outragez et qui porta une couronne d'épines. »

On le conduisit à la place publique, où un bûcher était dressé; là, Jean Huss tomba à genoux et s'écria : « Mon Dieu, je remets mon âme entre vos mains. » La multitude, qui était accourue à ce triste spectacle, murmurait et faisait entendre des cris d'admiration et de pitié; on demandait: quel est donc le crime de cet homme?

Il fut attaché à un poteau, la face tournée vers le soleil levant; mais un de ses persécuteurs ayant fait remarquer qu'il n'était pas digne de regarder l'orient parce qu'il était hérétique, il fut tourné vers l'occident. On alluma ensuite le bûcher, et le pieux et savant martyr de la liberté et de la vérité exhala son âme en chantant, au milieu des flammes, des cantiques à l'Éternel.

Le peuple voulut recueillir ses cendres; mais il fut repoussé par les soldats. Tous les débris de cette organisation d'élite, que le feu n'avait pas entièrement consumés, furent jetés dans le Rhin.

Philippe Visconti, duc de Milan, vint à mourir sans enfants. Un soldat de fortune, le fils d'un paysan, s'empara de la couronne ducale, et sut la conserver par ses talents et la force des armes. François Sforza gouverna le duché de Milan pendant plus de trente ans. En mourant, il laissa la couronne à son fils, Galéas Sforza, qui s'unit avec Louis XI, roi de France, et épousa sa belle-sœur, princesse de Savoie.

Enorgueilli de cette alliance, Galéas Sforza voulut gouverner despotiquement. Toute gêne, tout contrôle de la part du sénat lui devenaient insupportables. Sa mère, de la famille des Visconti, anciens ducs de Milan, eut à souffrir de sa part les plus mauvais traitements; il la relégua à Crémone, où elle ne tarda pas à mourir. On l'accusa de parricide, tant sa réputation était odieuse. Son père avait régné d'après des capitulations qui avaient toujours limité son autorité, il ne pouvait que signer les décisions du sénat; mais aucune autre part dans les actes du gouvernement ni de la justice n'eût été tolérée. Il n'était qu'un pouvoir exécutif; c'est à ces conditions seules que la couronne ducale lui avait été laissée.

Galéas voulut régner en despote. Il donna l'ordre d'élever au milieu

JEAN HUSS.

s'agenouillant devant le bûcher qui doit le consumer

(Martyr de la Vérité)

de la ville plusieurs forteresses rapprochées, pour dompter les citoyens plus facilement. Le courage de Lazare Doria fit arrêter les travaux déjà commencés. A cette nouvelle, le duc éclata en menaces ; mais il ne donna, pour le moment, aucune suite à ses projets de vengeance. Cette modération ne fut qu'apparente et momentanée.

Faisons le portrait de ce duc. Voici ce qu'en dit l'histoire :

« Sa prodigalité était sans bornes ; son goût pour la débauche était effréné ; sa férocité insatiable de sang, de tortures et de supplices.

« Bravant les mœurs et les lois de la société, il était devenu le fléau des familles. Le déshonneur des femmes et des jeunes filles ne suffisait pas à sa dépravation ; ces infortunées ne sortaient de son palais que pour servir ensuite aux plaisirs brutaux de ses gardes ; ceux-ci, après s'être livrés sur elles aux plus grossiers outrages, finissaient par les faire mourir dans les tourments. »

Trois jeunes gens, Charles Visconti, Jérôme Olgiati et André Lampugnani, résolurent de délivrer Milan de ce monstre. Tous trois avaient été élevés par Colas de Montani, jadis précepteur de Galéas. Ce savant bolonais avait été fouetté en place publique, par ordre de son ancien disciple, qui voulut ainsi se venger des petites corrections qu'il en avait reçues. Montani n'avait jamais pu inspirer à Galéas le goût des études philosophiques, ni la moindre admiration pour les grands hommes de la Grèce et de Rome ; les dispositions déplorables que son élève avait manifestées depuis son enfance, lui firent souvent envisager avec douleur l'avenir de ses concitoyens, et, dès longtemps, il n'éprouvait pour le duc qu'un sentiment d'horreur.

Olgiati, comme ses autres amis, était animé de l'amour de la liberté et de la patrie ; mais il avait de plus une vengeance à satisfaire : sa sœur était une des victimes de Galéas.

Nos trois jeunes gens étaient résolus à mourir ; ils supplièrent saint Ambroise, patron de la ville de Milan, de les seconder dans cette entreprise, de leur donner jusqu'à la fin le courage nécessaire pour débarrasser le monde de ce monstre, et la patrie de cet abominable tyran, et se livrèrent pendant quelques jours à des actes religieux.

Le lendemain de Noël (26 décembre 1476) Galéas devait se rendre à la cathédrale. De noirs pressentiments le retenaient involontairement ; enfin il s'y rendit, mais avec un regret intérieur. Là, les trois conjurés, armés de poignards, l'attendaient.

En entrant dans l'église, il fut frappé avec tant de promptitude, que ses plus proches voisins ne purent distinguer ce qui se passait ; les meurtriers furent reconnus en voulant s'échapper : Lampugnani et Visconti furent massacrés par les gardes ; Olgiati parvint à s'échapper dans la foule et se retira chez un ami. Découvert dans cette retraite, il fut livré à d'horribles tourments. Il les supporta avec une fermeté héroïque, et jusqu'à ce qu'il eût expiré, il écrivit lui-même tous les détails du complot, se félicitant, lui et ses amis, du courage qu'ils avaient montré dans son exécution et exhortant ses concitoyens à traiter ainsi désormais tous les tyrans.

Devons-nous et pouvons-nous approuver ici un pareil meurtre ? Expliquons-nous. Il est des crimes qui, dans certaines circonstances, deviennent des actes de la plus héroïque vertu, du plus sublime dévouement. Ces jeunes gens méritent, parmi nos martyrs, une des plus belles places.

Louis XI régnait en France ; prince rusé, cruel, superstitieux, sacrifiant tout, jusqu'à ses sentiments, à la politique. Avide de pouvoir et de despotisme, il servit la liberté, en portant à l'aristocratie nobiliaire des coups mortels, et prépara ainsi l'émancipation des peuples ; il voulait affranchir la couronne des entraves des seigneurs ; il versa leur sang avec complaisance, mais la nation s'éleva insensiblement sur les débris de ses oppresseurs, et Louis XI, en travaillant uniquement pour la royauté, préparait la liberté des peuples. Mauvais fils, il n'aima son père que mort ; mauvais père, il ne pouvait supporter l'aspect de son successeur. Perfide et sans foi, il signait tous les traités qu'imposait la nécessité, sauf à les rompre ou à les expliquer à son avantage à la première occasion.

Charles-le-Téméraire, duc de Bourgogne, voulait disputer la Normandie à Louis XI ; dans sa marche sur cette province, il attaqua plusieurs villes de la Picardie, il saccagea Nesle, prit Roye, et se porta sur Beauvais, dont il crut pouvoir s'emparer facilement. Il somma les habitants de lui livrer la ville. Ceux-ci refusèrent même de parlementer avec son envoyé et résolurent de se défendre.

L'enceinte de Beauvais était assez forte, mais le faubourg, exposé à l'attaque des Bourguignons, n'était défendu que par un petit fort. Le gouverneur s'y enferma avec quelques arquebusiers, pour donner le temps aux habitants de s'apprêter contre l'assaut. Il y fit une résistance désespérée et ne rentra dans la ville que blessé, et lorsque le poste ne fut plus tenable. Les Bourguignons se précipitèrent alors dans le faubourg, en criant : la ville est prise ! Mais arrivés devant les portes, ils furent arrêtés par le fossé, les murailles et les autres travaux de défense. Ils s'emparèrent des loges des gardiens, rompirent les portes extérieures et plantèrent leurs drapeaux sur le bord du fossé, en face du pont-levis.

Les habitants s'étaient munis de couleuvrines qu'ils avaient placées sur les murailles, et commençaient à tirer sur les assaillants. Les femmes, les enfants, les jeunes filles, montaient sur les remparts, bravaient les flèches des Bourguignons et apportaient des pierres, des traits, de la poudre et tout ce qui était nécessaire pour la défense.

A mesure que le gros de l'armée bourguignonne arrivait, la place fut assaillie de tous les côtés. Balagni, gouverneur de la ville, allait, malgré ses blessures, à tous les postes et encourageait ses concitoyens à la résistance, leur promettant de prompts secours du roi.

Les assiégés avaient une vénération particulière pour sainte Angadresme, patronne de la ville. On la promena en triomphe sur les remparts. L'assaut redoublait de violence, mais le courage des habitants ne se ralentissait pas. Un Bourguignon arrivait au haut de l'échelle et plantait déjà son étendard sur la muraille. Une jeune fille, nommée Jeanne Laîné, quoique sans armes, s'élance sur le Bourguignon, lui arrache sa bannière et le renverse dans le fossé. En même temps, elle appelle ses compagnes et elles accablent les assaillants de grosses pierres qu'elles roulent, versent sur eux de l'eau bouillante, de l'huile et de la graisse fondues.

Beauvais reçut des secours ; mais les assiégeants, munis de leur grosse artillerie, commencèrent un feu terrible ; les bombes causaient d'horribles ravages et portaient l'incendie sur plusieurs points de la ville. Une large brèche ayant été pratiquée à la muraille, le duc de Bourgogne commanda l'assaut; plus de quinze cents assaillants furent tués ou blessés.

Les assiégés firent une sortie, pénétrèrent jusqu'au camp ennemi et y mirent le désordre. Jeanne Lainé, après avoir arraché l'étendard des mains du Bourguignon, s'était armée d'une hache et, à coups redoublés, avait frappé et renversé tout ceux qui se présentaient au haut des échelles; elle fit aussi partie de l'attaque dirigée contre le camp ennemi; elle vit mourir à ses côtés plusieurs de ses jeunes compagnes.

Charles-le-Téméraire, furieux et accablé de honte, fut forcé d'abandonner le siége. Louis XI récompensa la ville de Beauvais et lui accorda de grandes franchises. Quant à Jeanne, il lui donna un mari et une dot, et les gratifia eux et leur postérité de certains droits et de faveurs particulières.

CHAPITRE XIII.

Du treizième au quinzième siècle.

JÉROME DE PRAGUE. — GUILLAUME TELL. — JEAN BOUBENBERG. ARNOLD STROUTHAM.

Jérôme de Prague; sa condamnation, sa mort. — La Suisse; elle résiste à la corruption de la cour d'Autriche. — Ruses de l'Autriche; son oppression sur les Suisses. — Arnold de Melchthal. — Affreux traitement exercé sur son père. — Conrad de Baumgarten tue son seigneur. — Werner Stauffacher excité par les reproches de sa femme. — Arnold se joint à lui. — Projet d'insurrection. — Rendez-vous à la prairie de Grutli. — Le bailli Guessler. — Guillaume Tell; il échappe des mains de Guessler et tue ce bailli. — Nuit du 1er janvier 1308. — Prise du château de Rossberg, d'Uri, de Sarnem. — Le duc Léopold déclare la guerre aux Suisses; sa défaite. — Attaque de la ville de Lucerne; défaite des nobles. — Berne également victorieuse. — Rodolphe d'Erlach assassiné par son gendre. — Jean de Boubenberg; il est banni. — Zurich chasse les agents de l'Autriche. — Bataille de Sempach. — Mort du duc Léopold. — Mort héroïque d'Arnold Stroutham. — Glaris triomphe des Autrichiens. — L'Appenzell secoue le joug de l'abbé de Saint-Gall, détruit les châteaux et repousse l'Autriche. — La Rhétie se révolte. — Adam et sa fille; les tyrans sont exterminés. — La vallée de Schams. — Jean Chaldar. — Nouveaux triomphes. — Charles-le-Téméraire attaque les Suisses; il est vaincu à Grandson et à Morat; il est repoussé de Nancy; sa mort.

La persécution sous les coups de laquelle Jean Huss avait succombé, s'étendit jusqu'aux partisans de ses doctrines. Jérôme de Prague fut un des disciples les plus distingués de cet illustre réformateur. Il propagea les principes de son maître avec une ardeur et une persévérance qui ne reculèrent devant aucun obstacle. Comme lui, condamné par un concile, il fut soumis aux tortures les plus affreuses, il ne put les supporter jusqu'à la fin; dans la violence de la douleur, il fit quelques rétractations, mais il s'empressa de revenir à ses principes, et proclama hautement que, si la douleur lui avait arraché des paroles dont se glorifiaient ses persécuteurs, il les désavouait; que par les supplices on pourrait encore, peut-être, obtenir de lui ce qui était contre ses convictions; mais qu'il protestait d'avance contre tout ce qu'il pourrait dire. Il fut traité de rebelle, d'hérétique endurci, et périt sur un bûcher dans la ville de Constance, comme son malheureux maître.

Nous croyons pouvoir nous dispenser de développer sa théorie religieuse, elle était conforme en tous points à celle de Jean Huss.

La Suisse a fourni à la liberté ses héros et ses martyrs. Ces simples habitants des montagnes ont eu à défendre leur indépendance contre de puissants voisins. L'Autriche convoita longtemps leurs délicieuses vallées et tenta à plusieurs reprises d'étendre sur eux sa domination. Avant d'en venir à la voie des armes, elle employa sa diplomatie corruptrice, elle fit luire aux yeux des plus influents d'entre eux des titres de noblesse, des fiefs, des priviléges qui devaient les placer au-dessus de leurs compatriotes. Mais ces montagnards, fiers de leur indépendance, furent insensibles à tous ces hochets de la vanité. Rien au monde ne leur paraissait préférable à la liberté, à la simplicité de leur vie et à la paix de leurs campagnes. Les droits qu'ils tenaient de leurs pères faisaient toute leur gloire et leur bonheur.

L'astucieuse Autriche tourna la difficulté, elle devint leur alliée, elle les protégea. A l'aide de cette protection qu'ils se laissèrent imposer sans méfiance, elle gagna à sa cause la plupart des baillis et toute la noblesse du pays. Peu à peu, ces mêmes baillis devinrent les agents de l'Autriche et exécutèrent ses ordres, et les seigneurs les appuyèrent. Aussi le peuple fut foulé; les châteaux furent fortifiés, d'autres élevés; on augmenta les taxes. Une police plus que sévère vint bientôt préluder à des actes d'une tyrannie révoltante. Les plus petites fautes étaient punies de fortes amendes et de la prison. Les habitants furent traités avec hauteur et mépris; on les accabla de vexations et d'outrages.

Dans le pays d'Unterwalden, Arnold de Melchthal, ayant été condamné, pour un délit insignifiant, à perdre un bel attelage de bœufs, le valet du bailli les détela de la charrue en disant : « Les paysans doivent « traîner la charrue eux-mêmes. » Indigné de cet outrage, le jeune Arnold frappa le valet et lui brisa deux doigts de la main. Il s'enfuit dans la montagne, pour se soustraire au châtiment qui le menaçait. Le bailli furieux fit crever les yeux au père d'Arnold.

Un seigneur du pays d'Unterwalden aperçut une jeune femme d'une grande beauté. Pendant que son mari, Conrad de Baumgarten, était aux champs, il exigea qu'elle lui préparât un bain ; en même temps, il lui fit des propositions offensantes ; pendant qu'il était au bain, l'épouse fit prévenir son mari ; celui-ci arrive en fureur et assomme dans son bain l'imprudent gentilhomme. Conrad dut se sauver pour se soustraire à la poursuite des nobles et des baillis. Il erra longtemps dans la montagne ; partout ses compatriotes lui donnèrent asile dans leurs châlets et purent quelque temps le soustraire aux agents de l'autorité. Enfin il fut arrêté, comme il se rendait un soir dans la vallée d'Uri. On l'enferma dans un cachot, mais il échappa à la mort. On brisa ses chaînes, et il figura plus tard dans les insurrections avec Guillaume Tell.

Dans plusieurs vallées de la Suisse se répétaient les mêmes scènes, les mêmes vexations, la même tyrannie. Les opprimés gémissaient, et les oppresseurs les accablaient de leurs insultants outrages. Dans le village de Steinen, la femme de Werner Stauffacher dit à son mari : « Combien de temps l'orgueil doit-il encore nous outrager ? Combien de « temps encore avons-nous à pleurer ? Les étrangers seront-ils donc « toujours les maîtres de notre pays et les possesseurs de nos biens ? A « quoi servent donc nos époux ? A quoi servent nos montagnes ? N'avons-« nous mis au monde des enfants que pour en faire des mendiants ? Nos « filles sont-elles donc destinées à servir d'esclaves à des tyrans ? Vivre « ainsi, c'est de la lâcheté !!! »

Werner, à ces reproches, garda le silence ; il descendit à Brounnem, traversa le lac et se rendit dans le pays d'Uri. Il y trouva Arnold, qui avait passé la montagne, pour se soustraire à la vengeance du bailli Landerberg.

Ils s'entretinrent ensemble de la misère de leur pays, de la cruauté des baillis étrangers et de la perte de leurs droits et de leurs libertés. Ils s'excitèrent mutuellement à une courageuse résistance, en invoquant la justice de leur cause et l'appui de l'Eternel; ils parlèrent de la mort comme du terme heureux de leurs souffrances, et mille fois préférable au joug honteux qui pesait sur eux. Il fut décidé qu'ils disposeraient tous les hommes de cœur à les seconder, qu'ils prépareraient les esprits de leurs compatriotes à une régénération nouvelle.

Au bord du lac, près d'Uri, et vis-à-vis le village de Brounnem, est une petite prairie, éloignée de toute habitation, et resserrée entre des rochers pelés et à pic, qui s'avancent jusqu'au rivage. On l'appelle le *Vallon de Grutli*. L'entrée en est fermée par des arbustes et des buissons épais. Jamais le soleil ne darde ses rayons dans ce vallon silencieux qu'à son couchant ou à l'époque de l'année où il s'élève au zénith. C'est dans ce lieu solitaire, et pendant le silence de la nuit, que nos deux héros se réunissaient et concertaient ensemble les moyens d'affranchir leur patrie du joug avilissant des seigneurs et des baillis d'Autriche. Ils n'y vinrent pas longtemps seuls. Le peuple entier avait accueilli avec des transports d'enthousiasme ces projets de liberté, et n'attendait pour agir que l'occasion ou que le signal de ses chefs.

Le 17 septembre 1307, à minuit, chacun des deux conjurés amène avec lui, dans la prairie, dix des plus honorables compatriotes. Là, sous la voûte du ciel bleu et semé d'étoiles, au milieu du silence de la nature, ils prennent Dieu à témoin de leurs serments de mourir pour les droits d'un peuple opprimé ou de triompher pour lui, de ne reculer devant aucun obstacle, de respecter la vie et les propriétés de tous, même celles de leurs ennemis, mais de briser à jamais la tyrannie et de rétablir la liberté. L'exécution de ce projet fut fixée à la nuit du 1er janvier 1308. Après s'être embrassés, chacun d'eux se retira silencieusement dans son châlet et continua de se livrer à ses travaux champêtres, en attendant le jour fixé.

Le bailli Herman Guessler n'était pas rassuré; l'air et l'attitude des Suisses l'inquiétaient. Dans l'exécution de ses ordres, ses agents éprouvaient non pas une résistance réelle, mais moins de docilité qu'auparavant et plus de fierté. Il voulut éprouver le peuple en l'humiliant. Il fit

GUILLAUME TELL

placer un chapeau au haut d'une perche, et ordonna que tous les passants s'inclinassent respectueusement devant ce prétendu symbole de l'autorité autrichienne.

Guillaume Tell, adroit arbalétrier, l'un de ceux qui avaient conspiré la nuit dans la vallée, passa devant le chapeau et ne daigna même pas le regarder. Il fut saisi et conduit devant le bailli. Celui-ci, transporté de colère, inventa pour le punir un supplice affreux pour un père. Il fit lier le plus jeune des fils de Guillaume à un pieu, puis on posa une pomme sur sa tête, et le père, placé à une distance considérable, reçut l'ordre de viser la pomme. Le trait partit, et la pomme fut enlevée. A l'instant, l'air retentit de cris de joie. Mais Guessler, s'approchant de Tell, lui demanda pourquoi il avait sur lui une seconde flèche. Tell lui répondit : « Si ma première eût blessé ou manqué mon fils, la seconde ne t'eût pas manqué. »

Guillaume Tell est enchaîné à l'instant, transporté au fond d'une barque et conduit à Kussnacht, sous les yeux du bailli. Mais un vent contraire souffle avec violence. Au milieu des flots agités, la barque est à chaque instant menacée d'être engloutie dans l'abîme, ou de se briser contre les rochers vers lesquels les vents et les vagues la poussent avec impétuosité. Les bateliers se désespèrent. Guessler, effrayé, fait ôter les fers à Guillaume, et confie à son habileté le salut de l'équipage. Celui-ci dirige adroitement la barque vers un roc en forme de plateau qui s'avance dans le lac, il s'élance sur ce bord, et repousse à l'instant la barque, qu'il abandonne de gaîté de cœur à la merci de la tempête.

Echappé des mains de son ennemi, Tell gravit les rochers et se sauve à travers le pays de Schwytz. Mais bientôt des pensées tristes s'emparent de son âme. « Que deviendront, se dit-il en lui-même, ma femme et mes
« enfants; le tyran, s'il n'est pas péri dans les flots, se vengera sur ces
« innocents, et sur ma patrie. Ce ne sera pas, s'écria-t-il; puisqu'il n'y a
« d'autres lois que la tyrannie, qu'il n'y a plus de juge entre l'oppresseur
« et l'opprimé, il n'y a plus pour moi d'autre loi que la nécessité de me
« défendre; infâme! tu mourras! » Armé de son arbalète, il vole vers Kussnacht, et va se cacher dans un chemin creux. Là, blotti et immobile, il attend sans bouger et avec patience. Enfin le gouverneur passe, la

flèche de Guillaume vient le frapper d'un coup mortel ; Guessler tombe, roule sur la terre et expire. A cette nouvelle, le peuple suisse est agité à la fois par la terreur et la joie. Mais bientôt à ces deux sentiments opposés succèdent une résolution et un courage héroïques, et tous se préparent de toute part pour la nuit du 1er janvier. En attendant ce moment, Guillaume se tient caché chez ses amis.

Cette nuit arrive enfin. Plusieurs conjurés se rendent en silence sous les murs du château de Rossberg, habité par le bailli, et descendent dans les fossés. Comme dans presque toutes les grandes entreprises humaines, l'amour joua dans celle-ci un de ses rôles habituels. Un des jeunes conjurés aimait une jeune fille qui demeurait dans le château, et en était aimé. D'une des fenêtres du donjon, celle-ci lance à son amant une corde qu'elle avait eu le soin d'assujettir par un bout à une forte barre de fer. A l'aide de ce moyen, tous les Suisses pénètrent, l'un après l'autre, dans la forteresse et s'en rendent maîtres. Ils s'emparent aussi de la personne du bailli. De son côté, Guillaume Tell, à la tête des habitants d'Uri, prend le château de Guessler.

Au château royal de Sarnem, au moment où le bailli sortait, vingt hommes viennent au-devant de lui, apportant comme présents d'usage, des poules, des agneaux et d'autres dons. Le gouverneur leur dit d'entrer au château. Arrivés sous la porte, un coup de cornet retentit ; à l'instant ils tirent de dessous leurs habits des lames aiguisées qu'ils placent au bout de leurs bâtons. Trente autres paysans armés accourent. Le bailli épouvanté veut se sauver, ils le retiennent et lui font jurer de quitter la vallée avec tous ses gens. Après ce serment, ils lui permettent de se retirer.

Bientôt sur chaque sommet des Alpes, des feux de joie brillèrent au milieu des ténèbres de la nuit ; ces lueurs, réfléchies par les miroirs des glaciers, enveloppèrent tous ces monts d'une aurore boréale. C'est ainsi que fut inauguré le nouvel an de la liberté helvétique.

Le duc Léopold ne put pardonner leurs triomphes à ces indomptables montagnards. Il se mit à la tête d'une puissante armée et marcha contre eux ; il amena avec lui des charriots chargés de cordes pour pendre les chefs des insurgés.

Les confédérés opposèrent à leurs ennemis nombreux leur courage, leur patriotisme, et les barrières naturelles de leur pays accidenté. Ils les écrasèrent sous des quartiers de rochers, mirent le désordre dans leurs rangs ; ceux qui se trouvèrent séparés du gros de l'armée, furent assommés par les bergers. La victoire des Suisses fut complète ; beaucoup de fuyards furent engloutis dans le lac de Lucerne.

Plus tard, les habitants de Lucerne furent attaqués par la noblesse, aidée de l'Autriche. Les confédérés vinrent leur prêter main-forte. Ils combattirent dans leurs rangs et les aidèrent à briser leurs chaînes.

Quelques années après, Berne remporta aussi une victoire brillante sur les nobles et sur les soldats de l'Autriche. Des forces dix fois supérieures en nombre furent vaincues par ces hommes indomptables, qu'animait l'amour de la patrie et de la liberté. Un traité de paix s'en suivit. Après ces heureux succès, Rodolphe d'Erlach, général de l'armée bernoise, ne demanda à ses concitoyens ni emploi, ni titres, ni récompense d'aucune sorte ; comme le modeste Cincinnatus, il avait quitté la charrue pour l'épée ; content de voir sa patrie libre, il rentra sous le toit rustique de son père. Là, il vécut heureux au milieu de ses champs et dans une douce médiocrité, pendant de longues années. Il touchait enfin à un âge avancé, et attendait, avec ce calme résigné du vieillard dont les jours ont été purs, le terme de son voyage ici-bas. Son gendre, homme emporté, grossier et cupide, entre un jour dans sa chambre, et lui cherche une querelle au sujet de la dot de sa fille ; c'est-à-dire que l'infortuné Rodolphe vivait trop longtemps et que l'héritage n'arrivait pas assez vite. Le vieillard outragé ordonne à son gendre de se retirer ; celui-ci s'empare de l'épée de Rodolphe, suspendue au mur, la plonge dans le sein du héros et s'enfuit poursuivi par les chiens de son beau-père et par ses remords ; on ne le revit plus.

L'avoyer Jean de Boubenberg, qui avait rendu de grands services à sa patrie dans les circonstances les plus difficiles, éprouva un sort encore plus triste. Son caractère, froid, grave et sévère, lui attira des ennemis parmi les bourgeois de Berne. On l'accusa de ne pas gouverner avec la simplicité d'un citoyen, mais de régner avec l'orgueil d'un prince. On le soupçonna d'être accessible à la corruption, quoiqu'il n'en existât aucune preuve. Lui et tous ses amis furent bannis pour cent ans et un jour de la ville. Au bout de quatorze ans, il fut rappelé; mais l'âge et les chagrins avaient entièrement détruit sa santé et ses forces : il ne tarda pas à mourir. Dans un Etat libre, les vertus d'un citoyen peuvent quelquefois effacer une faute passée; mais un instant d'erreur, un oubli font perdre le fruit de cinquante années de vertus et de dévouement; comme aussi la calomnie, dans quelques circonstances, peut flétrir la plus noble vie.

Zurich soutint à son tour une lutte contre les agents de l'Autriche et les chassa. Il s'en suivit une guerre qui tourna à l'indépendance du pays. De toutes parts les vallées proclamèrent la liberté; huit cantons signèrent une alliance perpétuelle.

La noblesse, en Suisse comme partout, nourrissait une haine implacable contre la liberté du peuple. Toujours fière de l'appui de l'Autriche, elle se rangea sous les ordres du duc Léopold. Ce prince, à la tête d'une armée formidable, marcha contre Lucerne. Arrivé dans les champs de Sempach, il rencontra la petite armée suisse; il ordonna à ses soldats de croiser leurs lances et de marcher en colonnes serrées contre les ennemis. A l'aspect de leur petit nombre, les nobles poussèrent des cris de joie.

C'était le temps de la moisson, le soleil dardait ses rayons brûlants dans la campagne. Les Suisses fléchissent le genou, et, dans une courte prière, invoquent l'appui de l'Eternel; puis, se relevant au signal de leurs chefs, ils se précipitent avec fureur à travers ces masses ennemies hérissées de fer. Ils font des prodiges de valeur; mais ils ne peuvent enfoncer ces bataillons épais, et tombent les uns sur les autres, percés de coups mortels De nouveaux braves viennent succomber sur les corps sanglants de leurs camarades; tout leur courage expire au pied de ces remparts de cuirasses bardés de piques.

En ce moment décisif, une voix de tonnerre se fait entendre, et domine le bruit des armes et les cris des combattants :

« Suivez-moi, j'ouvre un chemin à la liberté; en mourant, je vous recommande ma femme et mes enfants. »

Et l'on voit celui qui venait de proférer ces paroles saisir de ses bras étendus plusieurs des lances ennemies, et, avec la rapidité de l'éclair, les diriger en faisceau contre sa poitrine et tomber à l'instant percé de coups. Les confédérés se précipitent aussitôt à travers les ouvertures qu'il leur a ménagées en écartant les lances, et écrasent tout de leurs coups terribles. Avec leurs massues armées de pointes de fer, ils font voler en éclats les casques et les armures ; il se fait une boucherie horrible de ces nobles orgueilleux. Le duc lui-même, frappé d'un coup mortel, roule dans la poussière. Dans cette horrible mêlée, la bannière de l'Autriche est prise et reprise trois fois. En vain les chevaliers demandent leurs chevaux pour se soustraire à la rage des vainqueurs ; mais leurs valets, effrayés, s'étaient sauvés avec leurs coursiers, et les malheureux nobles, écrasés par la fatigue, par le poids des cuirasses que l'ardeur du soleil rendait brûlantes, ne peuvent se soustraire aux coups des Suisses. Ils périrent par milliers dans la colline de Sempach.

Le glorieux résultat de cette bataille est dû uniquement au dévouement héroïque du martyr Arnold Stroutham. L'Autriche, hors d'état de continuer la guerre, conclut une trêve de dix-huit mois.

Les communes du pays de Glaris eurent aussi en même temps leur guerre à soutenir contre les Autrichiens ; elle fut glorieuse. Cinq cents héros luttaient contre six mille ennemis, lorsque trente hommes de Schwytz vinrent les rejoindre en poussant de grands cris. Ignorant leur nombre, l'ennemi s'enfuit épouvanté. Les Glaronnais les poursuivirent, et en tuèrent plus de deux mille cinq cents. Les fuyards périrent en partie dans la Linth ; le reste, se précipitant en foule sur le pont de Wesen, l'écrasa sous son poids, et périt dans le lac.

Tous les ans, le peuple de Glaris se rend, le 9 avril, sur le champ de bataille, pour célébrer ce glorieux souvenir, et perpétuer les noms des héros morts pour la liberté (9 avril 1388).

Dans l'Appenzell, les montagnards ne purent entendre le récit des batailles et des hauts faits des confédérés sans émotion. Ils gémissaient sous le despotisme de l'abbé de Saint-Gall, homme dur qui les écrasait d'impôts, et dont les baillis, ses délégués, n'exécutaient que trop sévèrement les ordres vexatoires, lorsqu'ils n'y ajoutaient pas eux-mêmes les exactions les plus tyranniques. Il est inutile d'entrer dans les détails des mesures iniques et de tous les procédés sauvages dont on usait envers les malheureux habitants pour leur arracher jusqu'à leur dernière obole. Aussi, ils se révoltèrent.

A un jour fixé, ils surprirent tous les châteaux, chassèrent tous les baillis. En vain l'Autriche envoya contre eux ses soldats ; du haut de leurs rochers, ils arrêtent et écrasent leurs ennemis, et portent ensuite la terreur de leurs armes victorieuses sur les bords du lac de Constance, de la Thour, de l'Inn. Ils prirent plus de soixante châteaux, en brûlèrent plus de trente, chassèrent les seigneurs et s'affranchirent de la suzeraineté de l'abbé de Saint-Gall. Heureux et libres dans leurs montagnes, ils s'unirent par un traité à la Confédération helvétique.

La Rhétie gémissait sous une atroce tyrannie. Elle eut aussi ses Guillaume Tell. L'égoïsme, l'arbitraire, l'injustice et l'orgueil de ses dominateurs arrivaient à leur comble. Quelques hommes énergiques se montrèrent, et soudain ce peuple se réveilla.

Non loin du Tyrol, au pied des glaciers d'où sort avec fracas la rivière d'Inn, s'étend la belle et magnifique vallée d'Engadine. Le village de Madouline, celui de Camogask et quelques autres sont disséminés sur l'immense surface de cette verdoyante vallée ; au-dessus du premier village dominait, avec ses donjons menaçants, le château de Gardoval, supporté par un rocher à pic.

Le châtelain, homme cruel et débauché, fut frappé de la beauté d'une jeune fille du village de Camogask ; il ordonna à ses gens de la lui amener la nuit de ce jour même. A la nouvelle de cet ordre, Adam, père de cet enfant, est effrayé, et la malheureuse fille se livre au désespoir. Mais Adam, revenant à lui, répond aux satellites : « Dites à votre maître que je m'empresserai d'amener moi-même mon enfant demain matin. »

A peine furent-ils partis, que le père courut à ses voisins et à ses amis, la rage dans l'âme, les yeux rougis et gonflés par des larmes qui ne peuvent s'écouler ; il leur raconta tout, et s'écria : « Nous sommes des « hommes comme lui, et il nous avilit. » A ce récit tous les cœurs bouillonnent d'indignation et d'horreur. Avant la fin de la journée, toute la vallée partage la douleur du père. La nuit on se réunit, on s'arme, on jure d'affranchir le pays ou de mourir ensemble.

Dès l'aurore, Adam conduisit sa jeune et belle enfant au château du tyran. Elle était parée d'habits de fête comme une jeune fiancée. A la suite marchaient quelques conjurés, comme pour former le cortége d'honneur. Les autres s'étaient mis en embuscade autour du château : tous étaient armés et attendaient le signal pour agir.

Le seigneur apercevant l'objet de ses désirs, descend en hâte, se présente à l'entrée du château, et veut embrasser la jeune fille sous les yeux de son père. Adam tire un poignard et le plonge dans le cœur du châtelain ; ses amis se précipitent à l'instant, pénètrent de force dans le château, en massacrent tous les habitants, et arborent le signal de la liberté. Gardoval devint la proie des flammes. Dès ce moment, le pays que l'Inn arrose de ses ondes, fut affranchi de la tyrannie des seigneurs.

Tout près de là, au milieu de rochers élevés, on voit la délicieuse vallée de Schams ; ses riches pâturages nourrissent des troupeaux nombreux ; de jolis villages et des châlets à demi cachés par des bouquets d'arbres fruitiers bordent cette longue zone de verdure, qui s'étend au loin et se perd dans un horizon vaporeux. Ce séjour, qui eût dû être celui de l'innocence primitive et du bonheur, ne renfermait que de pauvres esclaves et des tyrans. Des châteaux bâtis sur les flancs des rochers surveillaient les cabanes des malheureux habitants, et servaient de retraite à des seigneurs inquiets, despotes et cruels. Le peuple souffrait et se taisait. Jean Chaldar eut aussi à souffrir, mais il ne se tut pas. Deux chevaux du château de Fardun furent lâchés dans ses champs de blé, et les ravagèrent ; furieux, Jean Chaldar assomma les chevaux ; il fut saisi, jeté aux fers et accablé de mauvais traitements, et ne sortit de son cachot qu'à force d'argent.

De retour sous sa chaumière, il vivait heureux et content. Un jour qu'il était à table avec sa famille, le seigneur de Fardun entra. Tous le saluèrent respectueusement, mais il lança sur eux des regards de mépris et cracha dans la bouillie qu'ils mangeaient. Chaldar, indigné, saisit le tyran à la gorge, et le serrant de ses puissantes mains, comme l'aigle des Alpes serre une faible proie : « Mange, lui dit-il, la bouillie que tu as « assaisonnée!!! » En même temps, il enfonça à plusieurs reprises la tête du seigneur dans la nourriture brûlante, puis il le lança avec dédain contre la porte. Le seigneur ne bougea plus, il avait été étranglé sous la main de fer du robuste paysan. Chaldar courut hors de sa cabane, assembla le peuple; on prit d'assaut les châteaux, et les flammes les dévorèrent, et la pioche de ces malheureux esclaves affranchis ne laissa pas même pierre sur pierre.

Le signal de la liberté fut donné, dès ce moment, dans toute la Rhétie. Les seigneurs impuissants ne purent comprimer ce mouvement, et les habitants de toutes les vallées, jusqu'au Tyrol, formèrent une confédération sous le nom de Grisons.

Charles-le-Téméraire, duc de Bourgogne, après avoir conquis la Lorraine, vint attaquer les Suisses. Enivré de ses succès, et ayant sous ses ordres une armée formidable, il pénétra dans les montagnes et s'empara d'abord de quelques petites places. Grandson capitula, et sur la foi d'une promesse, la garnison se livra à Charles; mais ils furent tous pendus aux arbres, ou noyés dans le lac. Les Suisses furent exaspérés de cet acte de cruauté atroce, et se présentèrent, au nombre de vingt mille, pour arrêter la marche du duc de Bourgogne. Une première division s'avance et oppose aux attaques des Bourguignons une résistance inattendue. Quelques heures après, une autre division descend de la montagne, sur la gauche des ennemis; les troupes des montagnards jettent au premier choc l'épouvante dans l'armée de Charles. Malgré ses efforts, ses cris et ses menaces, le duc ne peut arrêter le désordre. Tous ses soldats prennent la fuite; lui-même est obligé de se sauver, accompagné seulement de cinq cavaliers. Les vainqueurs pénétrèrent dans son camp; toutes les richesses qu'il contenait tombèrent entre leurs mains.

Les Suisses firent un butin immense, et la plupart d'entre eux ignoraient la nature des choses qu'ils avaient conquises. Comme des sauvages, ils s'émerveillaient de l'éclat de ces richesses, mais n'en connaissaient pas le prix. Ils prirent la vaisselle d'argent pour de l'étain et les vases d'or pour du cuivre, et vendirent tous ces objets pour quelques pièces de monnaie.

Des armures d'un travail exquis, incrustées d'or et ornées de pierreries ; des tapis précieux, des tentures de soie et d'or, des meubles d'une richesse inouïe, tous ces objets se vendaient à vil prix. Le gros diamant que Charles portait à son cou, et qui avait appartenu au Grand-Mogol, fut trouvé enfermé dans une boîte et vendu un écu au curé de Montagny. Ce diamant est aujourd'hui le Sancy. Les Suisses n'ayant pas de cavalerie, ne purent poursuivre les fuyards.

Charles-le-Téméraire réunit son armée à Lausanne, et voulut de nouveau tenter la conquête de la Suisse. Ceux-ci refusèrent de venir l'attaquer, et restèrent campés près de Morat, où ils avaient mis une forte garnison. Le duc s'avança contre eux et leur livra bataille. Il fut défait entièrement, et les Suisses, ayant réuni près de quatre mille cavaliers, poursuivirent les fuyards, et en firent un carnage horrible. Son camp tomba encore en leur pouvoir.

Pendant qu'en Suisse, Charles succombait, la Lorraine se détachait de sa domination ; il voulut, six mois après, l'enlever au duc René : il fut repoussé devant Nancy, et défait entièrement. Le lendemain de la bataille, son cadavre fut retrouvé dans la vase, sur les bords d'un étang, au milieu des morts.

CHAPITRE XIV

LE COMTE NOTTINGHAM ET L'ARCHEVÊQUE D'YORK.
SAWTRE. — LE LORD COBHAM.

Déchéance de Richard II. — Bolingbroke s'empare du trône d'Angleterre sous le nom de Henri IV. — Mort de Richard. — Henri mécontente la nation par sa cruauté. — Sir Thomas Blount ; sa mort horrible. — Atroce conduite du comte Rutland. — Le comte de Nottingham et l'archevêque d'York ; leur conspiration, leur insuccès, leur mort. — Mort de Henri IV ; son corps est jeté dans la mer. — Les principes de Wicleff reparaissent. — Henri V. — Mort du malheureux Sawtre. — Le lord Cobham ; il réfute le roi ; il est condamné à être brûlé ; son évasion. — Louis XI ; son portrait, ses mœurs, sa fin. — Charles VIII, son successeur. — Fermeté des états-généraux ; lutte contre la cour et la famille royale. — Paroles admirables du seigneur de Laroche. — Invention de l'imprimerie. — Christophe Colomb ; découverte du Nouveau-Monde.— Vasco de Gama.

Vers la fin du quatorzième siècle, Richard II, roi d'Angleterre, fut déposé par le Parlement. Bolingbroke, duc de Lancastre, s'empara du trône, sous le nom de Henri IV.

Ce fut un règne de sang et d'anxiétés. Les souverains étrangers ne voulurent, dans le commencement, le considérer que comme un usurpateur et l'accablèrent de leurs hostilités. Ses sujets, en qui des révolutions perpétuelles semblaient avoir éteint toute notion du juste ou de l'injuste en matière de gouvernement, ne lui montraient qu'une fidélité chancelante. Envers les principaux auteurs de sa nouvelle puissance il fut ingrat, comme cela arrive toujours. D'anciens serviteurs conservaient encore de l'attachement au monarque déchu ; réunis à tous ceux que froissait le dernier système d'administration, ils formaient une masse de mécontents.

Il y eut plusieurs complots; des princes et de grands personnages en étaient l'âme; mais ils périrent tous dans les supplices. Parmi eux, il se trouva des traîtres qui vendirent à Henri IV les têtes de leurs amis, même celles de leurs parents. Richard II, enfermé dans un château-fort, succomba à une mort inconnue, les uns disent à la faim, d'autres prétendent qu'il fut égorgé. Sir Thomas Blount, un de ses partisans, fut pendu. Avant qu'il expirât on le détacha du gibet, et on lui donna tous les soins possibles; lorsqu'il fut revenu, on le fit asseoir près d'un grand feu, puis on lui ouvrit le ventre avec un rasoir, on lia l'estomac à son point d'intersection avec le reste des intestins, on détacha ceux-ci et on les jeta au feu. Un chambellan du roi, chargé de faire exécuter le supplice, dit alors à ce malheureux avec un rire insultant : « Va donc à présent « chercher ton maître pour te guérir. » Blount expirant lui répondit : « Je meurs sans regret pour le droit et la justice. » Le comte de Rutland, l'instigateur d'un autre complot, porta lui-même en triomphe au roi Henri, la tête du lord Despenser, son beau-frère. Rutland avait été le confident du roi déchu, qu'il trahit; puis il conspira contre Henri en faveur de Richard II; abusant de l'amitié, de la parenté, de l'honneur, il traîna à l'échafaud ses amis, ses parents et tous ceux qui avaient eu foi en lui.

Le roi d'Angleterre, pour détourner l'attention publique de tous ces crimes et de toutes les exécutions sanglantes qui se succédaient avec une rapidité effrayante, chercha à troubler la tranquillité de l'Écosse. La guerre s'en suivit, elle tourna à son avantage. Ses succès et la terreur générale qu'inspirait son caractère cruel, lui suscitaient sans cesse de nouveaux embarras et lui créaient de nombreux ennemis. Toujours heureux, il découvrait et anéantissait tous les complots, aucun adversaire ne lui échappait. Un mauvais génie semblait les pousser successivement à leur perte.

L'archevêque d'York, peu favorable au gouvernement sanguinaire et despotique de Henri IV, vivait retiré loin de la cour; par la sainteté de sa vie, ses largesses aux indigents et l'affabilité de ses manières, il s'était concilié jusqu'à l'adoration des peuples. Il pleurait sans cesse la perte de plusieurs membres de sa famille, que le roi avait fait mourir d'une manière rien moins que légale. Il avait déjà lui-même été en butte à des outrages et à des menaces de la part de Henri IV.

Le comte de Nottingham lui fit approuver des projets qui, en apparence, ne tendaient qu'à obtenir la réforme. Un nouveau complot s'ourdit donc entre ces grands personnages et plusieurs autres ; mais leurs démarches furent si mal concertées, que tous leurs partisans ne prirent pas les armes à la fois. Le comte et l'archevêque avaient rassemblé une armée d'environ huit mille hommes, à Sipleton, près d'York. Ils ne voulaient plus une simple réforme, mais bien un changement entier dans le gouvernement. Ils publièrent un manifeste, *au nom de la République* d'Angleterre. Ils appelèrent tous les peuples à secouer le joug royal, à venir se ranger sous l'étendard de la liberté. Le roi était traité d'usurpateur, de parjure, de rebelle, d'homme sans foi, d'impie, et surtout d'assassin.

L'armée royale envoyée pour les combattre était très-faible, et eût probablement été vaincue ; mais son général usa de ruse. Il demanda à l'archevêque et au comte de Nottingham une conférence pour traiter de la paix et s'entendre. L'archevêque, espérant obtenir un heureux résultat par des moyens pacifiques, se laissa séduire et fit partager au comte la sécurité qu'il avait lui-même. Ils eurent l'imprudence de s'éloigner de leurs troupes et d'aller seuls se présenter à leurs adversaires. Ceux-ci s'emparèrent de leurs personnes et les amenèrent au roi, qui ordonna leur condamnation et leur exécution immédiate.

D'après les lois de l'État, le comte de Nottingham ne pouvait être jugé que par les pairs, et l'archevêque ne devait paraître que devant la juridiction ecclésiastique. Le grand-juge crut donc devoir refuser de se prêter à l'illégalité que le roi exigeait de lui. Mais Henri passa outre, et un chevalier complaisant remplaça le juge. Tous deux furent condamnés à la peine capitale et exécutés sur-le-champ. Leurs têtes, plantées au bout d'une pique, furent exposées sur une muraille aux regards de la foule. Le peuple, les considérant comme des martyrs, vint longtemps prier en ce lieu de désolation, et invoqua leur intercession auprès de Dieu pour la délivrance des maux de l'Angleterre.

Tous les autres ennemis de la tyrannie de Henri IV qui tombèrent entre ses mains, furent décapités, et leurs corps, coupés par morceaux, furent envoyés aux principales cités de l'Angleterre. Ainsi se consolida la puissance de ce tyran. Actif, perfide, cruel, il ne laissa ni trêve ni repos à ceux qu'il soupçonnait lui être peu favorables. Il régna et put régner par la terreur. Mais sa vie agitée, les crimes qu'il avait commis, tant de sang versé, une conscience bourrelée, des chagrins domestiques, les craintes de l'avenir occasionnèrent dans sa constitution des ébranlements ruineux ; il eut de fréquents accès d'épilepsie, des pustules dégoûtantes dégradèrent son visage, enfin il succomba à l'âge de soixante-quatre ans, après avoir régné treize ans dans des flots de sang. Son corps devant être inhumé dans la cathédrale de Cantorbery, fut mis dans un vaisseau pour être transporté par mer. Une tempête affreuse s'éleva dans la traversée ; les matelots crurent que le corps du roi, frappé de malédiction céleste, les exposait à une mort certaine, ils le jetèrent à la mer et ne déposèrent dans la cathédrale de Cantorbery qu'un cercueil dans lequel ils avaient mis de la terre et du bois.

Dans les premières années de son usurpation, Henri IV flatta la chambre des communes, il avait besoin de l'appui de ces représentants du peuple. Mais plus tard, quand elle voulut définir elle-même sa propre autorité et limiter par conséquent la puissance royale, Henri lui fit répondre que ses membres n'étaient que des pétitionnaires et des demandeurs, qu'ils n'avaient pas voix délibérative, et qu'ils n'avaient voix consultative que sous le bon plaisir du roi, lorsqu'il les réunissait pour obtenir d'eux des renseignements. Mais ni sa volonté despotique, ni l'effroi que ses cruautés et sa vengeance implacable répandaient en tous lieux, ne purent asservir les communes à une entière obéissance : il leur arriva souvent de protester.

Les principes de Wicleff n'avaient pas été entièrement anéantis par les persécutions dirigées contre ses disciples. Les richesses du clergé, son luxe et ses vices excitaient contre lui les populations. De nouveaux prédicateurs ambulants, sous le règne de Henri IV, accusaient les ecclésiastiques d'usurper sans cesse le patrimoine des pauvres et de contribuer ainsi à l'augmentation des taxes qui pesaient sur le peuple. Le clergé alarmé présenta une pétition au roi pour réclamer sa protection contre les prédications et les écrits des réformateurs, et les faire poursuivre comme hérétiques ; il demandait que la peine du feu leur fût appliquée. Déjà on révoquait en doute le droit de payer les dîmes, déjà des hommes d'État parlaient de proposer une loi pour la confiscation d'une partie des biens immenses du clergé. La Chambre des communes disait que le tiers des biens du royaume était possédé par les ecclésiastiques, qu'on devrait dégrever le peuple et faire peser une partie des impôts sur eux.

Mais l'archevêque primat répondit qu'ils supportaient également les charges, puisqu'ils entretenaient un certain nombre de militaires au service du roi, et qu'en outre ils s'occupaient nuit et jour, dans leurs foyers, à prier Dieu pour sa majesté, pour le succès de ses armes et pour la prospérité du royaume. L'orateur de la Chambre n'admit pas l'efficacité des prières du clergé et dit hardiment qu'on s'en passerait fort bien, mais qu'il fallait des subsides.

Le roi témoigna son mécontentement de cette audacieuse attaque contre les biens du clergé. Les prêtres lui étaient en général dévoués ; ils appuyaient son gouvernement tyrannique de toute leur influence, en retour de tous leurs priviléges qu'il protégeait. Il fit imposer silence à la chambre.

Pendant la discussion, Henri avait cru démêler quelques-uns des principes des novateurs ; il voulut donner un grand exemple en leur inspirant une crainte salutaire. Un pauvre prêtre, William Sawtre, avait présenté une pétition aux chambres pour développer et soutenir quelques principes de réforme, il fut arrêté et interrogé dans un synode tout composé des prélats les plus hostiles à ces principes ; on le déclara hérétique ; Henri ordonna de le conduire au bûcher ; Sawtre fut brûlé en présence d'une multitude immense qui le regarda comme un martyr.

Au moyen-âge, l'histoire, c'est la guerre, c'est du sang, ce sont des supplices et des vengeances ; en vain chercherions-nous à reposer l'imagination fatiguée du spectacle de tant d'horreurs. Au milieu de toutes ces scènes sanglantes qui se déroulent confusément, au milieu de ce chaos de crimes et de perversités, les germes de la civilisation commencèrent à poindre. Jetées par les rois les unes sur les autres, les castes et les populations s'égorgent, se volent, se maltraitent, contractent des haines qu'on croirait éternelles ; mais ce choc, ce frottement continuel des masses et des individus établit une fusion entre eux ; les passions s'éteignent ; ces animosités, que les princes avaient inspirées pour servir leur tyrannie, font place à des sentiments de bienveillance ; l'unité des intérêts les rapproche, et finit par préparer pour l'avenir les voies à l'amitié.

Le fils de Bolingbroke, sous le nom de Henri V, succéda à Henri IV, son père. Par ses cruautés, son emportement, son orgueil et ses débauches, il s'était d'abord attiré le mépris et la haine de la nation. Il chercha à faire oublier ses torts par des actes de grandeur et de générosité. Il voulut surtout s'attacher le clergé invariablement ; alors il devint, pour lui complaire, le persécuteur acharné des novateurs appelés les *Jollards*.

Les doctrines religieuses, bien ou mal fondées, ont sur les cœurs une influence que la puissance temporelle ne saurait jamais détruire, et qui grandit même par la persécution. Les principes des Jollards, dangereux pour les intérêts des prêtres catholiques et des grands, avaient été accueillis avec enthousiasme par le peuple malheureux et exploité. Le nombre des sectaires était immense, et les innovations qu'ils proclamaient jetaient l'alarme parmi les nobles, les grands propriétaires et les prélats. On annonçait hautement que, s'ils étaient persécutés, à l'instant plus de cent mille hommes se lèveraient pour les défendre.

L'archevêque de Cantorbéry obtint du roi l'autorisation de poursuivre les hérétiques et de s'emparer de la personne dont les conseils dirigeaient le peuple. Cet homme se nommait sir John Oldcastle, lord de Cobham. Sous Henri IV, père du roi actuel, il avait montré dans la guerre une bravoure et des talents militaires qui lui avaient mérité l'estime du roi et celle de Henri V. Il avait même été un des plus joyeux compagnons de plaisir de celui-ci.

Le roi manda le lord Cobham. Celui-ci quitta son château de Cowling et se rendit à Windsor, où Henri V entreprit lui-même de le ramener à la religion catholique ; mais la résistance fut difficile à vaincre. Après des réflexions et un examen sérieux du dogme, Oldcastle lui dit :

« Sire, selon vos ordres, j'ai lu, étudié et examiné toutes ces questions ; j'ai consulté de saints personnages ; j'ai prié le Dieu tout-puissant de me communiquer une étincelle de son esprit. De toute mon application à cette étude, de toutes mes méditations, j'ai retiré la seule conviction que vous et ceux qui pensent comme vous, vous vous éloignez de la simplicité, de la pureté et de la sagesse des doctrines de l'Evangile. Mes principes religieux ne sauraient être subordonnés à mon dévouement comme sujet de votre majesté. Demandez-moi ma vie, elle est à mon souverain ; mais ma conscience est à moi seul ».

— Ouais ! reprit Henri ; comme tu raisonnes. Eh bien ! réponds à mes questions. » Et une discussion s'éleva entre le monarque et le sujet.

Le roi espérait l'embarrasser et le convaincre ; mais il s'embarrassa lui-même et se trouva réfuté.

Le lendemain, on apporta à Henri un livre qu'Oldcastle avait fait décorer de dessins et de peintures. Les doctrines de la secte réformatrice s'y trouvaient exposées dans tous leurs détails. Alors le roi fit des menaces au lord, qui se retira et regagna son château. Une ordonnance du roi prescrivit l'arrestation de tous les prédicateurs et de tous les sectaires déclarés. Oldcastle fut arrêté et enfermé à la Tour. Il comparut devant les évêques de Londres, de Winchester, de Saint-David et autres, qui déjà avaient condamné ses doctrines. Le lord se trouva donc en présence de juges accusateurs ; c'était commun dans ces temps de despotisme ecclésiastique.

Interrogé, lord Cobham répondit par les arguments de Wicleff et par des accusations contre l'Eglise catholique. Le clergé, disait-il, était le monstre nommé *Antéchrist,* le pape en formait la tête, les prélats et les abbés mitrés les membres, et les ordres religieux la queue. Il appelait ses propres juges des agents de malheur et des suppôts de l'enfer. Il fut condamné à périr par le feu.

La nuit qui précédait le jour de son exécution, les gardiens de la Tour, étourdis par le vin, s'endormirent, et des amis pénétrèrent jusqu'à la chambre du condamné. Ses fers furent brisés ; il put, à l'aide d'un déguisement, s'échapper. Aussitôt qu'il fut en liberté et hors des atteintes des agents du pouvoir, il fut rejoint par un nombre considérable de sectaires, qui s'éleva jusqu'à vingt mille hommes. Un projet d'une hardiesse inouïe devait être exécuté; les chefs avaient résolu d'enlever le roi, de déclarer acquises à l'État toutes les propriétés ecclésiastiques, de proclamer la république en districts confédérés, et de nommer John Oldcastle président; mais ils furent trahis et leurs plans déjoués. Tous ceux qui tombèrent entre les mains des agents du gouvernement furent jugés et beaucoup condamnés à mort; ils ignoraient, pour la plupart, les grands changements politiques que les chefs avaient médités. En se réunissant, disaient-ils, ils ne voulaient demander que la réforme des abus de l'Église. Il fut statué que tous ceux qui seraient convaincus désormais d'être sectaires, subiraient la peine capitale et la confiscation de tous leurs biens. Ces mesures plus que sévères furent accueillies par les lords et les prélats avec des démonstrations d'allégresse et de reconnaissance; néanmoins elles ne purent étouffer ces mêmes opinions dans les idées, plus larges et moins égoïstes, des membres des communes, qui, dans plusieurs circonstances, invitèrent la royauté à porter la main sur les biens ecclésiastiques, pour alléger les subsides de la nation.

John Oldcastle parvint à s'échapper; sa tête fut mise à prix. Privé de tous ses biens, il erra quelque temps en Écosse sous un faux nom. De là il alla en Danemark, voyagea en Europe, habita la France quelques années, et reparut plus tard sur la scène du monde; il resta toujours fidèle à ses principes de liberté religieuse et politique.

En France, Louis XI vieillissait. Inquiet, soupçonneux et méfiant, ce roi se tenait enfermé dans un château fort à Plessis-les-Tours, où il vivait retiré. C'est de là qu'il gouvernait son royaume. Sur de simples soupçons, il faisait tuer tous ceux qu'il supposait lui être hostiles. Les formes de la justice ordinaire lui paraissaient trop lentes. Son prévôt Tristan et Olivier-le-Daim, exécutaient promptement ses ordres; il était impitoyable. Plusieurs grands personnages dont il avait ajourné l'exécution ou qu'il voulait laisser vivre pour les faire souffrir plus longtemps, étaient enfermés dans des cages de fer et confinés au fond de sombres cachots. Son manoir du Plessis présentait l'aspect d'une forteresse. On n'y voyait que des gardes nuit et jour occupés à se relever; des fossés profonds et des chausse-trappes entouraient cette demeure et la rendaient inaccessible. Il préférait ce séjour à celui de Paris, où il eût craint à chaque instant pour sa vie. Superstitieux, cruel et bigot, il avait sur son chapeau une petite Vierge de plomb; lorsqu'il commettait une mauvaise action, il lui demandait humblement pardon, ou mieux, il la cachait afin qu'elle ne fût pas témoin de sa faute.

Grand amateur d'amulettes, il dépensait des sommes énormes à faire venir de toutes les contrées toutes sortes de reliques. Il aimait parfois à être témoin des scènes populaires et des plaisirs des villageois.

En quelques couplets, Béranger a peint ce roi :

> Il vient! il vient! Ah! du plus humble chaume,
> Ce roi peut envier la paix.
> Le voyez-vous, comme un pâle fantôme,
> A travers ces barreaux épais?
> . . . .
>
> Dans nos hameaux, quelle image brillante
> Nous nous faisions d'un souverain!
> Quoi! pour le sceptre, une main défaillante!
> Pour la couronne, un front chagrin!
> . . . .
>
> Malgré nos chants, il se trouble et frissonne;
> L'horloge a causé son effroi.
> Ainsi, toujours il prend l'heure qui sonne
> Pour un signal de son beffroi.
> . . . .
>
> Mais notre joie, hélas! le désespère;
> Il fuit avec son favori.
> Craignons sa haine, et disons qu'en bon père,
> A ses enfants il a souri.
>
> Heureux villageois, dansons;
>   Sautez, fillettes
>   Et garçons.
> Unissez vos joyeux sons,
>   Musettes
>   Et chansons.

Louis XI, atteint d'une maladie de langueur, sentait diminuer toutes ses forces, il dépérissait tous les jours; des attaques successives de paralysie ne permirent bientôt plus de concevoir la moindre espérance. Il s'entoura plus que jamais d'amulettes et de figures de dévotion. Il se fit apporter l'huile prétendue sainte, qui servait au sacre des rois de France, et qu'une superstition, entretenue avec soin dans le peuple, faisait croire avoir été apportée du ciel par une colombe; il s'entoura de morceaux de la vraie croix, de rosaires qui avaient touché le sépulcre du Christ, d'ossuaires de chrétiens canonisés; toutes choses dont l'église retirait, avec les crédules de tous les pays, un bénéfice immense. Mais ce fut en vain; aucun miracle n'eut lieu.

Malgré sa faiblesse et les progrès de sa maladie, Louis XI cherchait à dissimuler son état; il avait la conscience de sa position et conservait en grande partie ses facultés intellectuelles; mais sa méfiance, sa ruse, ses instincts féroce de vengeance ne firent qu'augmenter; il renforça les postes de son château de grosses grilles, hérissa les fenêtres de pointes de fer, doubla sa garde au dedans et au dehors, et fit planter des gibets en vue des passants, pour inspirer de l'effroi; son compère Tristan était chargé de les garnir de victimes. Mais si toutes ces précautions le mettaient à l'abri d'une attaque de la part de ses ennemis, elles ne le préservaient pas d'une destruction prochaine. La mort forçait la consigne.

> Le pauvre en sa cabane, où le chaume le couvre,
> Est sujet à ses lois;
> Et la garde qui veille aux barrières du Louvre
> N'en défend pas nos rois.

Louis XI s'éteignit sans agonie et sans douleur. Ce monarque, le plus despote, le plus absolu, qui ait occupé le trône de France, rendit à la liberté des peuples d'immences services. Le but de sa politique, avons-nous dit, était d'abattre la féodalité, pour constituer une monarchie absolue. Constamment, il travailla à abaisser la haute aristocratie et à centraliser, dans sa personne, tout le pouvoir. Pour briser les résistances des seigneurs, il en appelait aux communes, les favorisait, et suscitait des guerres entre ses plus puissants vassaux. En soutenant les communes, il les affranchissait du servage envers les seigneurs, détruisait ainsi l'aristocratie, et plus tard les peuples osèrent mettre en question l'omnipotence royale.

Charles VIII, son fils, lui succéda. Ce prince n'avait que treize ans. Les états-généraux durent se réunir pour délibérer sur la régence du roi Il s'éleva de longues discussions, il y eut des séances orageuses, dans lesquelles l'orgueil des membres de la famille royale fut cruellement froissé. Les adulateurs du nouveau pouvoir voulaient que la régence fût confiée à un prince du sang. Il y eut alors ce que nous avons vu de nos jours, des députés assez obséquieux pour avancer que l'assemblée des États ne pouvait ni ne devait délibérer sur une pareille question ; que dans un gouvernement monarchique, le pouvoir appartenant à la famille royale, que les princes du sang seuls avaient le droit de l'exercer pendant la minorité de l'enfant royal, et que les États ne pouvaient que présenter des doléances au pied du trône, en faveur des peuples et régler la levée des impôts.

Un membre de la noblesse de Bourgogne, le seigneur de La Roche, réfuta avec éloquence cette proposition, en proclamant des principes presque républicains : « L'autorité publique, dit-il, est l'autorité du « peuple, c'est le peuple qui l'a confiée aux rois ; tous ceux qui l'exercent « par toute autre voie sont des tyrans et des usurpateurs. Notre roi ne « peut gouverner par lui-même la chose publique ; il faut que l'autorité « souveraine revienne à qui de droit, non à un, ni à plusieurs princes, « mais au peuple. Et le peuple, ce n'est pas la populace qui ne vit que « d'un ignoble parasitisme, mais les hommes de tous les états qui con- « stituent la nation, qui contribuent aux charges publiques. C'est parmi « eux qu'il faut choisir des régents. »

Au quinzième siècle, ces paroles étaient hardies ; à peine eût-on osé les soutenir au dix-neuvième, sous la royauté corruptrice de Louis-Philippe. Mais du haut de la chaire, quelques moines, qui avaient, dans l'étude et la retraite, étudié l'organisation des sociétés, faisaient entendre quelquefois des discours bien plus empreints de cet esprit de liberté qui ne s'est réveillé qu'en 1848, et qui sommeillait de 89. Voici des paroles pleines de force, de hardiesse et d'audace prononcées par Guillaume Pepin, dans un sermon, à la même date que le discours du seigneur de La Roche aux états :

« Est-ce chose sainte que la royauté ? Qui l'a faite ? Le diable, le « peuple et Dieu.

« Dieu, parce que rien ne se fait sans son consentement ; le diable, « parce qu'il a soufflé l'ambition et l'orgueil au cœur de certains hommes ;

« le peuple, parce qu'il s'est prêté à la servitude, parce qu'il a donné
« son sang, sa force, sa substance, pour se forger un joug.

« Quelques hommes, sortis de ses rangs, se dévouèrent à la cause de
« l'ambition et de l'orgueil; de là l'origine de la noblesse; car les rois
« s'associèrent les premiers nobles, instruments de leurs passions, comme
« Lucifer s'était associé ses démons.

« Nobles ou rois, quel usage, ces maîtres que le peuple s'est imposés,
« ont-ils fait de leur pouvoir? Voyez les princes, les seigneurs, ils pres-
« surent leurs vassaux et ruinent les marchands par des droits de péage;
« ils volent et leurs peuples useraient d'un droit légitime en refusant de
« payer les impôts. Les rois valent-ils mieux? Non certes. Ils sont pro-
« digues, cruels; ils attentent à la liberté de leurs sujets, et donnent
« ainsi le droit de les renverser; car les sujets ont pour eux le droit
« divin qui crée la liberté. »

Il y a trois cent soixante-dix-huit ans environ, que d'humbles moines osaient ouvertement prêcher la liberté et faire un appel aux droits de l'homme et à l'insurrection. Ils aimaient l'humanité, ils étaient chrétiens éclairés. Trois cent cinquante ans plus tard, après la révolution de 1830, l'homme des deux mondes, Lafayette, s'écria du haut de la tribune : *Lorsqu'un monarque attente aux droits d'un peuple, l'insurrection est le plus saint des devoirs*. On murmura, et dans le cœur d'une Chambre déjà vendue, ces nobles paroles restèrent sans écho. La cour nouvelle porta sur lui une sentence tacite de proscription, et jusqu'à ce que la terre eût recouvert les cendres de ce grand citoyen, la haine d'une royauté hypocrite le poursuivit sans relâche de ses calomnies et de ses sarcasmes.

C'est sous le règne de Charles VIII, que la puissance des parlements se dessina au point de contrebalancer la puissance royale. Ce fut à l'occasion des impôts; ils refusèrent de voter les sommes demandées par la cour. Le tiers-état se montra le plus zélé pour défendre les intérêts des contribuables. Il voulut connaître l'emploi de toutes les sommes, mit en doute l'opportunité et la nécessité de certaines dépenses. Le chancelier impatienté se leva et, comme pour venger la majesté royale de *tant d'outrages :* « Le roi, dit-il, n'a-t-il pas le droit de maintenir les « taxes? »

Ces paroles excitèrent une violente agitation. « Eh quoi! s'écrièrent les « députés, le roi se permettrait de maintenir et d'imposer des taxes non « consenties ; ce ne sera pas. »

Alors le connétable de Bourbon, parent du roi, et vieillard despote et colère, dit avec emportement : « O les vilains! ils oppriment quand ils ne « sont pas opprimés; moins ils ont d'impôts, plus ils sont mutins et in- « solents, il faut les traiter durement pour les rendre dociles. »

Ces paroles aigres, prononcées de part et d'autre, n'eurent d'autre suite que de provoquer quelques explications entre les membres du Parlement; on se réunit de nouveau, et pour prévenir les conséquences fâcheuses d'une mésintelligence entre la couronne et les États, les députés consentirent à accorder, pour le commencement du règne, les sommes demandées.

Si ce siècle fut celui des grands crimes en France, comme en Angleterre et en Italie, il fut aussi celui des grandes choses. En vain la barbarie du moyen-âge s'efforçait-elle de peser encore sur le monde et de retenir l'esprit humain dans les langes de l'ignorance et de la superstition ; au besoin de liberté qui agitait les peuples, se joignait le besoin, le désir insatiable de savoir. On révoquait en doute la science traditionnelle et révélée; la raison s'éclairait tous les jours par l'étude de la nature; elle voulait voir, comprendre et définir. L'imprimerie fut inventée, et, dès lors, la pensée trouvant une expansion illimitée, porta les découvertes de la science chez tous les peuples, tendit à les lier par une communauté de sentiments, et à les rapprocher par des besoins réciproques.

Christophe Colomb, né à Gênes, vint ouvrir dans l'Europe étonnée, une carrière immense au commerce, aux arts, à l'industrie, aux sciences et à la politique. Géographe, astronome et navigateur, il ne pouvait comprendre que les colonnes d'Hercule fussent les barrières du monde. Par-delà les mers il voyait d'autres terres, un monde et des êtres vivants inconnus.

Ce vaste génie pensa que la terre supportait la mer, et que l'Europe devait, sous les eaux, se continuer et reparaître ainsi sur plusieurs points plus ou moins étendus. Il fut longtemps traité de visionnaire et de fou; mais il soutint toujours sa doctrine. Son âme ferme et intrépide entreprit de le prouver : il s'adressa à ses concitoyens, il fut repoussé avec humiliation. Il se présenta à la cour de Charles VIII, roi de France, et il ne fut pas écouté. Le peuple français le tourna en ridicule. On chansonna même l'*aventurier génois*. Henri VIII, roi d'Angleterre, le chassa. En dernier lieu, il s'adressa à Ferdinand et à Isabelle ; pendant huit ans, la cour d'Espagne soutint ses espérances, mais on finit par l'éconduire aussi après cette longue attente. Il se disposait à quitter l'Espagne, dégoûté, malheureux de ne pas avoir été compris, lorsque deux protecteurs zélés lui concilièrent la faveur de la reine. Christophe Colomb obtint trois petits vaisseaux. Quelques aventuriers s'attachèrent à sa fortune et il fit voile pour sa hasardeuse expédition. Pendant plus de deux mois, cet équipage vogua sur une mer inconnue et sans limites, au milieu de toutes les inquiétudes et des angoisses de la terreur. Que de tourments, que d'agitations ne furent pas le partage du malheureux Christophe; quelle conviction ne devait pas être la sienne, que de mesures, que de fermeté, que d'adresse pour maintenir jusqu'à la fin un peu de confiance parmi ses compagnons de voyage ! Il résista à leurs vœux, à leurs menaces, à leurs prières, et refusa de les ramener en Espagne. Les provisions s'épuisaient, et au milieu de cet espace, aucun terme probable n'apparaissait à ces compagnons désespérés. Ils menaçaient déjà Colomb de la mort, et celui-ci se voyait forcé de céder bientôt à leur violence, lorsque, tout à coup, un point apparaît à l'horizon : terre ! terre !!!

Un étonnement mêlé d'admiration fut le sentiment général que produisit en Europe ce succès inespéré. Bientôt après, Vasco de Gama, par une autre route, doubla le cap de Bonne-Espérance et aborda aux Indes.

CHAPITRE XV.

Quinzième siècle.

JÉROME SAVONAROLA. — DOMINIQUE BONVICINI. SYLVESTRO MARUFFI.

Naissance de Savonarola, ses études, ses amours, sa vocation religieuse, ses principes philosophiques, ses talents oratoires, son portrait; il combat les désordres des mœurs de Brescia; sa prophétie, ses prédications à Florence, ses succès, ses attaques contre le pape et le clergé, son culte pour la liberté et les droits de l'homme, sa fermeté envers Laurent de Médicis; il soutient l'alliance avec la France; ses nouvelles attaques contre les vices du clergé. — Complots contre lui. — Il est accusé d'hérésie; il continue ses prédications, malgré l'excommunication. — Épreuve du feu. — Il est condamné et brûlé vif avec deux disciples. — Le pape Alexandre VI; ses crimes, ses vices, ses enfants, ses maîtresses.

Nous allons retracer une des plus imposantes et des plus nobles figures de ces temps. Jérôme Savonarola, issu d'une illustre famille de Padoue, naquit à Ferrare, où ses parents étaient venus se fixer.

Ses études furent brillantes; son intelligence était vaste, sa mémoire immense. Par sa fortune, ses talents et sa naissance, il était destiné à occuper dans le monde un des premiers rangs. Dès son enfance, son cœur naturellement tendre et affectueux, s'ouvrit facilement aux épanchements de l'amitié. A son âme ardente, une imagination vive peignit de bonne heure l'amour, sous un point de vue que la nouveauté du sentiment poétise toujours. Un fonds de timidité tempérait en lui un besoin naturel d'expansion et répandait sur sa physionomie une teinte de tristesse que semblait justifier son regard doux et grave à la fois.

Savonarola aima comme on peut aimer sous un beau ciel et comme on aime à vingt ans. Il brûla de cet amour que l'homme n'éprouve qu'une seule fois dans la vie, de cet amour qui élève l'âme et qu'un sentiment religieux épure. Il aima avec toute la candeur du jeune âge, avec son enthousiasme et ses illusions. L'objet de ce premier amour fut donc pour lui, comme il est pour tous, l'idéal vivant de la beauté, de la vertu, de la perfection, un ange...

Valentina avait terminé son troisième lustre. Belle et gracieuse, elle excitait dans Ferrare une admiration générale. Un cachet indéfinissable de mélancolie et de douceur régnait sur sa physionomie céleste. La vue, la pensée, le nom seul de Valentina excitaient en Savonarola un sentiment de malaise et de volupté à la fois. Près d'elle tout son sang refluait avec violence vers le cœur et le cerveau, il restait interdit ; pendant quelques instants, sa voix et son intelligence lui faisaient défaut.

L'âme poétique du jeune homme rêvait en elle une amie, une amante, une épouse et puis toute une vie de bonheur. Valentina partageait cette passion naissante ; sans s'être fait aucun aveu, ces deux jeunes cœurs étaient tout entiers l'un à l'autre ; elle devint sa muse, et comme tous les poètes et les hommes de génie, il puisa dans son amour les plus sublimes inspirations. Quelques chants d'une poésie douce et pure, ont traversé les siècles et sont arrivés jusqu'à nous ; on a prétendu que Gessner s'était emparé de quelques-unes de ses pensées. Peu de ses charmantes œuvres sont connues ; en quittant le monde, il les livra toutes aux flammes. Nous livrons à nos lecteurs une strophe d'une des idylles qu'on lui attribue :

> Que ne suis-je la fleur qui te sert de parure,
> Ou le nœud de ruban qui te presse le sein,
> Ou ta robe légère, ou ta molle chaussure,
> Ou l'oiseau qui te baise et que nourrit ta main.

Mais à tous ces rêves de félicité succédèrent bientôt la déception, la douleur et les regrets. Un souffle glacé vint flétrir pour toujours cette fleur à peine éclose. Comme tout être vivant, cette vierge n'était qu'une argile que la mort brisa en la touchant. Valentina emporta dans la tombe l'amour et le bonheur du jeune Savonarola.

Frappé de ce coup imprévu, Jérôme, naturellement porté aux méditations religieuses, se déroba bientôt à sa famille. Il renonça, non aux hommes qu'il aimait et qu'il voulait éclairer et servir, mais aux plaisirs et aux illusions du monde qui ne laissent dans l'âme que vide et déceptions. Il entra dans un monastère de religieux dominicains. En cherchant dans les études les plus sérieuses et le silence du cloître une diversion à sa douleur profonde, il fut amené à des considérations philosophiques de l'ordre le plus élevé. Il comprit de bonne heure la destinée de l'homme ici-bas, abstraction faite de sa destinée à venir qu'il abandonnait sans terreur à la clémence infinie de la Divinité.

Ses connaissances profondes dans tous les systèmes de philosophie, anciens et modernes, ramenées à l'unité de la morale par la nature de son esprit analytique, par ses progrès dans les sciences exactes et ses méditations, le guidèrent vers l'appréciation juste des causes à travers le dédale des actes humains. Il comprit que l'absence de la vérité conduisait les peuples et les individus au mal moral et à toutes les souffrances. Que le *moi* exclusif était la cause première de toutes les plaies sociales, que le *moi*, pour exploiter les hommes au profit de quelques-uns, employait de tout temps le mensonge dans la bouche des gouvernants comme dans la bouche des prêtres. Il comprit surtout cette vérité fondamentale de toute société humaine et anti-anarchique, que chacun devait à l'humanité la somme de ses forces. Il se promit d'avance de réformer les mœurs. Il s'y prépara par des macérations, par des études nouvelles et par des vieilles qui surexcitèrent de plus en plus son cerveau et affaiblirent ses forces physiques.

Bientôt ses supérieurs reconnurent en lui les dispositions les plus heureuses et les talents les plus distingués. Il fut destiné à donner des leçons publiques de philosophie. Savonarola, appelé ainsi à parler en public, eut à lutter d'abord contre les défauts de son organe faible et dur, contre la mauvaise grâce de sa déclamation et contre l'abattement de ses forces physiques. Mais la puissance de son talent et de sa volonté triomphèrent de tous ces obstacles. Il s'exerça dans son monastère sous les yeux des autres religieux, et bientôt il joignit aux avantages dont la nature avait été si prodigue envers lui, le don de la parole qu'elle lui avait d'abord refusé.

Démosthène avait su donner de la souplesse à sa voix, de la régularité et de la douceur à sa prononciation par la continuité de l'exercice et la force de sa volonté ; Savonarola força aussi la nature à lui obéir. Lorsqu'il parut en public, il modula à son gré une voix harmonieuse et forte ; il la soutint par une déclamation noble, imposante et gracieuse. Il croyait sentir en lui-même une impulsion secrète et prophétique qui devait le poser comme un réformateur, et qui l'appelait à prêcher au monde des principes plus rapprochés du véritable christianisme.

Comme le prophète Jérémie, il gémissait sur les fautes du clergé et sur les vices des hommes ; il voyait les conséquences de ces mêmes fautes préparer, pour un avenir peu éloigné, des calamités sans nombre à l'Église et à l'État. Il annonça aux habitants de Brescia que leurs murs seraient un jour baignés par des torrents de sang. Cette menace se réalisa. Deux ans après sa mort, Brescia fut prise d'assaut par les Français, sous les ordres du duc de Nemours, et presque tous les habitants périrent dans le sac de la ville.

Savonarola était chétif et d'une sensibilité nerveuse excessive ; un vaste cerveau, un front large et élevé dominaient des traits amaigris, mais bien dessinés et d'une admirable pureté de lignes. Il parlait en inspiré. Tout ce qui choquait la sévérité de ses principes l'irritait. Nommé prieur d'un couvent de son ordre dans la ville de Florence, il fit le voyage à pied.

Il fut bientôt effrayé du désordre des mœurs de cette république. Des livres profanes étaient constamment dans toutes les mains, des poésies et des chants érotiques dans toutes les bouches. A ses yeux, Pétrarque, Dante et Boccace étaient la cause unique de cette dépravation. Dès lors, il dirigea les foudres de son éloquence contre tous ces produits enchanteurs de l'esprit humain. Son zèle alla si loin qu'il condamna ouvertement comme impies tous ces chefs-d'œuvre de la littérature italienne. Son exaltation fut quelque temps un véritable fanatisme. Son éloquence entraîna toute la ville ; ce fut dans la patrie même de ces génies que Savonarola fit proscrire leurs œuvres, et dans un auto da fé, les flammes dévorèrent sur la place publique les plus belles poésies.

Pauvre Jérôme! il put oublier en ce moment ce qu'il avait senti, lui aussi, il oubliait que la perte seule d'un objet aimé l'avait détaché de toutes les choses de la terre, et que la belle Valentina n'était elle-même, comme tout être vivant, que le fruit d'un baiser reçu et rendu. Il oublia donc ses doux rêves de bonheur passé, et ses essais poétiques que l'amour avait inspirés! Une voix intérieure ne lui cria-t-elle pas au fond du cœur, que, sans les coups de la mort, le nom de Savonarola eût été inscrit à côté de celui de ces illustres poètes, et que ses œuvres eussent été immortalisées. Oh non! il n'oublia rien; cette voix et la douleur parlèrent dans son âme; mais il refoula comme profanes toutes ces pensées, tous ces souvenirs, et obéit à la loi inexorable qu'il s'était imposée; l'amour de l'humanité dominait exclusivement cette nature ardente et étouffait en lui tout autre sentiment.

Savonarola se trompa dans son jugement sur la cause du relâchement des mœurs. Animé d'un zèle brûlant, il voulut réformer les hommes; il eût tout sacrifié aux principes sévères de sa morale. Il est vrai qu'un instant il y eut moins de mal à la superficie; mais la société n'en resta pas moins corrompue. Seulement il apparut un vice de plus, l'hypocrisie. L'immoralité n'en devint que plus profonde, plus vivace, plus difficile à combattre. Il comprit son erreur; il revint à d'autres sentiments, et dès lors, il remonta au mal jusque dans sa véritable source : il attaqua le clergé.

Pendant huit ans, il prêcha une réforme, et montra à nu tous les vices de la discipline cléricale; il combattait les formes chrétiennes, mais il respectait la foi. Aveuglément soumis aux dogmes, il ne se permit jamais d'élever un doute sur ce qu'il regardait comme des vérités fondamentales. Ce n'était pas même la raison qu'il invoquait contre l'ordre établi; il voulait renverser cet ordre au nom de la foi, au nom surtout d'une inspiration qu'il croyait surnaturelle. Il mêlait des idées de liberté à ses prédications contre la corruption du siècle; il invoquait la réforme de tous les abus; il donnait un libre essor à son imagination brillante et enthousiaste, quand il parlait des intérêts du ciel; mais il argumentait avec une logique vigoureuse quand il discutait les intérêts de la terre. Dans tout ce qui était l'ouvrage des hommes, Savonarola voulait qu'on ne reconnût pour but que l'utilité des hommes, et pour règle que le respect de leurs droits. La liberté ne lui paraissait guère moins sacrée que la religion.

Il regardait comme un bien mal acquis et qu'on ne pouvait conserver sans renoncer à son salut, tout pouvoir usurpé sur les peuples. Laurent de Médicis, qui s'était emparé de la dictature à Florence, était à ses yeux le détenteur illégitime de la propriété des Florentins. Malgré les invitations réitérées de ce chef de l'Etat, Savonarola ne voulut pas lui rendre visite, ne lui montra aucune déférence, pour témoigner jusqu'au bout combien il avait en horreur une usurpation qui tendait tous les jours à dégrader le peuple. Lorsque Laurent, au lit de mort, appela ce confesseur auprès de lui pour recevoir de ses mains l'absolution, Savonarola lui demanda s'il avait foi en Dieu, le moribond déclara la sentir en son cœur; puis, s'il était disposé à restituer tout le bien qu'il avait illégitimement acquis; Laurent, après quelque hésitation, déclara qu'il était disposé à le faire; enfin, s'il rétablirait la liberté florentine et le gouvernement populaire de la République; mais Laurent repoussa cette dernière condition, renvoya Savonarola, et mourut.

Pierre de Médicis succéda à Laurent. La corruption des mœurs, favorisée par ce chef nouveau, rendait son gouvernement plus facile. Les Florentins devenaient d'autant plus dociles au joug, qu'ils se croyaient plus libres. La licence des mœurs, les progrès du luxe et le désordre n'eurent plus de frein. La corruption des prélats, la dépravation de tout le clergé marchèrent tête levée. Du haut de sa chaire, Savonarola tonna de toute son éloquence contre la dégradation et l'avilissement des âmes; il invoqua la liberté et la dignité de l'homme; il signala comme les deux seules causes de la perversité et du désordre des mœurs, l'oubli des devoirs dans les deux puissances, spirituelle et temporelle. Il voyait toute énergie s'éteindre dans les âmes, et de grands malheurs menacer l'Italie.

A cette époque, la France, héritière des prétentions de la maison d'Anjou à la couronne de Naples, s'apprêtait à réclamer ses droits par la force des armes. Il se forma, pour lui résister, un projet d'alliance entre toutes les puissances italiennes. Le pape Alexandre VI et Louis Sforza, duc de Milan, en firent partie.

En 1494, Charles VIII entra en Italie. La République de Florence, attachée de tout temps à la France, qui avait protégé le parti guelfe et la liberté, et excitée par Savonarola, chassa les Médicis de la ville et les déclara traîtres et rebelles. Le nouveau gouvernement envoya des ambassadeurs au roi de France; parmi eux se trouvait Savonarola. Il parla devant lui en prophète inspiré. Son discours produisit peu d'effet sur le jeune monarque, qui ne le comprit pas; et Charles VIII se jeta dans des embarras dont il ne put sortir avec honneur.

Son expédition en Italie fut d'abord heureuse; mais il mécontenta bientôt toutes les populations. Il perdit le fruit de ses conquêtes et fut chassé de la Péninsule. Savonarola, par ses conseils, sut maintenir l'alliance entre les Français et Florence, et se trouva ainsi à la tête du parti français, ce qui ne contribua pas peu à sa fin malheureuse. D'un autre côté, le haut clergé, dont il avait hautement blâmé les mœurs, le pape surtout et ses fils, dont il avait attaqué l'immoralité, devinrent ses implacables ennemis. Savonarola ne pouvait voir le successeur des apôtres dans cet homme livré aux vices les plus dégradants et à tous les crimes, et la réforme qu'il prêchait devait commencer par le saint-siège.

Il était scandalisé de ce qu'une maîtresse du pape, Julie Farnèse, connue sous le nom de *Giulia bella,* se montrait avec ostentation dans toutes les fêtes de l'Église, et donnait publiquement, au mois d'avril de cette même année, un nouveau fils au pontife. Le pape ne pouvait pardonner à l'éloquent prédicateur qui dénonçait toutes ses fautes à la chrétienté. Le crédit et la puissance de Savonarola mettaient son trône en danger et déversaient sur sa personne le mépris universel. Déjà le clergé de Florence cédant à l'influence des prédications du réformateur, semblait revenir à des principes et à une vie plus austères. Alexandre VI craignit qu'un tel exemple ne fût tourné contre la cour de Rome, et ne devînt le signal d'une scission au milieu du gouvernement spirituel.

Il suscita une persécution contre lui. On l'accusa donc d'hérésie, la chaire lui fut interdite. Mais Dominique Bonvicini de Pescia le remplaça.

Ce nouveau prédicateur, ami et disciple de Savonarola, continua l'œuvre commencée de la réforme. Dès lors, la rage du pontife n'eut plus de bornes, il rêva une vengeance cruelle.

Ce saint-père fit, dès ce moment, une alliance secrète avec tous ceux qui avaient quelque motif d'inimitié contre Savonarola. Il fit entrer dans cette ligue tous les partisans des Médicis et les aristocrates qui étaient hostiles aux libertés de Florence, tous ceux encore qui ne voulaient pas se soumettre à subir les principes sévères de la morale prêchée par le réformateur et qui regrettaient l'ancienne licence des mœurs. Savonarola recommença ses prédications.

Dès lors, les ennemis nombreux du moine, sûrs de l'appui de Rome, osèrent l'attaquer publiquement, dans sa propre église, d'une manière grossière et indécente. Comme il allait prêcher, il trouva la chaire occupée par un âne empaillé. Profitant du désordre que cette pasquinade avait causée dans l'église, les libertins proposèrent de le chasser ou de le tuer. En même temps, les moines de Saint-Augustin, jaloux de l'ordre de Saint-Dominique, servaient le pape dans ses désirs de vengeance, et préparaient une réaction contre Savonarola, en mettant en doute, d'abord l'orthodoxie de ses principes, et bientôt en le dénonçant comme hérétique dans leurs sermons.

Le gouvernement florentin, qui avait besoin du pape pour ses négociations avec la ligue italienne, lui écrivit pour justifier Savonarola, et en même temps engagea celui-ci à cesser entièrement ses prédications. Savonarola avait été déjà excommunié comme hérétique, cette sentence s'étendait à tous ceux qui converseraient avec lui. D'abord, il avait reconnu l'autorité de Rome, il avait cherché à faire parvenir au pape sa justification, et n'avait pu réussir.

Blessé de la mauvaise foi de ses adversaires, il déclara alors, sur l'autorité du pape Pelage, qu'une excommunication injuste était nulle, et que celui qui en était frappé ne devait pas même chercher à s'en faire absoudre. Savonarola continua ses prédications, et le pape ses poursuites contre lui.

Léonard de Médicis, vicaire de l'archevêque de Florence, publia un mandement pour empêcher les fidèles de suivre les prédications de

Savonarola. Ce fut en vain. Les persécutions augmentèrent son crédit. Le pape en éprouva un ressentiment profond; sa colère était sans cesse excitée par le général des Augustins. Un prédicateur fut envoyé pour tenir tête à Savonarola; il prêcha dans l'église Sainte-Croix, à Florence, et parla avec force contre l'hérésiarque qui séduisait la République. En même temps, le pape ordonna par un bref, au gouvernement de Florence, d'imposer silence à Savonarola. Il fut obéi; et celui-ci, dans un discours éloquent et hardi, prit congé des Florentins le 17 mars 1498.

Alors s'établit une lutte étrange. François de Pouille, vicaire de l'archevêque, déclara qu'ayant appris que Savonarola parlait de prouver la vérité de ses doctrines par un miracle, offrit à ce dernier d'entrer ensemble dans un bûcher ardent. Savonarola craignit un piége de la part de ses ennemis; mais son disciple, Bonvicini de Pescia, s'offrit pour subir l'épreuve du feu. Enfin, après bien des difficultés, l'épreuve du feu fut décidée et fixée au 7 avril. D'un côté, c'étaient des franciscains; de l'autre, les amis du dominicain qui se présentaient.

Au moment de l'épreuve, il se passa une scène ridicule. Il y eut des hésitations en présence des flammes, et les franciscains reculèrent. Le même soir, des hommes du peuple insultèrent Savonarola au moment où il rentrait dans son couvent. Une foule de libertins, profitant de la circonstance, ameutèrent le peuple; on força le couvent, et Savonarola, Dominique Bonvicini et Sylvestro Maruffi furent livrés à leurs ennemis, ainsi que d'autres partisans du réformateur. Les amis qu'il avait parmi les magistrats furent déposés, et on prépara ainsi contre lui des accusateurs dans ses nouveaux juges.

Le pape, instruit de ces événements, voulait qu'on lui livrât Savonarola. La seigneurie de Florence refusa; mais elle consentit qu'Alexandre envoyât des agents du saint-office pour assister au procès. Savonarola comprit dès ce moment qu'il était perdu. On l'appliqua à la torture. Sa constitution faible et l'irritabilité naturelle de ses nerfs ne lui permirent pas de supporter les douleurs; il avoua, dans les angoisses du supplice, que ses prophéties n'étaient que de simples conjectures. Mais, aussitôt que les douleurs avaient cessé, il maintenait de nouveau la vérité de ses révélations et les principes de ses prédications.

Le pape pressait le jugement et la condamnation de Savonarola. L'infortuné prédicateur n'eut bientôt plus d'amis, et devint une nouvelle victime de l'inconstance et de la lâcheté des peuples. Ces mêmes Florentins, qui avaient vénéré en lui l'apôtre, le savant, le prophète et l'homme vertueux, cédèrent aux instances de l'homme le plus immoral, qui, par ses crimes et par ses débauches, déshonorait la tiare. Savonarola fut condamné.

Le 23 mai, un nouveau bûcher fut élevé sur cette même place, où son ami avait dû entrer volontairement dans le feu. Savonarola fut lié à un poteau, avec les deux religieux Dominique Bonvicini et Sylvestro Maruffi ; alors l'évêque Pagagnotti leur déclara qu'il les séparait de l'Église. Savonarola répondit seulement ces mots : *de la militante,* donnant à entendre qu'il allait entrer au ciel dans l'Église triomphante. Ce furent ses seules paroles.

Un de ses ennemis s'empressa de remplir l'office de bourreau, et mit le feu au bûcher. La flamme dévora ces trois martyrs de la liberté.

Nous devons à nos lecteurs quelques détails sur le saint-père et sa famille : Alexandre VI combla la mesure des scandales. Il empoisonnait les cardinaux, pour revêtir ses nombreux enfants de la pourpre romaine. Sa fille Lucrèce fut une de ses maîtresses ; deux fils du pape, César, cardinal de Valence, et François, duc de Candie, furent, l'un et l'autre, les amants de leur sœur. César assassina son frère par jalousie. Lucrèce sut se débarrasser de deux maris par un divorce scandaleux, et d'un troisième par le meurtre.

Le Vatican était le théâtre des plus dégoûtantes orgies, et la fille du pape présidait à toutes ces scènes de dégradation humaine ; elle-même distribuait des prix de débauche. Ce pape mourut, dit-on, empoisonné, en prenant par méprise un breuvage destiné à quelques cardinaux dont il convoitait les richesses. Alexandre VI, dont le règne avait duré onze ans, laissa en Europe une mémoire d'autant plus exécrable, que la sainteté de son ministère le rendit plus criminel encore. Les écrivains ecclésiastiques, sans nier ses vices, prétendent qu'il ne s'écarta jamais de la pureté de la foi.

Quelles absurdes réflexions ne suggère pas l'esprit de parti ! Qu'est-ce que cette foi, sans des œuvres? Qu'est-ce que cette foi démentie par des crimes de tout un règne et des débauches de toute une vie? Il est vrai qu'il s'efforça de maintenir pour les peuples les croyances absurdes qu'il n'avait pas lui-même, et dans l'Église une discipline tout opposée aux principes du christianisme. Pourquoi cette contradiction apparente? Le chiffre des revenus, prélevés sur les crédules et les superstitieux dans la chrétienté, explique tout. Qu'eût-il été sans cela? Aujourd'hui, ces recettes énormes diminuent avec le progrès des lumières. Encore quelque temps, que deviendra l'Église romaine? Lorsque le purgatoire, le diable et les indulgences s'effaceront devant la vérité; hé bien, elle redeviendra chrétienne, et le nouveau sacerdoce ne sera plus désormais que ce qu'il n'eût dû jamais cesser d'être, UNE MISSION DE MORALE ET D'AMOUR DE L'HUMANITÉ.

CHAPITRE XVI.

Seizième siècle.

ANDRÉ DE RIVA — SEMBLANÇAY. — BAYART.

Charles VIII s'empare de l'Italie. — Traité d'alliance avec Florence. — Il est couronné empereur d'Orient. — Bajazet déjoue ses plans. — Maladie nouvelle; misère de l'armée française. — Mort de Charles VIII. — Louis XII; continuation de l'alliance française et florentine. — Siége de Pise; sa résistance; les Français refusent de se battre et lèvent le siége. — Guerre contre Venise. — Défense héroïque et mort d'André de Riva. — Conduite déplorable de Louis XII. — La caverne de Masano; mort horrible de six mille habitants. — Bayart. — François Ier. — Déroute de l'armée française en Italie. — Lautrec. — Conduite de la duchesse d'Angoulême, mère du roi. — Semblançay; ses persécutions, sa condamnation, sa mort. — Le connétable de Bourbon trahit son pays. — Bonnivet est battu. — Mort et dernières paroles de Bayart. — Encore la Suisse; ses discordes. — Nicolas Lœvembrugger; il rétablit la paix. — Histoire de ce vieillard.

Charles VIII, ayant atteint sa majorité, voulut faire valoir ses droits à la couronne d'Italie, comme héritier de la maison d'Anjou; la mort de Ferdinand, roi de Naples, lui en offrait l'occasion.

Il pénétra facilement en Lombardie, occupa Pavie, puis Milan; de là, il marcha sur Florence; plusieurs places des états de Toscane lui ouvrirent leurs portes. Le duc Pierre de Médicis alla au devant de Charles, et, pour conserver son autorité, consentit aux conditions les plus dures. Il livra au roi de France toutes les forteresses de la république. A son retour à Florence, le duc essuya l'indignation du peuple, qui se révolta contre lui, le chassa ignominieusement et pilla son palais. En même temps, le sénat confisqua ses biens, rappela tous les concitoyens que

Pierre avait exilés, et envoya à Charles VIII une députation, dont Savonarola faisait partie.

Depuis près de cent ans, Pise, dominée par les Florentins, languissait dans la misère, et soupirait après sa nationalité perdue et après son antique liberté. Elle réclama l'appui de Charles, et, sur sa parole royale, elle se souleva contre la garnison florentine, l'expulsa de son territoire, et proclama son indépendance.

Le monarque français, arrivé aux portes de Florence, fut reçu avec les plus grands honneurs, et son entrée fut celle d'un triomphateur. Il fut un instant tenté d'imposer à ces fiers républicains des conditions de vainqueur; mais contre son attente, il éprouva une résistance invincible. Au moment où son secrétaire lisait un *ultimatum* aux commissaires de la république, Pierre Capponi, l'un d'eux, lui arracha le papier des mains, en présence du prince, et le déchira, en disant: « Si ce sont là vos « dernières conditions, sonnez vos trompettes, nous sonnerons nos clo- « ches. »

Craignant de pousser les Florentins à bout, Charles leur accorda de meilleures conditions; entre autres articles, il fut établi que Pise rentrerait sous leur obéissance; qu'un pardon entier lui serait accordé, et qu'en cas de résistance de sa part, les Français aideraient les Florentins à soumettre cette ville rebelle. Après l'audience, Charles VIII plaisanta Capponi sur son emportement, en lui adressant ce jeu de mots: *Cappon, tu stridi come un gallo :* Chapon, tu cries comme un coq.

De là, Charles VIII se dirigea sur Rome, et, sur sa route, il fut accueilli par toutes les villes. A son approche, la garnison se retira, et le roi de France prit possession de la capitale de la chrétienté, sans coup férir. Le pape, qui était encore Alexandre VI, fit un traité avec le roi de France.

Charles continua sa marche victorieuse, et entra à Naples avec une pompe extraordinaire; il se fit couronner duc de Milan, empereur d'Orient, roi de Naples et de Jérusalem. Enivré de ses succès et de l'encens des flatteurs et des femmes, il parut dans cette dernière ville, couvert du manteau impérial, portant d'une main un sceptre, de l'autre un globe d'or. Mais l'empire d'Orient, qu'il avait rêvé, lui échappa.

Bajazet, empereur des Turcs, occupait Constantinople. Informé depuis quelque temps des projets du monarque français, il avait envoyé des agents secrets sur plusieurs points de l'Europe, et surtout en Italie. Des correspondances tombèrent entre ses mains, et lui révélèrent tout le danger que couraient sa puissance et ses conquêtes ; sur plusieurs points de ses vastes États, les chrétiens attendaient l'invasion de Charles VIII, devaient la faciliter et préparaient d'avance au roi de France toutes sortes de ressources. Bajazet, épouvanté, fit massacrer quarante mille chrétiens dans la seule ville de Constantinople, et sut opérer en même temps des diversions heureuses, qui, secondées par des fléaux, firent perdre à Charles VIII tout le fruit de ses triomphes dans la Péninsule.

Une maladie nouvelle, épidémique et contagieuse à la fois, se déclara en Italie, partout où existaient de grandes réunions d'hommes, et fit surtout d'horribles ravages dans l'armée française. Charles VIII, lui-même, en fut gravement atteint. En butte à ce fléau destructeur, aux réactions des populations italiennes, qui avaient à se plaindre de leur conduite ; en proie à la misère, aux privations et à la terreur, les Français succombaient. Charles dut abandonner ses conquêtes, et repasser les Alpes avec les tristes et malheureux débris de son armée. Il mourut peu de temps après d'un épanchement au cerveau, survenu à la suite d'un coup qu'il reçut à la tête en passant brusquement sous une porte basse.

M. de Sismondi prétend que la maladie qui affligea alors l'Italie, fut apportée d'Amérique. Rien n'est plus douteux. Elle était inconnue aux grandes Indes lors de l'arrivée des Européens ; elle y fut, au contraire, apportée par eux. Les Français et les Italiens s'accusaient mutuellement d'avoir donné naissance à l'horrible fléau.

Deux prescriptions du *Lévitique,* quelques passages d'Arétée, de Galien, de Celse, d'Hippocrate, et d'autres médecins de l'antiquité, et les règlements des *lupanars* de quelques grandes villes au treizième siècle, semblent prouver que cette maladie a existé de toute antiquité; mais d'une manière isolée et moins violente. Des médecins de cette époque cherchèrent la cause et l'origine de la contagion dans l'intempérie des saisons, les pluies diluviennes, les chaleurs excessives, les tremblements de terre, la famine. D'autres ont prétendu qu'à ces causes, il fallait ajouter aussi la disparition générale et presque subite de la lèpre ; ils ont avancé même que ce n'était qu'une transformation ou complication de ce principe. Au bout de vingt ans, ce mal perdit le caractère épidémique et violent ; mais il a conservé jusqu'à nos jours son caractère contagieux.

Le duc d'Orléans succéda à Charles VIII, sous le nom de Louis XII ; après avoir, par des alliances avec les puissances, préparé à son règne des éléments de force, il voulut prouver qu'il ne renonçait pas à ses droits sur le duché de Milan. Il rassembla une armée et pénétra en Italie. Milan s'empressa de le reconnaître pour son prince, et le duc Ludovic fut expulsé. La république de Florence, malgré tous les événements survenus depuis le départ forcé d'Italie de Charles VIII, était restée fidèle à l'alliance française, grâce aux conseils et à l'influence de Savonarola, qui venait d'être brûlé vif, presqu'à la même époque où Charles avait rendu le dernier soupir.

Pendant que Charles était en Italie, un armistice de trois ans avait été conclu entre tous les états d'Italie ; favorisée par ce traité, Pise avait pu encore ajourner les prétentions dominatrices de Florence. Elle demanda à Louis XII de faire partie du duché de Milan, pour se placer ainsi, sous l'autorité du roi de France. Fidèles aux engagements pris envers les Florentins, les Français durent décliner ces offres. Florence s'empressa de faire valoir ses anciens droits de possession. Les Pisans protestèrent contre ses injustes prétentions, et se préparèrent à mourir plutôt qu'à subir encore le joug des Florentins.

Une armée française, dans laquelle étaient plusieurs corps suisses, suivie d'une armée de Florentins, se présenta devant Pise, et somma les habitants de livrer la ville. Les envoyés furent reçus avec honneur, et conduits dans une salle, ornée du portrait du roi de France ; là les magistrats et le peuple étaient rassemblés ; on les pria d'intercéder auprès du roi pour obtenir la réunion de Pise au duché de Milan. Mais ceux-ci répondirent qu'à leur grand regret, ils ne pouvaient se charger de cette demande, et qu'ils n'avaient d'autre mission que de sommer Pise de se soumettre à Florence.

Alors, les Pisans dirent qu'ils défendraient leur liberté jusqu'à la mort contre les Florentins, et recommandèrent avec instance de ne pas faire monter contre eux à l'assaut les Français, qu'ils aimaient; mais qu'ils sauraient résister aux Florentins, et surtout aux Allemands, qui n'étaient que des mercenaires.

En même temps, six cents jeunes filles se présentèrent toutes vêtues de robes blanches, portant une bannière de Notre-Dame, chantant les louanges de la Vierge, et donnant aux Français les noms de tuteurs des orphelins, de défenseurs des veuves et des dames, et les suppliant, les larmes aux yeux, de les préserver du déshonneur qui les menaçait, et dont eux seuls pouvaient les sauver.

A leur retour dans le camp, les deux envoyés racontèrent à leurs compatriotes ce dont ils avaient été témoins : ce récit toucha le cœur de tous les soldats. Dès lors, il n'y eut plus aucun combattant parmi les Français. En vain le sire de Beaumont, homme dur et inflexible, ordonnat-il l'attaque; arrivés au pied des remparts, les soldats recevaient des rafraîchissements de toute nature de la main des assiégés ; on n'entendait que des cris répétés de : *Vive Pise! vive la France!* Les Suisses eux-mêmes, attendris, demandent l'arriéré de leur solde, qu'ils savaient ne pouvoir leur être payé, et abandonnent la partie. Beaumont fait néanmoins continuer le feu des batteries; mais les canonniers avaient soin de pointer leurs pièces sur des points où les boulets ne pouvaient causer aucun dommage. Les assiégés y répondaient par des coups également inoffensifs. Le sire de Beaumont ordonne l'assaut, les soldats restent immobiles. Les canonniers prétendent que les boulets rebondissent et ne peuvent entamer les murailles protégées par la Vierge. Le général français se voit forcé de déclarer aux Florentins qu'il lui est impossible de continuer le siège avec les dispositions de ses soldats, et il reprend la route de Lombardie.

Les Français abandonnèrent un grand nombre de malades et de blessés ; mais le soir, après leur départ, les femmes de Pise coururent à eux à la lueur des torches. Elles les cherchèrent de toutes parts dans la campagne; le long des ravins, derrière les haies, au pied des arbres, les posèrent doucement sur des civières, et les transportèrent dans la ville. Chaque famille reçut avec bonheur un ou plusieurs malades, qu'elle entoura des soins les plus affectueux.

Sous les remparts de Pise, les Français essuyèrent donc une défaite; les larmes et la candeur de ces jeunes filles domptèrent ces guerriers si farouches, que la mort n'effrayait jamais. Une grande victoire eut-elle pu être aussi glorieuse pour eux que cette soumission à la puissance de la sensibilité et de la reconnaissance. Il est des impulsions du cœur bien supérieures au courage, et un héroïsme bien préférable à la valeur dans les batailles.

Les Français obéirent, dans cette circonstance, aux sentiments les plus nobles, au respect de la jeunesse et de l'innocence, et à cet intérêt touchant qu'inspirent pour un peuple généreux ses malheurs, sa confiance et son amour pour la liberté.

Mais, quelque temps après, les Pisans furent forcés de se soumettre à la domination des Florentins. La politique française dut malheureusement les sacrifier à leurs ennemis.

Sous Louis XII, le chevalier Bayart se distingua dans toutes les campagnes, tant en Italie qu'en Espagne. Intrépide dans le danger, brave sans témérité, intègre, sévère et juste à la fois, il mérita le nom de *Chevalier sans peur et sans reproche*.

Comme Horatius Coclès, il se présenta seul à l'entrée d'un pont et arrêta l'ennemi. Fidèle à sa patrie, à la religion du devoir et du serment, il repoussa avec horreur toutes les séductions qui pouvaient le faire dévier de la ligne que lui traçait l'honneur.

Dans la guerre que Louis XII entreprit contre la république de Venise, Bayart contribua au gain de la célèbre bataille d'Agnadel; il fut blessé à l'attaque de Brescia. Cette ville fut prise d'assaut, et ses malheurs justifièrent les prophéties de Savonarola. Pendant que les armes françaises se couvraient de gloire en Italie, et abaissaient l'orgueilleuse Venise, Louis XII s'oublia malheureusement. Il ternit sa gloire, et sans être cruel, il commit un acte de cruauté et de vengeance.

On a dit, pour excuser l'ordre qu'il avait donné, qu'il était excité par le vin, exaspéré par l'échec que son orgueil de roi et de conquérant avait subi; quoiqu'il en soit, la postérité ne peut voir sans un sentiment pénible, un roi puissant et victorieux, exercer envers un ennemi, brave, fidèle et malheureux une lâche et féroce vengeance.

Toutes les villes, toutes les forteresses dépendantes de Venise ouvraient leurs portes au vainqueur. La citadelle de Peschiera osa lui résister. Le gouverneur, André de Riva, fut le seul qui tenta de se défendre; il refusa de livrer la place, et répondit aux sommations qui lui furent faites au nom du roi, qu'il mourrait au poste que la république lui avait confié. La citadelle fut prise d'assaut; beaucoup de soldats vénitiens tombèrent sous les coups des Français; mais bientôt la rage assouvie, on réunit les prisonniers et on les emmena, avec le gouverneur et son fils, à Louis XII.

Voici les propres expressions de ce roi (pourtant il était un des meilleurs de toutes les races monarchiques), lorsque André de Riva lui offrit tout l'or qu'il possédait pour racheter la vie de ses malheureux compagnons, celle de son fils et la sienne :

« Que le diable m'emporte, si je bois ou mange avant qu'on les ait
« pendus ou étranglés. »

Malgré les prières du grand-maître Chaumont, son général, et d'autres personnages éminents, il se montra inflexible jusqu'à l'amertume et l'ironie; il les fit tous pendre à des arbres.

Lequel des deux fut le plus grand, du vainqueur d'Agnadel ou du vaincu, du bourreau ou du martyr?

Vicence, abandonnée par les habitants, fut prise et pillée. Il se passa dans les environs de cette ville une effroyable aventure. Six mille habitants s'étaient réfugiés, avec des richesses et des provisions, dans la grotte de Masano, vaste excavation naturelle dans les montagnes du Vicentin. Ils s'y croyaient en sûreté; l'entrée en était étroite et ne pouvait livrer passage qu'à un seul homme à la fois.

Des aventuriers parcouraient la campagne et pillaient; ils découvrirent cette retraite et voulurent la forcer; les malheureux Vicentins se défendirent, et quelques assaillants furent tués. Furieux de ne pouvoir y pénétrer, ils imaginèrent un affreux expédient : ils entassèrent du bois, de la paille, du foin mouillés devant l'entrée de la grotte, et y mirent le feu. Une épaisse fumée envahit en peu de temps le souterrain, qui ne recevait d'air que par cette ouverture. Des cris, des gémissements, un tumulte extraordinaire retentirent dans les profondeurs de la montagne, bientôt après, un silence de mort y régna.

Quand la fumée fut dissipée, les soldats pénétrèrent dans la grotte : tous les réfugiés étaient morts. Les hommes et les femmes, les traits défigurés par les convulsions d'une horrible agonie, les mères avec leurs enfants encore attachés à leur sein, gisaient sur la terre humide. Insensibles à ces scènes de douleur, les aventuriers se chargèrent d'un immense butin. Bayart, indigné d'un attentat aussi affreux, se mit à la recherche des coupables. Deux seulement purent être découverts ; il les fit pendre à l'entrée de la grotte ; il voulut s'assurer lui-même si ses ordres étaient ponctuellement exécutés, lorsqu'un enfant de quinze ans, tout jauni par la fumée, sortit tout à coup du souterrain. Cet infortuné s'était caché dans le fond du souterrain, où il avait pu respirer un peu d'air qui pénétrait par une fente du rocher. Bayart lui fit donner tout ce qu'on put retrouver du pillage, comme au légitime héritier de ses infortunés compatriotes.

Louis XII mourut, François Ier lui succéda. A la mort de Maximilien, empereur d'Allemagne, le nouveau roi de France aspira à la couronne impériale ; mais Charles V, roi d'Espagne, sut l'emporter sur lui, et fut couronné empereur d'Occident. Les armes de François furent malheureuses dans le commencement de son règne. En France, l'intrépide Bayart défendait les frontières contre les attaques des Allemands ; mais en Italie, Lautrec, faute de fonds, ne pouvait continuer l'occupation du Milanais. Le ministre des finances Semblançay, au lieu d'envoyer directement les sommes, sur l'ordre du roi, à l'armée d'Italie, céda aux exigences de la duchesse d'Angoulême, mère du roi, qui se chargea de faire parvenir les fonds à Lautrec ; mais Lautrec attendit en vain, et fut forcé d'évacuer le Milanais.

A son retour en France, une explication très-vive s'éleva entre François Ier et son général malheureux. Semblançay justifia, par un reçu de la duchesse d'Angoulême, qu'il avait confié ces fonds à cette princesse, et qu'il n'avait pas oser refuser à la mère du roi ce qu'elle demandait. Celle-ci s'emporta ; elle accabla, devant son fils, le ministre des plus violents reproches, et elle demanda vengeance de la calomnie.

François Ier reconnut facilement lequel des deux, de sa mère ou de son ministre, était coupable. Pressée par son fils, la duchesse fut obligée de convenir qu'elle avait dans le temps, il est vrai, reçu du ministre une somme de quatre cent mille écus, mais à titre de dépôt; qu'elle l'avait confiée au surintendant, et qu'il lui en devait encore une partie. Le ministre nia toutes ces allégations.

Semblançay avait, jusqu'à ce moment, joui d'une réputation sans tache; il s'était distingué, dans une administration aussi dangereuse que celle des finances, par un esprit d'ordre et d'exactitude, qui était pour sa probité attaquée un précédent des plus favorables. Au milieu des intrigues et des passions de la cour, il restait impassible dans son ministère, et étranger à tout ce qui se déroulait sous ses yeux. Le roi l'aimait d'une affection respectueuse et l'appelait *son père*. Sa faveur lui suscita de nombreux ennemis. Son économie et son intégrité en augmentèrent le nombre; il avait toujours eu à lutter contre l'avidité des grands. Malgré toutes ses représentations, le roi dissipait des trésors considérables en plaisirs, avec ses favoris, et sa mère, en intrigues pour susciter des ennemis au ministre. Elle ne pouvait pardonner à Semblançay l'humiliation qu'elle avait subie en présence de son fils; humiliation d'autant plus grande qu'elle était encore coupable de mensonge et de trahison. Elle s'unit, pour le perdre, au chancelier Duprat, que l'intégrité du surintendant embarrassait; on n'attendait qu'une occasion favorable : elle se présenta.

François Ier perdit la mémorable bataille de Pavie, et fut fait prisonnier de Charles-Quint. La duchesse d'Angoulême fut nommée régente pendant sa captivité. Aussitôt Semblançay fut arrêté et conduit à la Bastille, sur une accusation de malversation. Duprat choisit pour le juger des hommes sans honneur, et qui lui étaient vendus.

On rechercha toute la conduite du surintendant, non par des moyens juridiques, mais par ces moyens tortueux que l'intrigue et la haine savent employer avec tant de succès contre l'innocence. On intimida, on menaça son secrétaire intime, on lui montra les supplices tout prêts à le punir comme complice, s'il ne devenait accusateur. Enfin, à force de chercher des chefs d'accusation, on vint à bout de trouver de prétendues preuves de culpabilité, il fut déclaré convaincu de concussion et de malversation, et condamné à être pendu à Montfaucon.

Il mourut en sage; jusqu'à la fin il montra ce calme impassible d'un stoïcien devant une mort injuste; aux yeux de tous, il parut indifférent à tous ces succès passagers du crime; enveloppé dans son innocence, il subit la mort, en s'abandonnant à la douce espérance d'un sort meilleur dans une patrie plus heureuse.

Semblançay était innocent; le peuple de Paris pleura sa mort, et la haine générale s'attacha au nom de la duchesse d'Angoulême. Abuser du pouvoir pour faire périr un innocent, en le chargeant de ses propres crimes, est l'attentat le plus énorme qu'on puisse commettre contre les lois divines et humaines. Le surintendant fut un martyr de la justice, de la vérité et des droits sacrés de la nation.

Des écrivains à gages ont osé confier à l'histoire qu'il était mort lâchement. Mensonge et outrage à la mémoire de ce vertueux vieillard. Comme Jacques Cœur, mais plus malheureux que lui, il fut sacrifié aux passions de la cour. Maillard, lieutenant-criminel, en conduisant Semblançay au supplice, était abattu par la douleur. Le poète Marot a raconté les derniers instants de Semblançay:

« Maillard semblait homme que mort va prendre
« Et Semblançay fut si ferme vieillard,
« Que l'on eût cru vraiment qu'il menait pendre
« A Montfaucon le lieutenant Maillard. »

Une querelle de famille, envenimée par des questions d'amour-propre blessé, s'éleva entre François Ier, sa mère et le connétable de Bourbon. Celui-ci déserta la cause de la France, et pour se venger des outrages de la mère du roi, enveloppa dans sa haine son roi et son pays, et porta les armes contre la France.

François Ier allait se mettre lui-même à la tête de ses armées d'Italie, pour réparer les désastres éprouvés par Lautrec, lorsqu'il apprit la trahison du connétable. Il changea d'avis, remit le commandement à l'amiral Bonnivet, confia l'avant-garde à Bayard et resta en France.

Bonnivet ne fut pas plus heureux que Lautrec; il manqua d'intelligence et d'activité et tout le poids de la campagne reposa sur l'intrépide Bayart, qui prit Lodi et secourut le château de Crémone où huit hommes, exténués de fatigues et de faim, reste héroïque de quarante soldats, résistaient depuis dix-huit mois aux attaques des ennemis et conservaient cette forteresse à la France; l'histoire ne nous a pas transmis leurs noms.

Bonnivet fut blessé dans cette campagne, et Bayart dut prendre de droit le commandement en chef. La misère, les maladies et la famine avaient réduit l'armée à un état déplorable. La cavalerie avait été anéantie, quelques chevaux étiques existaient encore, mais ne pouvaient rendre aucun service. Le courageux Bayart se multipliait pour faire face de tous les côtés aux ennemis. Il encourageait les soldats, les ralliait, parvint à enfoncer la terrible infanterie espagnole et en fit un grand carnage.

Mais il ne lui était pas permis, dans l'état ou était son armée, de chercher à profiter de quelques avantages partiels, il songea à faire une retraite honorable, à sauver ses bagages et son artillerie et à exposer le moins de monde possible. Intimidés de la bonne contenance de Bayart, les Espagnols se tinrent à distance, et se contentèrent de harceler de loin les Français à coups de mousquet et d'arquebuse.

Un matin, après avoir fait une charge sur quelques bataillons espagnols, Bayart rejoignait son arrière-garde lorsqu'il fut frappé dans les reins d'une pierre lancée par une arquebuse. Il s'écria : « mon Dieu! je suis mort; qu'on me descende au pied de cet arbre et qu'on me place la face tournée vers les ennemis; je sens que je vais mourir, et je veux, encore une dernière fois, les regarder sans peur. » Il exigea que ses amis se retirassent et accompagnassent l'armée pour ne pas tomber entre les mains des Espagnols; ils obéirent. Un seul gentilhomme resta près de lui.

Le marquis de Pescaire survint et, reconnaissant Bayart, courut à lui les larmes aux yeux, lui témoigna tous les regrets qui lui causait sa blessure, et toute l'estime qu'il professait pour ses qualités et son noble courage; il fit dresser sa tente autour de l'arbre, et placer son lit de camp, sur lequel il aida lui-même à déposer le malheureux Bayart, *et* lui dit, en lui baisant les mains : « Bon chevalier, quelle perte pour la France! » Il laissa auprès de lui ses gentilhommes et se retira.

Le connétable de Bourbon arriva bientôt après et aperçut le blessé. Le ciel permit qu'il s'arrêtât pour recevoir, de la bouche de Bayart mourant, un arrêt plus terrible que tous ceux que le Parlement avait prononcés contre sa trahison.

« O brave chevalier, lui dit-il, vous que j'estime tant pour votre loyauté et votre courage, que je déplore l'état où je vous vois!

— Monseigneur, répondit Bayart, ne me plaignez pas, je meurs heureux, ma conscience m'assure que j'ai rempli ma courte vie, je l'avais consacrée toute entière à ma patrie; mais vous! que je vous plains! vous trahissez votre roi, votre pays et votre foi! »

Charles de Bourbon, frappé de ces paroles comme d'une menace prophétique, s'élance à cheval et court étourdir ses remords à la poursuite des Français.

Le bon chevalier, resté seul, ne pensa plus qu'à sa fin prochaine, il se livra à des actes d'une piété sincère et expira le soir à six heures, 30 avril 1524.

La vie pure et sans tache de ce héros, son amour pour son pays, en ont fait un martyr de l'honneur et du dévouement. L'armée française lui dut son salut; sa gloire et son nom sont populaires. Il vécut et mourut *sans peur et sans reproche*.

L'armée de Charles-Quint continua d'obtenir des succès en Italie. Le connétable de Bourbon s'empara de Milan, et de toutes les villes jusqu'à Rome. Il se fit adorer des soldats par ses largesses; il leur promettait le pillage. Arrivé sous les murs de Rome, il commanda l'assaut, la place fut prise, le connétable fut tué au moment où il plantait lui-même une échelle. Les soldats, en apprenant sa mort, ne respirèrent que fureur et que vengeance. Ils massacrèrent tous les habitants qui tombèrent entre leurs mains. Le pape et les cardinaux se réfugièrent à la hâte au château Saint-Ange, et Rome fut livrée au pillage des impériaux pendant plus de deux mois.

L'imagination est effrayée de toutes les horreurs qui s'y commirent. Les Vandales et les autres barbares, qui s'en étaient emparés longtemps auparavant, avaient été bien moins féroces que les impériaux. Le pape fut réduit à se livrer à ses ennemis, et devint prisonnier de Charles-Quint, comme l'avait été François Ier.

L'Italie, sous la domination de Charles-Quint, perdit ses libertés; Florence, surtout, si attachée à la France, tourna ses regards vers la cour de François Ier. Tous les hommes célèbres de cette république vinrent porter dans le royaume le goût des lettres, des sciences et des beaux-arts. François Ier fut l'objet des adulations des poètes et des artistes, qu'il combla de faveurs; il puisait dans le trésor public de quoi satisfaire à ses goûts immodérés de luxe et de plaisirs. Il fit pour ses maîtresses des dépenses immenses.

Sur plusieurs points de l'Europe, les empiétements de la puissance cléricale provoquaient la résistance parmi les populations, et déjà, l'Évangile à la main, des hommes d'une haute intelligence et d'une énergie peu commune, combattaient les superstitions émanées de Rome, proclamaient la liberté de conscience et montraient à découvert les trafics honteux et la cupidité des papes, qui spéculaient sur la terreur des âmes. Une réforme se préparait; Luther, Zuingle et Calvin en furent les héros. Nous examinerons plus tard leur doctrine.

Les Suisses, affranchis du joug de l'Autriche, de la domination des nobles et de la crainte de Charles-le-Téméraire, se divisaient entre eux. Les habitudes guerrières que ce peuple avait contractées dans les luttes soutenues pour son indépendance, les victoires qu'il avait remportées, les richesses que le pillage et les conquêtes avaient fait tomber dans ses mains, et puis ce goût aventureux inséparable de la vie des camps, avaient détruit la simplicité primitive de ses mœurs. Le partage du butin, l'admission de quelques nouvelles villes et d'autres sujets firent naître la discorde. Un instant, la confédération fut sur le point de se dissoudre; la guerre civile était imminente. L'intervention d'un vieillard vénérable calma cet orage, et, par sa présence, rapprocha tous les esprits.

Dans le Haut-Unterwalden, au milieu des rochers, vivait un pieux solitaire, Nicolas Lœvembrugger. Depuis plusieurs années, il avait renoncé au commerce du monde, non par un fonds de misanthropie, mais pour se recueillir et méditer en silence, au milieu de la nature belle et imposante des Alpes. Les antécédents de toute sa vie étaient purs ; ses principes religieux étaient empreints de tolérance et d'amour de l'humanité. Il avait, dans sa jeunesse et dans la force de l'âge, combattu pour la liberté de son pays ; il avait eu sa part de gloire dans les défaites des Autrichiens et de Charles-le-Téméraire. Depuis de longues années, il vivait seul, retiré dans ce désert. Riche de science et d'expérience, il donnait à ses concitoyens, qui venaient le visiter dans son asile, des conseils d'une sagesse admirable ; il était vénéré, et sa réputation s'étendait même au delà des bornes des cantons helvétiques.

Alarmé des maux qui menaçaient la Suisse, le pasteur de Stanz fut le trouver, lui apprit que la discorde régnait parmi les confédérés, et que lui seul pouvait sauver la patrie des maux qui la menaçaient.

Nicolas s'enveloppe d'une large tunique brune, serrée à la ceinture par une bande de cuir, couvre sa tête d'un chapeau à larges bords, et, la main droite appuyée sur un bâton ferré, glisse avec la légèreté d'un jeune homme à travers des sentiers rapides et étroits ; arrivé à Stanz avec le pasteur, il entre dans la salle où la diète était rassemblée.

A l'apparition du vénérable vieillard, tous les membres de la diète se lèvent de leurs siéges, et un murmure de satisfaction retentit partout. Nicolas répond par des signes de tête combien il est touché de leur déférence, et les invite à se rasseoir. Sa taille haute, sa figure maigre, son beau front nu, ses beaux cheveux blancs qui retombent sur des épaules larges et droites, ses traits nobles, dégagés de toute expression de passions humaines, miroir fidèle d'une âme pure et élevée au-dessus de tous les intérêts matériels, tout annonce chez ce solitaire l'homme supérieur devant qui ses semblables doivent s'incliner, écouter et obéir.

Le silence le plus profond s'établit en un instant, et le vieillard, avec cet accent et cette onction que peut donner le sentiment seul de la justice, de la raison, du devoir et de l'amour de l'humanité, leur parla ainsi :

« Enfants d'une patrie commune, au nom du Dieu tout-puissant qui
« a conduit nos pères à la victoire tant de fois, et qui, pour prix de nos
« efforts, nous a accordé la liberté, gardez-vous de détruire, par la dis-

« corde, l'œuvre sainte de notre régénération. Ne divisez pas le faisceau
« invincible de vos forces pour des questions d'amour-propre, encore
« moins pour des questions d'intérêt; vous vous perdriez devant Dieu,
« qui connaît le fond des cœurs, devant votre propre conscience, juge
« inexorable, et devant tous les peuples, qui admirent vos hauts faits.
« La perte de votre liberté suivrait de près la honte de votre cupidité.
« Acceptez avec bonheur dans votre alliance tous les anciens et les nou-
« veaux confédérés. Membres d'une même famille, vos droits sont tous
« égaux, le butin doit être partagé entre tous ceux qui ont combattu, et
« chaque canton doit avoir sa part des terres conquises. Soyez, les uns
« pour les autres, grands et généreux; ce n'est qu'à ces conditions
« réunies que vous serez dignes de la liberté, et qu'il vous sera permis
« de la léguer pure et sainte à vos derniers neveux. »

Les paroles du solitaire firent sur le cœur de tous les Suisses une si vive impression, qu'avant de se séparer, toutes les difficultés furent aplanies. De nouveaux cantons furent admis dans la Confédération, toutes les anciennes alliances furent ratifiées; les partages de butins et de territoire se firent à l'amiable; on prit en particulier des mesures pour s'opposer aux empiétements du clergé qui ne tendait à rien moins qu'à mettre sa puissance en lieu et place des nobles et des Autrichiens.

Heureux d'avoir terminé des questions difficiles, le solitaire s'échappa et regagna sa demeure; c'était une grotte naturelle dans des rochers que dominaient des masses de montagnes superposées et dont les crêtes allaient se joindre aux chaînes lointaines, régions des neiges éternelles. A gauche de la grotte on voyait un tout petit vallon formé par un déchirement de la montagne; c'étaient là ses domaines: une prairie et un petit jardin planté d'arbres fruitiers. A l'extérieur, la grotte était tapissée de mousse, de lierres et de pervenches. Des fentes du granit s'élevaient tout autour de belles plantes des Alpes, l'angélique avec ses ombelles, la verge d'or, des œillets, des gentianes, des rosiers et des massifs d'arbustes dont plusieurs produisaient des fruits délicieux. Toute cette végétation était riche et brillante. Près de là, une petite source d'eau vive sortait du flanc de la montagne, courait à travers la prairie, et arrivée à son extrémité, tombait en cascades au fond d'un ravin.

L'intérieur de la grotte offrait le rocher nu : quelques meubles grossiers, quelques chaises, un table couverte de livres, dans un coin sur des planches un lit de mousse, quelques vases, un foyer dont la fumée s'échappait à travers une fissure du rocher.

Au milieu de cette nature imposante et sauvage, dans le silence et la solitude, le vieillard laissait s'écouler en paix ses derniers jours. Jeune, il avait connu les douceurs de l'hymen et le bonheur d'être père. Plus tard, il avait laissé à ses fils son châlet, ses prés et ses champs. Ce n'est pas par un esprit morose, et chagrin, qu'il s'était ainsi condamné à finir ses jours dans cette retraite. Il avait une gaîté inaltérable, sa bonté et son dévouement étaient sans bornes. Ce n'est pas non plus qu'il eût à se plaindre de ses enfants; il en était adoré.

Il prétendait que l'homme ne devrait rester sur la terre au milieu de ses semblables que le temps nécessaire pour les servir, qu'après avoir payé son tribut, il devait se préparer dans la méditation et l'étude des œuvres sublimes de la création à ce long voyage que trace devant nous la route de l'éternité. Il était sans terreur de l'avenir, sans regrets du passé. L'aspect et la contemplation de la nature étaient pour lui un sujet continuel de jouissances infinies. S'il ne comprenait pas le mode d'agir de la puissance suprême, du moins tout lui en révélait la sagesse et le but; ses prières étaient de continuelles actions de grâces à l'Éternel. Il attendait presque avec impatience que ce principe, l'élément immortel de son intelligence, dégagé de tout lien, pût s'élancer au sein de la Divinité; là, il espérait trouver la solution de tous les mystères et le bonheur sans fin.

Il avait vu, dans sa longue carrière, passer plusieurs générations successives et se débattre toutes les passions humaines. Toutes les scènes si nouvelles, si saisissantes pour celui qui est nouveau sur la terre ou qui ne connaît pas les enseignements de l'histoire, n'étaient pour lui que des répétitions sans intérêt. Hors la liberté et la justice, rien ne le touchait. Bientôt, à force de vieillir, il se trouva presque seul. Plusieurs de ses enfants n'étaient plus; depuis de longues années, tous ses amis d'enfance et tous ses compagnons d'armes l'attendaient dans la tombe.

Comme toute créature humaine, il avait donc payé son tribut à toutes les choses de la vie et aux illusions de notre nature. Plein de vie, d'espérance et d'amour, à vingt ans, il avait rêvé la gloire et un bonheur qui ne finit jamais. L'étude des lettres et des sciences le consola longtemps des déceptions, mais ne put encore satisfaire son cœur. La contemplation de l'univers, l'amour de l'humanité, la pratique des principes éternels de la morale, l'aidèrent bien mieux à attendre le terme que tant d'hommes craignent, et qu'en vérité, on est si heureux d'atteindre; il y touchait enfin et, en revenant sur sa vie passée, il a dû dire comme le vieillard de Béranger au bout de sa carrière, en parlant du bonheur :

> Le vois-tu bien, là-bas! là-bas!
> Là-bas! là-bas! dans ces nuages.
> Ah! dit l'homme enfin vieux et las,
> C'est trop d'inutiles voyages.
> Enfants, courez vers ces nuages;
> Courez, courez, doublez le pas
> Pour le trouver là-bas! là-bas!
> . . . .

Par une délicieuse matinée du mois de mai, il se promena quelques instants au milieu de la verdure et des fleurs, puis il s'assit sur un tertre de gazon ombragé de chèvre-feuille; ses petits-enfants venaient tour à tour le visiter tous les jours, ils s'approchèrent de lui, l'appelèrent et reconnurent qu'il avait cessé de vivre.

Le deuil fut général dans tous les cantons; une population immense accourut rendre hommage aux restes du vénérable solitaire. Il fut inhumé en grande pompe dans l'église de Stanz.

CHAPITRE XVII.

Seizième siècle.

SIR THOMAS MORE. — FISHER. — LAMBERT NICHOLSON, ETC. LA COMTESSE DE SALISBURY.

Causes des schismes. — Luther; sa doctrine. — Comparaison du protestantisme et du culte romain. — Zuingle; ses principes, sa mort. — Calvin; sa doctrine. Il est persécuté; il se fait persécuteur. — Bûchers dressés contre les hérétiques; victimes. — Henri VIII, roi d'Angleterre, répudie Catherine; il épouse Anne de Boleyn. — Opposition du pape et des catholiques. — Schisme d'Angleterre. — La pauvre fille de Kent; ses extases, sa mort. — Cruautés et vengeances de Henri. — Sir Thomas More. Fisher; leur mort. — Paroles de Thomas More à sa dernière heure. — Cromwel; sa fortune. — Mort de Catherine. — Accusation et supplice d'Anne de Boleyn. — Henri épouse Jeanne Seymour. — Lambert Nicholson; son supplice. — La comtesse de Salisbury; sa mort. — Mort de Jeanne. — Henri épouse Anne de Clèves, et la répudie à l'instant. Portrait de cette princesse, et paroles du roi. — Accusation et supplice de Cromwel. — Henri épouse Catherine Howard; il la fait décapiter. — Sixième mariage du roi; sa mort. — Portrait de Henri VIII.

Constantin Ier avait dénaturé la religion du Christ en l'entourant de tout le prestige des grandeurs humaines. Il s'en était servi comme d'un instrument, en affectant lui-même une dévotion calculée. En reconnaissance, les papes et les évêques secondèrent l'empereur d'Orient. Jusqu'à ces derniers temps, l'Église romaine, riche des dépouilles des nations et des libéralités des princes, avait exercé, à la fois, sur les peuples, les deux puissances temporelle et spirituelle.

Un schisme, survenu dans l'église grecque, avait, depuis longtemps, séparé les Grecs des Latins, et les papes avaient perdu leur autorité sur les chrétiens d'Orient; l'hérésie du Midi, puis les doctrines de Wicleff, en Angleterre, celle de Jean Huss, en Allemagne, n'avaient pu être combattues que par des flots de sang, par les tortures et les persécutions. Mais la liberté de la pensée, la liberté de conscience, comme la liberté politique ne purent être étouffées comme on étouffe une génération. L'esprit humain ne peut, à tout jamais, perdre ses plus belles prérogatives, ses droits imprescriptibles, faire taire son intelligence et sa raison.

Dans les premières années du seizième siècle, le pape Jules II et après lui Léon X voulurent frapper monnaie sur les consciences. Des frères prêcheurs furent envoyés dans toute la chrétienté pour accorder, moyennant salaire, des indulgences aux fidèles. Il s'en fit un trafic infâme ; elles se colportèrent comme une marchandise, avec une indécence qui fut bien funeste à l'Église.

Il y en avait pour toutes les fautes, pour tous les crimes. Tous ces accommodements avec le ciel excitèrent l'indignation des hommes honnêtes et intelligents. Luther, jeune prêtre de Wittemberg, en Saxe, tonna avec tant de véhémence contre tous ces scandales, qu'il ralentit bientôt le zèle des acheteurs. Rome le méprisa d'abord, mais elle ne tarda pas à le frapper de ses anathèmes. Il brava les excommunications ; cité à la diète, il soutint hardiment ses principes et s'y fit même des prosélytes ; déclaré coupable et mis hors la loi, il disparut et se cacha pendant neuf mois.

Dans sa retraite, il traça le plan d'une réforme qui fut acceptée par la Suisse, le Danemarck, la Suède, l'Angleterre et l'Écosse. Selon lui, le culte des saints était une idolâtrie, le purgatoire une fable, la présence du Christ dans le pain consacré une absurdité ; il repoussait la confession comme immorale, et il donna l'exemple du mariage des prêtres en épousant une religieuse. Il poursuivit son œuvre pendant trente ans ; il subit le contre-coup des persécutions que suscita sa réforme, mais il opposa, jusqu'à la fin, la plus courageuse résistance et triompha. Il mourut tranquillement, sans remords, persuadé qu'il avait rempli un devoir, et commencé la régénération chrétienne.

Plusieurs sectes naquirent de la réforme de Luther. Zuingle, curé dans le canton de Zurich, voulut réunir les principes épars de sa doctrine pour la modifier et l'établir par une unité fondamentale, basée sur la saine interprétation des livres saints. Il voulut soumettre la foi à la raison, et canonisa Socrate, Aristote, Platon, etc. Il prétendit que le dogme des peines éternelles était un blasphème, et que les prêtres ne devaient être que des magistrats spirituels, n'ayant d'autre mission et d'autre autorité que celles que leur a confiées le peuple. Il voulut, en un mot, qu'ils fussent citoyens.

Contrairement à Luther, il soutint le mérite des bonnes œuvres, mais de celles-là seulement qui sont utiles à nos semblables. Il rejeta la subtilité des dogmes, comme autant d'insignifiantes vétilles et comme des tours de force de l'imagination, quand ils n'étaient pas des tours de force de la conscience. Il réduisit le culte, dans son rite, à la plus grande simplicité. Les cantons se divisèrent, la guerre éclata; Zuingle accompagna aux combats ses prosélytes et fut tué.

Calvin parut en France. Il prétendit que l'Église n'était qu'un témoignage humain, extérieur, faillible et sans autorité; que la seule autorité était l'inspiration intérieure ou le témoignage intérieur; qu'il n'y a de révélé que ce qui entre dans nos cœurs, et qui pénètre nos cœurs par la lecture de l'Évangile. Il traita d'institutions humaines, inventées par l'avarice des prêtres catholiques, la confession, les indulgences et le purgatoire.

Il repoussa le culte des images comme une idolâtrie; de tous les sacrements, il n'admit que le Baptême et la Cène; il prétendit que les cinq autres n'étaient que des cérémonies, que la plupart des actes religieux ne devaient être considérés que comme de simples allégories, et appela la messe une sacrilège invention des papistes; il abolit le culte de la Vierge.

Enfin, selon Calvin, l'église romaine ayant enseigné l'erreur et corrompu le culte, il fallait s'en séparer, parce que les papes et les évêques s'étaient depuis longtemps séparés de la foi chrétienne primitive.

Calvin offrit aux ignorants et aux savants un plan de religion qui flatta les uns et les autres. Les premiers trouvèrent un culte facile, exempt de cérémonies, sans actes extérieurs de dévotion, et bien plus, l'abolition de la dîme et du célibat. Les savants y trouvèrent des opinions nouvelles, un système hardi, des faits à discuter, des problèmes à résoudre, des questions à approfondir, surtout une grande indépendance et une entière liberté de penser. Les doctrines de Calvin, comme celles de Luther, basées uniquement sur l'étude et l'interprétation des Écritures, étaient soutenues par des hommes qui puisaient leurs enseignements dans les ouvrages grecs et hébreux. On n'était admis à ce sacerdoce qu'après avoir donné toutes les preuves d'une haute moralité et de vastes connaissances.

Cette doctrine fit d'autant plus de progrès que les peuples étaient, depuis des siècles, sous le joug abrutissant et tyrannique de la cupide église romaine. Elle triompha surtout dans les pays du Nord, où l'homme se livre avec calme à l'étude et aux méditations religieuses, où une froide raison maîtrise sans cesse les écarts d'une imagination vagabonde, où les constitutions organiques des habitants, moins nerveuses, moins sensibles, moins irritables, laissent moins de prise à toutes les images extérieures; où les esprits sérieux, logiques et analytiques à la fois tendent à comprendre et à résoudre sans cesse les problèmes de l'ordre physique comme ceux de l'ordre moral; où les mœurs plus graves, sans exclure le culte de la femme comme mère et comme épouse, ne vont pas jusqu'à cette idolâtrie trop souvent mêlée à la fin de mépris, d'inconstance et d'absence du véritable amour, tristes tableaux que nous présentent les contrées méridionales.

La religion catholique est, par-dessus tout, une religion de pardons continuels; damnés et sauvés tour à tour, les pécheurs sont toujours sous l'influence du prêtre; religion de culte uniquement extérieur, entourée de merveilleux. Il faut aux catholiques romains des images, des cérémonies. Toutes ces choses ne sont pas des allégories, des symboles, comme elles devraient être, mais des réalités, disent les prêtres. Par la confession, les prêtres catholiques pénètrent jusque dans les secrets de la famille; en frappant l'imagination des femmes nerveuses par l'espoir du paradis et la terreur de l'enfer, ils étendent ainsi leur influence sur les enfants qu'ils préparent à leurs croyances, jusqu'aux hommes même qui, pour la paix domestique, se prêtent à toutes les concessions. Le prêtre alors domine dans la famille; combien de fois son autorité indiscrète ne va-t-elle pas jusqu'à vouloir sonder les mystères de l'alcove des époux, et jeter dans les ménages des éléments de discorde ! Le culte catholique romain aura pour lui les contrées où les cérémonies ont remplacé celles de la mythologie, où les saints, les patrons et les anges ont détrôné les nombreuses divinités de l'Olympe. Pas une fontaine qui ne soit sous l'invocation d'une naïade catholique et dont les miracles ne soient connus des populations des campagnes. Satan, Belzébuth, Astaroth, etc., ne sont-ils pas les suppôts et les continuateurs de Pluton? Les trois personnes en Dieu qui ne devraient être que les trois attributs de la Divinité : *Toute-puissance, Amour et Sagesse*, on en fait trois êtres distincts et séparés ; il valait autant conserver *Jupiter* entre *Minerve* et *Vénus* pudique.

Et puis, si l'on va écouter la plupart des prédicateurs catholiques, on entend des diatribes contre ceux qu'ils ne peuvent, ni ne savent convaincre, des explications absurdes d'un dogme qu'ils ne comprennent pas. Quant à la morale, point. Ils donnent à leur Dieu les défauts de la nature humaine et souvent leurs propres passions. Les malheurs, les révolutions qui surviennent dans l'ordre politique comme dans l'ordre physique, les fléaux qui viennent frapper les peuples, c'est Dieu dans sa colère qui les envoie. Dieu en colère ! quelles paroles insensées ! aussi il faut des messes, des prières, des largesses à l'Église ; à ces conditions, on arrêtera son bras vengeur. Que de blasphèmes ne tombent pas de ces chaires de vérité !

Pauvres mortels que nous sommes ! atomes de poussière infiniment petits, jetés sur ce globe au milieu d'un univers de mondes qui n'ont de limites que l'immensité de Dieu qui n'en a pas ! tout est soumis ici-bas à des lois éternelles, immuables comme leur auteur. Dieu ne dérange ni ne trouble, pour punir nos fautes ou récompenser nos vertus, ces lois admirables ; il ne le peut, et il ne le doit. Nous sommes soumis aux lois qui régissent l'univers, et nous ne saurions, en aucun cas, empêcher les causes d'avoir leurs conséquences naturelles.

Quant aux crimes prétendus contre la divinité, actes ou cris impuissants d'une faible créature, ignorante, malade, souffrante ou égarée, au lieu d'exciter la colère de Dieu, ils ne sauraient lui inspirer que la pitié. Les attentats contre la société sont des actes individuels et isolés, dont la punition est non-seulement en nous, mais toujours dans les effets des fautes elles-mêmes. La démoralisation, la corruption d'une nation, n'ont-elles pas pour conséquences nécessaires sa décadence, sa désorganisation et des malheurs de toute nature; conséquences forcées de causes qui sont immuables comme toutes les lois divines.

Le catholicisme, pourtant, a dû être, dans le principe, l'essence la plus pure de la religion chrétienne. Il signifiait le règne de l'humanité par l'union et l'amour de tous ses membres; c'était la religion du cœur, le culte de la liberté et de la vérité. Par la corruption des rois et du clergé, il est devenu le culte du mensonge, de l'ignorance et de l'idolâtrie, et un agent de la servitude.

Le protestantisme soumet tout à une froide raison. Son culte, simple et sévère, n'admet pas tout ce qui peut surexciter l'imagination : il ne veut aucune image, aucune représentation de la Divinité, parce que rien au monde ne saurait la représenter fidèlement. Son amour de l'humanité se résume plus en actes de philanthropie qu'en sentiments de charité, souvent trop ardents pour être durables, et qu'en stériles prières.

Luther, le premier réformateur de l'Europe après Jean Huss, joignait à une conviction extraordinaire, des études et des connaissances profondes dans la science des religions. Sa parole était puissante par l'exposé des faits, par la pureté de sa diction; par sa logique serrée, il triompha de tous les théologiens envoyés pour le combattre. Quant à ses mœurs, elles furent irréprochables.

Zuingle fut un de ses disciples les plus ardents. La mort le frappa au milieu du triomphe de sa doctrine.

Calvin, Français, né près de Noyon, homme violent, passionné, fut un réformateur fougueux; à vingt-deux ans, il donna une consultation en faveur du divorce de Henri VIII, roi d'Angleterre, qui était devenu amoureux d'Anne de Boleyn.

Il convertit à ses principes les hommes les plus éminents de l'État; mais une réaction s'établit contre sa doctrine, il fut persécuté, se sauva à Genève; là, il acquit une puissance dont il abusa : il devint lui-même persécuteur, soit par vengeance, ou par un autre motif humain.

A Paris, le Parlement et la Sorbonne réunirent leurs efforts pour étouffer l'hérésie. Les tribunaux ecclésiastiques s'organisèrent sur plusieurs points. Les bûchers furent dressés. Séraphin, de Langres, fut conduit à Paris, jugé et brûlé vif. A Meaux, quatorze protestants périrent dans les flammes. A Agen, le même supplice fut appliqué à dix-huit sectaires. Un archidiacre de la cathédrale de Sens, poussé par un zèle fanatique, dénonce, poursuit Jean Langlois, son neveu, paye les frais de son procès et le fait brûler. Le célèbre Dolet, l'ennemi d'Érasme, expire à Paris dans les flammes. Nous ne pouvons entrer dans les détails de toutes les persécutions, ni nommer toutes les victimes que la haine, la vengeance et le fanatisme des prêtres poursuivirent à outrance. Les villes étaient couvertes de gibets ou de bûchers, et le règne d'amour du Fils de l'homme n'était plus qu'un règne de terreur.

Henri VIII, roi d'Angleterre, dégoûté de Catherine, sa femme, désirait la répudier pour épouser Anne de Boleyn, dont il était éperdûment amoureux. Il éprouva de la part du pape une opposition à ce divorce; mais les évêques de son royaume, gagnés par son or et ses obsessions, se montrèrent plus faciles. Cromwel, nommé récemment son chancelier, le mit à même de se passer de Rome, en obtenant des deux chambres le droit de modifier à son gré les lois ecclésiastiques. Il en résulta une loi en vertu de laquelle la puissance spirituelle et temporelle des évêques émanait du roi seul. Dès lors, disparut la suprématie des papes sur le clergé de l'Angleterre. Les parlements et les évêques donnèrent au roi une preuve de leur servilité, et déclarèrent nul le mariage du roi avec Catherine.

Il s'éleva dans le royaume des oppositions, on y répondit par des supplices. Aigri par les difficultés qu'il avait eues à combattre, Henri VIII, jusqu'alors comprimé par l'ascendant de quelques hommes sages, se jeta avec toute sa violence et sa cruauté naturelle dans une carrière de soupçons et de crimes. Chacun de ses pas fut alors arrosé de larmes et de sang.

Une pauvre fille, sujette à une affection hystérique singulièrement développée, avait laissé échapper, dans ses accès, des expressions que les personnes ignorantes qui la soignaient avaient prises pour des prophéties. Elle entra dans un couvent, se livra aux plus grandes austérités, eut des extases, acquit une grande réputation de sainteté, et fut bientôt connue de quelques fanatiques sous le nom de *la sainte fille de Kent.* Généralement, cette maladie tient à un état nerveux particulier du cerveau, qui semblerait recevoir le contre-coup d'un utérus dont les fonctions seraient perverties ou modifiées. Les filles ou les femmes veuves, les religieuses, sont sujettes à ces états extatiques; les sœurs cloîtrées, les illuminées, les prétendues démoniaques, etc., n'étaient que des hystériques. Cela nous prouve, aujourd'hui que la science est venue porter son flambeau sur toute chose, que ces maladies, en général, dépendent d'un état particulier des organes générateurs de la femme; qu'en un mot, ces organes se trouvent dans un état opposé aux conditions et aux lois de leurs fonctions et de leur vitalité naturelles.

Ses prédictions firent tant de bruit, que Henri voulut la voir. Elle avait déjà annoncé des événements dont un avait eu lieu. Elle prédit au roi que, s'il répudiait Catherine, il mourrait au bout de sept mois, et serait remplacé par la princesse Marie, sa fille, issue de son mariage avec Catherine. Henri se maria à Anne de Boleyn, fit arrêter Elisa Barton, l'illuminée, ainsi que les personnes qui avaient répété ses prédictions, les fit accuser de crime de haute trahison, et ces malheureuses victimes de l'ignorance de ces temps barbares et du despotisme cruel de Henri, furent pendues aux gibets de Tyburn.

Sir Thomas More avait donné sa démission de chancelier; il avait allégué son âge et ses infirmités croissantes; mais la véritable cause était le mariage du roi, qu'il désapprouvait, et auquel il ne pouvait en conscience prêter son concours. Henri ne fut pas dupe et cacha son ressentiment. Fisher, homme savant et pieux, évêque de Rochester, fut aussi enveloppé dans cette persécution. Ils furent accusés, l'un et l'autre, de non révélation des prédictions de la fille de Kent, jugés et condamnés à la prison perpétuelle, et tous leurs biens furent confisqués.

Ces malheureux vieillards, dont toute la vie avait été pure et intègre, restèrent abandonnés dans les cachots, couchés sur la paille, et sans vêtements, même dans la rigueur de la saison. Ils subirent les privations et la misère la plus affreuse.

De nombreuses arrestations eurent lieu sur plusieurs points du royaume; le grand-justicier inspirait la terreur par la promptitude des jugements et des exécutions. On pendait à Tyburn, ensuite on détachait les malheureux dans les convulsions de l'agonie, on les éventrait, puis on les démembrait.

Fisher languit plus d'un an en prison. Pour en finir, Henri sut trouver à ce vieillard, âgé de soixante-dix-huit ans, un degré de culpabilité de plus ajouté à sa non révélation, et le fit condamner à mort. Son corps fut jeté à une populace ivre et soudoyée, qui l'accabla d'outrages.

Ni les hautes vertus de Thomas More, ni ses services rendus à l'Etat par un dévouement d'une vie de soixante ans, ne le sauvèrent de la rage sanguinaire de Henri VIII. Arraché de sa prison, il fut conduit à pied à la tour de Westminster-Hall. On avait espéré l'humilier ou l'intimider en le présentant ainsi aux injures du peuple; mais, à la vue de ce vénérable vieillard si renommé par son intégrité et son grand savoir, ses longs cheveux blancs en désordre, sa maigreur, le grossier manteau dont il était couvert, sa noble et pieuse résignation, inspirèrent un sentiment de compassion qui se manifesta par un long cri d'horreur. A peine parut-il devant le tribunal, que des applaudissements l'accueillirent et que tous les yeux versèrent des larmes.

L'acte d'accusation lui reprocha d'avoir blâmé le mariage du roi; d'avoir exhorté, dans des lettres, Fisher à conspirer contre lui. More répondit que, dans son entretien avec Henri, il avait blâmé son mariage le roi l'ayant invité à lui manifester son sentiment; qu'il était faux qu'il eût écrit à Fisher, et qu'il défiait qu'on le lui prouvât; qu'on ne pouvait, quant aux autres chefs d'accusation, l'attaquer que sur des soupçons, qu'il n'avait rien dit ni rien fait de contraire aux lois établies, même à celles qui avaient été faites à l'occasion du mariage du roi; quant à ses convictions et à ses principes, il prétendit qu'ils étaient une propriété inattaquable et inaliénable, qu'il avait conservé, jusque dans les cachots, cette liberté d'opinion qui ne le quitterait qu'avec la vie. On inculpa ses réponses, jusqu'à son regard et son sourire qu'on traita de malicieux, et la sentence fut prononcée. Son fils, présent à la barre, se jeta à ses pieds et reçut sa dernière bénédiction; sa fille Marguerite, n'écoutant que sa tendresse filiale, se précipita, au péril de sa vie, entre les gardes qui le ramenaient à la Tour, et tomba évanouie dans ses bras.

Thomas More ne perdit ni la sérénité ni la douce gaieté qui lui étaient habituelles. Il n'avait pas besoin de se fortifier contre les horreurs de la mort. Quand on lui apprit que le roi commuait son supplice en simple décapitation :

« Dieu veuille, dit-il, préserver mes amis d'une telle grâce. »

Son indifférence pour la vie égala son immense vertu. Comme il montait difficilement les marches de l'échafaud, il pria le bourreau de lui prêter son bras :

« Mon ami, lui dit-il, aidez-moi à monter, et, lorsque je serai à genoux, je me charge du reste. »

L'exécuteur, attendri, le supplia de lui accorder son pardon.

« Comment, lui dit ce courageux vieillard, tu me rends aujourd'hui le plus grand service qui soit au pouvoir d'un mortel! mais je crains de ne pas faire grand honneur à ton talent, mon cou est bien mince! »

Puis, posant sa tête sur le billot, il le pria d'attendre qu'il eût écarté sa barbe :

« Car, vois-tu, ajouta-t-il, il ne faut pas qu'elle soit coupée, elle n'a jamais commis de trahison! »

Sa tête fut tranchée à l'instant (6 juillet 1535), et exposée sur le pont de Londres. L'Europe, en apprenant cette mort, voua Henri VIII à l'exécration universelle; mais l'Angleterre, épouvantée, se contenta de gémir en silence.

Fisher et Thomas More furent deux généreux martyrs; mus par l'amour de la patrie et de la liberté, leurs actes et leurs paroles avaient été de nobles et courageuses protestations contre les tendances cruelles et despotiques du roi, surtout contre ses lubriques amours. Ils voulaient prévenir les maux incalculables que la conduite de Henri préparait à l'Angleterre.

Le pape voulut lancer les foudres de l'Église contre le roi et ses adhérents, mais elles furent sans effet; l'autorité de Rome était déjà méconnue au-delà du détroit. Une révolution religieuse s'était opérée; tout était changé dans la discipline du clergé anglican. La cupidité insatiable et les abus de l'Église romaine avaient préparé les esprits, depuis longtemps, à une réforme dans une grande partie de l'Europe; en Angleterre, les passions désordonnées de Henri la précipitèrent et la terreur de l'échafaud fit taire toute opposition.

Fidèle aux conseils de Cromwel, Henri s'était emparé de la direction spirituelle et temporelle de l'Église. Les évêques et le reste du clergé tenaient de lui toute leur puissance et leur bien-être. Il détruisit un grand nombre de communautés religieuses, s'empara de leurs immenses propriétés. Cromwel et les autres favoris eurent une large part dans ces distributions.

La reine Catherine mourut de chagrin. Mais la nouvelle épouse de Henri ne jouit pas longtemps de sa nouvelle fortune. La belle Anne de Boleyn fut accessible à la vanité et à l'orgueil, elle manqua de ce qui peut seul toucher le cœur de l'homme, même le plus dur, lorsque la possession a éteint l'ardeur de ses sens; elle eut le malheur de paraître légère dans ses procédés, elle oublia d'observer ces convenances qui annoncent toujours, dans l'esprit ou dans le cœur, un tact exquis ou un sentiment délicat. Elle était d'une beauté ravissante, la coquetterie et la flatterie eurent accès auprès d'elle. Elle eut des ennemis.

Bientôt on mit en doute sa vertu, on l'accusa et on finit par la perdre dans l'esprit de son époux. Soupçonneux, jaloux et implacable dans sa vengeance, Henri se crut trahi, et pourtant Anne de Boleyn était innocente. Elle fut traînée devant des juges, supporta des accusations outrageantes. Le divorce fut prononcé, sa fille, Marie, déclarée illégitime, et la malheureuse reine condamnée à mort et conduite à l'échafaud.

Anne protesta de son innocence. Elle parla avec calme et résignation de sa fin prochaine, fit des vœux pour le bonheur du roi et de l'Angleterre, dit en termes touchants un éternel adieu à tous ceux qui naguère avaient été ses sujets.

Elle se recueillit un instant, puis s'agenouilla et posa sa belle tête sur le billot; un violent coup de hache la fit rouler à terre au milieu d'un flot de sang.

Cruel par instinct, dur, inflexible, sans remords, sans dignité, livré tout entier à son ambition et à l'entraînement grossier de ses sens, Henri épousait le lendemain Jeanne Seymour.

Durant le reste du règne de Henri, tous ceux qui osèrent parler de l'innocence d'Anne de Boleyn, furent punis du dernier supplice.

Du rôle de réformateur à celui de persécuteur, il n'est qu'un pas, lorsque le nouvel apôtre dispose de la puissance spirituelle et qu'il est en même temps chef de l'État. Henri fit condamner et livrer aux flammes tous ceux qui n'adoptaient pas ouvertement ses principes réformateurs ou qui voulaient donner aux livres saints une interprétation différente de la sienne.

Un prêtre, nommé Lambert Nicholson, ayant entendu le docteur Taylor prêcher le dogme de la présence réelle, lui remit un écrit qui renfermait quelques objections à cette croyance. Il fut emprisonné, et jugé en présence du roi et de toute sa cour. Dans cette imposante réunion, on n'entendit que des discours en l'honneur de Henri; puis le roi demanda avec douceur à Lambert, s'il persistait dans ses opinions; celui-ci répondit affirmativement, en adressant en même temps des éloges au souverain.

Henri les rejeta avec une indignation calculée et une dureté de paroles qui intimidèrent le malheureux accusé. En même temps, sept évêques, serviles courtisans du roi, lâchèrent contre Lambert une bordée d'arguments qui l'étourdirent et l'humilièrent. « Eh bien! lui dit Henri, en « as-tu assez maintenant? veux-tu vivre ou mourir? — Vous êtes le « maître, répondit le pauvre prêtre. — En ce cas tu mourras, je ne pro« tège pas les hérétiques. » Cromwel, vicaire-général, prononça la sentence de mort.

La terreur du châtiment ne dompta pas la persévérance de Lambert. Il persista dans ses opinions, en invoquant la liberté de conscience et la raison. Il prétendit n'avoir pas été éclairé par les réfutations des évêques. On le brûla à petit feu. Ses jambes furent consumées jusqu'au tronc. Ses douleurs étaient horribles ; il respirait encore, les gardes émus, l'arrachèrent aux bourreaux et, avec leurs hallebardes, le poussèrent au milieu des flammes.

Les plus nobles familles d'Angleterre furent frappées dans leurs mem bres; ni l'âge, ni le sexe, ni le mérite ne trouvaient grâce auprès de l'inflexible Henri. Tous ceux qui lui portaient ombrage, qui, en politique ou en religion ne professaient pas les mêmes principes que lui, se trouvaient enveloppés dans de prétendus crimes d'État et périssaient sur l'échafaud. Courtenay, petit-fils par sa mère d'Édouard IV, le lord Pole-Montague, sir Edouard Nevil, Nicolas Carew, grand écuyer, et d'autres, furent jugés, condamnés à mort et exécutés.

La vertueuse comtesse de Salisbury, fut accusée d'avoir défendu à ses vassaux de lire la bible traduite par les ordres du roi, et d'avoir entretenu une correspondance avec son fils, qui était compris parmi les victimes. Elle se défendit avec candeur et fermeté. Les commissaires ne purent s'empêcher d'avouer à Henri qu'ils ne trouvaient pas matière à la condamner.

Mais Cromwel, sur les ordres du roi, la fit comprendre dans le nombre d'autres personnes déjà jugées. La comtesse, âgée de soixante-dix ans, la dernière de la famille des Plantagenet, la plus proche parente du roi, par le sang, fut enfermée en prison où elle resta deux ans entiers. Henri se lassa de cette sorte de clémence, et finit par la livrer au bourreau.

Jusqu'au dernier moment, la vénérable comtesse montra le calme et la dignité de la vertu. Invitée par le bourreau à porter sa tête sur le billot : « Non, s'écria-t-elle, elle n'a commis aucune trahison, prends-la comme « tu pourras! » On la courba de force sur l'instrument de mort.

La reine Jeanne Seymour vint à mourir. Henri songea à un quatrième mariage, et il épousa, par procuration, la princesse Anne de Clèves. Le roi, qui avait été séduit par le portrait de sa femme, courut au-devant d'elle; mais à peine l'eut-il aperçue, que son amour se changea en dégoût et en haine. Les traits de la princesse étaient grossiers, elle était assez grande, mais épaisse, sans grâce, et disproportionnée dans ses formes. « Quelle cavale flamande, s'écria-t-il, jamais je ne pourrai m'y « accoutumer ! » Il la laissa et s'en retourna à Grenwich, et dès le lendemain il convoqua le conseil pour faire casser le mariage. Cromwel avait fait ce mariage; le roi, déjà mal disposé contre lui, soit par versatilité, soit à cause de l'influence qu'il avait acquise, ne put lui pardonner un choix aussi déplorable. Le divorce fut prononcé ; mais en même temps, Cromwel fut accusé et condamné sans preuves, sans interrogatoire, sans instruction, et le bill de conviction passa à l'unanimité aux deux chambres. On craignait la vengeance du roi et sa cruauté ; on détestait Cromwel à cause de sa fortune de sa basse extraction, de ses vices, de sa perfidie et de son insolence. Il marcha au supplice avec résignation ; le peuple vit sans douleur tomber sa tête.

Deux jours après, des catholiques et des protestants, qui voulaient exercer en paix leur culte, croire librement à leurs principes religieux, et qui refusaient de se laisser imposer les doctrines de Henri VIII, furent, les uns, pendus, coupés en quartiers ; les autres, brûlés à petit feu, après avoir été traînés dans les rues sur une claie. De ce nombre étaient Abel, Bewel et Featherstom, le docteur Barnes et ses disciples Jérôme et Garnet. Il ne s'était pas écoulé un mois depuis que le divorce de Henri et d'Anne de Clèves avait été prononcé, lorsqu'il prit fantaisie au roi de se remarier pour la cinquième fois ; il épousa Catherine Howard, jeune fille de la plus rare beauté. Son air d'innocence et de candeur ravissait toutes les âmes ; pour son malheur, elle reçut la main du plus inexorable des hommes. Des ennemis s'acharnèrent à sa perte. La tendresse que le roi lui témoignait avait excité la jalousie de plusieurs personnes de la cour ; la calomnie osa attaquer son innocence et sa pureté. Un complot habilement préparé la fit descendre du trône sur la sellette des coupables ; on fouilla dans toute sa vie de jeune fille, et, sans preuve, elle fut condamnée. La duchesse de Norfolk, sa tante, qui l'avait élevée, et plusieurs membres de sa famille, ainsi que ses femmes, furent mises à mort.

Henri obtint du parlement un bill qui prononçait la peine de mort contre toute fille qui oserait épouser le roi sans posséder sa virginité. Il se maria une sixième fois, et épousa Catherine Parr, veuve du lord Latimer. Elle osa un jour argumenter avec Henri, et soutenir quelques principes religieux opposés aux siens. Peu s'en fallut qu'elle ne payât de la vie son imprudence ; les ordres étaient donnés pour sa condamnation ; elle sut adroitement conjurer cet orage. Enfin, Henri VIII mourut à la suite d'excès de table ; Édouard VI lui succéda.

Honte éternelle aux souverains qui ne cherchent que dans le sang la gloire de leur couronne, et qui ne laissent à leur nom d'autre immortalité que celle du crime ! La nature semblait avoir prodigué à Henri VIII toutes sortes de qualités ; mais l'enivrement du pouvoir, les flatteurs, la pusillanimité des chambres qui n'opposèrent aucune barrière à ses prétentions despotiques, le perdirent. Il ne voulut, bientôt après, admettre aucune opposition civile ou religieuse. Il courba l'une sous ses pieds au moyen de la hache du bourreau ; il poursuivit l'autre dans les consciences, et prépara des bûchers à quiconque ne croirait pas à son dieu comme il le fabriquait. Soupçonneux, avide, opiniâtre, capricieux, gonflé d'orgueil et jaloux de toute supériorité, il se livra aux plus hideuses passions, attenta sans scrupule aux libertés de la nation, les renversa d'un souffle, et traita les Anglais comme un peuple d'esclaves.

CHAPITRE XVIII.

Seizième siècle.

LES HÉRÉTIQUES DU LANGUEDOC ET DE LA PROVENCE.
LA RAMÉE.

Amours de François I*er*. — Vengeance d'un mari. — Maladie du roi. — Malheurs de l'époque. — Progrès du protestantisme. — Massacre et ruine des hérétiques. — Paroles de Mézerai. — François I*er* favorise les lettres et les arts. — Les mœurs de sa cour. — Clément Marot; ses persécutions, sa mort. — La Ramée; sa naissance, ses malheurs. Il vient à Paris; il est domestique au collége royal; son amour pour la science, ses progrès, ses succès, ses persécutions, son triomphe en Allemagne, ses principes philosophiques, son retour à Paris; nouvelles persécutions; sa mort. Caractère de Ramus.

La mort venait de débarrasser l'Angleterre de la tyrannie de Henri VIII. La réforme religieuse et politique s'établissait dans ce royaume. En France, le protestantisme continuait sa marche ascendante. François I*er* venait de faire encore une descente en Italie, mais sans beaucoup de succès. Ce roi était tout voué à ses plaisirs; la guerre et l'administration des affaires de l'Etat n'étaient pour lui que des occupations secondaires. On lui donna le titre de *Restaurateur des lettres,* il est vrai; mais il est douteux que ce titre soit légitimement mérité. Il paya, nourrit, pensionna tous les flatteurs qui rimèrent en son honneur; mais ce fut moins par amour pour les lettres et les arts que pour l'encens qui lui en revenait. Toujours des fêtes, des maîtresses, des intrigues amoureuses : c'était une vie de galanteries scandaleuses.

Un mari, jaloux des infidélités de sa femme, la belle Féronnière, et des assiduités de François Ier, résolut de se venger des outrages qu'il avait reçus, à l'aide des outrages nouveaux que les deux galants lui préparaient. Il alla chercher, dans un lieu de débauche, cette maladie si commune et si funeste à cette époque, le poison de la volupté. Il s'en guérit lui-même en employant à propos les remèdes convenables ; mais sa femme en mourut. Le roi fut à deux doigts du tombeau, et son rétablissement fut imparfait ; son caractère s'altéra profondément, et une profonde mélancolie remplaça sa gaieté naturelle. Il fut longtemps dévoré par un ulcère de mauvaise nature.

Les Gantois se révoltèrent contre Charles-Quint à l'occasion d'une taxe. L'empereur jugea nécessaire de se transporter dans les Flandres, mais c'était difficile, sans traverser la France ; il fit demander le passage à François Ier, qui l'accorda. Triboulet, fou du roi, à l'issue de la délibération, inscrivit sur un journal qu'il appelait le *journal des fous,* le nom de « *Charles-Quint,* assez hardi pour venir en France, après avoir tenu « le roi prisonnier à Madrid. — Et que diras-tu, si je le laisse passer, dit « le roi ? — Alors, répondit Triboulet, j'effacerai Charles et j'inscrirai « François. »

Malgré quelques courtes trèves, la guerre s'était continuée pendant vingt-huit ans. Les peuples furent soumis à des impôts qui allèrent toujours en augmentant. Un courtisan dit à cette occasion : « Les impôts « font toujours des enfants. » Expression plaisante, mais remplie de profondeur. Les guerres d'Italie furent désastreuses ; les guerres, en France, pour arrêter la puissance et les envahissements de Charles-Quint, et vers le nord-ouest, pour combattre les armées de Henri VIII, roi d'Angleterre, furent ruineuses. A toutes ces calamités, on doit ajouter les désordres intérieurs, inséparables des guerres de religion qui surgissaient à chaque instant sur plusieurs points du territoire, et qui léguèrent au règne suivant la Saint-Barthélemy, comme pour clore les massacres des dernières années de François Ier.

Enfin un traité, signé à Crépy, entre Charles-Quint et François, rétablit la paix entre les deux souverains.

Le protestantisme continuait d'envahir la France. L'esprit de prosélytisme s'y répandait avec ardeur. Le Languedoc, la Provence, et d'autres pays voisins virent bientôt s'élever des temples, rivaux des églises catholiques. François Ier, circonvenu par les prélats, permit d'envoyer contre eux la force des armes. Jean Meynier, baron d'Oppède, premier président du parlement d'Aix, homme violent et sanguinaire, fit revivre un arrêt rendu cinq ans auparavant, contre une population de plusieurs milliers de Vaudois, établie sur les confins de la Provence et du comtat Venaissin, espèce de colonie d'un reste de sectaires de Valdo, réfugiés depuis trois cents ans dans les gorges des montagnes du Dauphiné et du Piémont, et qui venaient d'entrer en communication avec les calvinistes. La sentence prononcée contre eux fut horrible et cruelle, l'exécution fut plus horrible et plus cruelle encore. Vingt-deux bourgs ou villages brûlés et saccagés présentèrent un spectacle d'une barbarie dont on ne retrouve pas d'exemples dans l'histoire des peuples les plus féroces. Surpris pendant la nuit, les malheureux habitants poursuivis de rochers en rochers, à la lueur des flammes de leurs maisons, n'évitaient une embûche que pour tomber dans une autre : les cris de désolation des vieillards, des femmes, des enfants, loin d'attendrir le cœur des soldats et des chefs, excitaient leur rage et les mettaient sur la trace des malheureux fugitifs, qui tombaient sous leurs coups.

Il était défendu sous peine de mort de leur accorder aucune retraite ; la reddition volontaire n'exemptait ni les hommes du supplice, ni les femmes de toutes les violences. A Cabrières, une des villes principales de ce canton, on égorgea plus de sept cents hommes de sang-froid ; toutes les femmes furent enfermées dans un vaste bâtiment où était de la paille, et on y mit le feu. Celles qui tentaient de s'échapper par les fenêtres étaient repoussées à coups de crocs ou de piques. Enfin, selon la teneur de la sentence, les maisons furent rasées, les bois coupés, les arbres fruitiers arrachés, et en quelques jours, ce pays si fertile, si peuplé, offrit l'image d'un désert. Ainsi se préparèrent les fureurs qui ont couvert la France d'échafauds, de bûchers, de gibets et de ruines ensanglantées. Ces horribles proscriptions devinrent plus communes encore sous les règnes suivants.

Un écrivain du temps a dit que le protestantisme s'était répandu en

France, parce que François Ier l'avait permis, ou ne s'en était pas occupé. A cette allégation, Mézerai répondit :

« Quoi donc? faire six ou sept édits rigoureux pour l'étouffer, convo« quer plusieurs fois le clergé, assembler un concile provincial, dépêcher « à toute heure des ambassadeurs à tous les princes de la chrétienté « pour en assembler un général, brûler les hérétiques par douzaines, « les envoyer aux galères par centaines, les bannir par milliers ; dites« nous, je vous prie, est-ce là permettre ou ne point prendre garde? »

En Angleterre, Henri VIII avait été tout aussi cruel envers les catholiques et contre ses autres sujets qui voulaient la liberté de conscience, et qui étaient d'une secte opposée à celle qu'il avait établie lui-même. L'histoire de tous les siècles nous apprend que si la religion est, de toutes les formes morales, celle qui peut faire le plus de bien, elle est aussi celle qui peut faire le plus de mal.

Henri VIII et François Ier, après avoir été successivement amis, ennemis, brouillés et réconciliés, firent enfin un traité de paix, l'un et l'autre, sur les marches de leur tombeau.

Sous ce roi, la France fut en guerres continuelles et en négociations plus malheureuses les unes que les autres. S'il gagna quelques batailles, il essuya de plus grands revers. François fut funeste à son siècle. Pour ses plaisirs et sa vanité, il sacrifia la sécurité et exposa souvent le salut du royaume. Les beaux-arts et la littérature fleurirent à Paris ; il institua et dota des colléges ; il fit venir d'Italie, à grands frais, des chefs-d'œuvre de sculpture et de peinture ; il aimait les artistes, fréquentait Léonard de Vinci, André del Sarto, Rosso del Rosso, Primatice, etc. ; des musiciens, des poètes embellissaient sa cour. La galanterie dégénéra presque en libertinage public. Voici un rondeau attribué à un poète des dernières années de Charles VIII, et qui fut chanté souvent à la cour de François Ier.

C'était à l'occasion d'une belle qui était très-aimable avec les riches seigneurs ; ce qui prouve qu'il n'y a rien de changé dans le cœur humain :

> Fait-elle pas bien
> D'aimer qui lui donne?
> S'elle est belle et bonne,
> Ce n'est pas pour rien.
>
> Elle aime le mien,
> Non pas ma personne.
> Fait-elle pas bien?
>
> Il n'a rien du sien,
> Qui ne lui guèr'donne.
> Elle s'abandonne
> Quand on lui dit : Tien ;
> Fait-elle pas bien ?

Clément Marot fut un des plus grands poètes de ce siècle. Il combattit en Italie ; à la bataille de Pavie, il fut au nombre des prisonniers. Il mena une vie assez agitée et fut persécuté pour ses opinions religieuses : il prétendait que les commandements de l'Eglise avaient remplacé les commandements de Dieu, et qu'en s'emparant de la morale, elle avait substitué les casuistes à notre conscience ; il partagea presque toutes les doctrines de Calvin, et se réfugia à Genève pour se soustraire à ses ennemis, qui n'eussent pas manqué de le faire comprendre dans leurs proscriptions contre les hérétiques. Il traduisit les *Psaumes* en vers. Ses poésies et les charmes de son esprit furent pour lui des occasions de bonne fortune ; mais la sévérité des mœurs helvétiques ne put s'accommoder de la présence d'un homme aussi dangereux ; et des époux, dont il avait troublé le bonheur, le firent chasser de la ville. Demoustier dit du dieu des vers, à l'occasion de son expulsion de l'Olympe :

> Un homme exilé de la cour
> Est un fléau pour les campagnes.

Les poésies de Marot furent essentiellement érotiques : l'amour était chanté dans ses vers avec le charme, la naïveté de tournure et ce choix d'expressions qui tiennent à la fois à la délicatesse des idées et à celle des sentiments ; il peignait le plaisir sous des traits si fins, si séduisants, que les plus grandes dames de la cour de François Ier ne furent pas insensibles à la flamme qu'elles faisaient naître en lui.

Voici quelques vers tirés de son poème de *Héro et Léandre* :

Regard en arrière.

Plus ne suis ce que j'ai été,
Et ne le saurais jamais être :
Mon beau printemps et mon été
Ont fait le saut par la fenêtre.
Amour, tu as été mon maître,
Je t'ai servi sur tous les dieux.
Oh! si je pouvais deux fois naître!
Combien je te servirais mieux !

De Genève, le poète porta sa fortune inconstante à Pavie.

La persécution vint encore l'atteindre jusque dans son exil; il passa les dernières années de sa vie dans la pauvreté et l'isolement, et mourut dans un âge voisin de la vieillesse.

Après la mort de François Ier, Henri II monta sur le trône de France. Dès le commencement de son règne, il parut un édit contre les blasphémateurs et les hérétiques, par lequel les premiers étaient condamnés à avoir la langue percée d'un fer chaud, et les autres à être brûlés vifs : ces mesures législatives de la part d'un jeune roi promettaient.

La Ramée, qu'on appela depuis *Ramus,* professa la philosophie avec succès dans les dernières années du règne de François Ier. Tout fut extraordinaire dans la vie de ce savant. Il était né dans le Vermandois, sa famille était noble, mais les malheurs des guerres des Flandres, sous les précédents règnes, avaient réduit ses aïeux à vendre du charbon pour subsister. Ramus fut dans son enfance deux fois attaqué de la peste. Tout jeune, il gardait les troupeaux. A huit ans il vint à Paris, il chercha un emploi, mais en vain, la misère le chassa, il fut forcé de mendier tout le long de la route jusqu'à son village. Il y revint une seconde fois; pauvre enfant! il avait onze ans et son voyage fut encore tout aussi malheureux. Il tenta un troisième voyage, cette fois il fut reçu comme domestique au collége de Navarre.

Dans l'intervalle des travaux pénibles de sa profession, il se glissait inaperçu à la porte ou sous les croisées des écoles. Là, blotti dans un coin, il écoutait quelques instants les leçons et les réponses des professeurs et des élèves. La nuit, dans sa cellule, il étudiait, il se livrait à des méditations sur ce qui avait été le sujet des leçons dont il avait pu saisir une partie. Il copiait des chapitres entiers des auteurs les plus abstraits, et, à force d'analyser, il arrivait enfin à les comprendre et à faire des résumés ou des développements de leurs doctrines.

Tous ses gages étaient employés en achats de livres. Peu à peu, il eut surmonté les difficultés des langues grecque et latine. Dans les mathématiques, dans les hautes questions philosophiques, son esprit se trouva comme au milieu de son élément. En peu de temps, ses progrès furent rapides. L'histoire, avec ses grandes et sévères leçons, lui devint familière. Tous les jours il avançait dans les sciences ; du connu, il allait vers l'inconnu, et son génie lui révélait souvent, par l'enchaînement des causes et des effets, ce qu'il n'avait pas encore appris.

Quant à tous les systèmes de philosophie, il avait compris, comme Descartes, que, pour être dans la vérité, il fallait d'abord les connaître et les étudier tous les uns après les autres, sans passion. Aussi il les comparait, les combattait, les soutenait tour à tour dans le silence de ses longues veilles ; sans s'en douter, Ramus, dans sa solitude, se préparait à étonner le monde savant, et attirait sur sa tête les orages futurs d'une foule ignorante et fanatique. Il avait vaincu toutes les difficultés de la langue ; ce n'était pas une pensée générale qu'il savait rendre avec netteté et précision, c'était bien plus encore ; il empruntait les richesses de toutes les langues des écoles pour rendre jusqu'aux nuances de ses pensées ; en un mot, il savait penser dans toutes les langues.

Un jour, dans la cour du collége, une discussion s'éleva entre les écoliers, sur un point de doctrine, La Ramée se trouvait près d'eux ; impatienté d'entendre soutenir des paradoxes, il dit quelques paroles qui attirèrent l'attention des étudiants ; ce fut, pour ainsi dire, un jet de lumière qui les éclaira. Bientôt, professeurs et écoliers posèrent au domestique, par forme de dérision, des questions insidieuses et des sophismes plus ou moins profonds et embarrassants. La Ramée les combattit en invoquant tour à tour les auteurs et les faits, il s'arma des syllogismes et et des dilemmes que son esprit et ses études lui suggéraient, développa ses idées et ses propositions en termes si clairs ; dans la nature même, il puisa des faits et des comparaisons si vrais et si justes que, bientôt, professeurs et écoliers, étonnés de toute sa science, rendirent un hommage public au nouveau philosophe. Il fut reçu maître ès-arts après un examen des plus brillants, et nommé professeur au collége de Presles, dont il devint bientôt le principal ; peu de temps après, il fut nommé professeur au collége royal.

Aristote était à cette époque le philosophe de l'antiquité le plus en vogue. De par le roi et le parlement, il était défendu de professer toute autre doctrine, et de combattre les péripatéticiens. Ramus ne goûtait pas les principes de cette philosophie ; il refusait de courber sa tête devant ces mots absurdes de l'école : *Le maître l'a dit.* Il prétendait qu'il était indigne de l'humanité de s'abaisser devant la pensée d'un seul homme, de refuser de voir la vérité ; que c'était faire abnégation d'un droit divin, de sa liberté, de sa raison, de son intelligence ; que tout homme, malgré son mérite, ses talents, ses découvertes, laissait toujours beaucoup à corriger, à découvrir et à perfectionner après lui. Il ajoutait que l'humanité ne devait avoir, dans ses progrès, d'autres limites que la nature entière, qu'en elle seule se trouvaient réunis les trésors de toute intelligence, et qu'elle seule était vraie, infaillible, inépuisable ; que la logique enseignée dans les écoles n'était qu'une forme barbare qui étouffait l'esprit humain. Il parlait, en France, au seizième siècle, un langage qui ne pouvait convenir qu'à des auditeurs du dix-neuvième ; il fut bafoué, et joué sur les tréteaux. La peste vint alors ravager Paris. Les colléges devinrent déserts. Il continua, néanmoins, de donner des leçons publiques ; les écoliers allèrent l'entendre par désœuvrement ; quelques rares intelligences d'élite furent seules à la hauteur de ses pensées. On le dénonça à cause de la hardiesse de ses principes. La haine, suscitée par l'ignorance et la jalousie, l'atteignit, et on obtint son interdiction.

Dès lors, il embrassa et professa hautement les principes de la réforme ; il prétendit que l'Eglise romaine était opposée au véritable christianisme. A cette époque, la guerre civile agitait la France. Il eut des persécutions nombreuses à subir : il fut destitué, perdit son titre ; il prit les armes, combattit vaillamment à la bataille de Saint-Denis, où il n'échappa à la mort que par hasard. De là, il parcourut la Suisse, l'Allemagne, la Pologne, la Hongrie. Il visita les plus célèbres universités étrangères, fréquenta les savants de tous les pays, et alla se fixer à Heidelberg, où il professa la philosophie.

A la connaissance des langues mortes et vivantes et de tous les systèmes philosophiques, à celle des mathématiques, de l'histoire et de la théologie, il joignait la musique, la physique, l'histoire naturelle, la médecine et l'astronomie. Génie universel, il embrassait toutes les sciences humaines. En Allemagne, depuis longtemps, sa réputation l'avait précédé ; mais lorsqu'on l'entendit pour la première fois, il excita un enthousiasme général. Ses pensées, toujours nouvelles et variées, étaient comparables à ces écrins précieux qui, entr'ouverts, laissent voir à l'œil ravi des rivières de diamants distribués avec art et d'une richesse infinie.

Jamais ses auditeurs ne se lassaient de l'entendre ; il avait soin d'attirer leur attention et de la fixer, en leur laissant toujours quelque chose à deviner, en abandonnant à la sagacité de leur esprit les derniers termes du développement d'une idée, et en résolvant successivement par des faits, par des comparaisons et par des images toutes les difficultés, toutes les objections possibles.

Sa parole facile avait un parfum d'harmonie et de poésie, qui faisait de sa dialectique une science toute nouvelle, où le cœur et l'esprit rencontraient à chaque phrase mille jouissances. Son enseignement consistait en une série de leçons, dans lesquelles il déroulait les faits, les passions, les besoins moraux des individus et des peuples. Des fautes et des erreurs premières, il conduisait ses auditeurs à l'appréciation des fautes et des erreurs qui en découlaient nécessairement. De la vérité et de la morale appliquées à la politique, il faisait aussi découler, par une logique inexorable, la lumière, la sagesse et le bonheur des hommes et des nations. Ses rapprochements étaient heureux et toujours pleins d'à-propos.

Il expliquait par quelles opérations successives l'homme produit les actes de son intelligence : « Les facultés sont innées, l'action des agents « extérieurs les développe. L'homme sent ; il compare les sensations,

« juge et se détermine. » Quelques années plus tard, Vanini professa les mêmes principes et fut accusé d'impiété. Plus de cent cinquante années après, Condillac en fit la base de son système.

La Ramée, sans perdre un seul instant de vue le point important de ses leçons, posait, devant un public avide de sa parole, des tableaux dans lesquels une encyclopédie presque universelle faisait ressortir la scène principale ; il puisait dans la nature entière les preuves des opinions qu'il avançait. En Allemagne, sa doctrine religieuse, empreinte de la grandeur de ses idées philosophiques, ne rencontrait dans son expression aucune entrave ; il développait librement sa pensée. Il traitait d'absurdités et d'idolâtries plusieurs des cérémonies que l'Eglise romaine imposait aux peuples. Il prétendait que l'asservissement de l'intelligence était plus criminel, plus immoral que l'esclavage du corps ; qu'en enlevant à l'homme sa propre conscience pour la soumettre à la direction d'un casuiste, et sa raison pour la sacrifier à des croyances qu'elle réprouve, c'était à la fois un attentat contre Dieu et contre l'humanité.

Ses idées sur l'origine des êtres se trouvaient en harmonie parfaite avec le système d'Épicure, qui est aujourd'hui généralement accepté. « Rien n'a été créé : tout existe de toute éternité, à l'état d'atomes. En vertu d'une loi éternelle d'affinité, d'attraction et de répulsion, les principes, les éléments ou corps simples s'attirent ou se repoussent, adhérent ensemble ou se séparent pour former des corps composés, qui se décomposent à leur tour ; rien ne périt et tout meurt. La nature se meut ainsi toute entière dans Dieu. Au milieu de ce mouvement incessant de vie et de mort, de composition et de décomposition, est Dieu, l'âme de l'univers ; il préside à ce travail continuel d'enfantement, de formes et de vies toujours nouvelles. »

La Ramée passa des années glorieuses dans plusieurs villes d'Allemagne. Les universités briguaient l'honneur de le compter au nombre de leurs professeurs ; les princes cherchèrent à le retenir dans leurs États. Mais un fonds de tristesse l'accablait ; était-ce le souvenir de sa patrie ? une vague inquiétude ? ou cette agitation indicible de l'âme qui ne permet pas au voyageur sur la terre, à l'homme, de s'arrêter nulle part ?

était-ce la loi inexorable du sort qui le poussait et qui lui imposait d'aller mourir ailleurs, et d'accomplir ainsi la destinée de tout homme ici-bas : *Vivre où l'on peut, mourir où l'on doit ?*

La Ramée obéit à cette voix intérieure, il revint dans sa patrie ; là, de nouveaux triomphes l'attendaient, mais aussi des persécutions et une fin déplorable.

Depuis longtemps l'école de Paris était veuve de son éloquent professeur, et lorsqu'après une aussi longue absence, sa voix retentit au collège royal, ce furent des salves d'applaudissements frénétiques. L'université retrouva en lui le robuste athlète de l'indépendance. Penseur plus profond et plus hardi qu'auparavant, Ramus proclamait la liberté de discussion et d'examen, surtout la liberté de conscience. Nouvel Abailard, il fit trembler les sophistes mitrés de la Sorbonne.

Les doctrines de La Ramée, l'éclat de sa parole, la logique pressante des faits, son instruction profonde, brisaient, renversaient toutes les théories et tous les arguments de l'école. Un nouveau système et une nouvelle langue philosophiques apparurent. C'était une révolution imminente et prochaine dans les idées.

Sans adopter exclusivement les principes de Luther, de Zuingle ou de Calvin, sans renverser de fond en comble le catholicisme romain, Ramus puisait dans la nature, dans les faits, dans l'histoire de l'homme, dans les Écritures, dans l'antiquité, les éléments d'une discipline, d'un culte et d'un rite plus simples, plus purs, moins opposés à la science et à la vérité et plus en harmonie avec l'esprit du véritable chistianisme. Il comparait seulement, et cette comparaison était foudroyante ; l'intrigue et les abus étaient démasqués.

L'alarme était donc au camp de la Sorbonne. C'était une hérésie nouvelle qui semblait poindre à l'horizon. Combattre La Ramée avec des armes égales, la discussion et la science, aucun champion du camp clérical n'était de force. On le persécuta. Pendant quelque temps la chaire du collège lui fut interdite ; on médita une autre vengeance encore. Les prêtres attendirent l'occasion favorable. Malheureusement, pour la France et pour le catholicisme, elle se présenta, et prouva que le sacerdoce romain ne pardonne jamais :

Tant de fiel entre-t-il dans l'âme des dévots!

La Ramée était d'un caractère doux ; son âme était bienveillante. Dans l'intimité il avait la franchise, le laisser-aller et l'ingénuité de l'enfant. Il avait conservé tous ses cheveux jusqu'à un âge avancé, à peine grisonnaient-ils ; sa taille était haute, sa constitution vigoureuse, son caractère bouillant, son imagination vive ; mais les persécutions, l'âge et les malheurs avaient tempéré de bonne heure sa nature impétueuse.

Il était facile dans toutes ses transactions, bon, indulgent, généreux, et d'une extrême obligeance, il donnait tout ce qu'il possédait ; intraitable avec les méchants, il ne pouvait supporter l'injustice. Ses yeux étaient vifs et doux à la fois, ses traits réguliers avaient un calme résigné qui témoignait d'une tristesse habituelle et profonde ; mais cette impassibilité n'était qu'apparente, c'était l'âme au repos.

Arrivé à sa soixante-neuvième année, La Ramée professait encore. Mais à cet âge tout nous échappe ; le cercle de la vie est parcouru. Le temps, a fait justice des illusions, des vaines passions et des erreurs. L'homme alors reste fidèle à ses convictions, et, se repliant sur lui-même, il se plaît à remonter le cours des ans pour se reporter à ces temps heureux de l'enfance où il a perçu les premières sensations, et où les premiers sentiments ont agité son âme.

Quelques-uns de ses amis, un médecin, régent de l'École de Paris, et deux anciens professeurs du collége de Presles, venaient souvent le voir. Ses amis intimes n'étaient pas de simples visiteurs, ils tenaient librement chez lui des séances de plusieurs heures. On y soupait ; la table était servie de mets simples ; on y traitait toute sorte de questions. On racontait les anecdotes de la ville, les nouvelles un peu scandaleuses de la cour y trouvaient aussi quelquefois leur place. On y riait des sophismes et des vieilles colères de la Sorbonne. La conversation se prolongeait assez avant dans la nuit, puis on se séparait en se disant : au revoir.

Un soir, le médecin rappela à Ramus qu'il avait promis depuis longtemps de leur faire le récit d'une partie de sa vie, surtout de celle de son enfance. Ramus les conduisit dans son cabinet; ils s'assirent sur des fauteuils de velours d'un vert tendre, couleur que le philosophe affectionnait. Deux croisées ouvertes laissaient pénétrer le frais en même temps que les derniers rayons d'un soleil couchant, et donnaient sur un jardin embaumé de fleurs et rempli d'arbustes.

« Si j'ai différé jusqu'ici, dit Ramus, de me rendre à vos désirs, c'est qu'en vérité, il est rare que ces souvenirs, si chers à nos cœurs, puissent intéresser beaucoup les autres hommes; et puis, en quoi cela peut-il servir à l'humanité, de répéter des impressions que tout homme a plus ou moins vivement senties? Auriez-vous par hasard la pensée de faire ma biographie de mon vivant, pour la jeter à mes amis comme à mes ennemis? Je m'y oppose; à ma mort, oh! c'est autre chose, on fera ce qu'on voudra. Mais, chers amis, lequel de nous quatre ici présents, mettra le premier le pied sur la fatale barque? Lequel de nous quatre restera le dernier pour écrire la biographie des autres? Qu'en pensez-vous, docteur? Lequel de nous ressemble le plus à un trépassé? je vous en fais juge. » Après ces paroles qui excitèrent un peu l'hilarité de nos vieux amis, La Ramée commença ainsi son histoire :

« Vous connaissez les circonstances de mon apparition dans le monde savant; je n'en parlerai donc pas; je raconterai seulement mon enfance, et puis, pendant que j'étais professeur au collége royal, un secret que Dieu et moi seuls connaissons. Tout le reste de ma vie, mes succès, la gloire scientifique que l'on m'a faite, qu'est-ce? *vanitas vanitatum, vanité des vanités.* Ce n'est pas le bonheur, il m'a fui il y a bien longtemps! »

Un soupir s'échappa de la poitrine du vieillard; il continua :

« Soyez indulgents pour moi; il m'arrivera peut-être de me répéter à l'endroit surtout de mes jeunes années; n'en accusez pas mes soixante-neuf hivers. Ce temps heureux, trop vite écoulé, apparaît toujours au souvenir de l'homme avec son doux mirage. Nos premières, nos plus douces, nos plus vives sensations, sont toujours là présentes. Je vois encore le pauvre village de Cathe et la chétive chaumière où ma bonne mère se livrait aux soins du ménage, et mon père, tout noirci de fumée et de la poussière du charbonnier, rentrer après ses fatigants travaux de la journée; ces chênes séculaires dont les grandes branches ombrageaient notre toit de chaume et le préservaient du vent du nord, et puis cette bonne et vieille compagne qui faisait partie de la famille, notre vache fauve tigrée, qui connaissait ma voix, me suivait aux champs et qui nous nourrissait de son lait.

« Ces longues journées passées dans le calme et la solitude sur la lisière d'un bois et à l'extrémité du village, malgré l'isolement et la pauvreté d'alors, je les regrette encore. Mon aïeul, ruiné par les guerres des Flandres, était venu avec mon père, encore enfant, chercher un asile dans cette contrée, et pour vivre avait fabriqué du charbon; après lui, mon père continua d'exercer cette industrie, se maria, et je fus le fruit malheureux de cet hymen.

« La peste vint affliger le pays, mon père atteint le premier succomba; ma mère et moi, quoique frappés, résistâmes au fléau, mais la plupart des habitants du village furent moissonnés.

« Trop jeune encore, je ne pus comprendre l'importance de la perte que nous avions faite; j'étais triste parce que je voyais souvent pleurer ma mère; elle redoubla d'activité, de zèle, travaillait nuit et jour pour combattre la misère qui envahissait notre demeure. Je la vois encore, assise sur un escabeau près de la petite croisée de la chaumière, occupée à réparer mes vêtements; l'aiguille tombait parfois de ses mains, elle me considérait, me pressait sur son cœur, et j'entendais un sanglot partir de sa poitrine, les larmes de ses yeux roulaient sur ma figure, je l'embrassais, je pleurais alors avec elle et cherchais à la consoler. » La Ramée suspendit un instant son histoire et essuya ses yeux, puis il reprit:

« C'était au mois de mai; tout près de la chaumière, sur la branche fourchue d'un vieux chêne j'avais découvert un nid de pinsons et à quelques pas de là un nid de fauvettes dans un buisson d'aubépine. Les petits oiseaux étaient déjà forts, et tous les matins à mon lever ils recevaient ma visite. Un soir, ma mère m'annonça que nous irions le lendemain à la ville voisine. Elle devait emporter au marché du beurre, des fromages qu'elle avait préparés, des œufs, quelques pommes qui restaient encore de la récolte passée, et, avec le peu d'argent qu'elle espérait en retirer, elle devait acheter assez d'étoffe pour me faire elle-même un petit habillement de saison.

« Malgré la défense et les prières de mon excellente mère, j'avais enlevé de bon matin les nids d'oiseaux, elle en fut péniblement affectée ; elle voulut me faire comprendre combien j'étais cruel, je le sentis un instant, mais les enfants sont naturellement sans pitié, et j'emportai avec moi les deux petites familles.

« Arrivé sur le marché, beaucoup d'enfants vinrent m'entourer, et mes petits oiseaux trouvèrent facilement des amateurs, je les cédai pour quelques sous ; un des petits acheteurs saisissant une des fauvettes la serra de toutes ses forces dans sa main ; le pauvre oisillon, après quelques convulsions, expira. Je m'élançai sur cet enfant pour lui arracher le nid, mais je fus repoussé avec violence ; dans mon indignation, je lui lançai à la tête la monnaie que j'avais dans ma main, et, le cœur gros, je me rapprochai de ma mère. — Vois-tu, me dit cette bonne femme, comme ces petits oiseaux sont malheureux loin de leur mère ! — Un remords intérieur s'empara de moi, je devins triste, je me sentais coupable et n'osai lever les yeux vers elle.

« Le marché terminé et l'étoffe achetée, nous reprîmes le chemin de notre village. Ma mère vit ma peine, elle me consola, et me fit promettre de ne jamais faire de mal à aucun être vivant sur la terre, je me rappelle encore qu'elle ajouta : « Tu es assez à plaindre, je ne te gronderai plus ; « de retour à la maison, un autre spectacle affligera tes yeux ; » en effet, lorsque je rentrai au village, sur les buissons, sur les arbres voisins, sur le chaume de la maison, les pères et les mères des petits oiseaux faisaient entendre des cris plaintifs ; ils voltigeaient de tous les côtés, cherchaient et appelaient en vain. Pendant plusieurs jours, je fus témoin de leur douleur ; je me reprochai longtemps, et depuis soixante-deux ans, je me reproche encore d'avoir fait des malheureux. »

A ces derniers mots, la voix de La Ramée s'altéra, il s'arrêta un instant.

« Malgré son activité et ses travaux, ma mère ne put venir à bout de payer les dettes contractées par les maladies et par la mort de mon père. Notre chaumière et le petit coin de terre qui en dépendait furent vendus.

« Elle entra en qualité de femme de charge chez une fermière du voisinage, son amie d'enfance, qui avait aussi perdu son mari de la peste. Le frère de ma mère habitait un village à une lieue et demie de Cathe. Il avait épousé sans amour un paysanne un peu aisée. Cette femme était laide, dure, emportée et sans intelligence; elle aimait son mari et ses enfants comme la bête peut aimer son mâle ou ses petits; elle était généralement détestée. Mon oncle vint offrir à ma mère de me prendre quelque temps avec lui; je devais être nourri et élevé comme ses enfants, seulement, ma mère devait m'entretenir et payer les frais d'école. Elle n'osa pas refuser et accepta avec gratitude une séparation qui coûtait à son cœur. A ses baisers d'adieu je compris ses regrets.

« Dans les premiers temps je fus assez bien traité. Mes deux petits cousins étaient à peu près de mon âge; nous allions ensemble tous les jours à l'école et nous nous livrions aux mêmes jeux. J'appris facilement à lire et à écrire; je laissai bientôt derrière moi mes camarades; alors commencèrent mes tourments.

« Ma tante se montra jalouse de mes petits succès; elle me grondait sans cesse et sans motif, elle me frappait, me punissait des fautes de ses enfants et ne me donnait à manger que leurs restes. Longtemps je supportai patiemment ses mauvais procédés, je n'osai me plaindre à ma mère lorsqu'elle venait me voir; mais un jour, ne pouvant plus y tenir, je me sauvai de bon matin et pris la route de Paris.

« Après avoir fait quelques lieues je me trouvai bien fatigué, j'eus faim et soif, c'était au mois d'août, la chaleur était insupportable, je me couchai sur le gazon le long d'un fossé, au pied d'une haie. Je me mis à pleurer; la pensée de ma mère vint m'attrister; que va-t-elle supposer? dis-je en moi-même. Elle ignorera ce que je suis devenu, elle se désolera. Pauvre femme! Un charretier vint à passer en même temps, il conduisait une voiture chargée de charbon, il s'offrit de m'emmener; je le suivis, il me plaça dans un coin vide où était un peu de paille, me partagea en route sa pitance. Nous voyageâmes toute la nuit, le lendemain au soir nous arrivâmes à Paris.

« Je passai trois jours dans la capitale, le soir je rentrais furtivement dans la grande cour de l'auberge où était descendu le charbonnier; là, sous un hangard, j'allais dormir sur la paille. Le matin je sortais. Je vivais d'un peu de pain et de quelques fruits que j'achetais dans les rues, car j'avais emporté avec moi quelques petites pièces de monnaie, que ma mère m'avait données toutes les fois qu'elle venait me voir chez mon oncle.

« J'errais tout le jour autour des écoles, des pensions et des colléges, je voyais avec plaisir arriver et sortir les écoliers ; j'enviais leur sort. Enfin, m'enhardissant, je franchis un jour le seuil d'un de ces établissements et j'osai me présenter pour être domestique. Mon accoutrement, ma pauvre tournure, ma figure chétive, hâve, sale et brûlée du soleil me rendirent la risée des valets ; ils m'éconduisirent en m'appelant *petit vaurien*.

« Mes petites ressources étaient à peu près épuisées. Triste, découragé, je repris le chemin de mon village. Avec le reste de ma monnaie, je pus encore acheter un peu de pain. La première nuit, je la passai au pied d'un pommier. Le soleil n'était pas encore levé que je me remis en route; la fatigue, le besoin et la fraîcheur de la nuit m'avaient ôté toute force. Je n'avais plus rien ; quelques pommes crues et acides, tombées des arbres et que je voulus manger, me causèrent des déchirements d'estomac inexprimables. Je me traînai comme je pus jusqu'à un village aux environs de Compiègne; là, accablé de fatigue et mourant de faim, je tombai d'inanition dans la rue.

« On s'empressa autour de moi, on me questionna, je répondis seulement que j'avais faim. Une dame d'une figure douce comme celle de ma mère, ayant le même son de voix, me fit à l'instant emporter chez elle; à l'aide d'un cordial elle me ranima, puis elle me plaça à table à côté de son enfant, qui était du même âge que moi ; elle nous servit un bon déjeuner, me questionna sur ma famille Mon récit la toucha ; elle dit seulement, en passant la main sur ma tête : « Pauvre mère ! pauvre enfant ! » J'étais couvert de poussière, mes habits étaient en désordre et déchirés, mes pieds endoloris par la marche. Elle me garda deux jours chez elle ; pendant ce temps, un exprès fut envoyé à ma mère. Elle me fit prendre un bain, me donna des chaussures, des bas et des habits de son fils. Celui-ci fut, jusqu'à la fin, d'une bienveillance extrême pour moi. Le moment de notre séparation arriva, nous nous embrassâmes avec effusion ; déjà je compris que nous nous aimions de cette amitié qui doit durer toute une vie. En effet, rien n'a pu l'éteindre; vous savez combien je regrette l'ami commun que nous avons perdu.

« Un domestique à cheval venait d'arriver de la ferme; on me plaça sur la selle à côté de lui, et avant trois heures de marche j'étais dans les bras de ma mère. »

La fin de ce récit parut un instant inintelligible aux amis de Ramus; mais celui-ci ajouta :

« Vous désirez savoir quelle était cette dame, surtout quel était cet enfant, cet ami? Votre cœur devrait déjà l'avoir deviné; vous l'avez tous connu; tous vous l'aimiez. Le hasard nous réunit plus tard, l'un et l'autre, au collége de Navarre; il était élève et j'étais domestique, l'un et l'autre nous en sommes sortis pour occuper une chaire de philosophie. C'était le bon, l'excellent Omer Talon, que nous avons accompagné, il y a quelques années, à sa dernière demeure, et qui manque depuis ce temps à notre bonheur. »

Au dénouement inattendu de cet incident, des larmes brillèrent dans tous les yeux, et la narration de La Ramée fut interrompue par quelques soupirs.

« Avant d'arriver à la ferme, dit Ramus, je rencontrai ma pauvre mère; elle avait appris ma fuite de chez son frère; mais elle ignorait en quels lieux j'avais porté mes pas. Elle pleura beaucoup, ne me fit aucun reproche, m'embrassa, et m'exhorta à avoir désormais plus de confiance en elle, et de ne plus lui donner de ces chagrins qui la conduiraient au tombeau. La fermière décida que je resterais auprès de ma mère et que je garderais les troupeaux. Deux ans se passèrent ainsi.

« Une maladie épidémique vint de nouveau ravager la contrée, j'en fus atteint; j'échappai à la mort, mais ma guérison fut lente, et je restai longtemps convalescent. A peine étais-je rétabli, que ma mère, à son tour, tomba malade, et mourut en quelques jours. Ce fut un coup affreux pour moi. Je me trouvai seul au monde, et je maudissais la vie. Quelques mois après, je manifestai à la fermière le désir de retourner à Paris; elle m'objecta mon jeune âge et les dangers de l'isolement, la difficulté de me caser convenablement; elle en parla au vieux curé, qui me gronda fort. Mais, chez moi, c'était une détermination, une idée fixe, et je fis ce voyage une deuxième fois. Il ne fut pas plus heureux que mon premier.

« Je retournai donc à la ferme, où je restai encore deux ans environ. Au bout de ce temps, je fis un troisième voyage, et j'entrai au collége de Navarre comme domestique. Vous savez le reste. Quant au secret dont je vous ai parlé, j'y arrive.

« Lorsque quelques succès m'eurent fait asseoir sur la chaire du collége royal, mes relations devinrent très-nombreuses. Je connus l'amour et je professai un culte pour une autre Héloïse. » Ensuite, s'adressant au docteur : « Pensez-vous, lui dit-il, qu'il existe un être sur la terre qui n'ait pas aimé ou éprouvé le besoin d'aimer? Pour moi, je l'ai ressenti avec toute sa puissance, avec tout son délire et tout son bonheur. Le mariage était interdit aux professeurs; je dus rester amant.

« Belle, gracieuse et remplie de talents, Angélina avait fait sur mon cœur la plus vive impression. Elle ne fut pas insensible à ma tendresse, et bientôt elle devint enceinte; je m'empressai de la soustraire à sa famille. Elle mit au monde un enfant qui succomba au bout d'un mois. Tous les instants de liberté que me laissaient mes travaux scientifiques, je les passais auprès d'Angélina; huit années consécutives d'amour et de félicité remplirent mon âme. Puis, un jour, elle tomba malade. Vous rappelez-vous, docteur, cette jeune femme si belle dont, il y a trente ans, vous n'avez pu arrêter les progrès d'un mal incurable? vous rappelez-vous sa douceur, sa résignation? Tous les jours vous la visitiez; tous les jours elle faisait un pas vers la tombe. Eh bien, c'était elle; j'ai recueilli son dernier souffle. Vos soins éclairés et votre dévouement ont prolongé son séjour sur la terre. Je vous en ai toujours conservé une profonde gratitude; je vous en remercie aujourd'hui de vive voix.

« Depuis ce moment le bonheur m'a fui. Au milieu de mes triomphes en Allemagne, un vide et un ennui m'accablaient. A Francfort et à Heidelberg, on m'offrit une union qui eût pu me rendre heureux, si mon cœur eût été fait pour le bonheur, et si j'eusse pu vivre sans souvenirs. Mais à l'empressement de tous mes amis je fis la réponse de Diogène : *Quand on est jeune c'est trop tôt; quand on est vieux c'est trop tard.* Voilà toute ma vie, encore un an ou deux au plus, que dis-je! demain, peut-être, ma dernière heure sonnera. Tous les autres accidents, toutes les autres aventures de mon existence sont trop peu intéressants; des luttes, des succès, des persécutions, l'amour-propre tantôt blessé, tantôt satisfait; des redites et des actes humains que répète chaque génération, c'est là tout! Pauvre existence humaine!

« J'ai eu ma part de jouissances des sens, une grande part dans les jouissances de l'esprit et dans celles de l'amour-propre. De tout cela il ne me reste rien aujourd'hui, rien qu'un vide immense! Mais mon cœur bat encore au souvenir de ma mère et de mon amie, de cet ange que j'ai perdu et à la consolante pensée que j'ai fait un peu de bien à mes frères sur la terre. »

Il était dix heures environ, nos amis se séparèrent ; l'air était frais, la soirée était magnifique, c'était à la fin d'août. Des archers à cheval circulaient dans les rues, et toute la nuit un mouvement extraordinaire se passa dans Paris.

Le jour commençait à peine à paraître, qu'un bruit de mousqueterie accompagné de vociférations, se faisait entendre sur plusieurs points de la ville. Bientôt ces clameurs se rapprochèrent, on entendit distinctement des cris de mort : la maison de Ramus fut cernée, on frappa aux portes à coups redoublés : Ramus! Ramus, à bas, à mort l'hérétique! Le domestique courut effrayé à la chambre de Ramus, l'exhorta à se cacher dans la cave pour se soustraire à la fureur populaire.

Mais les portes étaient déjà enfoncées, une foule armée se précipita dans sa demeure, on l'arracha en chemise des mains de son domestique qui demandait grâce pour son maître. Ce malheureux vieillard fut criblé de coups de hallebardes et de poignards, et précipité tout sanglant dans la rue. Une foule composée d'hommes ivres et fanatiques, d'écoliers et de clercs se rua sur ces restes inanimés ; on lui ouvrit le ventre, ses intestins furent jetés dans le ruisseau sous les pieds des chevaux et des passants; on attacha une corde au cou du cadavre, on le traîna ainsi au milieu des sarcasmes et des malédictions grossières d'une populace altérée de sang. On s'arrêtait de temps en temps pour le fustiger, et faire en son nom une amende honorable, puis on continua ainsi de le traîner

MORT DE LA RAMÉE.

(Martyrs de la Liberté)

jusqu'à la place Maubert et de là à la Seine, où on le jeta, en accablant son nom d'imprécations.

Son corps fut retrouvé par de pieux amis, qui lui rendirent en secret les derniers devoirs.

Sur tous les points de Paris des massacres eurent lieu en même temps. A leur tour, ces nombreuses victimes trouveront ici leur place. C'était un grand jour de fête et un grand triomphe pour le fanatisme. C'était LA SAINT-BARTHÉLEMY.

CHAPITRE XIX.

Seizième siècle.

CHRISTOPHE COLOMB. — PADILLA. — MARIA PACHECO.

Espagne. — Les Arabes; leur amour pour les sciences et les arts; leurs inventions; leurs écrits. — Pièce de vers d'Abdérame 1er. — Civilisation, politesse, galanterie des Arabes; ils sont chassés d'Espagne. — L'Inquisition. — Les juifs; leur persécution. — Torquemada; ses cruautés. — Fierté des Aragonais. — Christophe Colomb; ses découvertes, ses persécutions, sa mort. — Portrait de Ferdinand-le-Catholique. — Charles 1er, roi d'Espagne. — Révolte de Tolède. — La sainte ligue. — Padilla. — Insurrections générales. — Charte des Castillans. — Défaite de la ligue. — Mort de Padilla. — Héroïsme de Maria Pacheco. — Abdication et mort de Charles-Quint.

En Allemagne, en Hollande, en Suisse, les peuples s'étaient affranchis des entraves que Rome imposait aux consciences. En Angleterre, le joug ultramontain avait été brisé également; mais Henri VIII, voulant assujettir son royaume aux croyances qu'il avait établies, persécuta à la fois les catholiques, les sectateurs de Wicleff et les luthériens. Les uns et les autres périssaient par ses ordres sur les échafauds ou expiraient dans les flammes.

En Italie, les papes allumaient eux-mêmes les bûchers qui dévoraient les natures d'élite, les hommes les plus purs et les plus religieux.

En France, des tribunaux dociles vendaient leur conscience au trône et à l'autel réunis, et condamnaient tous ceux qui osaient parler de liberté religieuse.

Nous verrons, à leur tour, les catholiques essuyer, en Europe, de terribles représailles de la part des réformés, et, pendant trois cents ans encore, cette affreuse maxime mise en pratique : *Qui n'est pas avec nous est contre nous.*

De tout temps, l'esprit de parti a méconnu la véritable liberté ; que chacun, enfin, adore Dieu comme il l'entend ;

> Qu'on puisse aller même à la messe ;
> Ainsi le veut la liberté.

Nous n'avons encore rien dit de la Péninsule ibérique. Au quinzième siècle, les persécutions eurent, dans ce pays, un caractère de cruauté et de barbarie qui ne peut s'expliquer que par la nature passionnée et l'imagination ardente de ses habitants.

Depuis huit cents ans, l'Espagne était au pouvoir des disciples du Coran. Vainqueurs de presque toute l'Asie et d'une grande partie de l'Afrique, les Arabes s'en étaient aussi emparés, et avaient porté leurs armes victorieuses jusque dans les Gaules ; ils avaient été arrêtés sur les bords de la Loire, et refoulés vers les Pyrénées par Charles-Martel.

Les enfants de Mahomet, que les historiens qualifient de barbares, se livraient avec passion aux jouissances intellectuelles. Ils étaient à la fois conquérants, administrateurs et savants. Ils naturalisèrent partout l'étude des sciences et des lettres. Ils ont laissé des chefs-d'œuvre d'architecture. Ils introduisirent le goût de l'agriculture, fertilisèrent des terrains immenses, qu'ils couvrirent des végétaux les plus précieux de l'Asie et de l'Afrique

On doit aux Arabes la résurrection de l'art de guérir, perdu depuis des siècles. Avicenne, Razzi, Averroës, Abulcazis sont des auteurs que l'on consulte encore ; c'est l'étude des œuvres du dernier qui a révélé la découverte et l'application heureuse de la lithotritie. Ils avaient inventé l'alambic, les alcalis, l'alcool, le kermès, etc., dont les noms restés arabes, témoigneront à jamais de la fécondité de leur génie. Ils ont créé l'algèbre, l'arithmétique, et imaginé les chiffres dont nous nous servons.

Pendant que, sous Charlemagne, les ténèbres de l'ignorance enveloppaient l'Europe, le calife de Cordoue, Al-Mamoun, avec des savants de sa cour, mesura un degré du méridien, pour déterminer la grandeur de la terre. On leur doit des traités sur l'astronomie, sur plusieurs branches de l'histoire naturelle, sur les métaux, la botanique, les animaux fossiles, etc. A la prise de Grenade, les Espagnols brûlèrent plus de douze cent mille volumes écrits par les Arabes.

Leur langue, riche et variée, eut des poètes, même parmi les califes. Le dictionnaire arabe contenait soixante volumes, et portait le nom d'*Océan*, à cause de sa richesse. Voici la traduction fidèle d'une pièce de vers, qui est l'ouvrage d'Abdérame Ier, fondateur du trône de Cordoue; elle fut inspirée par la présence, dans son jardin, d'un jeune palmier de Syrie; cet arbre lui rappelait les lieux où il avait passé son enfance :

« Comme moi, beau palmier, tu es étranger sur cette terre ;

« Le doux zéphir des Algarves balance et caresse ton feuillage ;

« Tes racines puisent dans un sol fertile les sources de la vie ;

« Ta cime de verdure s'élève avec grâce jusqu'aux cieux.

« Mais combien ta douleur serait amère,

« Si tu éprouvais les agitations de mon âme !

« Tu n'as pas à craindre, d'un sort cruel,

« Les coups qui déchirent mon cœur.

« Mes pleurs ont arrosé les palmiers de l'Euphrate ;

« Aujourd'hui, ses bords lointains et chers

« Ont oublié mes soupirs et mes larmes.

« Les destins ennemis et les cruels Abassides

« M'ont arraché aux objets de ma tendresse.

« Heureux palmier ! tu n'as pas le souvenir de la patrie !

« O chère patrie, en pensant à toi

« Je sens toujours couler mes larmes. »

Jusqu'à la fin du quinzième siècle, les Arabes ont donné à l'Espagne, ainsi qu'au reste de l'Europe méridionale, leurs lois et leurs mœurs. Ils ont, les premiers, introduit dans la vie privée une délicatesse de manières inconnue aux peuples d'Occident, et créé ces formes respectueuses et ce langage poli envers les femmes, qui a produit la galanterie, les premiers ménestrels et les troubadours. C'est à eux que l'on doit le sentiment de l'honneur, qui élevait si haut les actes des guerriers et ceux de la chevalerie.

Après huit cents ans de possession, les Arabes furent chassés de l'Espagne dont ils avaient été à la fois les conquérants, les législateurs et les modèles.

Derrière leurs pas, la Péninsule resta chargée des précieux débris des sciences, des arts, des lettres et de tous les monuments dont ce peuple admirable l'avait couverte. Ce fut sous les murs de Grenade, leur dernier boulevard, que leur puissance expira.

Vers ce temps l'inquisition vint porter ses ravages dans ce beau royaume. Éclose en France sous l'ardeur fanatique des croisades du treizième siècle, elle dressa d'abord les bûchers de la Provence et du Languedoc; mais elle ne put jamais s'y organiser sérieusement, encore moins s'y naturaliser. Elle n'y était entrée que par surprise, aussi elle n'apparut que par accès, par recrudescence religieuse, le sol lui était contraire.

Dominique, dont l'Eglise a fait un saint, l'avait inventée. L'Espagne chrétienne et la cour reçurent avidement la loi nouvelle. L'ambition hypocrite de Ferdinand, dit *le Catholique,* et la piété crédule d'Isabelle, placèrent le tribunal de l'inquisition au-dessus de tous les pouvoirs de l'État.

Les juges procédèrent avec un zèle si ardent et une activité si meurtrière que dans l'espace de quelques mois, à Séville seulement, leur premier début fut marqué par deux cent quatre-vingt-dix-huit victimes. La même année et dans l'évêché de Cadix, deux mille personnes périrent aussi par le supplice du feu, et dix-sept mille subirent d'autres châtiments.

Les juifs, qui habitaient l'Espagne, s'occupaient presque exclusivement d'affaires d'argent, pratiquaient l'usure, et leur commerce, toujours adroitement lucratif, les avait placés alors, comme ils savent se placer encore aujourd'hui, à la tête de capitaux considérables. Une habileté particulière, un cachet surtout de rapacité extraordinaire, les a longtemps distingués des autres hommes; mais depuis quelques années, ce type devient tellement général, que les catholiques, les protestants, les chrétiens grecs et les musulmans, comme les enfants d'Israël, sont tous soumis à l'unité du culte du veau d'or.

Donc, leur puissance financière les rendit odieux aux peuples, aux rois, aux grands seigneurs et excita la cupidité du clergé. Leur religion fut un prétexte de persécution, la confiscation de leur fortune, le véritable but. Pour éviter les coups de l'inquisition, ils s'empressaient de se convertir au christianisme; mais souvent ces mesures ne pouvaient les sauver. Les peuples excités par la haine, par le fanatisme et les prédications du clergé, les égorgeaient; d'un autre côté, l'inquisition mettait en doute la sincérité de leur conversion, et confisquait leurs biens. Sur quelques points de la Péninsule, le saint-office inspira tant d'horreur que les peuples le repoussèrent. Le royaume d'Aragon chassa d'abord les inquisiteurs; là, comme partout, ils furent rétablis par la volonté de Ferdinand, mais le grand inquisiteur de Sarragosse fut assassiné par la main des habitants.

En Espagne, ce tribunal de mort surpassa par un raffinement barbare toute la cruauté des supplices de l'inquisition de France. Rien de plus inique que la jurisprudence et les formes de ses procédures. Le prévenu ne pouvait connaître par avance la nature de son crime, ni prendre communication des charges portées contre lui. Il ne connaissait pas non plus ses accusateurs dont le nom restait un mystère : s'il niait, on le livrait à la torture, s'il avouait, il était puni comme coupable; s'il se rétractait, il subissait de nouveaux tourments dans lesquels il succombait, ou dont il ne revenait qu'avec des infirmités incurables.

La confiscation des biens suivait toujours la condamnation à mort, aux galères ou à d'autres châtiments. L'asile des morts n'était pas même à l'abri des persécutions religieuses. On fouillait leurs tombeaux, ils étaient punis comme les vivants, et le feu dévorait également leurs débris; les enfants des condamnés étaient maudits, repoussés, flétris et voués à la misère et à l'abjection jusqu'à la troisième génération.

L'inquisition pénétrait également jusque dans le sanctuaire de la famille, et ne respectait pas même les liens sacrés des époux. La mère devait dénoncer ses enfants, l'épouse son mari, le fils son père, le frère son frère. Par la confession, dirigée avec cette ruse jésuitique, on savait trouver partout des coupables. Les dénonciateurs avaient un quart des biens confisqués. La haine, la cupidité, l'envie, venaient en aide au saint-office ; le trouble et la défiance régnaient dans le foyer domestique, l'effroi et l'hypocrisie partout. Des vieillards, des jeunes filles périssaient aussi sur le bûcher.

Lorsque les prisons étaient pleines, on les vidait pour les remplir de nouvelles victimes. Alors les inquisiteurs célébraient avec un grand appareil ce qu'ils appelaient l'*acte de foi*. Les malheureux condamnés au feu portaient une robe de laine teinte en jaune, semée de croix et de flammes ; ils étaient coiffés d'un bonnet rond pyramidal, chargé des mêmes symboles. Ceux qui étaient admis à la réconciliation et frappés de châtiments qui n'entraînaient pas la perte de la vie, portaient le même costume, mais les pointes des flammes étaient renversées.

On conduisait tous ces infortunés en grande pompe sur la place principale de la ville, en présence des autorités, des princes et d'une multitude immense de peuple et au milieu d'une force armée imposante. Là, ils subissaient un long sermon ; on leur annonçait qu'ils devaient bientôt paraître devant Dieu et que, s'ils étaient véritablement repentants, le supplice du feu, qui les attendait, les préserverait des flammes éternelles ; qu'ils devaient se trouver heureux, après tous leurs forfaits, après avoir renié leur divin Sauveur, avoir douté de la sainteté et de l'infaillibilité de leur mère l'Église, la chaste épouse de Jésus-Christ, de souffrir quelques douleurs d'un instant, pour aller au ciel par un martyre expiatoire, etc. etc. On les livrait aux bourreaux en recommandant hypocritement à ceux-ci de les traiter avec douceur, puis on ramenait les autres en prison.

Le premier inquisiteur-général, nommé Torquemada, a laissé une mémoire exécrable, il a surpassé en férocité tous ses successeurs ; en 1501, après dix-huit années d'exercice de son autorité, il avait fait brûler plus de dix mille personnes et condamner plus de quatre cent mille autres à toute sorte de châtiments, dont le moindre entraînait la confiscation des biens.

La Sicile, la Sardaigne et le Nouveau-Monde eurent aussi de nombreux auto-da-fé. Les Maures et les Arabes, après avoir été maîtres de l'Espagne, avaient perdu leurs conquêtes; ceux qui restaient encore isolés et sans puissance furent persécutés, périrent sur le bûcher ou subirent le catholicisme.

Le royaume de Grenade restait seul encore au pouvoir d'un puissant chef musulman. Cette ville, bâtie sur deux collines, domine une riche et grande vallée, qui s'étend au pied de la Sierra-Nevada, dont les pics élevés sont couverts de neiges éternelles. Ses murailles fortifiées formaient une enceinte de trois lieues de tour et protègeaient soixante-dix mille maisons. Sur chaque colline on voit deux forteresses, une d'elles servait aussi de palais. C'est l'Alhambra, dont le temps a respecté l'architecture admirable.

L'aspect de cette contrée est enchanteur, l'œil s'étend sur un horizon immense, qui forme de légères ondulations et dont les limites sont au nord l'immense chaîne de la Sierra-Morena; au midi, est la Sierra-Nevada. Le sol est d'une fertilité extrême et arrosé de rivières et de ruisseaux nombreux; pendant que toutes les campagnes voisines sont, en été, brûlées des feux d'un soleil dévorant, que partout l'homme languit, que les animaux et les végétaux périssent, une brise continuelle, fraîche et embaumée descend du haut de ces monts neigeux et entretient la vie et la santé. Tous les fruits d'Asie et d'Afrique croissent presque sans culture dans cet eldorado. Aussi, les enfants du prophète regardaient ce séjour si délicieux comme une image du paradis que Mahomet réserve à ses fervents disciples.

Muley-Alem-Hassan occupait le trône de Grenade. Il refusa de payer le tribut que les califes, ses prédécesseurs, devaient à la couronne d'Espagne depuis leurs défaites. Mais, après des batailles, des combats nombreux, plusieurs siéges successifs et une résistance héroïque, les Arabes furent chassés, refoulés vers la mer, exterminés, convertis, ou forcés de se sauver en Afrique.

L'Aragon, traversé par des montagnes, n'avait jamais été conquis par les Arabes; les habitants avaient une constitution et des franchises que les princes n'avaient encore pu leur enlever. La reine Isabelle de Portugal, à l'occasion de sa succession au trône d'Aragon, éprouva de la

part des députés une résistance qui l'irrita ; elle les menaça d'abolir leurs priviléges ; à ces mots, tous se levèrent, et l'un d'eux, Alfonse de Fonseca, s'écria : « Les Aragonnais ne violent jamais leur serment; ils veulent exa-
« miner ce qu'ils promettent; ils sauront mourir pour défendre leurs
« droits. »

Ils n'accordèrent jamais à leurs princes un pouvoir sans limites. Jaloux de leur liberté, ils avaient su la conserver avec soin. Ils envoyaient aux cortès des députés choisis dans toutes les classes de la population ; le sceptre d'Aragon n'était donné qu'après des formalités et des cérémonies qui prouvaient, qu'en acceptant un roi, ils n'entendaient pas se livrer à un maître.

Quand le monarque venait recevoir la couronne, il entrait tête nue, fléchissait le genou devant le grand-justicier, assis sur un trône, entouré des représentants de toutes les classes de la société, et prononçait la formule du serment qui lui était imposé.

Le grand-justicier disait au roi : « Nous, qui valons autant que toi,
« qui pouvons plus que toi, nous te faisons notre roi, à condition que tu
« maintiendras nos priviléges et nos libertés ; sinon, non. »

Dans un chapitre précédent, nous avons, à l'occasion de l'impulsion rapide imprimée à l'esprit humain, et de la découverte de l'Amérique, parlé de Christophe Colomb. Jusqu'à lui, l'Espagne ne nous avait pas présenté d'hommes éminents, véritables martyrs de la liberté ou de leur dévouement. Durant la conquête des Arabes, et dans les guerres qui précédèrent et amenèrent leur expulsion de la Péninsule, il y a eu certainement des héros chez l'un et chez l'autre de ces deux peuples ; mais, à vrai dire, les Arabes étaient tellement supérieurs aux naturels du pays ; ils rendaient de si grands services à l'humanité par leur civilisation, leurs vastes connaissances et leurs découvertes, que nous ne pouvons lire l'histoire sans éprouver un regret profond, de voir ces conquérants chassés d'un empire qu'ils avaient rendu si florissant pendant huit siècles. La mésintelligence des califes entre eux, leurs divisions et leurs querelles les affaiblirent, et ils se trouvèrent sans défense et sans force devant un peuple hostile et poussé à leur extermination, en haine surtout de leur religion.

C'est alors qu'apparut Christophe Colomb. Ce fut une existence toute de labeurs, de luttes, d'études, de voyages et de persécutions. A la fin, épuisé de fatigues, abreuvé de chagrin, il succomba, victime des passions de la cour d'Espagne et victime du pays qu'il avait enrichi. Ses travaux et ses découvertes ont profité à l'humanité entière. Nous devons parler de cet homme célèbre, raconter ses dangers, ses souffrances et sa fin.

On ne connaît pas exactement le lieu de sa naissance; originaires de Gênes, ses parents appartenaient à une ancienne famille de navigateurs; beaucoup d'historiens se sont plu à le faire sortir de la plus basse extraction; mais que nous importe, à nous, sa naissance? Il fit ses études à Pavie, il se distingua par des progrès rapides, il excella dans les mathématiques, la cosmographie, la géométrie et l'astronomie; il aimait aussi les lettres et les cultivait avec passion. Il passa quarante ans à voyager dans toutes les mers et les terres à peu près connues. Il avait soupçonné et annoncé l'existence d'un hémisphère opposé au nôtre; il en déterminait à peu près la place sur le globe. Il combattait sans cesse le système de ceux qui prétendaient, que l'océan, sans fin, sans interruption, bornait le monde, qu'au-delà de notre hémisphère, il n'y avait plus que l'espace, le chaos ou le néant. Le premier il se servit de l'astrolabe et imagina des règles d'une exactitude et d'une précision inconnues jusqu'alors, pour fixer par la longitude et la latitude, la position des vaisseaux.

Pierre Torrea, parent de sa femme, avait trouvé, sur le rivage de Porto-Santo, des troncs d'arbres, que les flots y avaient apportés; une autre fois, au large et presque en vue de cette île, il rencontra des cannes d'une grosseur extraordinaire et des plantes inconnues. Ce fut plus qu'il n'en fallait pour confirmer Colomb dans ses convictions.

Trop pauvre pour tenter cette expédition, Colomb s'adressa à tous les cabinets de l'Europe et exposa son système à toutes les sociétés savantes. Traité d'utopiste, éconduit ou repoussé de toutes parts, il mourait tous les jours de désespoir et de chagrin.

Cependant, un navigateur fut envoyé, secrètement, pour explorer l'Océan et tenter un succès dont on voulait ravir la gloire à Christophe.

Mais cet homme n'était pas à la hauteur de sa mission ; plein de vanité, de sot orgueil et de fausse science, il échoua et sa navigation fut ce qu'elle devait être, malheureuse.

Enfin, après dix ans de refus ou d'ajournements continuels, Ferdinand-le-Catholique céda aux prières de la reine Isabelle et consentit à confier trois petits vaisseaux à Christophe Colomb. Notre navigateur partit du port de Palos avec sa petite escadre et ne douta pas un instant de son succès.

Après plusieurs jours de voyage, comme rien ne paraissait encore à l'horizon, les compagnons de Christophe commencèrent à douter de lui, à regretter leur patrie et à murmurer hautement contre une expédition aussi aventureuse. Il chercha à les rassurer et à les encourager, mais chaque jour, au milieu de cet espace sans limites, venait augmenter leur inquiétude. Bientôt ils opposèrent le dégoût, le mauvais vouloir, l'indiscipline et la résistance à ses ordres. Ils se désespéraient de la longueur du voyage.

Toujours ferme et impassible, au milieu de ses compagnons, Colomb montrait le plus grand courage et une confiance inébranlable. Il bravait tous les obstacles, affrontait tous les périls ; plusieurs fois il fut sur le point d'être massacré par son équipage. Mais depuis quelques jours des vols nombreux d'oiseaux de plusieurs espèces annonçaient l'approche d'un rivage, et rassuraient Colomb ; bien plus, il remarquait à la surface des eaux, des débris de végétaux entraînés par les courants. Un soir, enfin, un des vaisseaux signala la terre ; la nuit les empêcha de la découvrir, elle fut longue pour leur impatience.

Le lendemain, de bonne heure, tout le monde était sur le pont et attendait avec une anxiété extrême que la lumière vînt montrer à leurs yeux cette terre nouvelle. Enfin, le moment arriva et, au jour naissant, il apparut à leur yeux étonnés des montagnes et des collines toutes couvertes de verdure.

Christophe Colomb donna à cette île le nom de San-Salvador ; il jeta l'ancre et avec ses canots y aborda. Il y avait sur le rivage un grand nombre d'hommes, qui les reçurent avec bienveillance ; le costume et la peau blanche des Européens excitaient leur étonnement ; les hommes et les femmes étaient entièrement nus et portaient des morceaux d'or suspendus à leurs oreilles. Christophe Colomb leur donna des grains de verroterie, des morceaux de faïence et d'autres bagatelles qui les flattèrent beaucoup, il en obtint en échange des aliments, et comprit, aux questions qu'il leur adressa, que l'or qu'ils portaient venait d'un pays plus éloigné.

Colomb poursuivit sa route, découvrit successivement des îles qu'il nomma Conception, Fernandine, Isabelle ; il rencontra partout une race unique d'habitants : peau couleur olivâtre, cheveux noirs et durs, ne grisonnant jamais, point de barbe, les pommettes saillantes, les yeux noirs et bridés. Nulle part un indigène ni blond, ni rouge, ni blanc de peau, ni aux yeux bleus; dans tout le continent américain, les Indiens semblent tenir à la fois du Mongol et de l'Océanien ; on ne peut en attribuer la cause au climat; il y a, sur le continent américain, réunis tous les climats, toutes les températures de l'Europe; c'est une répétition d'accidents géographiques et climatériques de l'ancien monde ; et les races blondes et brunes d'Europe qui, depuis sa découverte, habitent l'Amérique, conserveront toujours leur type primitif, à moins que, par des alliances, l'espèce ne se modifie. Pourquoi dans cet ouvrage faire une telle observation sur l'histoire naturelle de l'homme? Quel rapport y a-t-il entre des martyrs de la liberté et des sauvages, peut dire le lecteur? A cela nous pouvons et nous devons répondre qu'une simple biographie n'est pas dans notre plan, et qu'en parlant de la plus belle prérogative de l'homme, la liberté, qui seule résume toutes les autres, il nous est imposé de faire connaître la nature de cet être intelligent, que la puissance créatrice a disséminé sur tous les points du globe.

Nous croyons, en passant, devoir dissiper des erreurs trop communes, même de nos jours, sur la prétendue origine de l'homme. En vain des savants de l'Institut, pour ne pas se montrer hostiles aux défenseurs puissants du dogme de la création de l'allégorique Genèse, ont-ils prétendu que l'humanité était une, que les Hottentots, les Mongols, les Océaniens, les Indiens, les Caucasiens, les Scythes émanaient d'une souche unique et primitive ; ils se sont faits ainsi les complaisants apologistes de l'histoire mythologique d'Adam et d'Ève.

Pourquoi refuser à la nature dans la formation des espèces primitives du genre humain la richesse et la variété qu'elle a montrées dans la formation des végétaux et des animaux d'un même genre ?

Le climat suffit-il pour expliquer ces diversités dans les races humaines, lorsqu'on voit ces mêmes races, distinctes dans leur conformation, exister et se maintenir de temps immémorial dans les mêmes contrées sans aucune altération.

Chaque espèce a son type indélébile que rien ne peut détruire. Il persiste dans tous les climats ; le croisement seul le modifie, mais ne peut le faire disparaître entièrement, et presque toujours les traits et la conformation des enfants viennent, après plusieurs générations, révéler encore l'origine primitive.

L'Écriture-Sainte ne dit pas un mot de la quatrième partie du monde ; il faut supposer que les écrivains hébreux, tout inspirés qu'ils étaient, n'en soupçonnaient pas même l'existence. Par qui alors a-t-elle été peuplée après le prétendu déluge universel dans lequel l'univers entier a été, dit-on, enseveli ? Pourquoi n'a-t-on rencontré sur tout l'hémisphère américain, sur une étendue de quatre mille lieues, que ce type uniforme, cette même espèce d'hommes qui se sont conservés purs dans l'intérieur des terres, et qui reculent devant la civilisation qui les presse ? Il est probable qu'un cataclysme du globe aura dans les temps primitifs, séparé le continent américain des îles océaniennes, en engloutissant dans ses abîmes les îles ou les terres qui faisaient presque de l'Asie et de l'Amérique une continuité de continents.

Revenons à notre héros ; il n'avait encore découvert que quelques îles lorsqu'il revint en Europe. Arrivé à la hauteur des Açores, il fut surpris par une tempête horrible, et fut sur le point d'être enseveli dans les flots ; peu s'en fallut que ses découvertes ne fussent perdues pour le monde, peut-être pendant des siècles.

Enfin il aborda à Palos.

Il fut accueilli partout avec enthousiasme, et son voyage fut un triomphe continuel jusqu'à Barcelone, où était alors le roi. Ferdinand et Isabelle le reçurent au milieu de leur cour, et Colomb se jetant à leurs pieds, les remercia d'avoir voulu seconder son projet. Le roi le releva, le fit asseoir à ses côtés, Colomb leur rendit compte de son voyage et de sa découverte, leur offrit des corbeilles et des bassins dans lesquels étaient l'or et les objets précieux apportés des Indes, en même temps leur présenta des Indiens qu'il avait emmenés avec lui couverts de leur bizarre costume. Ferdinand le combla de faveurs lui et tous ses parents, lui permit de joindre aux armes de sa famille celles de Castille et de Léon, avec les emblèmes de ses découvertes, et le nomma amiral et vice-roi des Indes. Colomb repartit avec une flotte de dix-sept vaisseaux et alla fonder des établissements.

Bientôt des dissensions s'élevèrent dans la colonie. Son administration éprouva des entraves; des esprits brouillons jetaient partout le désordre et la méfiance; Colomb se vit forcé de les faire embarquer et de les renvoyer en Espagne. Mais, à la cour de Castille, les grands, jaloux de la célébrité et de la haute position de Colomb, lui avaient voué une haine mortelle et cherchaient à le perdre; ils s'unirent aux mécontents qui arrivaient d'Amérique, et on porta des plaintes contre lui. On l'accusait de projets ambitieux, de garder pour lui tout l'or que produisait le Nouveau-Monde, de chercher à fonder un empire et de vouloir trahir son roi.

Ferdinand accueillit trop facilement ces calomnies, et envoya un commissaire pour surveiller de près la conduite de Christophe Colomb. Fidèle à Ferdinand, plein de droiture et d'honneur, l'amiral fut révolté de l'arrogance de l'officier; il s'empressa de venir en Espagne, se présenta au roi, se disculpa facilement, obtint une nouvelle escadre, et découvrit le grand continent américain. De là, il s'empressa d'aller à Saint-Domingue, visiter la colonie que son frère y avait établie.

Il la trouva agitée par des dissensions et des perturbations nouvelles, et ne put rétablir l'ordre que par la rigueur. Pendant qu'un vaisseau, expédié par ses soins, annonçait au gouvernement d'Espagne la découverte du grand continent, des plaintes et des dénonciations de la nature la plus grave ébranlaient encore son crédit auprès de la cour. On fit tant, qu'on le perdit dans l'esprit du roi; la reine elle-même, séduite, se rangea du côté de ses ennemis, et Christophe fut disgracié.

Ici commencent les nouvelles tribulations de cet homme célèbre et ses malheurs, dont la mort seule fut le terme.

Francisco de Bovadilla fut nommé à sa place. En arrivant, il délivra les mutins que Colomb avait fait enfermer, et fit arrêter Colomb et ses frères. Ainsi, cet homme irréprochable, qui dotait le vieux monde d'un monde nouveau, et l'Espagne de trésors et de puissance, fut jeté dans un cachot. Ceux qui avaient surtout reçu ses bienfaits furent les premiers à l'abandonner. Au moment où Colomb entra en prison, aucun soldat ne voulut lui mettre les fers; mais un de ses serviteurs osa l'outrager au point de remplir cet ignoble office.

Lorsque la flotte qui devait retourner en Europe fut prête à mettre à la voile, Vallejo, capitaine du bâtiment qui devait porter Colomb, vint le prendre dans sa prison. Colomb crut qu'on allait le conduire à la mort; une tristesse inexprimable s'empara de lui :

« Vallejo, où me mènes-tu? lui dit-il.

— Votre seigneurie va être conduite à mon bord, répliqua Valléjo.

— Est-ce vrai? ajouta Colomb.

— Votre seigneurie va, dans un instant, entrer dans mon vaisseau. »

Enfin, bientôt l'escadre mit à la voile.

Pendant toute la traversée, Vallejo eut, pour le gouverneur, tous les égards que méritait sa noble infortune; il voulut lui ôter ses fers, mais Colomb s'y opposa, disant qu'on les lui avait mis au nom du roi, et que sur les ordres seuls du roi il les quitterait. Il les conserva toujours depuis, et il voulut, à sa mort, qu'ils fussent déposés avec lui dans son cercueil.

Ferdinand et Isabelle parurent touchés des mauvais traitements que l'amiral avait soufferts; ils lui envoyèrent des officiers pour lui porter des consolations, et l'invitèrent à venir se présenter à la cour; ils l'accueillirent avec bonté, l'assurèrent qu'ils étaient étrangers aux persécutions dont on l'avait accablé. Colomb ne pouvait proférer aucune parole, il tomba à genoux et arrosa de ses larmes les pieds de Leurs Majestés; il se releva par leurs ordres, et, dès que son émotion fut calmée, il leur rendit compte de sa conduite et des peines qu'il avait endurées, les assura de sa fidélité, et du désir d'employer le reste de ses jours à leur service.

Bovadilla fut rappelé, mais Colomb ne fut jamais réintégré dans son gouvernement. Par dévouement et par magnanimité, il fit encore un quatrième voyage d'exploration, et découvrit la Martinique.

Ovando, successeur de Bovadilla, lui fit défendre de s'approcher de Saint-Domingue. Colomb parcourut le golfe du Mexique, fit encore quelques découvertes. En vain demanda-t-il à aborder à Haïti pour réparer les avaries de ses bâtiments et faire reposer son équipage. Il tomba malade, il passa un an dans une détresse affreuse ; enfin, le gouverneur Ovando céda aux plaintes et aux murmures de la population, et permit à Colomb de relâcher à Haïti.

Après avoir rétabli sa santé, celle de son équipage, et remis sa petite flotte en état de supporter la traversée, Colomb retourna en Espagne. Mais, à son arrivée, tout était changé. La reine venait de mourir. Le roi fut indifférent pour lui. Colomb se trouva sans appui, et, comme tous les hommes disgraciés et malheureux, il resta sans amis. Désespéré, il se retira à Valladolid ; il ne put survivre longtemps à sa disgrâce et à ses chagrins ; il mourut dans l'isolement et presque dans la pauvreté, oublié du roi, dont il avait augmenté la puissance, et de ses contemporains, qui lui enlevèrent même jusqu'à l'honneur de donner son nom au nouvel hémisphère, lui qui en avait, le premier, révélé l'existence. Il expira à l'âge de soixante-cinq ans.

La postérité, dans sa justice toujours trop tardive, a placé Christophe Colomb au rang des hommes les plus illustres par leurs vertus morales, par leurs talents et par leurs malheurs.

Ferdinand-le-Catholique, non moins cruel que Louis XI, roi de France, était fourbe, vil et avide d'autorité suprême. Il se servait comme lui des hommes, les méprisait, les usait, les avilissait même ; s'ils étaient d'une très-grande vertu et d'un mérite trop élevé, il les disgraciait, les persécutait et les livrait ainsi à leurs ennemis. Sans foi et sans mœurs, il soutenait l'inquisition pour se débarrasser de ses ennemis, ou faire arriver à sa caisse les richesses des malheureux condamnés. Comme Louis XI, il soutenait le peuple contre les grands seigneurs, il abaissait leur puissance, leur faisait la guerre, rasait leurs châteaux, non pour affranchir le peuple, mais bien sa couronne, et se débarrasser de ses puissants vassaux.

A la mort de Ferdinand-le-Catholique, Charles Ier lui succéda au trône de Castille, et promit, en présence des Cortès rassemblés, de reconnaître les conventions arrêtées sept ans auparavant par les Etats de Burgos. Les Castillans lui prêtèrent serment de fidélité et votèrent un don gratuit de six cent mille ducats. Charles alla ensuite à Sarragosse, où sa reconnaissance comme roi d'Aragon n'eut pas lieu sans quelques difficultés; il en éprouva encore en Catalogne; mais à la fin de l'année, il fut élu à la diète d'Augsbourg, roi des Romains, et bientôt après, la mort de Maximilien, son grand-père, l'appela au trône de l'empire d'Allemagne, qu'il occupa sous le nom de Charles-Quint. Il porta ses armes en Italie, et fit avec succès la guerre contre François Ier. Pendant son absence, des soulèvements se manifestèrent en Espagne et menacèrent d'abaisser, de détruire même la puissance royale.

Les cortès réunis à Compostelle avaient voté un don gratuit au monarque qui avait promis le redressement des griefs de la nation, mais ne l'avait pas encore accordé. Lorsqu'on voulut lever l'impôt voté, il se manifesta une vive opposition. Le mouvement commença à Tolède. Les habitants coururent aux armes, déposèrent et chassèrent les magistrats et les officiers du roi et nommèrent un conseil composé de bourgeois de la ville; un gentilhomme, nommé Jean de Padilla, se mit à la tête de l'insurrection. Burgos, Zamora, Tordesillas, Ségovie et beaucoup d'autres villes suivirent l'exemple de Tolède.

Le cardinal Adrien, chargé de la régence en l'absence du roi, voulut d'abord se montrer sévère; il envoya le général Ronquillo avec un corps d'armée pour punir les habitants de Ségovie. Ceux-ci fermèrent les portes de leur ville et, secondé par Todillas, accouru de Tolède avec ses amis, ils battirent les soldats du régent, et les forcèrent à la retraite.

A la nouvelle de ce premier succès, la révolte se propagea sur tous les points de l'Espagne. Il y avait dans ce pays, comme dans le reste de l'Europe, tous les éléments d'une conflagration générale. Les nobles et le clergé jouissaient de priviléges et d'immunités qui blessaient le peuple et les bourgeois des villes; unis dans un but commun de domination, les deux premières classes établissaient entre la royauté et le reste de la population une barrière infranchissable. Mais, à force de persévérance, les bourgeois avaient réussi à prendre place dans les assemblées des cortès et à représenter ainsi la population laborieuse et intelligente. Ils discutaient avec une grande profondeur de lumières, et avec les armes du droit et de la raison, les plus difficiles questions ; ils résistaient avec succès aux prétentions illégales, aux tentatives d'envahissement des nobles, du haut clergé, même de la couronne, et signalaient tous les abus ; leur énergie, leur courage, leur franchise, leur mérite, et les richesses qu'un grand nombre avaient acquises par de longs travaux, par l'économie et leurs talents, excitaient contre eux la haine des grands et de la cour. L'hostilité était dans toutes les âmes, elle éclata à l'occasion de cet impôt.

Les chefs de l'insurrection profitèrent de l'avantage remporté à Ségovie et de la disposition générale de tous les esprits, pour établir un régime nouveau, dans lequel la bourgeoisie aurait la prééminence. Il s'agissait de briser l'orgueilleuse suprématie des nobles ; ce n'était plus assez d'empêcher les excès de la féodalité, il fallait courber celle-ci sous une loi commune, et arrêter les tendances despotiques du pouvoir royal, par la reconnaissance de franchises semblables à celles que les monarques étaient obligés de subir, pour obtenir la couronne d'Aragon.

Padilla, au nom de la liberté du peuple espagnol, décida dans une assemblée générale, tenue à Avila, qu'il serait formé une confédération entre les villes sous le nom de *sainte ligue*. Les mandataires des villes s'empressèrent de se réunir, d'accéder à ce projet et déclarèrent le cardinal déchu de la régence à cause de sa qualité d'étranger. Charles-Quint était dans les Flandres, lorsqu'il apprit ce qui se passait en Espagne ; il en fut alarmé, il n'avait ni argent ni armée pour comprimer la révolte, il se contenta d'envoyer des hommes honorables et dont la confiance était acquise aux Espagnols, avec la mission de chercher à terminer cette affaire par la voie de la pacification. En même temps, il se prépara à appuyer par la force ces moyens de conciliation.

Fiers de leurs succès, les ligueurs voulurent imposer à Charles-Quint des conditions. Elles étaient justes, mais il en fut blessé. Jamais les monarques, quelle que soit leur origine, ne sauraient recevoir de remontrances, encore moins de leçons. C'était une charte constitutionnelle qu'on lui octroyait, que Charles eût fini par accepter, si le parti de la réforme eût triomphé.

Il serait trop long d'énumérer ici les clauses de cette constitution; nous mentionnerons les principales :

« Tous les Espagnols devaient être déclarés égaux, et occuper seuls les emplois publics; les contributions être réduites au taux où elles étaient sous Isabelle; les nobles assujettis à payer les impôts, comme les autres citoyens. Chaque ville devait envoyer aux cortès trois députés choisis dans les trois ordres. Il était défendu au roi de conserver et d'introduire, à l'avenir, aucune troupe étrangère; etc. »

En rapportant les articles fondamentaux de cette charte, nous voulons faire connaître quel était l'esprit de liberté qui animait les villes. Plus nous fouillons dans l'histoire des temps passés, plus nous remontons à l'origine des choses, et plus la vérité de cet axiome apparaît dans tout son éclat, à savoir que *dans tous les pays la liberté est plus vieille que le despotisme.*

Les franchises que demandaient alors les Castillans sont la répétition des droits que demandaient en France, au dixième siècle, les paysans de Normandie, les bourgeois des cités de Laon, de Soissons, de Toulouse, etc., et qu'ont défendus, avec des chances si variables, les bourgeois de Paris contre les exactions acharnées des nobles, contre les prétentions d'une royauté mal conseillée et d'une cour corrompue; ceux, enfin, qu'on a obtenus par la force, en 89, et pour la défense desquels la lutte existe encore.

En Angleterre, ce besoin de liberté et d'égalité souleva aussi les peuples, mais là, les nobles plus adroits, plus intelligents de leurs propres intérêts, se mirent à la tête du mouvement, le conduisirent et le firent tourner à leur avantage. La royauté perdit sa force, son autorité, elle fut liée par une constitution toute puissante; au lieu d'un gouvernement populaire et démocratique, les Anglais subirent un gouvernement oligarchique, dur, cruel, égoïste, impitoyable; au lieu de l'égalité, deux classes distinctes apparurent, les pauvres et les riches. Les premiers voués à une misère perpétuelle, les seconds opulents à tout jamais par des majorats inaltérables.

En Espagne la noblesse et le clergé luttèrent contre les prétentions du tiers-état et s'unirent à la royauté pour l'écraser. Pour eux c'était une question de vie ou de mort, ils ne voulurent, ni ne surent tourner la difficulté ; heureusement ils réussirent ; le hasard, des circonstances imprévues et l'inexpérience des confédérés firent leur triomphe. Assuré de leur appui, le roi refusa de recevoir les députés des ligueurs, c'était une déclaration de guerre.

Dès lors, les chefs des insurgés durent disposer toutes leurs ressources pour le triomphe de la liberté. Ils levèrent une armée de vingt mille hommes. Padilla, jusqu'à ce moment, avait dirigé avec succès l'insurrection ; il avait donné des preuves d'une haute capacité militaire, d'un courage sans pareil et d'un dévouement absolu à la cause populaire. La jalousie des autres chefs le dépouilla du commandement, malgré les vœux et les regrets des soldats et du peuple, et on lui préféra don Pedro Giron, jeune homme sans expérience, sans capacité, sans dévouement véritable aux libertés nationales.

Issu d'une famille riche et noble, ce jeune seigneur avait embrassé la cause populaire non par conviction, mais par dépit ; il voulait se venger de quelques injures qu'il avait reçues à la cour, et était devenu l'ennemi du parti même dans lequel il était né.

Sous les ordres d'un général inhabile, l'armée de la ligue essuya bientôt des échecs. Elle se laissa ravir Tordesillas, place importante, et quelques autres positions avantageuses. Les confédérés voyant l'incapacité de leur chef, réunirent leurs suffrages sur Padilla. L'armée manquait d'argent, d'objets nécessaires pour soutenir la campagne et se trouvait réduite à un état fâcheux. Padilla, sans commettre en apparence la moindre profanation, sut, à l'aide des formes et des procédés les plus convenables, dépouiller la cathédrale de Tolède de ses pierreries et de ses trésors. Il invoqua la nécessité et le salut public ; il se montra pour son propre compte si désintéressé, si généreux, que tous les habitants furent de son opinion, et l'applaudirent, loin de crier au sacrilège.

Padilla n'était pas seulement un habile et vaillant capitaine, mais c'était encore un administrateur sage et intègre. Bien certainement, il eût réussi à affranchir le peuple de l'oppression des nobles, et imposé à la couronne la charte libérale des Aragonais, s'il eût été compris et secondé par les confédérés.

Tous ces bourgeois, qui étaient des soldats improvisés, ne pouvaient s'astreindre à une discipline sévère. Ils discutaient, sur les mesures de leur général, approuvaient ou désapprouvaient au gré de leur caprice, ou par des motifs de vanité et de simple amour-propre les ordres qu'ils recevaient, et les exécutaient mollement.

Malgré les entraves dont on entourait ses opérations, Padilla remporta des succès assez importants; il voulut de suite en profiter pour reprendre Tordesillas, mais il en fut empêché par les membres du conseil de la ligue, qui eurent l'imprudence de conclure une trêve que sollicitait l'armée royale.

Ces hommes, sans appréciation des questions militaires, partageaient pour la plupart les préjugés de leurs commettants. Ils ne comprenaient pas qu'il fallait se rallier à un but commun, celui de l'intérêt et de la liberté de tous ; que ce n'était que du bien-être commun que pouvait découler l'intérêt des localités et celui de chacun.

Toutes ces causes précipitèrent leur perte. Les officiers de Charles profitèrent adroitement de la trêve ; ils concentrèrent et augmentèrent leurs forces, s'entourèrent de toutes les ressources possibles, et prirent toutes les mesures nécessaires pour écraser les ennemis. Ils surent attendre une occasion. Les confédérés, au contraire, fiers de leurs succès, s'abandonnèrent à une funeste sécurité ; plusieurs se débandèrent, les uns pour visiter leurs familles, les autres pour mettre en sûreté le butin qu'ils avaient fait; les faibles liens de la discipline que Padilla avait pu établir se relâchèrent malgré tous ses efforts et son centre d'opération resta presque abandonné.

Le général en chef faisait surveiller par des espions l'armée insurgée. Il jugea le moment favorable, rompit la trêve tout d'un coup, et tomba sur les confédérés en rase campagne. Incapables de résister à une attaque imprévue et aussi impétueuse, ceux-ci furent saisis de terreur et se débandèrent au premier choc. En vain Padilla voulut arrêter les fuyards et les rallier, il se vit abandonné ; de désespoir, il se précipita dans la mêlée pour y chercher la mort. Son cheval seul fut tué, et cet infortuné général tomba vivant entre les mains de ses ennemis avec ses principaux officiers. Cette action décisive eut lieu près de Villalar.

Le lendemain, un conseil de guerre condamna à mort Padilla et tous ses compagnons d'armes. Sa fin fut digne du rôle sublime qu'il avait joué. A ses derniers moments, il brava la mort sans forfanterie ; il fut un martyr de la noble cause qu'il avait soutenue avec un religieux désintéressement et un courage bien digne du triomphe. Ses juges adoucirent, en quelque sorte, la cruauté de leur sentence, en lui permettant d'adresser un dernier adieu à son héroïque compagne, Maria Pacheco. Voici la traduction de la lettre qu'il lui écrivit :

« Madame, je me trouverais parfaitement heureux de mourir, si,
« derrière moi, je ne laissais une compagne adorée, en proie aux peines
« de la vie. En mourant, je ne fais que subir la loi commune. Les hommes
« trouvent ma mort déplorable ; mais moi je la regarde comme une
« faveur du Tout-Puissant. Je n'ai pas le temps de vous écrire tout ce
« que mon cœur me dicte pour vous consoler, mes ennemis ne me le
« permettraient pas, et je ne dois pas différer d'obtenir la couronne de
« l'immortalité. Réjouissez-vous de ma mort, car elle est belle ; mais
« pleurez votre ami ! Mon âme mérite votre amour et votre estime, je
« vous la lègue toute entière. Lorsque notre cher enfant Pépé pourra
« vous comprendre, racontez-lui mon amour pour la patrie, mes mal-
« heurs et ma mort, il me vengera.

« Je n'ose écrire à mon bon père, Pédro Lopès ; je me suis montré
« digne de lui ; j'ai sacrifié ma vie ; j'ai hérité de son courage et non de
« sa bonne fortune. Je m'arrête. Le bourreau m'attend, je ne veux pas
« lasser sa patience ; je ne veux pas surtout qu'on m'accuse d'allonger
« ma lettre pour prolonger ma vie. Mon domestique, Sossa, connaît mes
« plus secrètes pensées, il a tout vu, il va assister à mes derniers in-
« stants ; il vous dira ce que je ne puis vous écrire. Adieu. J'attends le
« coup qui va vous affliger et me délivrer. »

Cette lettre, empreinte d'une résignation si fière et si touchante, est admirable de noblesse et de grandeur. Il y joignit un hymne adressé à

Tolède, sa ville natale; c'est un chant d'enthousiasme sublime : le martyr s'applaudit de ses souffrances, et verse avec bonheur son sang pour la liberté de son pays :

PADILLA A LA VILLE DE TOLÈDE.

« Reine d'Espagne, astre du monde, Tolède, ô ma patrie! toi qui mêlas jadis ton sang précieux aux flots du sang des Goths qui t'opprimaient, toi qui reconquis sur eux ta liberté, et affranchis toutes les autres cités de la Castille, écoute :

« Bientôt le sang de ton enfant Padilla va aussi couler pour ton triomphe; trahi par le destin, il succombe, mais son âme reste pure.

« Tu es une mère chérie. Reçois l'honneur de ma vie; Dieu ne me laisse rien de plus précieux à t'offrir. Dis que je suis digne de toi, et je reposerai en paix dans la tombe.

« Que la mort que je vais souffrir pour toi me paraît douce! moi, le dernier de tes enfants, je suis heureux de penser que tu as encore d'autres enfants, mes frères de Tolède, qui vengeront mon trépas.

« Je ne sais quel genre de supplice m'attend, on le répètera dans toutes les langues; mais ma fin est prochaine, et je la désire pour te prouver mon amour.

« Tu es la patronne de la chrétienté, je te recommande l'âme de Padilla; quant à son corps, il n'est plus à lui. Je cesse d'écrire. Je comprends la douleur d'une mère, en sentant le froid du glaive déchirer déjà la poitrine du fils. »

Privée de son chef, l'armée des confédérés se dispersa, et les villes insurgées ouvrirent successivement leurs portes à l'armée royale. Tolède seule, la digne patrie du martyr, persista dans sa résistance. La veuve de Padilla avait fait passer dans le cœur de ses habitants l'enthousiasme qui l'animait; par son activité, par sa prudence, par son énergie, elle s'éleva au-dessus de son sexe; ce n'était plus une femme, c'était un héros qui enflammait par son exemple tous les cœurs, et qui, par son amour pour la liberté, avait conquis toutes les volontés.

Le commandement lui fut décerné d'une voix unanime; elle en remplit tous les devoirs, en subit toutes les fatigues. Son enfant dans ses bras et couverte d'un habit de deuil, elle parcourait les rues de la ville ; elle était précédée d'un tableau où l'on voyait représenté son époux sur l'échafaud et prêt à périr sous la hache. Par ce moyen, elle entretenait l'ardeur de la multitude ; d'un autre côté, avec ce qui restait des trésors de l'Eglise et du clergé, elle levait des soldats, et par ses émissaires répandus dans toutes les cités, s'efforçait d'échauffer le courage et de ranimer la haine des habitants contre la féodalité.

L'armée royale marcha sur Tolède ; cette ville tint quelque temps en échec ses adversaires ; mais les attaques du clergé minaient tous les jours l'ascendant de Maria sur les esprits ; par la confession, par leurs menées souterraines et bientôt, par leurs sermons, les prêtres la firent passer aux yeux du peuple pour une magicienne suscitée par le démon. Maria vit tous les jours son influence diminuer ; la multitude finit par l'abandonner, par se soulever contre elle, et ouvrit même aux assiégeants les portes de la ville. Notre héroïne, avec quelques zélés défenseurs, se retira dans la citadelle ; là, elle se défendit quatre mois contre toute une armée et même contre toute la ville qui lui était devenue hostile.

Enfin, la place réduite aux extrémités, et n'ayant plus de vivres, Maria trompa la rage et la vigilance de ses ennemis, s'échappa pendant la nuit de la place, et se réfugia en Portugal.

A Valence, à Majorque et en d'autres lieux, des soulèvements avaient éclaté contre l'aristocratie. Le peuple vainqueur, mais sans chefs intelligents, ne sut pas profiter de ses avantages ; et, malheureusement, il sortit de ses rangs de ces hommes à désordres et à passions violentes, qu'il est difficile parfois de maintenir, et qui se livrèrent aux excès les plus monstrueux. La populace, comme cela arrive malheureusement trop souvent dans les triomphes les plus beaux, dans les causes les plus justes, souilla la victoire du peuple par l'anarchie et par des actes insensés ; elle étouffa la liberté sous la licence, la démocratie sous la démagogie la plus effrénée ; et les nobles, secondés par des corps d'armée et par le clergé, étouffèrent l'insurrection. Padilla avait été le héros de la liberté, il avait eu sur plusieurs points de la Péninsule des imitateurs ; comme lui, ceux-ci furent mal appréciés par un peuple indocile, et par une populace ignorante et féroce ; comme lui, ils périrent dans les supplices, martyrs d'une cause qu'eux seuls comprenaient et pour laquelle les peuples n'étaient pas mûrs encore.

Charles-Quint employa tous les moyens en son pouvoir pour augmenter et fortifier sa puissance dans son immense empire; il poursuivit jusqu'à extermination le protestantisme qu'il croyait hostile à son autorité; il se plut à verser le sang de tous ceux qui voulurent opposer à sa volonté suprême le droit, ou invoquer la liberté religieuse. Mais l'esprit humain, plus puissant que la force des armes, ne soumit jamais ses idées à la violence, et l'empereur descendit du plus grand trône du monde, faible, souffrant, et léguant à son successeur un sceptre bien lourd à porter.

Arrivé à l'âge de cinquante-six ans, malade et incapable de diriger plus longtemps les affaires, il convoqua les États à Bruxelles; là, en présence de tous les dignitaires d'Espagne et de tous les princes de son vaste empire d'Allemagne, il abdiqua la couronne en faveur de son fils Philippe II.

Il se retira ensuite dans un couvent en Espagne, où il s'occupa à faire des horloges et de petits automates; il les brisa un jour, de colère de ne pouvoir les faire marcher comme il désirait, et il comprit alors qu'il avait eu tort, lorsqu'il était sur le trône, d'avoir voulu imposer aux hommes un seul sentiment. L'isolement, dans lequel il se trouva, lui fit maudire la classe des grands et des courtisans, qui avaient été si obséquieux envers lui lors de sa puissance et qui le traitaient désormais comme un mort. Il se livra à des pratiques de dévotion, plus absurdes les unes que les autres, se donna la discipline; il devint bizarre et fantasque; un jour il se plaça dans une bière, et exigea qu'on chantât la messe des morts. Le lendemain, il eut un accès de goutte, suivi d'une violente fièvre, et il succomba quelque temps après.

CHAPITRE XX.

Seizième siècle.

JEANNE GREY. — LES ÉVÊQUES RIDLEY ET LATIMER. CRANMER, FERRAR, ETC. — ANNE DUBOURG.

Edouard VI, roi d'Angleterre. — Persécution contre les catholiques. — Mort de ce prince. — Jeanne Grey, héritière du trône, en est repoussée par la nation. — Marie, fille de Henri VIII, est reconnue reine; son caractère. — Triomphe du catholicisme, et persécution contre la réforme; supplices. — Jeanne et son époux Guilfort, sont condamnés et enfermés à la Tour. L'ordre de leur exécution est signé. — Lettre de Jeanne à Marie. — Supplice de Guilfort Dudley et de Jeanne. — Cruautés nombreuses de Marie. — Gardiner. — L'évêque Bonner; son portrait. — Les évêques Ridley et Latimer; leur mort. — Autres victimes. — Mort de Marie. — Elisabeth monte sur le trône. — Marie Stuart épouse le dauphin François II. — Persécutions religieuses en France. — Procès et supplice du conseiller Anne Dubourg.

François Ier, Charles-Quint et Henri VIII, roi d'Angleterre, s'étaient suivis de près dans la tombe.

Édouard VI, à la mort de Henri VIII, était monté sur le trône d'Angleterre, il avait à peine dix ans.

Ce prince continua les persécutions de son père contre le catholicisme romain. On rechercha avec soin tous ceux qui étaient attachés à ce culte, ainsi que ceux qui pratiquaient le culte réformé de Luther et autres. Les arrêts de proscriptions étaient signés et l'exécution suivait de près.

C'était l'inquisition d'Espagne appliquée aux luthériens, mais principalement aux catholiques. Une foule de victimes de tout âge, de tout sexe et de toute condition, des lords, des évêques, de simples prêtres, des marchands, des ouvriers, des femmes furent jetés dans les flammes; pour comble de barbarie, tous ces malheureux étaient forcés de porter le bois et de construire les bûchers qui devaient les dévorer.

Marie, fille de Henri VIII et de Catherine d'Aragon qu'il avait répudiée, et sœur consanguine d'Édouard VI, resta attachée au culte de sa mère et refusa de se convertir à la religion anglicane. Edouard et sa cour, craignant le triomphe du papisme, si elle arrivait au trône, se vengèrent de cette résistance, et, par un testament, qui coûta plus tard la vie aux conseillers complaisants du roi, elle fut dépouillée de ses droits à la couronne. Édouard était malade, tous les jours l'art des médecins échouait devant le progrès du mal. Enfin ils furent forcés d'avouer leur impuissance. On mit la vie du roi entre les mains d'une vieille femme empirique, qui avait promis de le guérir en huit jours. Elle lui fit prendre un breuvage qui précipita sa mort; il succomba à une phthisie pulmonaire, après un misérable règne de six ans, qui fut plutôt le règne de quelques conseillers méprisables et cruels.

Marie était donc déshéritée de la royauté, ainsi qu'Élisabeth, sa sœur. Edouard, en mourant, avait établi, par son testament, Jeanne Grey, sa cousine, fille du duc de Suffolk, héritière de la couronne d'Angleterre. Les grands du royaume qui avaient favorisé cette mesure durent la faire exécuter. Jeanne Grey, à peine âgée de seize ans, avait épousé Guilfort, qu'elle aimait avec passion, et s'était retirée à la campagne; là, elle se livrait à l'étude des lettres et de la poésie, ne pensant nullement à une couronne, qu'elle était loin de désirer. Aussi, lorsqu'on vint la retirer de sa retraite, elle résista; il fallut lui montrer un ordre du conseil pour l'emmener à Londres; elle ne pouvait soupçonner le motif qui rendait sa présence nécessaire.

Elle s'étonna bientôt des respects inaccoutumés dont elle était l'objet; mais le président du conseil, suivi des grands, lui annonça que le roi, avant d'expirer, avait ordonné de la proclamer reine légitime d'Angleterre, à l'exclusion de ses filles, dont le divorce de leur mère avait établi l'illégitimité. Les lords fléchirent le genou, la reconnurent pour leur souveraine, et jurèrent de la défendre au péril de leurs jours. A cette communication inattendue Jeanne pâlit, trembla, poussa des cris inarticulés, et perdit connaissance. Lorsqu'elle eut repris l'usage de ses sens, elle déclara que l'offre d'un trône n'avait pour elle rien de séduisant. Elle refusa longtemps ; enfin, les prières de son beau-père et de son époux vainquirent son irrésolution. Elle leur dit en acceptant :

« Je vous sacrifie mes répugnances, mon bonheur, et peut-être, hélas ! les pressentiments terribles qui accablent mon âme. »

Cette jeune princesse connaissait le grec et le latin ; elle s'occupait de littérature. Ses études de l'Ecriture-Sainte et des nouveaux commentateurs avaient établi de bonne heure chez elle des principes religieux basés sur des convictions solides. Ses traits étaient beaux, ses grâces ravissantes, son caractère d'une douceur angélique. Ses détracteurs ne lui reprochaient que son grand amour de la parure. Ce défaut, qu'on trouvait en elle, tenait à deux qualités éminentes : à un sentiment exquis du goût et aux charmes de sa personne. Elle fut publiquement reconnue reine, et les hérauts chargés d'annoncer la mort d'Edouard lurent, en même temps, une proclamation qui expliquait à la nation l'avènement de Jeanne Grey. Le peuple écouta tout en silence, et ne répondit par aucune acclamation.

Mais, avant huit jours, un changement politique s'était opéré, et Marie fut proclamée reine d'Angleterre. Jeanne, bientôt délaissée, revint avec bonheur à Sion-House, qu'elle n'avait quitté que bien malgré elle, et renonça à une couronne qui, depuis huit jours, était pour elle un sujet continuel d'agitation et de terreurs. Marie, parvenue au trône, s'attacha d'abord, par d'habiles mesures, à se concilier les peuples ; mais elle avait des vengeances à exercer. Le sang royal d'Aragon, mêlé au sang du cruel Henri VIII, coulait dans ses veines. Son caractère était fier ; catholique ardente comme une Espagnole, elle était cruelle et inexorable comme son père. Henri VIII avait répandu à flots le sang des catholiques et des autres sectes ; Marie ne favorisa que le catholicisme, et fit une guerre à mort aux luthériens et aux anglicans.

L'intérêt de sa politique se couvrait d'un prétexte religieux, elle frappait partout et voyait couler le sang sans regret et sans remords. Mais ses actes atroces de vengeance et de cruauté insatiables ne tardèrent pas à inspirer une juste horreur, et déjà on murmurait hautement contre toutes ces proscriptions.

L'opinion publique, qui avait suffi pour empêcher l'exécution des mesures prises par la cour et les parlements dans l'établissement de la royauté de Jeanne Grey, se prononçait déjà contre les cruautés de la reine Marie, mais elle n'était pas assez générale pour renverser son trône.

En vain des soulèvements eurent lieu, des complots se tramèrent, les têtes les plus élevées de la noblesse, du parlement, de l'armée et du clergé roulèrent sur l'échafaud.

Jeanne Grey et son époux portaient ombrage à Marie par des précédents qu'on pourrait encore invoquer dans des circonstances possibles. Elle leur intenta un procès comme hérétiques et comme ayant attenté à ses droits à la couronne de la Grande-Bretagne, et exigea qu'ils se convertissent au catholicisme. Forte de la justice de sa cause et de la pureté de ses intentions, Jeanne réfuta toutes les accusations. Elle répondit qu'elle avait ignoré le testament d'Edouard, qu'on avait voulu lui imposer la couronne qu'elle avait refusée; bien plus, qu'elle avait protesté contre la prétendue usurpation d'une dignité dont elle n'était qu'une héritière indirecte; quant à la religion elle ajouta que ses convictions étaient basées sur l'étude et l'appréciation des saintes Ecritures et qu'elle voulait vivre et mourir dans son culte.

Jeanne et Dudley furent condamnés, et en attendant que l'ordre de l'exécution fût signé, les cachots de la Tour de Londres s'ouvrirent pour recevoir ces innocentes et augustes victimes.

Lorsque l'insurrection eut été étouffée sur tous les points du royaume, Marie reçut les hommages de la tourbe immonde des courtisans, adorateurs, par instinct, de tout soleil levant. Les parlements, la noblesse, les hauts dignitaires, les évêques vinrent, le genou en terre, déposer leurs respectueuses félicitations aux pieds d'une reine qu'ils méprisaient ou qu'ils détestaient.

Mais la digne fille de Henri VIII avait encore soif; il lui fallait du sang innocent; sa politique ambitieuse l'exigeait. Elle n'avait pas oublié que Jeanne Grey et son époux étaient tenus en réserve sous les verroux de la Tour. Le crime de Jeanne était d'être née sur les marches du trône, un crime plus grand peut-être encore aux yeux de la reine, c'était d'être belle, d'être accomplie, et d'être aimée.

Les deux époux languissaient donc dans les cachots depuis plusieurs mois ; le moment approchait où ils devaient aller rejoindre lord Northumberland, sir Garter, sir Palmer, et ses nombreux partisans, tous admirateurs des vertus de la pieuse Jeanne, tous victimes d'un parti qui ne pardonnait pas.

Depuis leur captivité, Jeanne et Dudley ne s'étaient pas vus. Guilfort était enfermé dans un cabanon, dont l'étroite ouverture, taillée obliquement dans l'épaisseur d'un mur, garnie de doubles barreaux de fer, ne laissait arriver dans son séjour qu'une faible lueur d'en haut.

Jeanne était détenue dans la partie moyenne d'un donjon qui reposait sur une terrasse étroite, soutenue par une muraille épaisse et le long de laquelle se croisaient sans cesse des sentinelles qu'on renouvelait toutes les heures. Au pied de ces murailles, en talus, étaient des fossés larges et profonds, puis des murs et d'autres fossés encore, des ponts-levis, gardés par des archers nombreux ; enfin, tout autour, un grand mur d'enceinte, entouré d'un autre fossé ; une porte garnie de tourelles, avec un pont-levis, donnait entrée à cette bastille imprenable. Sur les murs, sur les tours, des pièces d'artillerie montraient, au bout de leur cou allongé, une gueule béante prête à vomir la mort.

Le nombre des détenus, pour de prétendus crimes d'Etat et pour attachement à la liberté religieuse, était considérable. Tous les jours de nouveaux suspects venaient remplacer ceux dont la hache du bourreau abattait la tête.

Jeanne ne se faisait aucune illusion sur son sort. Elle se préparait à une fin prochaine. Après Dieu, elle n'avait au monde qu'une seule pensée, son époux, qu'un seul regret, celui de le quitter. Pour lui, elle eût, de bon cœur, renoncé à sa fortune, à ses titres, et à son sang ; elle ne comprenait d'autre bonheur au monde que celui de vivre pour un objet aimé et avec lui. Fortifiée par ses sentiments religieux, qu'éclairaient ses profondes lumières dans la science théologique, elle se résignait, avec le calme de l'âme pure, au sort qu'elle ne méritait pas.

Par l'étroite ouverture de sa prison, cette princesse découvrait un vaste horizon. Elle voyait les nombreux quartiers de Londres qu'enveloppait parfois une brume épaisse de vapeur et de fumée; plus loin, la majestueuse Tamise, le bruit confus et continuel qui remontait jusqu'à elle, annonçait le mouvement et la vie de cette populeuse et industrieuse cité.

Mais après l'heure du couvre-feu, lorsque la ville était dans le repos, que le calme le plus profond s'étendait sur cette immensité d'habitations, et qu'au milieu du silence de la nuit on n'entendait plus que le murmure lointain du fleuve, souvent la rêveuse Jeanne s'approchait de l'ouverture et, l'œil plongé sur cet espace qu'éclairait la lune de sa pâle lueur, elle méditait.

Des pensées d'amour et de foi en Dieu s'élevaient et se succédaient dans le cœur de cette jeune femme. Quelques mots d'une poésie douce et plaintive expiraient sur ses lèvres, ensuite elle retombait dans une rêverie morne et silencieuse. Puis l'image de son bien-aimé Dudley venait se mêler à des idées tristes de mort, ou d'espérance d'un monde meilleur.

Parfois son âme semblait s'être échappée de son corps périssable, et Jeanne, affranchie de tout lien, à travers les murs et les portes des prisons, pénétrait en esprit jusqu'au cabanon de son époux. Là, cette âme tendre croyait s'unir à l'âme de Dudley, et se livrait à ces doux épanchements, à cette ineffable félicité des anges, dont le monde terrestre ne peut offrir l'image, et qu'un autre monde digne des vœux et de la conscience d'un principe divin qui nous anime, peut seul réaliser.

Dudley, au fond de son cachot, rêvait aussi à Jeanne; il la voyait sans cesse, elle était là, présente, c'était son sourire gracieux, son regard céleste, sa douce voix; elle lui montrait le ciel. Ces deux époux s'entendaient, se répondaient, se consolaient et se préparaient mutuellement à supporter avec courage, la transition violente, mais rapide, qui devait les unir à tout jamais.

O mystère profond de la nature et de l'existence humaine! Que l'Être suprême qui, en vertu de ses lois éternelles et toutes-puissantes, a disposé le monde matériel dans lequel nous nous agitons si péniblement, que cet Être, disons-le hautement, ne reçoive des malheureux mortels que des malédictions, que les imprécations soient les seules prières, les seules actions de grâces que l'univers lui adresse; que les blasphèmes soient le seul encens qu'on brûle en son honneur, si, après notre dernier soupir, le néant seul est le dernier terme de l'humanité!!! le néant!!!

Soulageons notre cœur de ce doute affreux; il serait si cruel pour l'homme! ce serait le désespoir! Oh! le néant, le néant après une vie de douleurs! Oh non! cela ne saurait être. Quoi! le néant pour l'innocent qui meurt, non! assez, assez: Dieu est grand, Dieu est juste.

Marie venait de signer l'ordre de leur exécution. Elle envoya à Jeanne, pour la convertir, des théologiens catholiques. La princesse défendit avec dignité et logique ses principes religieux, se résigna à sa dernière heure avec la sérénité d'un sage, lassé par l'infortune, et qui voit la mort avec indifférence. La reine voulut par grâce lui permettre une dernière entrevue avec son époux; mais elle refusa, elle n'eut pas foi en sa propre force; elle distribua ses effets aux personnes qui l'entouraient, adressa à la reine une copie des Écritures en langue grecque; elle joignit à ce présent la lettre suivante, écrite dans la même langue:

« Madame,

« Je subis un sort que je ne mérite pas, n'outragez pas ma mémoire,
« en m'accusant du moindre sentiment de haine contre Votre Majesté. Je
« vous plains et ne me permets pas de vous juger, je vous plains d'autant
« plus, que vous portez le poids d'une couronne qu'on avait tenté de
« m'imposer, et pour laquelle je ne cessais de manifester la plus grande
« répugnance. Mon royaume, à moi, c'était Sion-House, avec mes livres,
« mon parc, mes fleurs et mon époux. Là, j'étais heureuse, plus que vous
« ne l'êtes et ne le serez sur le trône. Si ma mort peut être utile au bon-
« heur de l'Angleterre, j'en fais avec joie le sacrifice. Mais, madame, à
« votre tour, vous aurez des comptes à régler avec la vie, vous aurez des
« revers à supporter; vous apprendrez quel a été mon courage jusqu'au
« dernier moment, et imitez la constance de l'infortunée Jeanne. »

On avait décidé que Jeanne et son mari seraient exécutés au même moment, sur le même échafaud: mais on craignait que ce spectacle tragique ne portât à la révolte une population déjà émue par la beauté, par

JEANNE GREY.

la jeunesse, et par l'innocence des deux époux. Guilfort fut le premier traîné à l'échafaud.

Jeanne, par un raffinement de cruauté, fut placée à une fenêtre, d'où elle le vit conduire au supplice, et peu d'instants après, elle put contempler son cadavre froid et sanglant, que l'on rapportait à la chapelle. Elle employa ses derniers moments à tracer une lettre d'adieu à son père, où elle disait : « Mon sang peut crier devant le Seigneur : grâce à l'innocence ! »

Elle entendit, sans frémir, sonner l'heure où elle devait subir le même sort ; et comme elle se rendait à l'esplanade de la Tour, le gouverneur sir John Gage le supplia de lui accorder quelque objet qu'il pût conserver en mémoire de ses hautes vertus. Jeanne lui donna ses tablettes, sur lesquelles elle avait écrit trois sentences, en grec, en latin et en anglais, inspirées par le fatal aspect du cadavre de son époux ; l'une d'elles était ainsi conçue : « Epoux infortuné ! je ne sais pour quel crime on t'a arraché à mon cœur, et pourquoi je vais mourir. Dieu et la postérité nous seront favorables. »

L'échafaud était dressé dans l'intérieur de la cour. Jeanne y monta d'un pas ferme, avec une contenance paisible et modeste, et, de sa voix si douce, récita un psaume, se laissa déshabiller par ses femmes et livra sa tête au bourreau. Après ces deux innocentes victimes, Suffolk, son père, le lord Thomas Grey et plus de soixante-dix personnages, plus ou moins importants, payèrent de leur tête leur attachement ou leur dévouement à l'héritière d'Edouard VI.

Avec la religion catholique étaient arrivés aussi l'intolérance et l'esprit de persécution. Henri VIII, réformateur ardent, avait brûlé les anabaptistes et pendu les catholiques, qu'il nommait des hérétiques. Les catholiques, à leur tour, rétablirent les statuts contre les lollards et les protestants. Gardiner, à la tête d'une cour composée de treize évêques et de quelques lords et chevaliers, fit comparaître à son tribunal tous ceux qui professaient une autre croyance et les somma de rétracter leurs opinions.

Tous les hommes éminents et instruits répondirent qu'ils étaient prêts, mais qu'ils demandaient seulement qu'une discussion publique, sur leur croyance, vînt les éclairer, et, qu'après tout, ils ne différaient en rien dans leurs doctrines, de celles que Gardiner lui-même avait prêchées. On leur donna vingt-quatre heures ; ce terme écoulé, ils furent tous livrés à toutes sortes de supplices.

Gardiner se lassa promptement de ce cruel office et transféra ses pouvoirs à Bonner, évêque de Londres. Celui-ci condamna six prisonniers, pour célébrer son installation, et, dans sa démence féroce, s'oublia jusqu'à faire lui-même le métier de bourreau, en fustigeant les accusés, leur arrachant la barbe, leur brûlant les mains sur des torches, afin de les forcer à l'abjuration.

L'aspect de Bonner inspirait l'horreur. Ses traits grossiers, ses yeux rouges de sang, ses fureurs continuelles, sa bouche qui ne souriait jamais que d'un rire sardonique et à la vue du sang et des supplices, son teint à fond jaune et bilieux, sa large face épaisse, son corps gros et musculeux, tout annonçait l'homme à intelligence étroite, aux appétits animaux fortement prononcés et à tous les instincts féroces et immondes de la bête.

C'était un digne exécuteur des volontés sanguinaires de Marie. Cette reine, ne trouvant pas même qu'il allât assez vite, le réprimanda sur le ralentissement de son zèle. Alors on présenta seulement aux accusés une formule de profession de foi : s'ils consentaient à la signer, on les relâchait; s'ils invoquaient la liberté et prétendaient discuter, ils étaient immédiatement envoyés au supplice. Les victimes succédaient aux victimes. Dans moins de trois années, deux cent soixante-dix-sept personnes de marque furent brûlées vives. Le nombre de celles qui subirent la confiscation et d'autres châtiments fut immense.

Parmi les plus distingués de ces martyrs de la liberté religieuse, était Ridley, ancien évêque de Londres, homme savant et d'une vie exemplaire, Cranmer, Ferrar et l'évêque Latimer. Ce dernier poursuivait également les abus de son église, comme il était opposé à ceux de l'Église catholique. Le supplice des deux évêques fut épouvantable : les bourreaux par pitié et pour abréger leur martyre, leur avaient entouré les reins d'un sachet, rempli de poudre à canon. Latimer, très-avancé en âge, mourut aussitôt que les flammes du bûcher eurent atteint le sachet et déterminé l'explosion ; mais elles n'atteignirent pas le sac attaché au corps de Ridley. Ses pieds et ses jambes lentement détruits par le feu, lui causèrent d'horribles tortures. Ému de pitié, un des spectateurs s'élança vers le brasier et parvint à mettre le feu au sachet. Cranmer, archevêque de Canterbury, avait vu de sa fenêtre conduire ses deux amis à la mort. Son tour vint ; il fut aussi brûlé vif pour avoir rejeté la suprématie du pape.

Tout le temps que Marie régna sur l'Angleterre, les persécutions les plus rigoureuses furent exercées contre tous les réformistes. Elle avait épousé Philippe, fils de Charles-Quint, qui eut le titre de roi, mais sans autorité. Elle n'eut pas d'enfants. Ignorante et emportée, elle ne connaissait d'autre droit que la force ; les principes religieux qu'elle défendait par les supplices, ne purent dompter son naturel féroce ; sa dévotion était sanguinaire, faute d'être éclairée. Elle outragea l'humanité sans remords ; mais elle fut malheureuse. Elle éprouva toutes les tortures d'un amour dédaigné, vécut en proie à des jalousies continuelles, à des agitations soupçonneuses, et ne put devenir mère. Enfin elle mourut. Sa sœur Elisabeth, fille d'Anne de Boleyn, monta sur le trône de la Grande-Bretagne.

Les guerres que la France avait eu à soutenir contre Charles-Quint, avaient mis à sec le trésor royal ; le gouvernement altéra les monnaies et devint lui-même le premier faux-monnayeur du royaume ; espèce d'emprunt ou plutôt d'impôt forcé, cette mesure donna au roi quelques ressources. D'un autre côté, la prise de Calais et quelques succès remportés sur les Anglais et sur les Flamands ranimèrent le courage des armées françaises. En même temps eut lieu le mariage de Marie Stuart, reine d'Écosse, avec le dauphin.

Sous le règne de Henri II, les persécutions contre la liberté religieuse avaient continué ; elles ne cessèrent pas sous celui de François II, son successeur ; un conseiller au parlement fut victime de ses convictions.

Anne Dubourg, neveu d'Antoine Dubourg, chancelier sous François Ier, était né, en 1521, à Riom, en Auvergne. Destiné à l'Eglise, il avait commencé d'entrer dans les ordres ; il enseigna le droit à Orléans, et fut nommé conseiller au parlement de Paris, en 1557. Les mercuriales, ou chambres de discipline des cours des tribunaux, tenaient leurs séances depuis François Ier. Dans ces réunions les principes religieux de chaque membre étaient sévèrement scrutés. Ces réunions avaient lieu tous les trois mois.

Henri II avait ordonné au parlement de délibérer sur les peines à infliger aux novateurs. Anne Dubourg prit la parole. Il soutint que les hommes commettaient, contre les lois, des crimes bien plus dignes de mort que ceux qu'on voulait poursuivre en torturant la liberté de conscience, tels que les blasphèmes, les adultères, les débauches, etc., etc., que ces crimes restaient presque toujours impunis, et qu'on voulait établir des supplices contre des gens à qui l'on n'avait aucun crime véritable à reprocher.

« Comment, ajouta-t-il, osez vous accuser du crime de lèse-majesté des hommes qui ne parlent pas des princes dans leurs prières ? Pourquoi les traitez-vous de séditieux ? c'est parce qu'ils ont révélé, à la faveur de l'Ecriture, la turpitude et les dégradants abus de la puissance romaine, qui penche vers sa ruine, et qui, ne pouvant convaincre par sa parole et par ses exemples déplorables, fait un appel à la violence ? Aussi tous les hommes intelligents et de bonne foi demandent à grands cris une réformation. Je me joins de toutes mes forces à ce vœu, qui sauvera la religion chrétienne et la morale chez les peuples. »

Paul de Foix, son ami, et beaucoup d'autres conseillers joignirent leurs protestations aux siennes. Mais avertis à temps plusieurs se sauvèrent ; Anne Dubourg et son ami, Paul, André Fumée et Eustache de Laporte, furent immédiatement arrêtés et conduits à la Bastille.

Dubourg subit plusieurs interrogatoires. Ce fut principalement sur lui que la haine cléricale dirigea ses coups. Il n'opposa à la condamnation, qui était imminente, que sa double qualité de clerc et de conseiller. Quant à ses sentiments religieux, il les soutint jusqu'à la fin. Henri II venait de mourir. Les Guises, sous le nouveau roi, étaient tout-puissants ; le président Minart, leur âme damnée, se montra le plus implacable ennemi du conseiller. En vain Dubourg voulut-il le récuser, comme son ennemi particulier et comme la créature des Guises, le président fit déclarer sa récusation non valable, et continua de siéger nombre de ses juges. Le président, Minart, dans une séance, avait prononcé un long discours contre les hérétiques, et invoqué toute la sévérité de la loi. Il avait appuyé cette opinion d'un exemple affreux, que l'histoire ne saurait trop flétrir : il rappela la piété, le zèle religieux de Philippe-Auguste, qui avait fait brûler, en un seul jour, six cents hérétiques, et avait assisté lui-même à leur supplice. « Exemple admirable, s'écria le président, qu'on ne saurait trop imiter, pour la gloire de Dieu et le triomphe de la sainte Eglise. »

Au sortir du palais, Minart fut tué, en plein jour, d'un coup de pistolet.

L'intérêt que portaient à Dubourg ses collègues, l'habileté surtout de François Marillac, son avocat, eussent pu le sauver, s'il eût voulu garder le silence, que celui-ci et ses amis lui avaient fait promettre ; mais Dubourg se fit un scrupule des atténuations apportées par Marillac à ses opinions religieuses, et du repentir qu'il lui avait supposé ; il désavoua son avocat ; il fit un mémoire dans lequel il attaqua vivement les vices et les abus de la cour de Rome.

Ce procès fit beaucoup de bruit en France et surtout en Allemagne. L'électeur palatin écrivit à François II, pour demander la grâce d'Anne Dubourg, qu'il voulait mettre à la tête de l'université de Heidelberg ; le roi y eût consenti, mais le meurtre du président Minart fut fatal au conseiller. Celui-ci avait récusé le président Minart comme son ennemi personnel et comme l'agent des Guises, ses autres ennemis, qui alors étaient au pouvoir. Minart passa outre et continua à présider les débats de ce procès. Les catholiques et les ennemis de Dubourg prétendirent que l'accusé, s'adressant à Minart, lui avait dit : « Ah ! tu ne veux pas ! eh bien ! Dieu saura t'y forcer ! »

L'irrégularité de la procédure et l'acharnement des catholiques avaient exalté les protestants ; le crime commis sur la personne du président ne fut pas le seul ; un autre membre du parlement, Julien Defresnes, également hostile aux hérétiques, fut assassiné dans le palais même, au moment où il portait des pièces contre les accusés.

Les paroles que les catholiques attribuaient à Dubourg, relativement à sa récusation du président, et puis ces deux meurtres, dont les auteurs ne pouvaient être que des protestants, précipitèrent la condamnation du conseiller.

Pendant le règne de Henri II et celui de François II, la persécution contre les réformés s'était étendue et régularisée par l'action de la loi; les tribunaux remplaçaient l'inquisition. Un édit, rendu à Ecouen, punissait de mort les protestants, avec défense d'adoucir leurs peines.

Anne Dubourg, le jour de sa condamnation, prononça un discours plein d'énergie qui confondit à la fois les accusateurs et les juges, et qui, par la logique des faits et les révélations qu'il rendit publiques, jeta l'épouvante dans le sacerdoce romain et parmi les gens de cour, intéressés les uns et les autres à se prêter un mutuel appui.

On s'empressa de faire exécuter le jugement. Le malheureux Dubourg fut donc conduit sur la place de Grève. Jusqu'au dernier moment, il resta inébranlable dans ses principes; en allant au supplice, il protesta hautement contre l'iniquité de sa condamnation et contre les tyranniques abus et tous les actes irréguliers de l'Eglise romaine; il considéra avec le calme et le courage d'un véritable martyr les apprêts de son supplice.

Au bout de quelques instants il fut accroché au gibet et lancé dans l'éternité, puis son corps, détaché de la potence, fut jeté dans les flammes. Tout le peuple, pendant la durée de l'exécution, fit entendre un long murmure. Ce fut un jour de deuil pour toute la capitale.

On fit grâce aux autres conseillers. Dubourg seul était redoutable; on craignait ses talents, sa parole éloquente et son inflexible courage; en lui on avait détruit le bouc, le clergé comptait facilement ramener à son bercail les autres, qui n'étaient que des brebis égarées.

Bien certainement les deux meurtres de Minart et de Defresnes avaient été le résultat de malheureuses représailles. D'imprudents amis auront voulu venger les victimes d'une persécution injuste et criminelle. Ce double meurtre est déplorable. Mais d'où sont partis les premiers coups? quels sont les premiers et les plus grands coupables? par qui ces passions politiques et religieuses, à la fois, ont-elles été de tout temps soulevées dans la chrétienté? partout dans les malheurs qui affligent l'humanité, dans les persécutions de toute nature qui enfantent les révolutions, nous voyons sans cesse ou la main de ceux qui avaient mission de protéger les hommes et leurs intérêts, ou la main plus coupable encore de ceux qui devaient les guider et les éclairer au nom d'une religion de tolérance et d'amour.

Il nous serait impossible d'entrer dans tous les détails des crimes et des massacres qui, dans ces temps, ont désolé notre malheureuse patrie et toute l'Europe. Nous ne pouvons que signaler les faits généraux, et consacrer quelques mots aux victimes les plus illustres, à celles qui, par leur rang, leur influence et leurs talents, se trouvaient naturellement placées à la tête du mouvement social, et exprimaient hautement, au nom de tous, ce besoin de liberté qui agitait toutes les âmes. Mais nous flétrirons du stigmate de la honte toutes les passions tyranniques et égoïstes qui, sous le nom de religion, ont contesté à l'humanité ses droits, aux consciences leur liberté, et répondu aux arguments de la vérité par des échafauds ou des bûchers.

CHAPITRE XXI.

Seizième siècle.

LA SAINT-BARTHÉLEMY.
L'AMIRAL DE COLIGNY. — JEAN GOUJON. — DE LAROCHEFOUCAULT.
DE RENEL. — DE CAUMONT, ETC.
6000 VICTIMES A PARIS.

Attaque de Malte par la flotte Turque. — Sa défaite. — Actes héroïques des chevaliers de Saint-Jean. — Les Barberousse. — Mort de Barberousse II. — Mort d'Henri II, roi de France. — Mort prématurée de François II. — Marie Stuart, sa veuve, quitte la France. Ses regrets, ses infortunes, sa mort. — Charles IX monte sur le trône de France. — Catherine de Médicis, régente ; sa politique, ses mœurs, ses intrigues. — Les Guises. — Continuation des guerres civiles. — Ignace de Loyola. Sa vie. Il fonde l'ordre des jésuites. Le but et la politique de cette institution. Mort d'Ignace. — Nouvelles persécutions religieuses. — L'amiral Coligny. — Tentative contre sa vie. — Massacre de la Saint-Barthélemy. — Mort de l'amiral. Son corps est outragé. — Horribles paroles de Tavannes. — Charles IX tire sur les protestants. Il insulte à la douleur publique, il va faire une visite au charnier de Montfaucon. — Comparaisons. — Turpitudes des dames de la cour au milieu des cadavres. — Parti des *centres*. — Paroles déplorables de Charles IX dans le parlement, à propos des massacres. — Réponse du président, plus déplorable. — Générosité de Vézins du Quercy. — Noble conduite du vicomte d'Orthez. — Réjouissances à Rome et en Espagne. — Deuil dans toute l'Europe.

La Sicile, depuis les Vêpres siciliennes, ainsi que la Sardaigne, faisaient partie de la monarchie aragonaise. Ces deux îles étaient devenues dès-lors étrangères à l'Italie. La civilisation, sous le gouvernement espagnol, s'était retirée d'elles ; les campagnes étaient pillées par des brigands, et les côtes ravagées par les pirates d'Afrique.

Soliman II, empereur des Turcs, était sur le point de porter ses armes contre ces deux îles, qui eussent inévitablement succombé sous ses coups. Le sultan voulut d'abord commencer par détruire, dans la Méditerranée, le dernier boulevard des chrétiens, l'île de Malte, alors occupée par les chevaliers de Saint-Jean.

Mais tous les efforts de la puissance turque vinrent échouer contre la résistance héroïque des Hospitaliers, et de leur grand-maître Lavalette. Dignes successeurs des héros de l'île de Rhodes, les Hospitaliers, dans la défense de Malte, firent revivre tous les hauts faits de ces siéges mémorables, qu'ils avaient déjà soutenus, avec tant de gloire, sous leur grand-maître Villiers de l'Ile-Adam.

Après quatre mois de combats, d'assauts et d'efforts surhumains, les Turcs, vaincus et repoussés, prirent honteusement la fuite, avec les débris de leur flotte et d'une puissante armée, réduite de deux tiers.

Nous ne pouvons entrer ici dans les détails de tous les actes de courage de ces généreux défenseurs d'une foi religieuse, que dans le reste de l'Europe les prêtres et les rois détruisaient par les excès et les abus de tout genre.

Dragut, successeur de Barberousse II, commandait alors la flotte ottomane. Le premier des Barberousse était fils d'un renégat français et d'une Espagnole. Il commença tout jeune le métier de corsaire, s'entoura d'aventuriers de toutes nations, acquit une puissance redoutable sur la Méditerranée et s'empara du trône d'Alger ; quelques années après, il fut battu par les Espagnols, près Tlemcen et fut tué à l'âge de quarante-quatre ans.

Son frère, Barberousse II, lui succéda ; tout aussi hardi que son prédécesseur, il joignait à un courage extraordinaire une habileté et des talents qui servirent son ambition. Il se mit sous la protection de la Porte, celle-ci lui confia toutes les expéditions sur la mer Méditerranée. Il battit la flotte de Charles-Quint, et deux ans après, seul, il attaqua la flotte chrétienne, réunie dans les eaux de Candie. Les chrétiens ne purent tenir devant ce redoutable ennemi ; ils furent vaincus : une partie de leur flotte fut coulée à fond, le reste dispersé. De là Barberousse courut ravager les côtes d'Italie.

Jusqu'à la fin de sa vie ce fut une suite de triomphes et de conquêtes inouïes sur toutes les côtes de la Méditerranée. Arrivé à cet âge où tout homme sent défaillir ses forces, Barberousse au contraire conservait toute la vigueur de l'âge mûr et, comme Tamerlan, il rêvait, à soixante-dix ans, d'étendre encore sa domination.

Actif, infatigable et voluptueux, il poursuivait sa carrière aventureuse et se livrait aux plaisirs avec toute l'ardeur de la jeunesse ; il expira sur le sein d'une belle esclave. On peut lui appliquer ces deux vers du poète :

> Il passa des bras d'une femme,
> Dans les bras d'un Dieu paternel.

Dragut, comme lui d'origine française, lui succéda dans le commandement de la flotte ottomane et fut battu à Malte.

Henri II, roi de France, avait montré le plus grand zèle à poursuivre les hérétiques ; sa vie fut courte, il fut tué dans un tournoi, qu'il fit célébrer à l'occasion du mariage de sa fille, Elisabeth, avec Philippe II, roi d'Espagne.

Il avait déjà rompu plusieurs lances et était resté vainqueur, lorsqu'il aperçut Montgommeri, capitaine de ses gardes, qui tenait encore la lance haute. Les deux champions s'élancèrent l'un sur l'autre ; la lance du capitaine se brisa contre le plastron du roi, mais le tronçon, que celui-ci tenait toujours à la main, glissa jusqu'à la visière du casque du monarque et un des éclats frappa son œil et y pénétra profondément. Henri tomba sans connaissance. Il vécut encore quinze jours et succomba à des symptômes d'apoplexie. Son règne avait été un des plus malheureux de la monarchie.

L'époux de Marie Stuart, François II, avait succédé à Henri, son père, et à seize ans était déjà roi de France et d'Ecosse. Mais il mourut un an après.

Sa jeune épouse, la belle Marie Stuart, avait différé, autant qu'il lui avait été possible, son départ pour l'Ecosse ; mais le moment arriva où il lui fallut enfin retourner dans une contrée demi-sauvage. Inconsolable de la perte de son époux, elle portait le deuil en blanc, et composait elle-même des élégies qu'elle chantait en s'accompagnant sur son luth. Elle mêlait des expressions d'amour pour la France aux paroles de douleur que lui inspirait son veuvage :

> La nuit, dans mon repos,
> Je rêve sur ma couche.
> J'entends ses doux propos,
> Je le sens qui me touche.
> . . . .

Béranger met dans la bouche de cette reine les vers suivants :

> Lorsqu'aux yeux d'un peuple que j'aime
> Je ceignis les lis éclatants,
> Il applaudit au rang suprême
> Moins qu'aux charmes de mon printemps.
>
> En vain la grandeur souveraine
> M'attend chez le sombre Ecossais ;
> Je n'ai désiré d'être reine
> Que pour régner sur des Français.
> . . . .
>
> Hélas ! un présage terrible
> Doit livrer mon cœur à l'effroi ;
> J'ai cru voir, dans un songe horrible,
> Un échafaud dressé pour moi.
>
> Adieu ! charmant pays de France,
> Que je dois tant chérir !
> Berceau de mon heureuse enfance,
> Adieu ! te quitter, c'est mourir !

Elisabeth, reine de la Grande-Bretagne, l'avait fait sommer de ratifier le traité d'Edimbourg, qui avait été conclu, l'année précédente, par des négociateurs anglais et écossais. Marie, par un article de ce traité, renonçait pour toujours aux royaumes d'Angleterre et d'Irlande.

Marie répondit : « Que cet acte, fait dans un temps où elle ne pouvait qu'obéir, n'était point son ouvrage, et qu'il n'avait pas même été sanctionné par le roi son époux. » Elle eut soin de faire observer que, depuis la mort de François II, elle avait fait effacer les armes d'Angleterre de ses écussons, tandis qu'Elisabeth continuait à porter les armes de France à titre de reine de ce pays, qui n'admet pas de reine sans roi.

Ce fut avec l'expression de la plus vive douleur que Marie Stuart quitta la France. Elle échappa par hasard à la surveillance des croisières anglaises ; mais arrivée dans son royaume, elle trouva tout changé. L'Ecosse professait la religion réformée ; le peuple la traita d'idolâtrie, et les démonstrations de ses partisans la rassurèrent peu sur les craintes de l'avenir.

La veuve de François II eut un règne court et agité. Elle se maria avec lord Darnley, dont elle eut un fils; mais son époux ne tarda pas à encourir son mépris. L'histoire rapporte qu'elle oublia sa dignité de reine et qu'elle avilit sa couronne dans des intrigues. Son mari périt misérablement. Elle contracta un second mariage. Toute sa vie n'offre qu'une série d'infortunes : elle fut chassée du trône, subit une captivité de vingt ans, et l'ambitieuse Elisabeth finit par se débarrasser d'une rivale dont l'existence l'importunait. La malheureuse fille des Stuart mourut sur l'échafaud.

Charles IX, âgé de dix ans, monta sur le trône de France, à la mort de François II. Les états-généraux d'Orléans s'ouvrirent en présence de Charles IX. Les discussions furent vives et irritantes; d'une part, le clergé catholique fut attaqué avec violence; de l'autre, on réclama des supplices contre les protestants. On accusa hautement le duc de Guise et le maréchal de Saint-André de favoriser les persécutions contre les calvinistes, et de s'être enrichis, eux et leurs partisans, des dépouilles des réformés. Mais ceux-ci s'empressèrent de former une ligue, dans laquelle ils firent entrer le connétable de Montmorency.

Dès lors, la France fut partagée en deux camps; les catholiques se rangèrent sous ces trois hommes; et les protestants, sous Châtillon, Condé, et plus tard l'amiral Coligny. Il y eut des réunions, des conférences, des colloques à Poissy, puis à Pontoise. On discuta hautement contre les croyances des deux partis; rien ne se termina entièrement, seulement les questions furent plus envenimées, et allèrent augmenter l'irritation populaire.

A Paris, les protestants prêchaient en plein air leur doctrine. Alors les prêtres catholiques montèrent aux clochers des églises et sonnèrent les cloches avec violence, pour qu'on ne pût entendre les prédications. Le peuple, ameuté contre les protestants, se précipita dans les prêches et commit des actes de violence, tristes préludes de scènes plus violentes encore. Des désordres et des luttes sanglantes eurent lieu en même temps dans plusieurs provinces. Partout les protestants répondirent aux excès et aux attaques des catholiques par des excès et des représailles. Les protestants demandaient la liberté de leur culte, les catholiques, représentés et appuyés par le gouvernement, s'y opposaient. Les haines s'accumulaient, l'avenir se gonflait d'orages prêts à crever sur la patrie, et dont tous les vrais chrétiens ont dû gémir.

Catherine de Médicis, mère de Charles IX, s'établit régente, et n'éprouva aucune opposition. C'était une Italienne élevée au milieu des intrigues, des partis et des orages populaires d'une république ; elle était accoutumée aux empoisonnements, aux coups de poignard des factions ; elle était incrédule et superstitieuse. Aussi, elle fit massacrer les protestants seulement par politique. Elle ne connaissait pas nos lois et s'en souciait peu ; elle n'avait aucun des préjugés de l'aristocratie et de la monarchie française ; elle ne voyait dans le royaume de France qu'une Florence agrandie.

La cour de France offrit bientôt un luxe et une magnificence sans exemple au milieu des calamités les plus horribles. Au sein des plaisirs, on ourdissait des intrigues sanguinaires ; dans des conversations galantes, on complotait l'assassinat. La corruption des mœurs se ressentait des passions politiques qui exaltaient les têtes.

La reine mère présidait à la fois à toutes les intrigues politiques et galantes ; en favorisant les passions et les amours parmi les jeunes seigneurs et les jeunes dames de la cour, elle obtenait des révélations, faisait adopter ses plans et ses projets, et augmentait ainsi le nombre de ses partisans. Elle employait toutes les ressources de son esprit pour séduire tous les chefs de parti ; elle tendait ses pièges avec un art dont l'esprit seul d'une Italienne peut être capable.

Des danses, exécutées par les dames et les courtisans avec une grâce infinie et un laisser-aller inconnu jusqu'à ce jour, inspiraient les désirs, et révélaient, par les embrassements et les postures des danseurs, tout ce que l'amour a de plus séduisant et de plus voluptueux.

Elle chercha à exercer son influence sur les puissantes familles, en attirant à sa cour les jeunes gens à peine dans l'adolescence, sous prétexte de les former aux usages du monde. Elle les confiait aux mains de ses filles d'honneur, qui, toutes jeunes, jolies et élevées à son école immorale, s'emparaient bientôt du cœur de leurs jeunes amants, et suivaient aveuglément les volontés de la reine. Mais Catherine éprouva quelquefois des mécomptes dans ses calculs, malgré l'appui que lui prêtaient les catholiques, et surtout celui d'un pouvoir supérieur et occulte qui semblait étendre ses réseaux sur l'Europe entière.

Depuis quelques années, une congrégation puissante s'était établie en Europe. Ignace, né en Guipuzcoa, au château de Loyola, en 1491, fut élevé à la cour de Ferdinand-le-Catholique, roi d'Aragon. Son instruction fut assez négligée ; il cultiva seulement un peu les lettres, et aimait la poésie. Il quitta jeune la cour et entra dans les armées du roi. Sa vie, jusqu'à trente ans, fut celle des militaires, vie de combats et de galanterie. Il était brave et intrépide ; il se distingua dans plusieurs circonstances, surtout au siége de Pampelune, où il eut la jambe droite fracassée d'un éclat de pierre, et la gauche endommagée par un boulet. On le transporta dans le château de sa famille. Sa convalescence fut difficile ; il fut obligé de garder le lit très-longtemps. Pour charmer ses ennuis, il demanda des romans ; on ne put lui offrir que des livres de la vie des Saints et de celle de Jésus-Christ.

A la lecture de ces œuvres son imagination s'enflamma ; aussitôt qu'il pût monter à cheval, il se rendit au couvent du Mont-Serrat, là, il se livra à quelques exercices de piété ; ensuite il alla à Rome et se fit bénir par le pape, puis fit un pélérinage à Jérusalem. A son retour, il entra dans un monastère et cultiva quelques années les lettres et la théologie ; il se fit des amis dévoués, et conçut l'idée d'établir un institut religieux. Il soumit son projet au pape qui l'approuva, et la compagnie de Jésus fut instituée en vertu d'une bulle.

Ignace fut nommé général de son ordre, et prit possession de son gouvernement. Ses disciples avaient devant eux quatre carrières à parcourir : la prédication, les missions, la direction des consciences, l'éducation de la jeunesse. Chacun était destiné à remplir le rôle pour lequel il paraissait avoir une vocation particulière. Tous devaient refuser les dignités ecclésiastiques. Le plus petit jésuite se croyait bien supérieur à un évêque.

Ils formèrent de toute part des établissements, dirigèrent des missionnaires sur tous les points du globe. Chaque membre correspondait avec un chef, était sous ses ordres immédiats, et celui-ci avait des rapports directs avec le général de l'ordre.

Loyola avait conçu le plus vaste projet que puisse enfanter un cerveau humain, celui de subjuguer l'univers entier, non par la force des armes, mais par l'influence de la parole, par la séduction, par la terreur, par les intrigues, par la corruption, par la puissance de l'or, en exploitant, en un mot, toutes les passions humaines.

Le jésuite était pauvre, mais la société possédait des richesses immenses. L'empire qu'elle n'avait pas tardé exercer sur les consciences lui livrait à la fois la fortune et les secrets des familles.

Loyola avait rêvé une régénération universelle. Il avait espéré faire régner dans le monde entier une seule pensée, une seule croyance, un seul culte, un seul chef, une seule administration. Tous les pouvoirs temporels ne devaient exister ou se soutenir que par sa société. Tous les individus de toute nation, de tout rang et de toute profession devaient être soumis à sa puissance.

Pour arriver à leur fin, les jésuites suscitaient dans les villes le désordre, et dans les États semaient des orages politiques. Les plus dangereux ennemis de leurs principes furent l'intelligence et la liberté de la pensée. Ils imposaient à tous leurs prosélytes une obéissance passive, travaillaient à étendre partout les ténèbres de l'ignorance, et ne conservaient que pour eux les lumières de la vérité.

Les protestants devinrent principalement leur point de mire. Partout à la tête des querelles de religion, tour à tour persécuteurs ou persécutés, les disciples de Loyola furent implacables dans leur haine et dans leur vengeance, où subirent avec courage le châtiment des vaincus; souvent battus, jamais domptés, ils recommençaient sans cesse leurs attaques, refoulés et chassés, sans cesse ils reparaissaient à l'horizon. Habiles à prendre toutes les formes, à parler la langue de chacun, à revêtir tous les costumes, on les rencontrait à la cour, à l'église, dans les tribunaux, à l'armée, toujours dévoués aux intérêts d'une congrégation dont eux seuls connaissaient le but secret. Habiles casuistes, ils trouvaient à tous les crimes, à toutes les fautes des accommodements avec le ciel; leur ordre retirait des bénéfices immenses et un surcroît de puissance de toutes ces honteuses transactions.

Ils firent trembler les rois sur leurs trônes, et les pontifes sur leurs sièges. Leur morale était subversive de tout principe de droit. Tout pouvoir qui voulait se soustraire à leur domination était infailliblement ruiné. Accoutumé et façonné à une obéissance passive, chaque soldat de cette étrange milice obéissait aveuglément aux ordres de son chef immédiat.

Leurs relations s'étendaient sur tous les points du globe ; ils ne dédaignaient pas les affaires commerciales, lucratives, et sous des noms supposés, ils avaient des armateurs, des capitaines marchands, des comptoirs, etc.

Ils enseignaient la révolte contre l'autorité, ils prêchaient l'assassinat des tyrans, c'est-à-dire que sous le prétexte du triomphe de la religion, ou plutôt de leurs principes, ils poussaient à des crimes que le droit, la perte de la liberté, des serments violés, des usurpations reconnues, et des malheurs publics peuvent seuls rendre excusables de la part d'un peuple opprimé.

Loyola mourut à l'âge de 65 ans. Grégoire XIV le mit au nombre des saints. A sa mort, son ordre puissant exerçait dans toute l'Europe une immense influence dans les affaires politiques. La France était en proie à la guerre civile. Les jésuites entretenaient et envenimaient les querelles de religion, et préparaient sous le gouvernement d'une régente superstitieuse, ignorante et immorale les plus sanglantes réactions.

Les villes prises et reprises, les habitants massacrés, des batailles gagnées et perdues ou indécises, comme celle de Saint-Denis, où combattit le malheureux La Ramée ; sur toute la surface de la France, le pillage, l'incendie, le vol et l'anarchie ; le peuple, le clergé, la noblesse presque également fanatiques, également avides d'excès, se vantant avec orgueil de leurs actes de vengeance ; les calvinistes eux-mêmes enregistrant froidement leurs succès sanglants et leurs représailles.

Les arrêts de la cour et des parlements ordonnaient à tout catholique de prendre les armes, de sonner le tocsin, de courir sus aux calvinistes et de les exterminer. Catherine de Médicis excitait de tout son pouvoir les persécutions ; ce n'est pas le calvinisme qu'elle poursuivait, ce n'était pas la liberté religieuse qu'elle persécutait, c'était plutôt la liberté de penser qu'elle voulait étouffer.

Ferdinand Alvarès de Tolède, connu sous le nom de duc d'Albe, digne confident de Philippe II, ennemi implacable des calvinistes, conférait un jour à Bayonne avec Catherine de Médicis des moyens de détruire le calvinisme. Celui-ci insista sur la nécessité de frapper les chefs, en ajoutant : « Dix mille têtes de grenouilles ne valent pas une tête de saumon. » Catherine mit à profit ces paroles. Le jeune prince de Béarn, alors présent à cet entretien, comprit la politique de l'Italienne.

Le duc d'Albe ne tarda pas à être envoyé dans les Flandres par Philippe II, pour réprimer des insurrections causées par l'établissement de l'inquisition. Le duc s'illustra par ses cruautés ; le nombre des victimes qui tombèrent sous ses coups est incalculable. Sous le prétexte de la religion, les têtes des plus nobles défenseurs de la liberté roulèrent sur les échafauds. Nous aurons occasion de parler de ces généreux martyrs.

L'amiral Coligni, un des chefs des calvinistes en France, gémissait des calamités qui désolaient le pays. Il désirait ardemment la paix et répétait souvent qu'i aimait mieux mourir, que d'être plus longtemps témoin des fléaux qui couvraient la patrie de sang et de ruines.

La paix fut enfin signée à Saint-Germain. Mais cette paix laissait subsister toutes les anciennes haines des catholiques contre les protestants. On promit à ceux-ci la liberté de leur culte; on garantit leurs personnes et leurs propriétés. Toutes ces conditions, toutes ces promesses de la part d'un gouvernement dirigé par une Italienne sans principes et par des jésuites sans foi, ne pouvaient être qu'une trêve hypocrite, disons mieux une embûche.

Charles IX épousa vers ce temps Elisabeth d'Autriche, il y eut des fêtes brillantes. L'amiral Coligni fut comblé de prévenances et d'honneurs. Mais la cour avait en horreur son mérite, sa probité intègre, ses vertus austères, la droiture de ses conseils et l'inflexibilité de son caractère. Souvent il déjouait toutes les intrigues de Catherine et de la ligue des Guises, qui cherchaient à le renverser et à le perdre. De guerre lasse, la faction italienne résolut d'en finir avec lui ; on recommença donc les persécutions contre les protestants et le duc de Guise chercha, de concert avec la reine, un assassin et soudoya le crime.

Louis de Maurevel accepta du duc la mission de tuer Coligni. Il manqua son coup, et en attendant une plus heureuse occasion, il immola à la haine des Guises M. de Mouy, chef protestant, ami de l'amiral ; mais ce n'était pas le sang de Coligni ; celui-là seul eût satisfait la haine de la cour ; Maurevel chercha toutes les occasions de mériter les bonnes grâces de ses puissants protecteurs.

Tous les jours, vers le midi, l'amiral passait dans la rue Saint-Germain-l'Auxerrois, sous les fenêtres de la maison d'un confident des Guises, c'est de là que Maurevel tira sur lui un coup d'arquebuse, le blessa au coude gauche et lui rompit un doigt de la main gauche.

Le coupable fut facilement soustrait aux recherches apparentes de la justice. Tout le monde comprit d'où venait le coup. L'inquiétude se répandit parmi les protestants. Comme on avait résolu de massacrer tous les calvinistes, on songea, pour mieux y réussir, à combattre le mauvais effet de cet insuccès ; la cour se montra affligée de cet évènement, on manifesta à Coligny la plus vive douleur, l'intérêt le plus touchant. Charles IX parut le plus empressé auprès de l'amiral ; il s'entretint souvent avec lui, l'appelant *son père*. Mais docile aux inspirations de sa mère, il ne tarda pas à consentir à un massacre général, et comme on lui parlait, un jour, de tuer les principaux, il répondit, en jurant : « Puisqu'il faut tuer, je ne veux pas qu'il reste un seul huguenot pour me reprocher le meurtre des autres ; puisque la mort de l'amiral est nécessaire, qu'on ne l'épargne pas. »

Le jour d'un massacre général fut donc arrêté, et en même temps des ordres secrets furent donnés pour des exécutions sanglantes dans tout le royaume.

Le 23 août 1572, veille de Saint-Barthélemy, toutes les mesures furent prises pour ce grand jour. Le prévôt des marchands et les échevins, déjà préparés, devaient se rendre à l'Hôtel de ville pour recevoir les ordres et au premier signal, les faire immédiatement exécuter par les bourgeois armés. Ceux-ci portaient, pour se reconnaître entre eux, une manche de chemise au bras gauche et une croix blanche sur leur chapeau ; les maisons non habitées par des calvinistes devaient, à une certaine heure, avoir des lanternes à toutes leurs fenêtres.

De minuit à une heure du matin le tocsin retentit au palais. Le duc de Guise, impatient, n'avait pas même attendu le signal ; suivi du bâtard d'Angoulême et d'une foule de soldats et de bourgeois armés, il s'était dirigé vers l'hôtel de Coligny. Au nom du roi, les portes s'ouvrent et le gardien tombe percé de coups; les assassins se précipitent dans la cour et mettent à mort les quelques gardes qui se trouvent sur leur passage.

Trois colonels français, suivis d'officiers et de soldats, montent rapidement l'escalier, enfoncent la porte de l'appartement de Coligny : « A mort! s'écrient-ils tous ensemble; à mort! » A tout ce bruit, l'amiral avait déjà compris qu'on en voulait à sa vie. Déjà il s'était levé et, se tenant appuyé contre la muraille, il adressait à Dieu une dernière prière; un officier, Dianowitz, surnommé Boëme, à cause de son origine, l'aperçut le premier :

« Est-ce toi qui es Coligny, lui dit-il, en lui présentant la pointe de son épée?

— C'est moi-même, jeune homme, et respecte mes cheveux blancs, » répondit avec calme l'amiral.

Boëme lui plonge alors l'épée dans le corps, la retire fumante et à coups redoublés lui coupe le visage; il court aussitôt à la fenêtre et crie : « C'en est fait. » Guise, qui était resté dans la cour, lui répondit : « M. d'Angoulême ne veut pas le croire, à moins qu'il ne le voie à ses pieds. » Le cadavre est précipité dans la cour; alors, le bâtard d'Angoulême et le duc de Guise essuyent le visage de Coligny pour le reconnaître : « c'est lui-même, » disent-ils avec une joie féroce, ils le foulent aux pieds, puis ils s'éloignent en ajoutant : « Camarades, allons terminer notre ouvrage, le roi l'ordonne. »

La tête de Coligny fut détachée du tronc et apportée, par leurs ordres, à Catherine de Médicis.

Téligny, gendre de l'amiral, fut aussi égorgé; son épouse infortunée quitta la France, théâtre de tant de malheurs; elle s'unit, plus tard, au vertueux Guillaume-le-Taciturne; mais une fatalité la poursuivait, son nouvel époux, dont nous parlerons bientôt, succomba martyr de la liberté dans les Pays-Bas. Les passions politiques et religieuses, qui poussaient la cour de France à ces horribles excès, étaient partagées par le successeur de Charles-Quint.

La populace courut à l'hôtel de Coligni, elle s'acharna sur le corps sanglant du malheureux vieillard, on le mutila, on le traîna dans les rues, ensuite on le trempa dans la Seine, sa tête fut rattachée à son corps, on le fit rôtir à moitié, et on le transporta à Montfaucon, là on le suspendit par les cuisses aux crochets de ce charnier.

Le jour commençait à poindre et déjà dans tous les quartiers de Paris le massacre était général. Les maisons des protestants étaient forcées, leurs malheureux habitants égorgés et leurs cadavres jetés dans la rue, ceux qui voulaient se sauver et couraient égarés et à demi-nus, tombaient sous les coups d'arquebuse, le sang ruisselait de toutes parts.

Ce n'étaient que des cris de désespoir, des gémissements mêlés à des hurlements féroces, mais à chaque instant couverts par des bruits répétés de mousqueterie. En même temps retentissait sur tous les points de la ville le son lugubre et effrayant du tocsin.

Pierre La Ramée, le savant professeur du collége royal, l'apôtre de la liberté de la pensée et du progrès de l'esprit humain, périt d'une manière horrible. Dans le précédent chapitre, nous avons consacré quelques pages à cet homme célèbre qui avait devancé son siècle et qui eût été une des gloires du dix-huitième.

Lorsque le jour vint éclairer ces scènes de destruction, on voyait aux maisons des traînées de sang depuis les croisées d'où l'on avait précipité les victimes égorgées, jusqu'aux pieds des murs où elles gisaient entassées au milieu de mares de sang. Les portes étaient obstruées de cadavres.

Le massacre dura trois jours. Toutes les familles distinguées eurent à déplorer la perte de plusieurs de leurs membres immolés à la fureur des fanatiques ou à des vengeances particulières. Au milieu du carnage, l'impitoyable Tavannes criait de toutes ses forces : « Saignez, saignez, la saignée en août est aussi bonne qu'en mai. » Atroces et sarcastiques paroles dignes de ces temps.

Le comte de La Rochefoucault, le marquis de Renel, Jacques de Caumont et un de ses fils, et beaucoup d'autres périrent des premiers.

Le duc de Guise, le duc de Montpensier et le bâtard d'Angoulème, se promenaient dans les rues, excitaient la fureur des catholiques, en criant qu'il fallait tout tuer, que c'était la volonté expresse du roi. Les gardes bourgeoises partageant la rage frénétique de leurs nobles chefs, étaient impitoyables. Un nommé Crucé, orfèvre, montrant son bras nu ensanglanté, se vantait hautement d'avoir égorgé plus de quatre cents personnes en un jour.

Le fanatisme religieux fut servi dans cette déplorable circonstance par toutes les passions humaines, et à son tour il en favorisa tous les excès. Dans le tumulte, plusieurs catholiques, reconnus pour tels, reçurent la mort de la main même de leurs coreligionnaires. La haine, la vengeance, la cupidité purent se satisfaire. Les héritiers tuèrent leurs parents, les gens de lettres leurs émules de gloire, des amants leurs rivaux, des plaideurs leurs parties ; des gentilshommes se livrèrent au pillage. Ceux qui vinrent offrir au roi et à l'Italienne les fruits précieux de leurs brigandages reçurent de gracieuses paroles, et leurs dons furent acceptés.

Le gouverneur du prince de Conti, vieillard octogénaire, s'étant vu poursuivi par les assassins, avait pris dans ses bras le jeune prince comme une sauvegarde ; mais son sang ne fut pas épargné, malgré les efforts et les cris du prince qui mettait ses petites mains au devant des coups qu'on lui portait.

Le célèbre Jean Goujon fut tué d'un coup d'arquebuse, pendant que, sur son échafaud, il travaillait aux sculptures du Louvre.

Charles IX, fidèle aux conseils de sa mère et aux leçons des courtisans, se livra dans ces circonstances à toute l'impétuosité de son caractère, il se montra fougueux et féroce ; il prit part au massacre, il fut aussi assassin. Du haut des fenêtres du Louvre, il tira lui-même des coups d'arquebuse sur les malheureux qui traversaient la rivière à la nage pour gagner le faubourg Saint-Germain. De ce nombre étaient le vidame de Chartres et Montgommery.

Le fils de Catherine eut ensuite l'insultante audace de se promener dans la ville, entouré d'un brillant cortège ; il passa avec indifférence au milieu des nombreuses victimes couchées çà et là ; il vit sans horreur les traces du sang dans les rues et le long des murs des habitations ; il continua gaîment sa promenade et arriva, en caracolant et causant avec ses officiers, au charnier de Montfaucon ; là, il contempla avec plaisir les restes racornis de l'infortuné amiral.

Nous trouverions difficilement dans l'antiquité un ensemble de faits aussi atroces, conçus aussi froidement et exécutés avec autant de barbarie.

Nous mettons en parallèle avec Charles IX la jeune fille d'Hérodiade. Docile aux leçons de sa mère, elle obtint pour prix de la passion qu'elle avait inspirée à Hérode, la tête de Jean-Baptiste. Le bourreau la lui servit sur un plat, la jeune fille la reçut et la regarda sans frissonner. Ce tableau est bien au-dessous des actes des Guises, de Catherine et de Charles IX.

A Rome, sous la République, la tête et la main du vertueux Cicéron furent, par ordre d'Antoine, clouées à la tribune aux harangues; mais ces deux crimes que nous rappelons ici ne furent pas commis par des chrétiens.

On vit dans ces jours de deuil les dames de la cour et les filles d'honneur de la reine se promener dans les rues, s'arrêter devant les cadavres nus des hommes de leur connaissance, les parcourir de leurs yeux, les toucher du pied, et chercher matière entre elles à des observations libidineuses qui les faisaient éclater de rire.

Ces dernières scènes, dignes des saturnales de la cour de Catherine, sont le dernier cachet des mœurs de cette époque dépravée. Nous le dirons encore bien haut et bien des fois : quels crimes, quels attentats les rois ou leurs sicaires oseront-ils jamais reprocher aux peuples contre les monarchies ?

Heureusement, il apparut au milieu de ces sanglantes orgies un parti dit *des politiques* ou *des centres,* qui se forma pendant cette orageuse tourmente. Sans lui, les persécutions n'eussent pas eu un terme de longtemps. Dans toutes les grandes commotions et les révolutions violentes, des hommes, recommandables par leur sagesse, s'opposent au torrent furieux, et font entendre une voix de paix et de modération ; au nom du droit et de la raison, ils tempèrent la violence des passions politiques et religieuses, toujours trop promptes à dépasser le but, et toujours ils réussissent, parce que jamais on n'invoque en vain le droit et la raison, seules conditions de toute existence sociale.

Le troisième jour, le roi, après avoir reçu sa leçon au palais, se rendit au Parlement, accompagné de sa mère, de ses frères, des princes du sang et de toute sa cour. Là, il déclara qu'il avait été forcé, pour sauver la couronne et la paix de l'État, d'en venir à ces extrémités qu'il déplorait ; que l'amiral était un grand criminel, qu'il avait formé le projet, avec les autres scélérats, de renverser le trône et de se partager le royaume. Il discourut quelque temps dans ce sens.

Le Parlement parut ému des paroles royales, et lorsque Charles IX eut parlé, les cris de : *Vive le roi!* accueillirent les paroles que l'Italienne et sa perfide cour avaient prononcées par la bouche du roi.

Le président se leva pour répondre à Charles ; il loua et vanta hautement, avec une emphase ridicule, la sagesse de sa majesté ; il parla, en un mot, comme a parlé le chancelier Pasquier, l'homme aux trente serments, devant toutes les majestés qui se sont succédé en France depuis bientôt un demi-siècle.

Néanmoins, le sang continua de couler encore pendant sept jours. Sept mille personnes environ furent tuées. Dans ce nombre, on comptait près de mille gentilshommes, qui se laissèrent égorger sans se défendre, tant ils avaient été étonnés et interdits de ces violences et d'attaques aussi imprévues.

La haine qu'on portait à l'amiral ne fut pas assouvie par sa mort : par ordre du roi, son château de Châtillon-sur-Loing fut rasé ; ses biens furent confisqués, et ses enfants déclarés roturiers et inhabiles à jamais posséder aucune charge. Le même arrêt ordonnait une procession solennelle tous les ans, le jour de la Saint-Barthélemy, pour remercier Dieu d'avoir préservé le royaume des mauvais desseins des hérétiques.

Il y eut des actes admirables de générosité au milieu de tous ces massacres. Les Montmorency se distinguèrent. Un gentilhomme du Quercy, appelé Vezins, mérite une mention dans notre histoire. Un de ses compatriotes, nommé Régnier, son mortel ennemi et calviniste, se trouvait avec lui à Paris, lors de la Saint-Barthélemy. Ce dernier craignait d'être tué par Vezins, s'il était rencontré ; il resta donc caché dans son hôtellerie. Tout à coup on enfonce la porte, et Vezins, suivi de quelques soldats, se présente :

« Vengez-vous, dit alors Régnier, je suis prêt à mourir.

— Suis-moi, » lui répondit Vezins avec dureté.

A l'aide d'un sauf-conduit de catholique, signé du roi, et dont celui-ci s'était muni pour traverser le royaume, il conduisit, sain et sauf, son ennemi jusque dans son château du Quercy :

« Vous voilà en sûreté, lui dit alors Vezins. Je n'ai pas voulu me venger en assassin, mais en brave ; quand vous voudrez, nous viderons notre querelle en gentilshommes, je serai prêt. »

Regnier ne répondit que par des protestations de reconnaissance et lui demanda son amitié. « Vous pouvez m'aimer ou me haïr, ajouta Vezins, vous êtes libre. » A ces mots il disparut. Les descendants de ce généreux seigneur vivaient encore, il y a quelques années, dans un vieux château, au milieu des montagnes granitiques du Haut-Quercy, près Figeac.

Charles IX, dans les premiers jours de sa rage sanguinaire, s'était empressé d'autoriser, en son nom, des massacres dans les provinces ; à Meaux ils furent horribles ; à Angers, à Bourges, à Orléans, à Lyon, à Toulouse, à Rouen et en bien d'autres villes, il se commit des actes d'une cruauté révoltante. Les cadavres qui restaient sur la terre sans sépulture, et ceux qu'on avait jetés dans les rivières, gonflés et poussés vers les bords par les flots, répandaient au loin une odeur empestée.

Les commandants de quelques provinces se refusèrent à l'exécution des ordres du roi; un d'entre eux, le vicomte d'Orthez, qui était à Bayonne, répondit à la circulaire royale une réponse remarquable, dans laquelle se trouvaient ces belles pensées :

« Sire, j'ai communiqué vos ordres à tous les catholiques, militaires et bourgeois ; j'ai trouvé partout de bons citoyens, de bons soldats, mais pas un seul bourreau. »

Le vicomte d'Orthez mourut empoisonné, quelques jours après. La douleur que causa la Saint-Barthélemy à l'illustre chancelier de l'Hospital le fit mourir en quelques mois.

En Espagne et à Rome, la nouvelle de la Saint-Barthélemy fut accueillie avec enthousiasme et célébrée par des fêtes solennelles ; le pape rendit à Dieu des actions publiques de grâces, avec une pompe antichrétienne.

Mais dans tout le reste de l'Europe, elle excita une indignation universelle. Le seizième siècle la flétrit, les âges suivants en ont frémi, et en frémissent encore; les siècles futurs maudiront le fanatisme religieux et les royautés.

Malgré les réactions dont les quarante premières années du dix-neuvième siècle nous offriront, à leur tour, de sanglants exemples dans cet ouvrage, avouons néanmoins que pour nous commence cet âge futur. Des réactions momentanées, poussées par des intérêts humains, pourront encore opposer des obstacles au progrès de la liberté ; mais l'humanité, dans sa marche rapide, sautera par-dessus.

CHAPITRE XXII.

Seizième siècle.

NICOLAS MACHIAVEL. — LES COMTES D'EGMONT ET DE HORN. GUILLAUME-LE-TACITURNE. — COLOMBIERS, ETC.

Machiavel ; sa famille, ses persécutions, son portrait, ses œuvres, son livre du *Prince*. Il a été mal jugé. — Opinion de Voltaire. — Louis-Philippe et Machiavel. — Réflexions de l'auteur. — Machiavel à la campagne ; sa mort. — Philippe II, roi d'Espagne. — Guillaume-le-Taciturne. — Guerres des Flandres. — La duchesse de Parme. — Les *gueux*. — Le duc d'Albe. — Les placards de sang. — Le conseil des troubles. — Cruautés du duc d'Albe. — Guillaume-le-Taciturne refuse de comparaître. — Accusation des comtes d'Egmont et de Horn ; leur mort. — Victoires du duc d'Albe. — Guillaume se retire. — Nombreuses victimes. — Guillaume vient attaquer les vaisseaux espagnols ; ses succès. — Le duc d'Albe est rappelé. Il se glorifie de ses cruautés. — Siége de Leyde. — Circonstance heureuse. — Continuation de la guerre. — Guillaume est assassiné ; son portrait. — Siége de La Rochelle. — Le choléra dans l'armée royale. — Siége de Sancerre. — Mort du maire de Sancerre. — Mort du brave Colombiers. — Mort de Charles IX. — Mort de Montgommery.

Nous serions coupable de passer ici sous silence un des hommes les plus remarquables qu'ait produits la république de Florence, Machiavel, si connu, si peu apprécié et surtout si mal jugé. Ce publiciste philosophe parut dans le seizième siècle ; il était d'une des plus anciennes et des plus illustres maisons de la république. Ses ancêtres possédaient, depuis plusieurs générations, le titre de marquis de Toscane ; mais ils avaient préféré celui de bourgeois de Florence. Les membres de cette noble famille remplirent successivement les emplois les plus éminents dans la république ; ils se montrèrent constamment fidèles à la cause de la démocratie, et dans les orages politiques suscités par les luttes des Guelfes contre les Gibelins, ils combattirent l'oppression de ces derniers.

Treize gonfaloniers de justice et plus de cinquante prieurs ont servi la république et honoré le nom de Machiavel.

Après la levée du siége de Pise, où les Français, à la solde des Florentins, avaient refusé de se battre et de monter à l'assaut, le jeune Machiavel remplit une mission diplomatique à la cour de France. Il conserva toujours le noble héritage de ses aïeux, l'amour de la liberté de son pays, et la haine la plus implacable contre la tyrannie. Il occupa pendant quatorze ans l'emploi de secrétaire de la république, et dirigea la rédaction de toute la correspondance politique extérieure et intérieure. Il avait contribué à l'expulsion des Médicis de la ville de Florence, et favorisé l'alliance française, tout en conseillant de prendre les mesures de salut général, si elle venait à manquer ; « parce que, disait-il, la mauvaise fortune des Français nous fera perdre notre liberté. » C'est ce qui arriva en effet. L'inexpérience des généraux du roi de France changea en revers les succès des armées françaises. La famille des Médicis, secondée par le pape et l'empereur Maximilien, menaçait d'attaquer la république. Machiavel parcourut tout le territoire, et organisa partout des moyens de défense énergiques ; mais, à l'aide de la discorde que Laurent de Médicis sema dans la ville, à l'aide surtout de la corruption et de quelques partisans dévoués, Florence finit par ouvrir ses portes à celui qu'elle avait chassé.

Ardent défenseur de la liberté, et l'un des citoyens les plus hostiles aux vues ambitieuses de Laurent, Machiavel fut persécuté. La place de secrétaire, qu'il occupait depuis quatorze ans, lui fut enlevée, et il reçut l'ordre de partir pour l'exil.

On lui permit, au bout d'un an, de rentrer dans sa patrie ; mais c'était presque un piége ; Laurent de Médicis ne pouvait intérieurement pardonner à Machiavel l'opposition qu'il lui avait faite, et son zèle pour la liberté. La politique astucieuse du prince le fit comprendre dans une conjuration, il fut emprisonné dans un cachot, où il resta assez longtemps. On l'en retirait quelquefois pour lui faire subir des tortures inouïes ; il les supporta avec le courage d'un stoïcien, et jamais on ne put, au milieu des tourments, lui arracher d'autres paroles que celles-ci :

« Je suis innocent. »

Plus tard, quand il parlait des mauvais traitements qu'il avait endurés, il disait :

« J'ai tant souffert, que j'ai été sur le point de perdre la vie. Dieu et mon innocence m'ont sauvé. »

Il fut encore une fois chassé de Florence, et alla subir avec résignation les misères de l'exil.

A la mort de Laurent de Médicis, il fut rappelé à Florence par le pape Léon X ; mais sa santé avait reçu une altération grave à la suite des souffrances de toute nature qu'il avait endurées.

La physionomie de Machiavel portait le cachet du penseur profond : ses cheveux, courts et noirs, laissaient habituellement à découvert la vaste et harmonieuse circonférence de son cerveau ; son front, large, élevé, lisse et aux contours suaves, était le siége de la méditation et du génie ; ses yeux, noirs, vifs et grands, étaient garantis par des arcades largement développées, et ombragés de beaux sourcils ; un sourire doux et agréable effleurait habituellement ses lèvres d'un bel incarnat ; une barbe noire et taillée avec soin ombrageait, en partie, sa belle figure pâle. Le son de sa voix pénétrait l'âme, et, près des femmes, sa conversation avait un charme infini.

Qui croirait que cet homme aux pensées si vastes, aux conceptions si étendues, qui a traité les sujets les plus sérieux, excellât dans la poésie douce et légère, comme aussi dans les genres lyrique et épique. Tout jeune, son cœur fut accessible aux sentiments tendres, il paya aussi sa dette à l'amour. Il a composé des comédies supérieures à celles d'Aristophane, et la charmante nouvelle de *Belphégor,* que Lafontaine a imitée. Mais lorsque l'âge eut mûri sa pensée, ses connaissances et ses études, et que, par sa charge de secrétaire de la république, il put apprécier les actes des hommes politiques, il s'éleva alors au rang de Tite-Live et de Tacite.

Avec les hommes sérieux, sa conversation était pleine de profondeur, et ses réparties étaient quelquefois si vives, si saisissantes, que son interlocuteur restait muet et comme frappé d'un coup de foudre, au moment où il croyait pouvoir lui répondre victorieusement. Jamais il ne s'emportait ni ne mettait beaucoup de feu dans ses paroles; on eût dit qu'il était retenu par la conscience de la puissance et de la vérité de ses pensées.

Le jésuite Claude Tolomé, de Sienne, osa lui dire un jour :

« A Florence, les hommes ont moins de science qu'à Sienne, en vous exceptant cependant.

— A Sienne, répondit Machiavel, les hommes sont plus fous qu'à Florence, sans vous excepter. »

Son livre du *Prince* est une œuvre bien remarquable. En le lisant, l'imagination est effrayée ; l'astuce, les ruses, la perfidie, au besoin tous les attentats, en un mot toutes les ressources que la tyrannie peut inventer pour exploiter les nations, se trouvent révélées dans ses pages. Au premier abord, cet écrit inspire l'horreur.

Les détracteurs de Machiavel lui ont reproché et lui reprochent encore, comme s'il en était coupable, tous les actes d'immoralité politique qu'il signale, toute la perversité des rois et des usurpateurs qu'il dévoile aux yeux des nations. Un jour, des insensés osèrent l'accuser hautement d'avoir enseigné aux princes à être tyrans et infâmes :

« Vous vous trompez, dit-il, je n'enseigne rien aux tyrans. Ce que je dis, ils l'ont mis en pratique, car ils le savaient avant moi et l'ont toujours su. Le génie du mal choisit de préférence le cœur des rois, mais j'enseigne aux peuples à connaître les tyrans et à les détruire. »

Intelligence inépuisable, Machiavel composa aussi sur l'art de la guerre un ouvrage qui, d'après le rapport des hommes les plus expérimentés, est un chef-d'œuvre. Observateur comme l'ancien historien latin Tacite, il prit son style pour modèle. Il imita aussi Tite-Live dans l'ordre de sa narration et l'exposé des faits dans les institutions, les actions et les lois humaines. A chaque instant, il enrichit ses tableaux par des objets de comparaison anciens et modernes ; il en fait jaillir des faits lumineux. Sous sa plume féconde et brillante, on voit découler l'évidence des raisonnements et la solidité des maximes.

Son âme ferme, exercée par les orages de la liberté, avait acquis l'habitude des méditations et de l'appréciation des causes. Il démontra l'utilité et la nécessité des accusations publiques et discutées au grand jour. Bossuet, dans son éloquent discours sur l'histoire universelle, s'est pénétré de ce savant modèle.

Voltaire, en rendant compte du livre de Machiavel sur les princes, écrivait, entre autres pensées, au prince héréditaire de Prusse :

« La pratique des principes de Machiavel ne saurait faire de grands « princes, ni des princes heureux ; c'est un art semblable à celui de « Locuste et de Brinvilliers. »

Il est vrai que tout monarque qui voudrait appliquer ces mêmes doctrines à sa politique serait bien criminel et bien voisin de sa chute.

On a dit, et les résultats sembleraient le prouver, que Louis-Philippe, dernier roi des Français, faisait ses délices de la lecture de Machiavel. Sa politique, toujours tortueuse et corruptrice, aurait donc puisé dans les criminelles pensées des potentats et dans leurs mesures perfides les éléments de corruption, de désordre moral et de lâche tyrannie dont il se servait pour arracher entièrement en France tout germe de liberté, pour étouffer tout sentiment, tout esprit de nationalité, et établir enfin sa puissance dynastique sur les bases de la honte et de la boue dorée.

Malheur aux princes qui se nourrissent de ces maximes empoisonnées ! ils détruisent tout le prestige de la royauté, tout élément de prospérité pour les peuples, et de durée pour leur dynastie. Le respect seul des principes éternels du droit et de la morale peut faire le bonheur des nations, la gloire et la perpétuité des races royales. Si les monarques avaient été seulement les premiers magistrats des peuples au lieu d'en devenir les tyrans, Machiavel, privé de ces modèles de corruption et de despotisme, n'eût pas légué aux générations la confession politique des oppresseurs et un enseignement aux opprimés.

Machiavel écrivait, entre autres choses, dans les dernières années de sa vie, et du fond de sa retraite de San-Casciano, les pensées suivantes :

« Je me suis enfoncé dans les principautés. J'ai voulu voir comment « on agissait pour les acquérir, pour les conserver ou pour les perdre. « J'offre aux rois des écarts à éviter. L'histoire des princes et des tyrans « m'a révélé les pensées et les actes de leur politique ; je les livre aux « peuples pour les instruire. Au milieu des bois où je vais errer et rêver « quelquefois, j'ai toujours avec moi quelques livres : Pétrarque ou

« Dante, Tibulle ou Ovide. J'aime à lire leurs amours et leurs tendresses
« passionnées, elles me rappellent les miennes ; je me complais à ces
« doux souvenirs. De là, je vais, en me promenant sur la route, jusqu'à
« l'hôtellerie, je cause avec les passants ; les conversations et surtout les
« nouvelles diverses de chaque pays me plaisent infiniment, parce que
« je fais des remarques sur les hommes et sur les faits. »

Les persécutions, les chagrins, les tortures que Machiavel avait subies sous Laurent de Médicis, avaient porté une atteinte profonde à sa constitution ; il était souvent forcé d'avoir recours à l'art médical pour diminuer ses souffrances. Un jour, il voulut s'administrer seul un médicament ; il était si affaibli, qu'il ne put le supporter, et il expira au milieu d'atroces coliques, à l'âge de cinquante-huit ans.

Machiavel fut pauvre toute sa vie ; son âme fut bonne et pure. Il aimait la liberté, il sut combattre et souffrir pour elle. Il fut, jusqu'à son dernier jour, détesté par les tyrans, et calomnié par leurs séides ; en un mot, il vécut et mourut martyr de la justice et de la liberté des peuples.

Nous avons dit qu'à la mort de Charles-Quint, son fils, couronné à Bruxelles en sa présence, avait hérité de la couronne d'Espagne et de sa domination sur les Pays-Bas. En quittant le trône, l'empereur, malade et dégoûté des hommes et des choses, avait fait un retour sur lui-même. Il semblait avoir compris que tout monarque doit respecter les droits et les priviléges des peuples qu'il est appelé à gouverner, et que ce n'est pas sans danger qu'il ose porter la main sur cette arche sainte. Il recommanda donc à son fils, Philippe II, de considérer les provinces des Pays-Bas comme la plus belle perle de sa couronne, et d'avoir égard aux droits et aux priviléges des villes et des contrées dont les habitants s'étaient montrés si jaloux ; mais ses conseils furent non avenus.

Malgré tous les efforts de Charles-Quint, la religion réformée avait pénétré dans les Pays-Bas, s'y était établie et y avait fait de grands progrès.

Philippe II, mal conseillé, foula aux pieds des droits acquis ; il voulut ravir à ces peuples une liberté qu'ils avaient achetée à prix d'or et de sang. L'établissement de l'inquisition leur inspira tant d'horreur, qu'ils finirent par se soulever. La lutte dura quatre-vingts ans, et fit éclore la république des Provinces-Unies.

Guillaume de Nassau, prince d'Orange, avait été page à la cour de Charles-Quint ; il avait joui de son affection et s'était formé de bonne heure à l'école de ce grand diplomate. Sa haute fortune, son mérite personnel, son amour pour son pays le placèrent de droit à la tête de l'insurrection. En même temps, trois cents nobles, au nom de tous leurs concitoyens, s'unirent au comte de Broderolle pour adresser une pétition à la duchesse Marguerite de Parme, sœur de Philippe II, et gouvernante, en son nom, des Pays-Bas. Comme la plupart ne savaient pas écrire, au lieu de signer, chacun avait enfoncé un clou dans une boule de bois. Cette relique du premier appel d'un peuple entier pour sauver sa liberté et ses droits, est encore conservée dans le pays.

Le cardinal Granvelle, qui était avec la duchesse de Parme lorsque les nobles vinrent lui remettre leur requête à Bruxelles, lui dit : « Que veulent donc ces gueux ? » et ceux-ci furent éconduits avec mépris. Les nobles conservèrent ce nom, et portèrent depuis ce moment une médaille sur laquelle figuraient la besace et le bâton du mendiant. Ce furent les *gueux* qui, par une résistance acharnée, et au milieu de toutes les horreurs d'une guerre civile empreinte du caractère du fanatisme religieux, sauvèrent leur patrie de la tyrannie, et conservèrent la liberté politique. Ces hommes lassèrent des armées nombreuses et aguerries, battirent des généraux jusqu'alors victorieux, et finirent par épuiser les ressources d'un monarque qui recevait sans cesse des escadres chargées de l'or du Nouveau-Monde, et dont le père disait, avec son orgueil d'Espagnol : « Que le soleil ne se couchait jamais dans ses États. »

Philippe II, mécontent de la duchesse de Parme, qui ne déployait pas assez de sévérité dans son gouvernement des Flandres, y envoya don Alvarès de Tolède, duc d'Albe, avec des troupes nombreuses qui avaient vaincu en Italie. C'était l'an 1567. Des placards, imprimés par ses ordres, et dictés par un orgueil démesuré et une fureur atroce, parurent dans toutes les Provinces-Unies, et furent appelés *placards de sang*. Le fanatisme, la tyrannie et une guerre à mort menacèrent à la fois toutes les libertés du pays et les vies de tous les habitants. L'inquisition releva sa tête sanglante, plus audacieuse, plus furibonde que jamais.

Le duc d'Albe établit à Bruxelles un conseil de troubles (un conseil de sang); un simple soupçon suffisait pour être emprisonné et torturé. La richesse était toujours un crime, les biens étaient confisqués. Tous les signataires de quelque requête, tous les individus accusés de désapprouver les mesures prises, de médire du saint-office, ou qui déploraient la perte de leurs droits, étaient déclarés coupables de haute trahison. Les supplices atteignaient tous les rangs, et n'épargnaient ni l'âge ni le sexe.

On vit monter sur l'échafaud des nobles, des plébéiens, des femmes, des adolescents. Dans l'espace de quelques mois, dix-huit cents personnes périrent par les tortures, par le glaive, par les flammes ou le gibet. Ces massacres juridiques s'exécutaient sans obstacle; les habitants restèrent d'abord muets d'effroi et de stupeur en présence des soldats, des bûchers et des échafauds.

Quoique dévoués au pouvoir, plusieurs membres du conseil de sang déclinèrent bientôt, sous plusieurs prétextes, une mission aussi révoltante, et sur douze, dont se composait ce tribunal, huit se retirèrent devant cette tâche barbare et monstrueuse qu'ils n'eurent pas le courage de mener à terme; les quatre derniers continuèrent cette œuvre sanguinaire.

Des condamnés, qui avaient toujours été dévoués à la monarchie espagnole, mais dont l'agent de Philippe convoitait la fortune, s'adressèrent à la clémence du roi; ce monarque fut inflexible. Vargas, président du conseil des troubles, détruisait d'avance par ses lettres tout retour de Philippe à des sentiments de justice et d'indulgence.

Guillaume-le-Taciturne, cité devant ce conseil, refusa de comparaître; il allégua pour motifs de son refus qu'il ne consentirait à se soumettre qu'au jugement de ses pairs, et qu'il repoussait une juridiction illégale, établie au mépris de tous les droits et de tous les privilèges, qui seuls faisaient loi dans le pays. Il récusait surtout le duc d'Albe pour son juge, parce qu'il était son ennemi personnel; parce qu'il avait en outre, au mépris du droit des gens et de tout procédé d'honneur, enlevé son fils aîné, le comte Buren, de l'université de Louvain, pour l'envoyer prisonnier en Espagne. Ce jeune homme fut élevé dans la religion catholique, non pas telle qu'elle est, mais avec des principes et un dogme qui faussèrent son esprit, pervertirent son cœur, et lui firent détester son père, sa patrie, et ses compatriotes. Ce prince mourut en Espagne, misérable et inconnu.

Les Flandres tentèrent d'opposer une résistance tacite au gouvernement tyrannique du duc d'Albe. Guillaume-le-Taciturne, soutenu par les dons volontaires de tous les Flamands, qui avaient fui la persécution, et par le concours de tous les Français et des princes allemands qui professaient la réforme, leva des troupes, et se rendit aux vœux de ses compatriotes. Son frère, Louis de Nassau, commença les hostilités, et près de Groningen, les Espagnols essuyèrent une défaite complète.

Le duc d'Albe différa sa vengeance; il était pressé de faire des exécutions sanglantes.

D'Egmont et de Horn dont il connaissait l'opposition à ses mesures despotiques, rendaient compte en ce moment au conseil de sang de leur amour pour la liberté. La mort de ces deux illustres victimes fut précédée de celle de dix-neuf gentilshommes, déclarés coupables d'avoir signé une requête à la duchesse de Parme. Quoique leur prétendu crime fût le même, leur supplice fut différent. Ceux qui étaient catholiques eurent la tête tranchée, ceux qui pratiquaient la religion réformée furent brûlés vifs. Le secrétaire du comte d'Egmont supporta des tortures atroces, et refusa jusqu'à la fin de charger son maître; cet infortuné fut tiré vivant à quatre chevaux.

Les comtes d'Egmont et de Horn étaient accusés principalement de s'être confédérés pour s'opposer à l'introduction de l'inquisition, d'avoir pris part avec Guillaume à la réunion dans laquelle on avait discuté les moyens de fermer l'entrée des Pays-Bas au roi d'Espagne, et enfin d'avoir, par une indulgence coupable, favorisé l'établissement de l'hérésie.

Les accusés prétendirent qu'en vertu de leur qualité de chevaliers de la Toison-d'Or, ils ne pouvaient être jugés que par des membres de cet ordre. Quant au fond, ils nièrent d'être entrés dans aucun complot tramé contre l'Église et contre le roi. Aucune preuve n'établissait leur culpabilité; ils furent néanmoins déclarés coupables de haute trahison, et condamnés à la peine capitale. L'empereur Maximilien et la duchesse de Parme essayèrent d'obtenir leur grâce, Philippe fut inaccessible à tout sentiment de justice et de pitié.

Après une captivité de neuf mois, ils marchèrent au supplice; la tête d'Egmont tomba la première. Quelques instants après, le comte de Horn, amené sur l'échafaud, demanda si son ami avait cessé de vivre ; puis, après avoir adressé au peuple quelques paroles de consolation et d'espoir, il se plaça lui-même sur le fatal billot. Les têtes de ces deux éminents personnages furent plantées sur des piquets, et restèrent plusieurs heures exposées aux regards de la multitude. Leurs corps furent ensuite inhumés par leurs familles.

Le peuple, présent à ce cruel spectacle, montra la plus vive émotion.

A peine l'exécution était-elle terminée, que, malgré les soldats, plusieurs personnes se précipitèrent sur l'échafaud, et trempèrent leurs mouchoirs dans le sang qui venait d'être versé, c'était prendre l'engagement de se venger.

D'Egmont excita les regrets les plus vifs et les plus universels. Les Flamands étaient fiers de la gloire qu'il avait acquise aux champs de Gravelines et de Saint-Quentin; ils maudissaient l'ingratitude de Philippe, qui payait par les supplices d'aussi éminents services, et déploraient le sort malheureux de ses douze enfants, privés de leur père et réduits à la misère par la confiscation de leurs biens.

Le comte de Horn inspirait moins d'intérêt ; il était, comme d'Egmont, innocent, mais il n'avait pas comme lui les glorieux précédents de la victoire.

Après ces actes de cruauté, le duc d'Albe marcha contre Louis de Nassau, le battit et le força de se sauver en Allemagne ; mais Guillaume-le-Taciturne, en dépit du général espagnol, pénétrait en Belgique sur un autre point, et présentait la bataille à son ennemi. Celui-ci ne voulut pas tenter le sort des combats, il craignait l'habileté du prince ; il traîna la guerre en longueur, pour user les ressources de Guillaume, qu'il savait être dépourvu d'argent. En effet, Guillaume, ne pouvant suffire aux dépenses de son armée, fut forcé de la congédier et se retira en France quelque temps.

Après la victoire sur Louis de Nassau et le départ du prince d'Orange pour la France, le duc d'Albe rentra triomphant à Bruxelles. Il fit frapper des médailles en son honneur, ériger une statue en bronze, dont le piédestal était chargé d'inscriptions à sa louange; des fêtes furent célébrées. Mais il revint bientôt à ses habitudes sanguinaires, un instant interrompues par l'enivrement de son orgueil, et, de sang-froid, il fit mettre à mort tous les prisonniers qu'il avait faits sur le champ de bataille. Un système de persécution inouïe fut organisé, et sur de simples listes présentées au conseil de sang, celui-ci rendait des sentences immédiates qui étaient exécutées sur l'heure. C'était un pêle-mêle de prétendus coupables, d'innocents, de femmes, de vieillards, de jeunes gens, qu'on conduisait au supplice. Le plus grand nombre ne savait même pas de quoi ils étaient accusés. Voici ce que disaient les Espagnols, à l'occasion de quelques innocents qui avaient subi le dernier supplice :

« Ils ne sont pas à plaindre, ils ont gagné ainsi leur salut. »

Quelles réflexions opposer à de telles paroles !

Effrayée de tant de massacres, une grande partie de la population se sauva dans les pays étrangers. Alors, le duc d'Albe proclama une amnistie, mais chargée d'un nombre infini d'exceptions et de clauses; en même temps il établit un impôt. La fermentation s'accrut : deux provinces, Utrecht et Brabant, lui résistèrent et entraînèrent les autres.

Pendant ce temps, Guillaume, de retour en Allemagne, organisait, avec les nouveaux fonds qu'il avait reçus de tous ses compatriotes, un plan de campagne pour arracher son pays au joug des Espagnols; il équipa une flotte et attaqua avec succès les vaisseaux ennemis, ruina ainsi la marine espagnole, et se créa des ressources immenses. De tous côtés, des villes s'insurgeaient; le duc d'Albe, furieux, donna carte blanche à son armée, et lui-même laissait partout sur ses pas les traces de sa rage et de sa vengeance. Dignes lieutenants d'un chef aussi cruel, les généraux espagnols se montrèrent, par leurs exploits, à la hauteur du duc d'Albe. Soit que les habitants des villes révoltées se rendissent sur la parole du vainqueur d'avoir la vie sauve, soit qu'elles fussent prises d'assaut, les Espagnols commirent les actes de la plus révoltante barbarie. Non-seulement les hommes en état de porter les armes étaient massacrés, mais encore on vit des soldats de Philippe II se promener avec des enfants en bas âge plantés au bout des piques et des hallebardes. Des femmes enceintes furent éventrées ; ils retiraient de leur sein les enfants tout vivants, leur donnaient par dérision un baptême burlesque, puis ils les lançaient contre les murs ou les perçaient avec leur épée.

La ville de Harlem, entre autres, s'était rendue. Les Espagnols avaient promis la vie sauve aux habitants ; néanmoins, une fois maîtres de la place, ils les pendirent par centaines ; enfin, fatigués de ces scènes, ils les lièrent dos à dos et les noyèrent dans le lac. Ils appelaient ce supplice *le bain de pieds*.

Après un séjour de cinq ans, le duc d'Albe fut rappelé par son souverain. Sa cruauté sans égale avait exaspéré les populations et compromis l'autorité du roi d'Espagne dans les Flandres. Les victoires qu'il avait remportées avaient été sans résultats heureux ; les échecs qu'il avait essuyés, les siéges d'Alkmaur et d'autres villes qu'il avait été forcé de lever, la place de Brielle qu'il avait laissé prendre par les Gueux, enfin les dépenses ruineuses qu'il avait faites lui avaient aliéné la confiance de la cour. Bien plus, son souverain, inquiet et soupçonneux, avait conçu de l'ombrage de ce qu'il avait fait bâtir la citadelle d'Anvers, et de ce que son orgueil et sa vanité l'avaient porté à se faire élever une statue en bronze.

Le duc d'Albe se vantait, avec un sanguinaire cynisme, d'avoir fait périr, dans l'espace de cinq ans, dix-huit mille personnes par la main du bourreau. Le nombre de ceux qui périrent dans les combats, dans le sac des villes et le pillage des campagnes, pouvait s'élever, dit-on, à près de quatre cent mille.

L'armée espagnole, composée d'hommes de tous les pays, d'aventuriers et de volontaires, offrait le tableau de l'indiscipline et de la dépravation morale la plus hideuse ; pillards, sanguinaires et livrés à toutes les débauches, ces soldats ne formaient pas des corps d'armée, mais des nuées de bandits et de brigands qui tombaient sur les villes et les bourgs, comme des fléaux dévastateurs.

On lit dans les chroniques de Jean-Louis Petit : « Après le siége d'Ark-
« maar, qui avait duré sept semaines, l'armée espagnole dut se retirer.
« Les bourgeois avaient montré non-seulement un courage de soldats,
« mais encore des cœurs de lions ; de là est venu le proverbe, que le
« duc d'Albe durant son gouvernement avait fait des guerriers avec les
« marchands et les paysans hollandais, avait métamorphosé les vendeurs
« de harengs en hidalgos, ses soldats allemands en pillards, ses Wallons
« en escrocs, les femmes et les filles honnêtes en ribaudes, et les dames
« et demoiselles en filles publiques. »

Pendant le siège de Leyde, la famine faisait plus de ravages que le feu de l'ennemi. Une foule d'habitants à demi-morts de faim, courut à l'hôtel-de-ville, et demanda à grands cris que la place fut rendue. Le bourgmestre van der Werf leur présenta son épée, en leur disant : « Tuez-moi, et mangez mon corps avant que de vous rendre » ; honteux de leur découragement, les malheureux assiégés, pleins d'admiration pour la grandeur d'âme de leur magistrat, se retirèrent avec un reste de confiance, et trouvèrent encore dans leur force morale toute l'énergie que leur refusait un corps affaibli et épuisé. Ils se résignèrent, et se défendirent comme des héros.

Un tableau bien connu des amateurs, et un opéra tout nouveau rappellent ce fait à la mémoire des Hollandais. Un si beau dévouement reçut enfin sa récompense ; le vent d'ouest s'éleva, les digues furent percées, et les flots venant à rouler sur les prairies et les campagnes emportèrent les travaux de siège, et chassèrent devant eux l'armée espagnole, et permirent à la flotte hollandaise d'arracher les habitants aux horreurs de la famine.

Dans cette circonstance, l'amour seconda les éléments et contribua au salut de la ville ; la veille, les Espagnols devaient livrer un assaut général dont le succès était infaillible. Le commandant espagnol Valdès aimait une demoiselle noble d'Utrecht, qui se trouvait alors dans un château des environs. Elle aussi, l'aimait, mais son âme remplie des sentiments les plus nobles de patriotisme, ne pouvait avouer son amour à l'ennemi de son pays. Elle savait que Valdès devait livrer le lendemain un assaut général, et que la ville était perdue sans ressources ; d'un autre côté, elle avait entendu dire à sa famille qu'on attendait incessamment des secours, et que, si le vent d'ouest venait à souffler, Leyde serait sauvée; elle fit ajourner l'assaut, en promettant à son amant un rendez-vous pour le jour même de l'attaque.

La ville de Leyde fut récompensée de son dévouement par l'établissement d'une université qui a longtemps fait sa gloire. En même temps, une insurrection éclata à Anvers ; la flotte espagnole, pour éviter d'être prise ou détruite par les habitants, s'éloigna du port, mais elle tomba entre les mains des Zélandais.

Guillaume d'Orange se hâta de profiter de ces heureuses circonstances, que vinrent encore seconder des révoltes dans l'armée espagnole. Il organisa, par un traité, une résistance générale, augmenta ses troupes, et secondé par les habitants, s'empara de plusieurs villes importantes ; il fut nommé gouverneur du Brabant, et s'établit à Bruxelles.

La guerre prit un grand développement. Le prince d'Orange, à la tête de toutes les Flandres dirigeait l'administration avec un talent remarquable et triomphait à la tête des armées. Guillaume-le-Taciturne ne travaillait que pour la liberté de son pays ; il avait même décidé la province à prendre pour chef le duc d'Anjou ou à s'incorporer à la France.

A La Haye, tous les députés des Provinces-Unies rassemblés sous sa présidence déclarèrent la déchéance de Philippe, brisèrent le sceau royal, tous les officiers et magistrats prêtèrent serment de fidélité au nouveau gouvernement et la liberté illimitée de la conscience fut proclamée.

La cour d'Espagne, furieuse, mit à prix la tête de Guillaume. Ce prince échappa plusieurs fois par hasard à des tentatives de meurtre, mais la cour et les jésuites en vinrent à leurs fins.

Le brave et vertueux Guillaume, prince d'Orange, mourut assassiné par un nommé Balthazard Gérard, fanatique de bas étage. Ce misérable céda aux conseils perfides de son confesseur jésuite et à l'appât d'une certaine somme. Philippe II, le Néron ou le Caligula de son temps, favorisait les jésuites. Ceux-ci, en récompense, recrutaient dans toute l'Europe de ces organisations malheureuse ou maladives, travaillaient leurs cerveaux, les exaltaient, les fanatisaient par des tableaux mystiques, achevaient de les séduire par l'or et dirigeaient leurs mains homicides contre les hommes les plus recommandables, les plus vertueux, les plus dévoués au bien de l'humanité. Jusqu'à ce jour ils avaient échoué dans leurs diverses tentatives contre Guillaume.

Ce que nous avons dit dans ce volume, de l'ordre mystérieux des assassins et du Vieux de la montagne, peut, en grande partie, s'appliquer à l'institution des jésuites.

Le malheureux prince d'Orange, au moment où il sortait de sa salle à manger, fut tué d'un coup de pistolet d'arçon, chargé de trois balles. On montre encore les trous au ci-devant palais, bâtiment très-modeste et qui sert aujourd'hui de caserne. Guillaume, se sentant frappé, s'écria, en tombant : « Oh! mon Dieu, ayez pitié de moi et de mon pauvre peuple !!! » Dernières, mais sublimes paroles! Toute sa vie avait été vouée au bonheur et à la liberté de son pays : ces mots suprêmes sont l'expression de de sa belle âme.

Le meurtrier s'enfuit vers les écuries et se cacha sous un tas de fumier, mais un petit chien du prince le fit découvrir. Ce chien avait déjà sauvé la vie à Guillaume, dans une autre circonstance, en accusant la présence d'un meurtrier caché sous un sofa. Le chien fidèle est sculpté aux pieds de la statue de son maître, qui est représenté couché sur sa brillante tombe, dans la grande église de Delft, au-dessous de laquelle est le caveau de la famille Orange-Nassau.

La statue équestre de ce grand homme, dont la mémoire est restée chère au cœur de tous les Flamands, a été coulée en bronze l'an dernier, à Paris, par un artiste distingué, M. de Nieuwkerke. Aujourd'hui, on voit au milieu d'une place de La Haye ce beau monument, qui rappelle au peuple les traits du prince vertueux dont toute la vie fut un dévouement au bonheur de son pays et à sa liberté.

Guillaume possédait toutes les qualités propres au rôle que les événements lui avaient imposé. Il s'était mis à la tête des peuples, non par ambition personnelle, mais pour les soustraire à la tyrannie religieuse et politique de la cour de Philippe II, moins qu'à l'autorité et aux droits du roi d'Espagne. Calme, grave, presque froid, peu expansif, plein d'un mérite solide, mais peu brillant, ce prince, au premier abord, était loin d'éblouir ; il réunissait toutes les qualités d'un capitaine et d'un fin politique : intrépidité et coup d'œil sur les champs de bataille, sagacité dans les négociations, dextérité rare pour manier les esprits, pénétration qui pressentait l'avenir, et qui souvent savait commander aux événements, ou tirer quelque profit même de l'adversité. A cette réunion de mérites divers, il joignait les sentiments les plus nobles et les plus élevés. C'était plus qu'il n'en fallait pour réduire toute la puissance de Philippe dans les Flandres, et affranchir à jamais sa malheureuse patrie du joug insupportable de l'Espagne.

La Saint-Barthélemy, qui fut, dans une grande partie de la France, le signal d'affreux massacres, loin d'anéantir le protestantisme, inspira, au contraire, de l'éloignement pour le culte catholique. Non-seulement des commandants de province refusèrent d'exécuter les ordres qu'ils avaient reçus de la cour, mais encore plusieurs se démirent volontairement de leurs fonctions, et grossirent le parti des mécontents. Réfugiés dans quelques places fortes, les protestants voulurent soutenir leurs droits, et défendre la liberté de leur culte ; ils résistèrent aux armées royales, et subirent avec héroïsme toutes les horreurs de la guerre, de la famine et des supplices.

La Rochelle devint leur boulevard. Les habitants refusèrent de se soumettre, et une armée puissante, commandée par le duc d'Anjou, vint mettre le siége devant la ville. Les Rochellois se défendirent en désespérés. La famine, les maladies, les attaques et les assauts continuels ne purent lasser leur constance. Femmes, enfants, vieillards, tous partagèrent les périls et les fatigues des soldats avec la même ardeur. Le comte de Montgommery, le même qui avait tué, dans un tournoi, le roi Henri II, et qui s'était détaché du parti de la cour pour s'unir aux ennemis des Guises et de Catherine, ravitailla la ville avec une petite flotte amenée d'Angleterre.

L'armée royale, mal commandée, sans discipline sévère, tenta plusieurs assauts, qui furent très-meurtriers pour elle. Les sorties fréquentes des assiégés lui tuèrent beaucoup de monde. Les calvinistes eurent le plaisir de voir tomber sous leurs coups Cosseins, un des assassins de l'amiral. Le duc d'Aumale et la plupart des bourreaux de la Saint-Barthélemy périrent dans les diverses attaques.

Actifs, braves, vigilants, les Rochellois connaissaient d'avance tous les plans des assiégeants et toutes leurs ressources, et les déjouaient sans cesse. Ils repoussèrent toutes les propositions qui leur furent faites, parce qu'elles ne leur assuraient pas des garanties assez larges, et s'érigèrent en république.

L'armée royale, rebutée par les difficultés et la longueur du siège, mal dirigée, mal approvisionnée, mal disciplinée était dans un désordre complet. En même temps, une maladie épidémique vint fondre sur elle et acheva sa destruction. Le tableau que de Thou nous a laissé des symptômes de cette affection, connue alors sous le nom de *colique de Poitou*, est absolument identique au choléra. Voici ce qu'il en dit :

« Dès qu'un homme en est attaqué, tout son corps demeure sans force,
« et comme frappé de paralysie ; le visage devient pâle et perd entière-
« ment sa couleur ; le froid s'empare des extrémités ; il ne dort plus ;
« des nausées continuelles, des vomissements verdâtres et une douleur
« très-violente qui attaque en même temps l'estomac, les intestins, les
« flancs, les aines et les reins, des tiraillements, suivis de douleurs
« très-cruelles aux membres, des défaillances, sans que le malade perde
« connaissance, se succèdent jusqu'au moment de la mort. »

Depuis le commencement du siège, toutes ces causes de mortalité réunies avaient coûté à l'armée royale plus de trente mille hommes, et des trésors immenses avaient été dépensés en pure perte. De nouvelles négociations furent donc entamées ; les Rochellois désiraient aussi ardemment la paix ; ils consentirent à laisser passer quelques clauses ou quelques expressions dans la rédaction du traité, qui sauvaient l'honneur de la couronne. Mais ils exigèrent que les villes de Nîmes et de Montauban fussent comprises dans les mêmes avantages et les mêmes droits.

La malheureuse ville de Sancerre, qui soutenait aussi en ce moment les horreurs d'un siège, fut oubliée dans ce traité et n'obtint pas ainsi l'exercice public de son culte ; mais elle ne perdit pas courage. Elle résista encore deux mois et souffrit les privations les plus inouïes. Dans les derniers jours, les habitants n'eurent plus pour aliments que des débris immondes d'animaux, des mélanges impurs de peaux, de suifs altérés, de parchemin, de paille triturée et même de la chair humaine. Forcés enfin de se rendre à discrétion, ils eurent à essuyer toute la vengeance du roi. Une grande partie de la ville fut démolie, les fortifications furent rasées et plusieurs habitants punis de mort.

Le maire de Sancerre, homme de dévouement, de mérite et d'une haute considération, avait soutenu le courage de ses concitoyens, jusqu'au dernier moment. Il avait été un des premiers à les appeler à la liberté de conscience. Il les avait éclairés sur les intrigues d'une cour immorale et corrompue, et, secondé des ministres protestants, il les avait instruits sur leurs droits. Aussi, lors de l'occupation de la ville par l'armée du roi, on le saisit et ses concitoyens ne le revirent plus. Il fut jeté secrètement dans un puits très-profond.

Un chef protestant, nommé Colombières, baron de Briqueville, fut un des plus braves capitaines du seizième siècle; il avait fait les campagnes sous François Ier, sous Henri II, était parent de la princesse de Condé, et avait été longtemps le compagnon d'armes de Gabriel de Lorges, comte de Montgommery. Il se détacha du parti de la cour de France, où il ne voyait, sous la régence de Catherine de Médicis, que des intrigues coupables, embrassa la réforme et se trouva à La Rochelle, au rendez-vous général de tous les chefs protestants, et dut prendre parti pour la cause de la liberté. Désigné comme une des victimes de la Saint-Barthélemy, il échappa au massacre et se sauva en Normandie, où il entra dans l'armée calviniste.

En 1574, il s'était enfermé dans la ville de Saint-Lô et, à la tête des calvinistes, il soutint un siége terrible. Montgommery partagea quelque temps ses fatigues et ses dangers, mais celui-ci parvint à s'échapper en traversant les lignes des catholiques et alla faire, du côté de Rouen, une diversion pour détourner les forces de l'ennemi, il fut pris à Domfront, et ramené devant la ville de Saint-Lô.

La veille d'un assaut général, qui devait être livré, Montgommery fut conduit sous les murs de la place, par les catholiques, pour engager Colombières à se rendre. « Non, mon capitaine, répondit celui-ci, je ne me rendrai jamais; je ne veux pas être conduit à Paris et servir de spectacle à un peuple stupide, en portant ma tête sur la place de Grève; ne vous y trompez pas, c'est là ce que vous réservent nos ennemis. Je consens à mourir, mais ici sur cette brèche, et mon fils partagera ce trépas glorieux. »

Le lendemain, un assaut terrible fut livré; trop faible contre les forces catholiques, la place succomba, et tous les habitants, jusqu'aux femmes. furent passés au fil de l'épée. Fidèle à son poste, Colombières, jusqu'au dernier instant, anima les siens par son exemple; il fut tué, et son fils expira à ses côtés.

Enfin, le mot de paix vint retentir partout dans le royaume, le souvenir encore présent des calamités récentes la faisait désirer; tous les cœurs éprouvaient le besoin de s'ouvrir au bonheur d'une ère nouvelle; mais au milieu de ces vœux publics tout présageait, au contraire, les troubles les plus funestes. A la cour, la désunion existait dans les membres de la famille royale, les seigneurs ourdissaient des factions, partout le brigandage, nulle police dans les villes, nulle sécurité dans les chemins, interruption du commerce, murmures et mécontentement des peuples, et au milieu de tous ces désordres, et de cette anarchie, un roi malade, fatigué de la vie et des affaires, trompé par sa mère, trompé par ses favoris.

Les protestants du Midi ne se contentèrent pas des conditions qui leur étaient accordées; le traité ne leur garantissait qu'une faible partie des libertés qu'ils croyaient avoir le droit d'attendre. Leurs députés se réunirent à Montauban, et dressèrent une requête que plusieurs d'entre eux allèrent présenter au roi. Charles IX était malade et écouta avec indifférence leurs réclamations. On leur répondit par de vagues espérances.

Catherine de Médicis ne put cacher son indignation contre ce qu'elle appelait leur insolence. D'un autre côté, elle donnait encore des inquiétudes aux protestants, par sa conduite et les ordres secrets qu'elle faisait exécuter dans le royaume. Ceux du Languedoc osèrent se prononcer hardiment et proclamèrent un gouvernement avec des institutions, dont la forme était plus républicaine encore que celle des Rochellois. Ils se détachaient ainsi du royaume, ne reconnaissaient plus de princes, mais la seule autorité des États-généraux réunis tous les six mois.

Une nouvelle guerre civile éclata ; on complota d'enlever les princes et de les conduire dans les provinces révoltées. Le duc d'Alençon, frère du roi, devait favoriser l'exécution de ce projet ; mais il manqua de courage. Il avait pour confident, La Mole, amant de Marguerite, sa sœur, et Coconas, un de ces gentilhommes italiens, adroits aventuriers, si nombreux à cette époque et qui, attirés à la cour de France par la reine, y exerçaient avec succès leur industrie ; il était l'amant de la duchesse de Nevers et avait aussi figuré parmi les nombreux favoris de Catherine ; ils furent l'un et l'autre décapités.

Peu de temps après, Charles IX, sentant approcher sa fin, se reprochait nuit et jour les massacres qu'il avait permis ou qui s'étaient faits en son nom et qu'il aurait pu empêcher ; enfin il cessa de vivre. Sa mère, Catherine, et le cardinal de Retz avaient, à qui mieux mieux, détruit en lui tous les bons sentiments, tous les bons préceptes de morale que deux vertueux instituteurs auraient fait naître et cultivé dans son cœur. La reine-mère l'avait entouré de séductions et le poussait aux vices, pour rester seule à la tête des affaires ; le maréchal de Retz favorisait tous ses défauts, pervertissait son cœur, faussait son esprit en toute chose. Aussi, dans tous les maux qu'il a faits pendant son règne, Charles IX n'a été que l'exécuteur aveugle des leçons perfides, des conseils pervers d'une mère dépravée et de tous ses dignes courtisans.

A la mort du roi, Catherine exerça quelques mois une nouvelle régence ; elle fit quelques concessions aux calvinistes et établit une trêve avec eux. Elle voulait régner sans perturbation et exercer librement quelques actes de la courte puissance dont elle disposait encore.

Nous avons laissé le comte de Montgommery entre les mains des agents de Catherine. La prédiction que Colombières lui avait annoncée du haut des murs de Saint-Lô devait bientôt se réaliser. La reine-mère n'avait pas oublié qu'il avait eu la maladresse de tuer son époux dans un tournoi ; qu'il avait échappé au massacre de la Saint-Barthélemy et aux coups d'arquebuse que son fils, Charles IX, avait tiré sur lui lorsqu'il traversait la Seine pour se sauver ; que, depuis, il avait combattu pour les calvinistes.

Le parlement le reconnut coupable du crime de lèse-majesté, et le condamna à souffrir d'abord la question extraordinaire. Le samedi 26 juin 1574, il fut, par un arrêt de la cour, tiré de la Conciergerie, placé sur un tombereau, les mains liées derrière le dos, et, au milieu d'une foule immense, conduit en place de Grève, où il fut décapité et son corps mis en quatre quartiers. Ses enfants furent dépouillés de leurs biens, et perdirent leurs titres de noblesse.

En terminant ce chapitre, nous avons dû clore la fin du règne de Charles IX par la mort déplorable de Montgommery, dont les actes se rapportent à ce même règne et à la politique de la régente.

Montgommery était un illustre rejeton d'une ancienne famille d'Écosse au service de la France, et un des plus grands hommes de guerre de ces temps ; il a été une victime bien malheureuse de cette époque de persécution.

Lorsque, sur l'échafaud, il eut entendu la lecture de la sentence, avant de poser sa tête sur le billot, il dit au peuple ces paroles bien mémorables :

« Au nom des égards que mérite un mourant, je vous prie de répéter à mes enfants, qui ont été déclarés ici roturiers, que s'ils n'ont la vertu des nobles pour s'en relever, je consens à cet arrêt ; et si on vous demande pourquoi on a tranché la tête de Montgommery, répondez qu'il est mort pour la même cause que tant de pauvres victimes ont ici défendue en expirant sous le glaive et dans les bûchers. »

Catherine assista à son exécution.

Les enfants de Montgommery ne démentirent point les nobles précédents de leurs ancêtres, et, dans le monde, l'arrêt porté contre eux fut toujours regardé comme non avenu.

FIN DU PREMIER VOLUME.

TABLE DES MATIÈRES

CONTENUES DANS CE VOLUME.

	Pages.
Préface des Éditeurs.............................	I
Introduction...................................	V

CHAPITRE PREMIER. La Grèce. — Dévouement de CODRUS. — SOLON refuse la royauté. — PISISTRATE flatte la multitude et parvient à s'emparer du souverain pouvoir. — SOLON meurt de chagrin; il ne peut vivre sous un tyran. — Tyrannie d'HIPPIAS et d'HIPPARQUE. — Conspiration d'HARMODIUS et d'ARISTOGITON. — Mort courageuse d'ARISTOGITON au milieu des supplices. — Guerres Médiques. — Les rois de Perse veulent asservir la Grèce. — Dévouement de LÉONIDAS et de ses trois cents Spartiates au défilé des Thermopyles. 11

CHAPITRE II. Mort de XERXÈS. — ARTAXERXÈS, son fils et son successeur. — Mort d'ARISTIDE. — Exil et fin de THÉMISTOCLE. — ALCIBIADE. — Son portrait. — Sa mort. — XÉNOPHON. — SOCRATE. — Sa mort. — PYTHAGORE. — HIPPOCRATE. — Les Thébains, — ÉPAMINONDAS. — Sa mort. — Puissance romaine. — Les trois Horaces. — BRUTUS fait décapiter ses deux fils. — Héroïsme des trois cent-six Fabius. — VIRGINIE. — Dévouement de DÉCIUS. — MUTIUS SCOEVOLA. — Guerre punique. — Dévouement de RÉGULUS. — SCIPION L'AFRICAIN. — Ses victoires. — ANNIBAL. — Ses victoires. — Leur exil. — Leur rencontre à la cour d'Antiochus. — Leur fin. 25

CHAPITRE III. Destruction de Carthage. — Mort héroïque de la femme d'ASDRUBAL. — Le berger VIRIATHE. — Les Gracques. — CATON. — Guerre des esclaves. — MARIUS. — DRUSUS. — MITHRIDATE. — SYLLA. — SERTORIUS. — SPARTACUS. — La Grèce. — PHILIPPE, roi de Macédoine. — Portrait de ce roi. — Les Thermopyles et les Athéniens. — PHOCION et DÉMOSTHÈNE. — PHILIPPE veut asservir la Grèce. — Bataille de CHÉRONÉE. — PHILIPPE, maître de la Grèce. — Préparatifs d'une invasion en Perse. — Mort de PHILIPPE. — ALEXANDRE. — Ses victoires. Sa mort. — Mort de PHOCION. — PHILOPOEMEN. — Sa mort. — Mort de MITHRIDATE. — CICÉRON. — Sa mort. 38

CHAPITRE IV. Chute de la république romaine. — Empire. — Mort d'ANTOINE et de CLÉOPATRE. — Chute du paganisme. — Apparition du CHRIST. — Son supplice. — La croix. — La tyrannie sous les empereurs. — Dépravation des sénateurs. — Portrait de quelques monstres couronnés. — Esclavage du peuple. — Établissement du christianisme. — Ses progrès. — Empire de Byzance. — Tyrannie en Orient. — Le philosophe Eusèbe, martyr de la liberté. — Invasion des Vandales conduits par ALARIC. — Humiliation des sénateurs et des dames romaines. — PLACIDIE sauve l'empire. 53

TABLE DES MATIÈRES.

Pages.

CHAPITRE V. ATTILA, roi des Huns. — Portrait d'ATTILA. — HONORIA éprise d'une passion subite pour ATTILA. — Sa lettre à ce barbare. — BÉLISAIRE. — MAHOMET. — Portrait des Arabes et de MAHOMET. — Une captive. — Sa loi. — Sa politique. — Ses victoires et conquêtes. — Invasion des Francs. — Nouvelle servitude des Gaulois. — PÉPIN. — CHARLEMAGNE. — Il est reconnu empereur. — Révolte des prisonniers de Normandie. — Réapparition des Spartiates. — HUGUES CAPET. — Paroles d'un comte au roi. — ROBERT. — Il est excommunié. — Insurrection de la ville du Mans. — Première croisade. — Insurrection de Laon. — Son évêque GAUDRI. — Sa mort. — Insurrection d'autres villes, ... 64

CHAPITRE VI. BERNARD. — ABAILARD. — Son éloquence, ses doctrines, ses amours, ses malheurs, sa mort. — Insurrection de l'Aquitaine et du Poitou. — Toulouse s'affranchit. — Nouvelle insurrection. — HENRI II. — Chants des troubadours. — Trahison des fils du roi HENRI. — Les Aquitains sont soumis. — PIERRE DE BRUÉIS et HENRI, chefs de secte. — Leur supplice. — PIERRE MAURAN. — Sa condamnation 81

CHAPITRE VII. Mort du podestat de Milan. — Cruautés de CONRAD. — RICHARD COEUR-DE-LION dans les prisons d'Autriche. — LE VIEUX DE LA MONTAGNE. — BERTRAND DE GOURDON. — Mort de RICHARD. — JEAN, roi d'Angleterre. — Ses crimes. — Insurrection des Flandres. — Persécution contre les hérétiques. — Les assiégés de Minerve, de Béziers et de Lavaur. — RAYMOND, comte de Toulouse. — SIMON DE MONTFORT, sa mort. — Le château de Montfort-l'Amaury. — Mort de PHILIPPE-AUGUSTE. — Écoliers brûlés vifs. — LOUIS IX. — ARNAUD DE BRESCIA. — Vêpres siciliennes. — Les Templiers. 100

CHAPITRE VIII. GIANO della BELLA. — Guerre des Flandres. — Massacre des Français. — Altération des monnaies par ordonnance royale. — Révolte du peuple contre PHILIPPE. — Punition de quelques malheureux ouvriers. — Proclamation des droits de l'homme. — Le pape JEAN XXII. — Mort de l'évêque GERALDI. — DANTE. — BOCCACE. — PÉTRARQUE et LAURE. — Leurs amours. — MURAT, général de la république française. — MARINO FALIERO. — Sa mort. — Les lépreux. — Immoralité du clergé et de la noblesse. 126

CHAPITRE IX. RIENZI, ami de PÉTRARQUE. — Il proclame la république à Rome. — Sa mort. — Les nobles, les bourgeois et le peuple de France. — MARCEL, prévôt des marchands. — Origine des couleurs nationales de France. — États-généraux. — Courageuse conduite du tiers-état. — Charte constitutionnelle. — Le dauphin, fils de JEAN, l'accepte. — Il manque à sa parole et se retire à Compiègne. — Il vient assiéger Paris. — Mort de MARCEL. — Agitation des provinces. — La *Jacquerie.* — Sa destruction. — JEAN DE VIENNE. — EUSTACHE DE SAINT-PIERRE et ses compagnons. — Conduite admirable de la reine d'Angleterre. — La reine de Prusse, quatre siècles plus tard. 145

CHAPITRE X. Mort d'EDOUARD III. — Doctrines de WYCLIFF. — Ré-

TABLE DES MATIÈRES.   381
Pages

voltes à Essex et à Gravesende. — John BALL. — WAT-TYLER. — JACK STRAW. — Leur mort. — Insurrection de Paris et des provinces. — Exécution des bourgeois et du magistrat Jean DESMARETS. — Son courage. — Cruautés atroces de la cour de CHARLES VI envers les Parisiens. — Les *Cabochiens*. — Leur triomphe et leur destruction. — Siége d'Orléans par l'armée anglaise. — Défense admirable des habitants. — Héroïsme des femmes. 158

CHAPITRE XI. Continuation du siége d'Orléans. — La vierge de Domremy. — Elle est présentée à CHARLES VII. — Elle est armée. — Lettre de la PUCELLE à SUFFOLK. — Orléans est ravitaillé; entrée de JEANNE dans la ville. — Sorties et combats de la Pucelle. — Orléans est délivré. — A Jargeau, JEANNE fait SUFFOLK prisonnier. — Elle conduit CHARLES VII à Reims. — Sacre du roi. — JEANNE tombe au pouvoir des Anglais, sous les murs de Compiégne. — Elle est conduite à Rouen, jugée et condamnée. — Sa fin malheureuse. — Réflexions sur la Pucelle. — Traité d'Arras. — Pillages des soldats français et de leurs chefs. — AGNÈS SOREL. — Changement de caractère du roi. — Insurrection en Angleterre. — JEAN CADE. — Sa mort. — Pavie assiégée. — BUSSOLARI. — Nouveau siége. — Mort de BUSSOLARI. 172

CHAPITRE XII. PISE vendue aux Florentins. — Résistance des Pisans. — Punition de Gabriel VISCONTI. — Etienne PORCARI veut rétablir la liberté à Rome; il succombe. — TAMERLAN; sa puissance. — MAHOMET II. — Prise de Constantinople. — Mort du pape NICOLAS V. — BORGIA-CALIXTE III. — *Barbe-Bleue*. — Jacques COEUR; ses persécutions. — FOSCARI, doge de Venise. — Son fils. — Leur mort. — Jean HUSS; ses prédications, sa condamnation au concile de Constance, son supplice — GALÉAS SFORZA, duc de Milan; ses cruautés, ses débauches, sa mort. — MONTANI, son précepteur. — OLGIATI, VISCONTI et LAMPUGNANI; leur dévouement, leur mort. — Siége de Beauvais. — CHARLES-LE-TÉMÉRAIRE. — JEANNE HACHETTE. 193

CHAPITRE XIII. JÉROME DE PRAGUE; sa condamnation, sa mort. — La Suisse; elle résiste à la corruption de la cour d'Autriche. — Ruses de l'Autriche; son oppression sur les Suisses. — ARNOLD DE MELCHTHAL — Affreux traitement exercé sur son père. — CONRAD DE BAUMGARTEN tue son seigneur. — WERNER STAUFFACHER excité par les reproches de sa femme. — ARNOLD se joint à lui. — Projet d'insurrection. — Rendez-vous à la prairie de Grutli. — Le bailli GUESSLER. — GUILLAUME TELL; il échappe des mains de GUESSLER et tue ce bailli. — Nuit du 1ᵉʳ janvier 1308. — Prise des châteaux de Rossberg, d'Uri, de Sarnem. — Le duc LÉOPOLD déclare la guerre aux Suisses, sa défaite. — Attaque de la ville de Lucerne; défaite des nobles. — Berne également victorieuse. — RODOLPHE D'ERLACH assassiné par son gendre. — Jean DE BOUBENBERG; il est banni. — — ZURICH chasse les agents de l'Autriche. — Bataille de Sempach. — Mort du duc LÉOPOLD. — Mort héroïque d'ARNOLD STROUTHAM — GLARIS triomphe des Autrichiens. — L'Appenzell secoue le joug de l'abbé de Saint-

TABLE DES MATIÈRES.

Pages

Gall, détruit les châteaux et repousse l'Autriche. — La Rhétie se révolte. — ADAM et sa fille; les tyrans sont exterminés. — La vallée de Schams — Jean CHALDAR. — Nouveaux triomphes. — CHARLES-LE-TÉMÉRAIRE attaque les Suisses; il est vaincu à Grandson et à Morat; il est repoussé de Nancy; sa mort. 211

CHAPITRE XIV. Déchéance de RICHARD II. — BOLINGBROKE s'empare du trône d'Angleterre sous le nom de HENRI IV — Mort de RICHARD. — HENRI mécontente la nation par sa cruauté. — Sir Thomas BLOUNT; sa mort horrible. — Atroce conduite du comte RUTLAND. — Le comte de NOTTINGHAM et l'archevêque d'YORK; leur conspiration, leur insuccès, leur mort. — Mort de HENRI IV; son corps est jeté dans la mer. — Les principes de WYCLIFF reparaissent — HENRI V. — Mort du malheureux SAWTRE. Le lord COBHAM; il réfute le roi; il est condamné à être brûlé; son évasion. — LOUIS XI; son portrait, ses mœurs, sa fin. — CHARLES VIII, son successeur. — Fermeté des états-généraux; lutte contre la cour et la famille royale. — Paroles admirables du seigneur de LAROCHE. - Invention de l'imprimerie. — CHRISTOPHE COLOMB; découverte du Nouveau-Monde. — VASCO DE GAMA. 224

CHAPITRE XV. Naissance de SAVONAROLA, ses études, ses amours, sa vocation religieuse, ses principes philosophiques, ses talents oratoires, son portrait; il combat les désordres des mœurs de Brescia; sa prophétie, ses prédications à Florence; ses succès, ses attaques contre le pape et le clergé, son culte pour la liberté et les droits de l'homme, sa fermeté envers LAURENT DE MÉDICIS; il soutient l'alliance avec la France; ses nouvelles attaques contre les vices du clergé. — Complots contre lui. — Il est accusé d'hérésie; il continue ses prédications, malgré l'excommunication. — Epreuve du feu. — Il est condamné et brûlé vif avec deux disciples. — Le pape ALEXANDRE VI; ses crimes, ses vices, ses enfants, ses maîtresses. . . . 238

CHAPITRE XVI. CHARLES VIII s'empare de l'Italie. — Traité d'alliance avec Florence. — Il est couronné empreur d'Orient. — BAJAZET déjoue ses plans — Maladie nouvelle; misère de l'armée française. — Mort de CHARLES VIII. — LOUIS XII; continuation de l'alliance française et florentine. — Siége de Pise; sa résistance; les Français refusent de se battre et lèvent le siége. — Guerre contre Venise. — Défense héroïque et mort d'ANDRÉ DE RIVA. — Conduite déplorable de LOUIS XII. — La caverne de MASANO; mort horrible de six mille habitants. — BAYART. — FRANÇOIS Ier. — Déroute de l'armée française en Italie. — LAUTREC. — Conduite de la duchesse d'Angoulême, mère du roi. — SEMBLANÇAY; ses persécutions, sa condamnation, sa mort. — Le connétable de Bourbon trahit son pays. — BONNIVET est battu. — Mort et dernières paroles de BAYART. — Encore la Suisse; ses discordes — Nicolas LOEVEMBRUGGER; il rétablit la paix. — Histoire de ce vieillard. 249

CHAPITRE XVII. Causes des schismes. — LUTHER; sa doctrine. — Comparaison du protestantisme et du culte romain. — ZUINGLE; ses principes,

TABLE DES MATIÈRES. 383

sa mort. — CALVIN; sa doctrine. Il est persécuté; il se fait persécuteur. — Bûchers dressés contre les hérétiques; victimes. — HENRI VIII, roi d'Angleterre, répudie CATHERINE; il épouse Anne DE BOLEYN. — Opposition du pape et des catholiques. — Schisme d'Angleterre. — La pauvre fille de Kent; ses extases, sa mort. — Cruautés et vengeances de HENRI. — Sir Thomas MORE. — FISHER; leur mort. — Paroles de Thomas MORE à sa dernière heure. — CROMWEL; sa fortune. — Mort de CATHERINE. — Accusation et supplice d'Anne de BOLEYN. — HENRI épouse Jeanne SEYMOUR. — Lambert NICHOLSON; son supplice. — La comtesse de SALISBURY; sa mort. — Mort de Jeanne. — HENRI épouse Anne DE CLÈVES, et la répudie à l'instant. — Portrait de cette princesse, et paroles du roi. — Accusation et supplice de CROMWEL. — HENRI épouse Catherine HOWARD; il la fait décapiter. — Sixième mariage du roi; sa mort. — Portrait de HENRI VIII. 266

CHAPITRE XVIII. Amours de FRANÇOIS Ier. — Vengeance d'un mari. — Maladie du roi. — Malheurs de l'époque. — Progrès du protestantisme. — Massacre et ruine des hérétiques. — Paroles de MÉZERAI. — FRANÇOIS Ier favorise les lettres et les arts. — Les mœurs de sa cour. — Clément MAROT; ses persécutions, sa mort. — LA RAMÉE; sa naissance, ses malheurs. Il vient à Paris; il est domestique au collége royal; son amour pour la science, ses progrès, ses succès, ses persécutions, son triomphe en Allemagne, ses principes philosophiques, son retour à Paris; nouvelles persécutions; sa mort. Caractère de RAMUS. 281

CHAPITRE XIX. Espagne. — Les Arabes; leur amour pour les sciences et les arts; leurs inventions; leurs écrits. — Pièce de vers d'ABDÉRAME Ier. — Civilisation, politesse, galanterie des Arabes; ils sont chassés d'Espagne. — L'Inquisition. — Les juifs; leur persécution. — TORQUEMADA; ses cruautés. — Fierté des Aragonais. — Christophe COLOMB; ses découvertes, ses persécutions, sa mort. — Portrait de FERDINAND-LE-CATHOLIQUE. — CHARLES Ier, roi d'Espagne. — Révolte de Tolède. — La sainte ligue. — PADILLA. — Insurrections générales. — Charte des Castillans. — Défaite de la ligue. — Mort de PADILLA. — Héroïsme de Maria PACHECO. — Abdication et mort de CHARLES-QUINT. 302

CHAPITRE XX. ÉDOUARD VI, roi d'Angleterre. — Persécution contre les catholiques. — Mort de ce prince. — Jeanne GREY, héritière du trône, en est repoussée par la nation. — MARIE, fille de HENRI VIII, est reconnue reine; son caractère. — Triomphe du catholicisme, et persécution contre la réforme; supplices. — JEANNE et son époux GUILFORT, sont condamnés et enfermés à la Tour. L'ordre de leur exécution est signé. — Lettre de JEANNE à MARIE. — Supplice de GUILFORT DUDLEY et de JEANNE. — Cruautés nombreuses de MARIE. — GARDINER. — L'évêque BONNER; son portrait. — Les évêques RIDLEY et LATIMER; leur mort. — Autres victimes. — Mort de MARIE. — ELISABETH monte sur le trône. — MARIE

TABLE DES MATIÈRES

Pages:

STUART épouse le dauphin FRANÇOIS II. —. Persécutions religieuses en France. — Procès et supplice du conseiller Anne DUBOURG............ 326

CHAPITRE XXI. Attaque de Malte par la flotte turque. — Actes héroïques des chevaliers de Saint-Jean. — Les BARBEROUSSE. — Mort de BARBEROUSSE II. — Mort d'HENRI II. — Mort prématurée de FRANÇOIS II. — MARIE STUART, sa veuve, quitte la France. Ses regrets, ses infortunes, sa mort. — CHARLES IX monte sur le trône de France. — Catherine de MÉDICIS, régente; sa politique, ses mœurs, ses intrigues. — Les GUISES. — Continuation des guerres civiles — IGNACE DE LOYOLA. Sa vie. Il fonde l'ordre des jésuites Le but et la politique de cette institution. Mort d'IGNACE. — Nouvelles persécutions religieuses. — L'amiral COLIGNY. — Tentative contre sa vie. — Massacre de la Saint-Barthélemy. — Mort de l'amiral. Son corps est outragé. — Horribles paroles de TAVANNES. — CHARLES IX tire sur les protestants. Il insulte à la douleur publique, il va faire une visite au charnier de Montfaucon. — Comparaisons. — Turpitudes des dames de la cour au milieu des cadavres. — Parti des centres. — Paroles déplorables de CHARLES IX dans le parlement, à propos des massacres. — Réponse du président, plus déplorable. — Générosité de VÉZINS du Quercy. — Noble conduite du vicomte d'ORTHEZ. — Réjouissances à Rome et en Espagne. — Deuil dans toute l'Europe.. 340

CHAPITRE XXII. MACHIAVEL; ses persécutions, son portrait, son livre du *Prince*. Il a été mal jugé. — Opinion de VOLTAIRE. — LOUIS-PHILIPPE et MACHIAVEL. — Réflexions de l'auteur. — MACHIAVEL à la campagne; sa mort. — PHILIPPE, II, roi d'Espagne. — GUILLAUME-LE-TACITURNE. — Guerres des Flandres. — La duchesse de Parme. — Les *gueux*. — Le duc d'ALBE. — Les placards de sang. — Le conseil des troubles. — Cruautés du duc d'ALBE. — GUILLAUME-LE-TACITURNE refuse de comparaître. — Accusation des comtes d'EGMONT et de HORN; leur mort. — Victoires du duc d'ALBE. — GUILLAUME se retire. — Nombreuses victimes. — GUILLAUME vient attaquer les vaisseaux espagnols; ses succès. — Le duc d'ALBE est rappelé. Il se glorifie de ses cruautés. — Siège de Leyde. — Circonstance heureuse. — Continuation de la guerre. — GUILLAUME est assassiné; son portrait. — Siège de la Rochelle. — Le choléra dans l'armée royale. — Siège de Sancerre. — Mort du maire de Sancerre. — Mort du brave COLOMBIÈRES. — Mort de CHARLES IX. — Mort de MONTGOMMERY............ 358

FIN DE LA TABLE DU PREMIER VOLUME.

Paris. — Typographie de E. et V. PENAUD frères, 10, rue du Faubourg-Montmartre.